Nordrhein-Westfalen

Doppel-Klick 9

Das Sprach- und Lesebuch

Differenzierende Ausgabe

Herausgegeben von
Renate Krull, Elisabeth Schäpers und Renate Teepe

Erarbeitet von
Mahir Gökbudak, Silke González León, Beate Hallmann,
August-Bernhard Jacobs, Lucia Jacobs, Jona Jasper,
Michaela Koch, Renate Krull, Ekhard Ninnemann,
Martin Püttschneider, Christiane Rein, Elisabeth Schäpers,
Matthias Scholz, Michael Strangmann, Renate Teepe

Cornelsen

Themen

Besser kommunizieren – das innere Team

Kompetenzen

Mündlicher Aufgabentyp 3 a: Sprechakte gestalten und reflektieren

Kommunikationssituationen strukturell untersuchen
kommunikative Absichten und Wirkungen erkennen und bewerten
über eine sachbezogene Argumentationsweise verfügen und Kompromisse erarbeiten
Aufmerksamkeit für verbale und nonverbale Äußerungen entwickeln

Training: Sich angemessen äußern

Mündlicher Aufgabentyp 3 a: Sprechakte gestalten und reflektieren

Alles aus Kunststoff

Mündlicher Aufgabentyp 1 c: den eigenen Standpunkt präsentieren

den eigenen Standpunkt begründet und nachvollziehbar vertreten
auf Gegenpositionen eingehen
verschiedene Gesprächsformen praktizieren

Schriftlicher Aufgabentyp 3: eine Argumentation erstellen

Strategien zum Textverständnis anwenden und reflektieren
Textaussagen mit dem Vorwissen verknüpfen
sich argumentativ mit Sachverhalten und Meinungen auseinandersetzen

Training: Einen Kommentar schreiben

Schriftlicher Aufgabentyp 3: eine Argumentation zu einem Sachverhalt erstellen

argumentative Texte zu einem Sachverhalt verfassen

Ein Beruf für dich

Mündlicher Aufgabentyp 1 a und 1 b: Arbeitsergebnisse und Referate präsentieren

Informationen über Berufsbilder auswerten und präsentieren
der Intention angemessene Präsentationstechniken nutzen
frei vortragen
Vorstellungsgespräche vorbereiten und auswerten

Training: Vorstellungsgespräche trainieren

Mündlicher Aufgabentyp 3 b: Sprechakte in Bewerbungsgesprächen gestalten und reflektieren

Auf der Suche nach dem Glück

Schriftlicher Aufgabentyp 5: Texte sprachlich analysieren und überarbeiten

Funktion und Bedeutung von Wörtern in Texten untersuchen
Unterscheidung zwischen begrifflichem und bildlichem Sprachgebrauch

Schriftlicher Aufgabentyp 6: produktionsorientiert zu Texten schreiben

eigene Texte in Anlehnung an literarische Vorlagen verfassen
literarische Figuren charakterisieren
den Sprachwandel untersuchen

Training: Produktives Schreiben

Schriftlicher Aufgabentyp 6: produktionsorientiert zu Texten schreiben

Themen

Mutige Menschen im Widerstand

Training: In einer Ausstellung präsentieren

Bilder und Texte als Fenster in die Vergangenheit

Training: Einen literarischen Text interpretieren

Kompetenzen

Mündlicher Aufgabentyp 1 a: Arbeitsergebnisse mediengestützt präsentieren
Texte adressatengerecht gestalten
Präsentationstechniken nutzen
Reden entwerfen

Schriftlicher Aufgabentyp 2: Verfassen eines informativen Textes
Inhalte wiedergeben
Textschemata erfassen
Gestaltungsmittel reflektieren

Mündlicher Aufgabentyp 1 a: mediengestützt Arbeitsergebnisse präsentieren

Schriftlicher Aufgabentyp 4 a und 4 b: literarische Texte interpretieren, Textaussagen deuten und bewerten
zentrale Inhalte erschließen und deren Wirkung einschätzen
Texte mit Verfahren der Textanalyse und -interpretation unter Einbeziehung historischer und gesellschaftlicher Fragestellungen erschließen
eigene Deutungen des Textes entwickeln, am Text belegen
ansatzweise epochentypische Themen und Gestaltungsmittel erkennen

Schriftlicher Aufgabentyp 4 a: einen literarischen Text analysieren und interpretieren
Erschließung literarischer Texte unter Einbeziehung historischer und gesellschaftlicher Fragestellungen

Kompetenzen

Fragen an das Leben

Mündlicher Aufgabentyp 2 b: Gedichte gestaltend vortragen
Gedicht auswendig lernen und ausdrucksvoll vortragen

Schriftlicher Aufgabentyp 4 a: einen literarischen Text analysieren und interpretieren
literarische Texte mit Verfahren der Textanalyse und -interpretation erschließen
spezifische Formen und Merkmale untersuchen
Gedichte umschreiben und gestalten
Zitiertechniken anwenden

Training: Ein Gedicht interpretieren

Schriftlicher Aufgabentyp 4 a: einen literarischen Text analysieren und interpretieren
Ergebnisse einer Textuntersuchung schriftlich darstellen

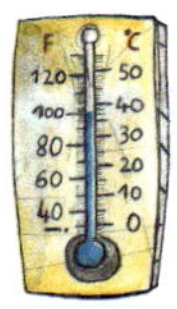

Mitten ins Geschehen – Kurzgeschichten

Schriftlicher Aufgabentyp 4 a: einen literarischen Text analysieren und interpretieren
wesentliche Textmerkmale erfassen
sprachliche Gestaltungsmittel erkennen
literarische Figuren charakterisieren
zu Kurzgeschichten schreiben
eigene Textdeutungen entwickeln

Training: Eine Kurzgeschichte interpretieren

Schriftlicher Aufgabentyp 4 a: einen literarischen Text analysieren und interpretieren
Ergebnisse einer Textuntersuchung schriftlich darstellen

So eine Tragödie!

Kompetenzen

Mündlicher Aufgabentyp 2 a: dialogische Texte gestaltend vortragen
die Wirkung von Vortragsweisen analysieren und bewerten

Schriftlicher Aufgabentyp 4 a und 4 b: fragengeleitet literarische und Sachtexte analysieren und bewerten
über einen Dichter informieren
Merkmale und Aufbau einer Tragödie kennen lernen
Rollenbiografien erstellen

Ein Puzzlespiel: Jan de Leeuw und seine Bücher

Schriftlicher Aufgabentyp 4 a: einen literarischen Text analysieren und interpretieren
Jugendbuchauszüge lesen
Inhalt, Sprache und Form eines Textes untersuchen
Symbole in der Literatur kennen lernen
ein Interview lesen und auswerten

Sachen zum Lachen

Schriftlicher Aufgabentyp 4 b: fragengeleitet aus Texten Informationen ermitteln und vergleichen; Textaussagen reflektieren und bewerten

Ironie, Satire und Parodie als Gestaltungsmittel von Texten kennen lernen und deuten

Texte umschreiben und gestalten

Szenen aus dem Leben

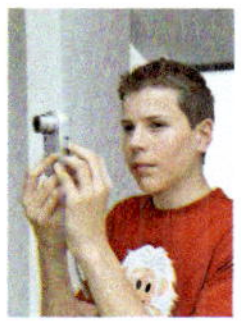

Mündlicher Aufgabentyp 1 a: mediengestützt Arbeitsergebnisse präsentieren

die eigene Mediennutzung reflektieren

Beiträge für das Schulfernsehen gestalten

Projektarbeiten durchführen

Arbeitstechniken trainieren

Kompetenzen

Lesen erforschen, lesen trainieren

verschiedene Lesetechniken anwenden
Leseerwartungen und Leseerfahrungen reflektieren
Textschemata erfassen
Informationen zusammenfassen und wiedergeben
Sach- und Gebrauchstexte verstehen und nutzen

Einen informativen Text schreiben

auf der Basis von Materialien sachlich berichten

Ein Portfolio anlegen

ein Portfolio anlegen und nutzen

Vorstellungsgespräche trainieren und auswerten

Vorstellungsgespräche vorbereiten, führen und auswerten

Formulare ausfüllen

Print- und Online-Formulare ausfüllen
Gebrauchstexte untersuchen

Texte in einer Schreibkonferenz überarbeiten

Aufbau, Inhalt und Formulierungen eigener Texte überprüfen
Ergebnisse einer Textuntersuchung darstellen

Die Trainingseinheiten

Kompetenzen

Grundregeln der Rechtschreibung und Zeichensetzung sicher beherrschen
häufig vorkommende Wörter, Fachbegriffe und Fremdwörter richtig schreiben

Die Rechtschreibhilfen

individuelle Fehlerschwerpunkte erkennen und mithilfe von Strategien abbauen

Wichtige Rechtschreibregeln

mithilfe von orthografischen Regeln die Rechtschreibung überprüfen

Die Arbeitstechniken

Strategien zur Überprüfung der sprachlichen Richtigkeit und Rechtschreibung anwenden

Training Grammatik

Kompetenzen

Sprache und Sprachen

den Einfluss auf die deutsche Sprache untersuchen
Entstehung und Veränderung sprachlicher Normen erschließen
Sprachveränderungen untersuchen und reflektieren

Fehler verstehen und vermeiden

individuelle Fehlerschwerpunkte erschließen
Fehler vermeiden

Die Wortarten wiederholen

Wortarten erkennen, benennen und funktional verwenden

Die Formen des Verbs wiederholen

Texte adressatengerecht schreiben

Textsorten untersuchen und überarbeiten
Satzstrukturen, Nominalstil und Passivgebrauch untersuchen

Besser kommunizieren – das innere Team

- Sprechsituationen untersuchen und gestalten
- Ein Kommunikationsmodell anwenden

Was geschieht in der Kommunikation?

In der Kommunikation zwischen zwei oder mehr Personen spielen nicht nur die Wünsche und Bedürfnisse der beteiligten Personen eine Rolle, auch die Situation und das Umfeld haben einen entscheidenden Einfluss. Die Fotos auf Seite 11 zeigen drei Kommunikationssituationen.

Kommunikationssituationen beschreiben

1 Untersucht die Kommunikationssituationen auf den Fotos.

a. Beschreibt die Kommunikationssituationen auf den einzelnen Fotos mithilfe der folgenden Fragen:
- Welche Personen sind zu erkennen?
- Wer könnten die Personen sein?
- In welcher Situation befinden sich die Jugendlichen?
- In welcher Beziehung könnten die Jugendlichen zu den anderen Personen stehen?

b. Stellt weitere Fragen und beantwortet sie.

Starthilfe

Worüber könnten die Personen sprechen?
...

2 Findet einen Titel für jedes Foto und schreibt ihn auf.

Den Kommunikationsprozess kann man in einer Grafik veranschaulichen.

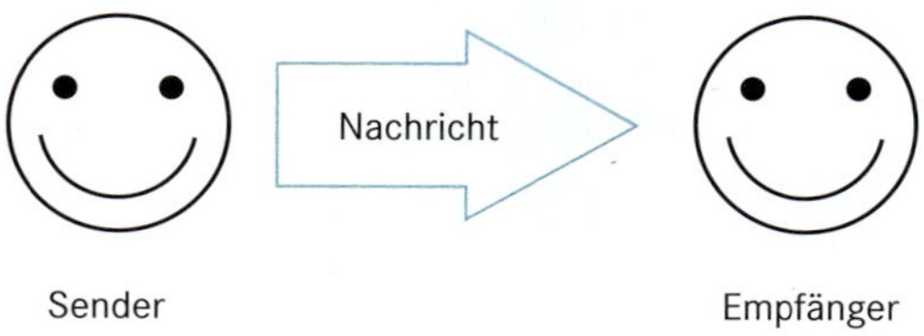

Info

Als **Sender** wird derjenige bezeichnet, der eine Nachricht sprachlich oder durch Körpersprache übermittelt.
Der **Empfänger** empfängt, d. h., er hört oder sieht die Nachricht.

eine Grafik erklären

3 Was beeinflusst den Kommunikationsprozess?

a. Erklärt die Grafik.

b. Besprecht, was den Kommunikationsprozess stören könnte.

Starthilfe

Sender	Empfänger	Nachricht
– drückt sich nicht deutlich aus ...	...	...

Empfänger, Sender und Nachricht bestimmen

4 Übertragt das Kommunikationsmodell auf die Fotos auf Seite 11.

a. Bestimmt die Sender und Empfänger.

b. Formuliert eine Nachricht für jede Kommunikationssituation.

In diesem Kapitel untersucht ihr Kommunikationssituationen. Ihr lernt ein Kommunikationsmodell kennen und wendet es an. Das Zeichen in der Randspalte führt euch schrittweise dorthin.

Ilkay gerät während seines Praktikums in einer KFZ-Werkstatt in eine schwierige Situation.

Ilkay interessiert sich für den Beruf als Mechatroniker, hat aber das Gefühl, in der Werkstatt nur ausgenutzt zu werden.

Meister: Ilkay, in den nächsten Tagen haben wir in der Werkstatt viel zu tun und keiner der Gesellen hat Zeit für dich. Deshalb musst du die Autos waschen. Alles klar?

Ilkay: Nein, ich bin nicht hier, um Autos zu waschen.

Meister: Du bist wohl faul, ich werde mit deinem Lehrer sprechen.

Ilkay schweigt.

5 Stellt Vermutungen an, warum Ilkay schweigt. Überlegt auch, wie ihr reagieren würdet.

eine Kommunikationssituation und die Reaktionen darauf untersuchen

Ilkay gehen verschiedene Gedanken und Gefühle durch den Kopf.

6 Tauscht euch über Ilkays Gefühle und Gedanken aus. Welche findet ihr berechtigt?

7 Überlegt und besprecht, wie Ilkay sein Problem lösen könnte.

8 Tauscht euch darüber aus, wie der Meister auf Ilkays Schweigen reagieren könnte.

9 Schreibe den Dialog weiter, sodass beide die Position des anderen verstehen und es zu einer Einigung kommt.

einen Dialog schreiben

Z **10** Beschreibt Situationen, in denen ihr Ähnliches erlebt habt.
Tipps: – Geht dabei auch auf eure Gefühle in der Situation ein.
– Überlegt, warum ihr euch so gefühlt habt.

ähnliche Situationen beschreiben

Eine Kommunikationssituation untersuchen

In der Ausbildung und im Beruf begegnet ihr bestimmt Kommunikationssituationen, in denen ihr nicht genau wisst, wie ihr am besten reagiert. So erging es Carmela in ihrem Betriebspraktikum. An diesem Beispiel erkennt ihr, dass es hilft, von unterschiedlichen Seiten an das Problem heranzugehen, um die Lösung zu finden.

Eine schwierige Situation für Carmela

Carmela aus der Klasse 9 a ist glücklich. Sie hat einen Praktikumsplatz in einer Tischlerei erhalten. Für den Tischlerberuf hat sie sich schon lange interessiert und sie ist froh, dass sie eine entsprechende Praktikumsstelle gefunden hat. Die lange Arbeitszeit jeden Tag ist neu für sie und strengt sie an, doch die Arbeit macht ihr Spaß. Sie hofft, dass ihr nach dem Praktikum vielleicht eine Lehrstelle in dem Betrieb angeboten wird. Der Chef hat vor Kurzem geäußert, dass er noch einen Auszubildenden einstellen will, wenn die Tischlerei weiterhin so viele Aufträge bekommt. Nach der ersten Praktikumswoche freut sie sich auf das Wochenende. Sie will ausschlafen, hat sie sich mit ihrer Freundin Paula für Sonnabend verabredet und am Sonntag findet ein wichtiges Auswärtsspiel ihrer Handballmannschaft statt, bei dem sie als Torhüterin nicht fehlen darf. Das alles geht ihr am Donnerstagnachmittag durch den Kopf, als der Meister sie plötzlich anspricht: „Carmela, wir haben im Moment viel zu tun, wir müssen die Termine einhalten und am Wochenende arbeiten. Wir brauchen alle, auch dich. Es macht dir doch sicher nichts aus, am Wochenende auch in die Werkstatt zu kommen?“ Carmela ist sprachlos. Der Meister nickt und geht.

die Kommunikationssituation beschreiben und untersuchen

1 Untersucht die Kommunikationssituation.
- **a.** Beschreibt die Situation jeweils aus Carmelas Perspektive und aus der Perspektive des Meisters.
- **b.** Tauscht euch darüber aus, wie ihr die Reaktion des Meisters versteht.

Carmela kann nichts auf die Frage des Meisters entgegnen.

2 Warum kann Carmela nichts sagen?
- **a.** Erläutert Carmelas Problem.
  Berücksichtigt dabei, welche Vorstellungen sie von ihrem Wochenende hatte.
- **b.** Formuliert eine Begründung, warum Carmela nichts sagen kann.

3 Sprecht darüber, wie ihr an Carmelas Stelle reagieren würdet.

Carmela geht nach dem Ende ihres Arbeitstages verwirrt und ratlos nach Hause. Beim Abendessen berichtet sie ihren Eltern von dem Vorfall.

4 **a.** Sammelt Vorschläge, wie Carmela das Problem ihren Eltern schildert und wie ihre Eltern reagieren könnten.
b. Stellt eure Vorschläge in einem Rollenspiel vor.

eine andere Perspektive einnehmen

szenisches Spiel ➤ S. 302

Carmelas Eltern tragen ihre Argumente vor.

Carmela: Heute gab es in der Tischlerei eine blöde Situation. Der Meister will, dass ich am Wochenende zur Arbeit komme, weil wir so viel zu tun haben. Dabei habe ich doch das Handballspiel. Und ich bin doch mit Paula verabredet. Ich habe ihm noch nichts gesagt. Was soll ich jetzt machen?

Carmelas Mutter: Aber Carmela, Tischler ist doch dein Traumberuf und du wolltest doch später gern in dem Betrieb arbeiten. Da musst du durch. Heute findet man nicht so leicht einen Job. Denk dran, bei mir in der Firma wird schon wieder von Kurzarbeit gesprochen.

Carmelas Vater: Du weißt doch noch, dass ich vor ein paar Jahren lange arbeitslos war und wir uns sehr einschränken mussten. Sei froh, dass der Betrieb so an dir interessiert ist. Arbeit geht vor, da muss man Opfer bringen. Ich muss jetzt immer 40 Kilometer zur Arbeit fahren.

5 Untersucht das Gespräch mithilfe der Fragen:
- Was raten die Eltern Carmela?
- Wie begründen sie ihren Ratschlag?
- Wie sollte Carmela eurer Meinung nach auf die Aussagen der Eltern reagieren? Begründet eure Meinung.

Reaktionen beurteilen

Später telefoniert Carmela mit ihrer Freundin Paula, mit der sie am Wochenende verabredet ist.

Paula: Cammi, was ist mit unserem Treffen am Wochenende? Ich muss dir doch so viel erzählen. Außerdem dürfen wir Praktikanten gar nicht am Wochenende arbeiten, das hat unser Lehrer doch gesagt. Meine ich zumindest …

Carmela: Meine Mutter sagt, ich soll an meine Zukunft denken, ich will da doch eine Lehre machen.

Paula: Aber dann lass dich doch nicht gleich zu Beginn ausnutzen, wie soll das dann erst weitergehen, wenn du dort angestellt bist?

6 Was rät Paula ihrer Freundin Carmela? Schreibt ihre Argumente auf.

7 Was würdet ihr an Paulas Stelle Carmela raten? Schreibt den Dialog zwischen Carmela und Paula weiter.

einen Dialog weiterschreiben

Beim Handballtraining erzählt Carmela dem Trainer von ihrem Problem. Der Trainer hat dazu eine eindeutige Meinung.

Handball ist ein Mannschaftssport, wenn einzelne da nicht mitziehen, haben wir keine Chance. Zoe, die Ersatztorwärterin ist krank, wie du weißt. Wir brauchen dich! Denke auch an deine Mitspielerinnen und sprich doch noch einmal mit deinem Meister.

8 Schreibe auf, was der Trainer Carmela rät.

Carmela hat viele Argumente und Forderungen gehört. Was sie tun soll, weiß sie jedoch immer noch nicht.

W **9** Stellt Carmelas Situation und ihre Gefühle mithilfe der Arbeitstechnik als Standbild dar. Wählt dafür eine der beschriebenen Situationen aus:
- Carmela und der Meister,
- Carmela und die Eltern,
- Carmela und Paula,
- Carmela und der Trainer.

Standbilder gestalten und auswerten

10 **a.** Seht euch die Standbilder an und schreibt eure Eindrücke dazu auf:
- Welches Problem macht jedes Standbild deutlich?
- Wie stehen die Kommunikationspartner zueinander?
- Welche Gefühle werden dargestellt?

b. Vergleicht die einzelnen Standbilder: Welche Unterschiede könnt ihr feststellen?

c. Diskutiert die Ergebnisse in der Klasse.

diskutieren ➤ S. 299

Arbeitstechnik

Ein Standbild bauen und auswerten

Mit einem Standbild können **Situationen**, **Gefühle** oder **Begriffe** dargestellt werden. So geht ihr dabei vor:
- **Klärt**, welche **Situation** ihr darstellen wollt.
- Eine „Bildhauerin“ oder ein „Bildhauer“ **formt** das Standbild: **Position der Personen**, **Haltung**, **Gestik**, **Mimik**. Die Statuen **bleiben** mit dem gewünschten Gesichtsausdruck in der geformten Haltung **stehen**. Wichtig ist, dass beim Bau des Standbildes nicht geredet wird.
- Anschließend **sehen** die Betrachter sich das Standbild von allen Seiten **an**. Sie **geben** eine **Rückmeldung**, wie sie das Standbild gedeutet haben.
- Die Statuen **beschreiben**, wie sie sich gefühlt haben.
  Tipp: Ihr könnt das fertige Standbild mit einer Digitalkamera fotografieren und die Fotos für die Diskussion benutzen.

Das innere Team wahrnehmen

In Carmelas Kopf gibt es nach den Gesprächen unterschiedliche Stimmen, die sich auch teilweise widersprechen.

1 Ergänzt weitere Gedanken und Gefühle, die Carmela bewegen könnten.

2 Was ist euch an Carmelas Stelle wichtig?
Schreibt eure Gedanken auf und nummeriert sie nach ihrer Wichtigkeit.

Gedanken und Gefühle ergänzen und ordnen

Carmela muss zunächst ihre verschiedenen Gedanken und Gefühle klären, bevor sie reagieren kann. Diese verschiedenen Gedanken und Gefühle hat der Kommunikationsforscher Friedemann Schulz von Thun als „Mitglieder eines inneren Teams" bezeichnet.

3 Stellt Carmelas Konflikt als inneres Team in einem szenischen Spiel dar. Geht dazu folgendermaßen vor:
- Verteilt die Rollen. Eine Schülerin übernimmt Carmelas Rolle. Sie sitzt in der Mitte.
- Die anderen stellen die Teammitglieder dar. Sie übernehmen dazu jeweils einen Gedanken oder ein Gefühl von Carmela.
- Jedes Teammitglied überlegt sich Argumente, wie es seine Position verdeutlichen kann.
- Jedes Teammitglied trägt seine Position Carmela vor. Es begründet, warum sie so handeln sollte.
- Diskutiert die verschiedenen Positionen. Denkt dabei auch an die Konsequenzen.
- Die Schülerin mit Carmelas Rolle hört sich alle Positionen an. Sie kann auch Fragen zu den einzelnen Positionen stellen. Zum Schluss entscheidet sie sich für eine Lösung.

den Konflikt nachspielen

szenisches Spiel ➤ S. 302

Ein Kommunikationsmodell anwenden

Kommunikation beginnt immer bei dir selbst. Mithilfe des inneren Teams kannst du herausfinden, was du wirklich willst.

Der Streit in mir

Alle wollen etwas von mir! Und ich weiß nicht, wie ich mich entscheiden soll. Aber selbst wenn ich mich entschieden habe, wie soll ich es den anderen sagen? Kennst du diese Situation? Der Kommunikationsforscher Friedemann Schulz von Thun hat eine Lösung dafür gefunden. Er geht davon aus, dass vor jeder Entscheidung viele Meinungen in uns existieren. Die verschiedenen Meinungen sind wie verschiedene Stimmen in unserem Kopf, aber es sind auch Bauchgefühle, da kann doch nur ein Durcheinander entstehen! Solche Situationen hat Friedemann Schulz von Thun untersucht und das Modell „Das innere Team“ entwickelt. Und eigentlich ist es ganz einfach. Zunächst musst du dir dieser unterschiedlichen Stimmen und Gefühle bewusst werden. Jede Stimme ist ein Teammitglied und gehört zu deinem inneren Team. Kein Teammitglied darf unterdrückt werden, alle haben das Recht darauf, von dir als Teamleiter angehört zu werden. Dafür ist es am besten, wenn du dir Zeit nimmst. Es kann auch helfen, wenn du jedem Teammitglied einen Namen gibst, das seine Meinung verdeutlicht, z. B. die Bequeme, der Pflichtbewusste. Am Anfang hilft es dir, die Meinungen der Teammitglieder aufzuschreiben. Später reicht es, wenn du mit Ruhe in dich hineinhörst und versuchst, alle Stimmen herauszufinden. Wäge alle Meinungen der Teammitglieder ab. Überlege, warum sie sich so ausdrücken. Manchmal sind es vielleicht ganz einfache Gründe wie Faulheit, Langeweile oder Ärger. Du bist der Teamleiter und entscheidest dich zum Schluss für eine Meinung. Wenn du dann dem Empfänger deine Nachricht mitteilst, kann es auch helfen, den Entscheidungsprozess sprachlich darzustellen. So kann der Empfänger viel besser verstehen, warum du dich so entschieden hast.

1 einen Text erschließen

a. Notiere in Stichworten, was das innere Team ist.
b. Schreibe in Stichworten auf, wie du in einer schwierigen Kommunikationssituation vorgehen kannst.

Starthilfe
1. – sich die inneren Stimmen, die Teammitglieder, bewusst machen und ihre Botschaften aufschreiben
2. …

2 das innere Team anwenden

Wie würdest du an Carmelas Stelle reagieren?
a. Schreibe den Prozess mithilfe der oben genannten Schritte genau auf.
b. Triff eine Entscheidung und stelle sie der Klasse vor.

Carmela hat eine Entscheidung getroffen. Ihr ist bewusst, dass sie durch ihre Entscheidung ihre Gesprächspartner eventuell vor Probleme stellt. Deshalb will sie auch die Gründe für ihre Entscheidung erläutern und achtet auf einen angemessenen Sprachstil.

3 **a.** Schreibt jeweils einen Dialog zwischen Carmela und dem Meister, Carmela und den Eltern, Carmela und ihrer Freundin Paula und Carmela und dem Trainer.
Tipp: Verwendet für eure Dialoge die Ergebnisse aus Aufgabe 2 auf Seite 18.
b. Spielt die Dialoge vor.
c. Wertet die Dialoge mithilfe der Checkliste aus.

einen Dialog schreiben, vorspielen und auswerten

Checkliste: Eine Entscheidung mitteilen	*Ja*	*Nein*
– Sind Stil und Wortwahl der Gesprächspartner angemessen?		
– Wird die Entscheidung deutlich?		
– Ist das Anliegen nachvollziehbar?		
– Bietet der Gesprächspartner eine Lösung an?		
– Gibt es eine Lösung, mit der beide Gesprächspartner zufrieden sind?		

W **Wähle von den beiden Situationen eine aus.**

A Du hast deine Deutsch-Hausaufgaben sehr gründlich gemacht und möchtest sie auch in der Stunde vorlesen. In der Pause spricht dich ein Klassenkamerad an und möchte die Hausaufgabe von dir abschreiben. Der Klassenkamerad ist dafür bekannt, seine Hausaufgaben nie selbst zu machen. Er spielt lieber am PC.

B Zwei deiner besten Freundinnen oder Freunde feiern am selben Tag Geburtstag. Beide haben dich eingeladen. Beide hoffen, dass du zu ihrer Party kommst.

4 Wie würdest du reagieren?
Bearbeite eine der Situationen mithilfe der Arbeitstechnik.

Kommunikationssituationen untersuchen und bewältigen

Arbeitstechnik

Das Modell „Das innere Team“ anwenden

Mithilfe des inneren Teams kannst du verstehen, was in dir vorgeht.
- **Schreibe** zunächst **die Fragestellung auf**.
- Schreibe die verschiedenen Gedanken auf, die du dazu hast. Das sind die einzelnen **Teammitglieder**. Lass dir genügend Zeit und schreibe alles auf, was dir einfällt.
- **Lies** dir alles noch einmal durch und **wäge** die einzelnen Meinungen der Teammitglieder gründlich **ab**. Denke auch an die Konsequenzen.
- **Entscheide** dich nun für eine Lösung.
- **Formuliere** deine Lösung.

Extra Sprache und Stil:
Sich situationsangemessen äußern

In der Arbeitswelt kommt es manchmal zu Äußerungen, die schnell falsch verstanden werden könnten. Vielleicht bist du in solchen Momenten erst einmal sprachlos, weil du nicht weißt, wie du am besten reagierst.

1 Du denkst nie mit. Alles muss man dir sagen.

2 Du kapierst auch gar nichts. Wie soll man dir etwas beibringen?

3 Nie kann ich etwas richtig machen. Immer ist alles falsch.

4 Immer muss ich die blöden Arbeiten machen!

Äußerungen inhaltlich untersuchen

1 Untersucht die Äußerungen inhaltlich mithilfe der Fragen:
- Wer könnten die Empfänger und die Sender sein?
- Welche Situation könnte zu der Äußerung geführt haben?
- Was könnte den Sprecher (Sender) gestört haben?
  Tipp: Denke daran, dass hinter jeder Kritik ein Wunsch steckt.
- Zu welchen Reaktionen könnten die Äußerungen führen?

Äußerungen sprachlich untersuchen

2 Untersucht die Äußerungen sprachlich mithilfe der Fragen:
- Bei welchen Äußerungen handelt es sich um Killerphrasen? Begründet.
- Wie könnte man solche Formulierungen vermeiden?

Info
Killerphrasen sind Sprüche und Sätze, die eingesetzt werden, um eine Diskussion zu beenden (to kill – töten). Meistens handelt es sich dabei um unbegründete Aussagen.

Wenn dir solche Äußerungen begegnen, ist es am besten, erst einmal innezuhalten und durchzuatmen. Du kannst eine Zuspitzung der Situation vermeiden, indem du Ich-Botschaften verwendest, so wie in dieser Äußerung.

Ich habe das Gefühl, dass ich es Ihnen nicht recht machen kann. Schon morgens, wenn ich in die Werkhalle komme, grüße, und nur einige zu mir schauen und den Gruß erwidern, denke ich, dass ich hier falsch bin. Ich weiß nicht, was ich falsch mache. Ich möchte meine Arbeit gut machen und möchte auch einbezogen werden.

eine Ich-Botschaft untersuchen

3 Untersuche, wie diese Ich-Botschaft aufgebaut ist.

Ich-Botschaften anwenden

4 Formuliere die Äußerungen in Aufgabe 1 zu Ich-Botschaften um.

Starthilfe
1. Ich habe das Gefühl, dass du selbstständiger arbeiten kannst …

Extra Stil: Die richtige Anredeform wählen

Es ist nicht einfach, immer die richtige Anredeform zu finden.
Der Zeitungsartikel von Jörg Homering geht auf dieses Thema ein.

Übrigens: Duzen, ihrzen, erzen   Jörg Homering

„Könnt Ihr das noch zu morgen veröffentlichen?" Der Mann steht in meinem kleinen Büro und schaut mich fragend an. Ich blicke mich um, schaue prüfend unter den Schreibtisch. Nein, ich bin tatsächlich allein hier. Wen meint er also mit „Ihr"? Jetzt gibt es zwei Möglichkeiten: Entweder der Mann hält mich für Prinz Charles und spricht mich im ehrwürdigen Pluralis Majestatis[1] an. Oder er kann sich nicht zwischen Du und Sie entscheiden.
Das ist aber auch nicht so einfach. Sagt man lieber „du Blödmann" oder „Sie Blödmann"? Ok, am besten sagt man gar nicht „Blödmann", aber mit dem Du und Sie ist das so eine Sache. Die einen bestehen auf dem höflich-distanzierten „Sie", die anderen halten's wie Thomas Gottschalk und duzen alle Welt.
Warum muss die deutsche Sprache aber auch immer so kompliziert sein? Dabei gab es im Hebräischen, Altgriechischen und Lateinischen ausschließlich das „Du". Und auch die Finnen, Schweden und Dänen machen es sich englisch leicht und duzen durch die Bank.
Der Deutsche tut sich schwer mit dem Siezen. „Bist du noch Lehrling oder sind Sie schon Geselle?" – das soll einer verstehen. Deshalb hat er Zwischenformen erfunden. Das Berliner Erzen zum Beispiel: „Hatter denn die fünf Euro nich'n bisken kleena?" Oder eben das Ihrzen meines netten Besuchers in der Redaktion. „Habt Ihr noch Bratkartoffeln?", fragt der Westfale die Kellnerin quasi stellvertretend für die ganze Belegschaft – und spart sich die Entscheidung, die junge Frau zu duzen oder zu siezen. […]

[1] Pluralis Majestatis: Pluralform, mit der eine einzelne Person, meist ein Herrscher, angesprochen wird

1 a. Formuliert mit eigenen Worten, welches Problem in diesem Zeitungsartikel benannt wird.
b. Wen duzt ihr? Wen siezt ihr? Sprecht darüber, welche Erfahrungen ihr mit den unterschiedlichen Anredeformen habt.

einen Zeitungsartikel verstehen

2 Informiert euch, wie die Menschen sich in anderen Kulturen bzw. Sprachen anreden. Wo wird geduzt, wo wird gesiezt?

über Anredeformen sprechen

3 Erstellt eine Tabelle, in die ihr Argumente für und gegen das Siezen eintragt.

argumentieren

Starthilfe

Siezen?	
Pro	Kontra
Höflichkeit	…

Z **4** Organisiert eine Diskussion in der Klasse:
Sollten sich alle Menschen in Deutschland duzen?

diskutieren
➤ S. 299

Z Weiterführendes: Die Sprache im Beruf

In dem Gedicht von Heiko Michael Hartmann wird eine Kommunikationssituation aus der Arbeitswelt dargestellt.

1 **a.** Seht euch die Überschrift des Gedichtes im Zusammenhang mit dem Bild an.
b. Tauscht euch darüber aus, wovon das Gedicht handeln könnte.

vor dem Lesen

Triumph eines Hosenverkäufers Heiko Michael Hartmann

ich spürte sogleich nachdem ich
schutzlos in den Ring gestolpert
war da schon hätte ich für Sie
können aber selbstverständlich
die Macht elastischer Seile stieß mich
in der Kabinenpause schöpfte ich
ringend nach Luft statt Verdacht
empfehle ich für draußen taumelte
ich unter den endlosen Schlägen
seiner Sorge um mich zu revanchieren
nickte ich immerzu dachte ich nur
der Preis hielt mich noch auf den
wackligen Beinen fühlen Sie das
hochwertige Material in erstklassiger
Verarbeitung passt das nach leichter
Kürzung hervorragend würde dazu
vielleicht noch ein City-Hemd aus
letzter Kraft flüsterte ich nehme Sie
haben gongte es zu meiner Rettung
eine ausgezeichnete Wahl getroffen

2 Sprecht über euren ersten Leseeindruck.

über den ersten Leseeindruck sprechen

3 Lest das Gedicht noch einmal genau.
Welche beiden Figuren kommen darin vor?

die Hauptfiguren herausfinden

4 Wer sagt was? Wer denkt was? Wer tut was?
a. Schreibe das Gedicht ab.
b. Markiere die Eindrücke des Kunden und die Aussagen des Verkäufers mit unterschiedlichen Farben.

die Äußerungen und Gedanken markieren

5 Fasse den Inhalt des Gedichtes mit eigenen Worten zusammen.

den Inhalt des Gedichtes zusammenfassen

Starthilfe
Ein Kunde betritt den Laden.
Sofort hat er das Gefühl, dass …

Die Kommunikationssituation wird von dem Verkäufer und dem Kunden unterschiedlich wahrgenommen.

6 **a.** Untersucht, wie der Kunde die Situation wahrnimmt. Welche Gefühle hat er? Belegt seine Gefühle mit Textstellen.
b. Untersucht, wie sich der Verkäufer in der Situation äußert.
c. Vergleicht eure Ergebnisse in der Klasse.

nervös
unzufrieden
professionell
höflich
zuvorkommend
ängstlich

7 Beschreibe das Verhalten des Kunden und des Verkäufers. Begründe deine Aussage mit Textstellen.
Tipp: Du findest passende Adjektive in der Randspalte.

8 Warum wird die Situation vom Kunden als Boxkampf wahrgenommen?
a. Schreibt die Wörter und Wortgruppen heraus, die auf einen Boxkampf hinweisen.
b. Tauscht euch darüber aus, warum diese Situation als Boxkampf dargestellt wird. Begründet eure Äußerungen.

Der Gedichtaufbau unterstützt den Inhalt.

den Gedichtaufbau untersuchen

9 Im Tandem!
a. Überlegt, warum das Gedicht keine Strophen und Satzzeichen enthält.
b. Sprecht darüber, welche Wirkung dadurch erzeugt wird.

das Gedicht vortragen
Gedichte vortragen ➤ S 301

10 Tragt das Gedicht vor.
Tipp: Wählt eine Körperhaltung, die zu den Äußerungen des Verkäufers bzw. des Kunden passt.

W Wähle aus den folgenden Aufgaben eine aus.

zum Gedicht schreiben

11 Ergänze die Satzbruchstücke des Gedichtes zu vollständigen Sätzen.

12 Im Tandem!
a. Schreibt ein Kundengespräch als Dialog.
b. Tragt den Dialog vor.

13 Der Kunde erzählt einem Freund von dem Einkauf. Schreibe auf, was er ihm erzählt.

14 Verfasse ein eigenes Gedicht zum Thema, das deine Erlebnisse bei Verkaufsgesprächen verdeutlicht.

Das kann ich!

Sprechsituationen untersuchen und gestalten
Ein Kommunikationsmodell anwenden

In diesem Kapitel hast du verschiedene Kommunikationssituationen untersucht. Du hast gelernt, wie dir die Methode des inneren Teams bei der Lösung von schwierigen Kommunikationssituationen helfen kann.

Diese Jugendlichen befinden sich in einer schwierigen Situation.

A Sophia macht ihr Praktikum beim Frisör. Auch am vierten Tag darf sie nur den Laden fegen. Das hat sie sich anders vorgestellt. Die Chefin ist aber eine gute Freundin ihrer Mutter und nur deshalb hat sie den Praktikumsplatz bekommen.

B Ben darf bei seinem Praktikum am Computer arbeiten. Der Chef sieht es nicht gern, wenn man am Arbeitsplatz Kaffee trinkt. Da es aber scheinbar alle machen, hat Ben sich auch eine Tasse geholt. Jetzt ist die Tasse umgekippt und hat die Tastatur und die Unterlagen verschmutzt. Ben weiß nicht, wie er es dem Chef sagen soll.

C Olga macht ein Praktikum in der Bäckerei. Bäckerin ist ihr Traumberuf. Jetzt hat sie aber gleich am zweiten Praktikumstag verschlafen und kommt zwei Stunden zu spät. Auf dem Weg zur Arbeitsstelle überlegt sie, was sie sagen könnte.

1 Wie würdest du handeln?
- **a.** Wähle ein Beispiel aus. Schreibe die Stimmen des inneren Teams auf.
- **b.** Vergleiche deine Stichworte mit einer Schülerin oder einem Schüler, die dasselbe Beispiel gewählt haben. Diskutiert Lösungsmöglichkeiten.
- **c.** Formuliere deine Lösung mithilfe einer Ich-Botschaft.
- **d.** Trage deine Lösung der Klasse vor.

eine Kommunikationssituation untersuchen und sprachlich lösen

„Der Streit in mir“ ➤ S. 18
Ich-Botschaften ➤ S. 20

2 Wertet die Lösungsvorschläge mithilfe einer Checkliste aus.

mit einer Checkliste auswerten

Checkliste ➤ S. 19

Du hast gelernt, Anliegen situationsangemessen zu formulieren. Carmela will dem Meister gegenüber ihre Interessen vertreten.

3 Im Tandem!
Gestaltet eine Kommunikationssituation mit einer Lösung, die beide Gesprächspartner zufrieden stimmt.
- **a.** Schreibt einen Dialog, in dem Carmela ihre Ansichten vertritt.
  Tipp: Achtet dabei auf die Wortwahl und den Ausdruck der beiden Personen.
- **b.** Spielt den Dialog vor.

einen Dialog schreiben und vorspielen

szenisches Spiel ➤ S. 302

Sich angemessen äußern

Kommunikationssituationen gestalten

Es ist nicht immer einfach, den richtigen Ton zu treffen.

Gesprächsregeln formulieren und vergleichen

1 Stelle dir vor, du beginnst als Praktikantin/Praktikant, Lehrling oder als neue Mitarbeiterin oder neuer Mitarbeiter in einem Betrieb.
- **a.** Wie möchtest du, dass die anderen mit dir sprechen? Formuliere Stichworte bzw. kurze Sätze und begründe diese.
- **b.** Wie sollten die anderen keinesfalls mit dir sprechen? Begründe.
- **c.** Vergleicht eure Wünsche in der Klasse.

2 Im Tandem!
- **a.** Notiert, welche Gesprächsregeln im beruflichen Umfeld wichtig sind.
  Tipp: Unterscheidet dabei, mit wem ihr sprecht, z. B. mit den anderen Praktikanten, mit dem Gesellen, mit dem Chef.
- **b.** Präsentiert eure Ergebnisse anschließend in der Klasse.

In ungewohnter Umgebung kommt es zu neuen Herausforderungen, so wie in dieser Situation.

Jonas hat zusammen mit seinem Freund Hannes einen Praktikumsplatz in einer Schlosserei bekommen. Den beiden gefällt die Arbeit gut und sie würden sich freuen, wenn sie nach der Schule in dem Betrieb einen Ausbildungsplatz bekommen könnten. Als Erstes sollen sie einen Metallwürfel nach bestimmten Maßen feilen. Beide beginnen sofort, doch nach einer Weile unterbricht Hannes öfter die Arbeit und redet mit einem Gesellen, den er vom Sport kennt. Sie lachen dabei viel und der Geselle zeigt ihm einige Tricks beim Feilen. Kurz vor Feierabend kommt der Chef zu Jonas und sagt: „Du arbeitest sehr sorgfältig. Von deinem Freund kann man das nicht unbedingt sagen, oder was meinst du?“

den Konflikt untersuchen und eine Lösung herausarbeiten

inneres Team ➤ S. 19

3 Gib das Problem mit eigenen Worten wieder.

4 Löse die Situation mithilfe des inneren Teams.
- **a.** Stelle das innere Team auf. Schreibe dazu auf, welche Gedanken und Gefühle Jonas hat.
- **b.** Wäge die Meinungen der einzelnen Teammitglieder ab.
- **c.** Entscheide dich für eine Lösung.

die Situation im Dialog darstellen

szenisches Spiel ➤ S. 302

5 Im Tandem!
- **a.** Schreibt einen Dialog zwischen dem Praktikanten und dem Chef.
- **b.** Präsentiert den Dialog in der Klasse.

In ihrem Praktikum gerät Mirka in eine unangenehme Situation.

Mirka hat einen Praktikumsplatz in einer Buchhandlung bekommen, worüber sie sich sehr freut. Der Umgang mit den Kunden macht ihr Spaß. Am vorletzten Tag des Praktikums kommt kurz vor Feierabend eine Frau in die Buchhandlung. Mirka sortiert gerade neue Bücher in die Regale. Ihre Chefin ist momentan nicht im Laden.

Kundin: Hallo, komm mal her, ich hab' es eilig!

Mirka: Guten Abend, wie kann ich Ihnen helfen?

Kundin: Ist denn hier keine richtige Bedienung?

Mirka: Ich mache hier gerade mein Praktikum, die Chefin kommt in fünf Minuten wieder. Aber vielleicht kann ich Ihnen ja doch helfen, ich bin schon fast drei Wochen hier.

Kundin: Du glaubst doch nicht, dass ich mit dir über Bücher rede? Ihr Kinder heutzutage schaut doch nur einfache Talkshows im Fernsehen oder surft im Internet. Aber nun lauf mal los und hol deine Chefin!

Mirka merkt, dass sie wütend wird. Die Frau hat doch keine Ahnung. Wie redet die überhaupt mit ihr? Mirka hat auch keine Lust, jetzt zu gehorchen und die Chefin zu holen.

6 Formuliere Mirkas Problem.

einen Konflikt untersuchen und sprachlich bewältigen

inneres Team ➤ S. 19

7 Wie würdest du reagieren?
Überlege dir mithilfe des inneren Teams, wie du reagieren könntest.

8 Was könnte Mirka der Frau entgegnen?

die Lösung auswerten und überprüfen

a. Formuliere eine Äußerung, in der die Situation geklärt wird.
b. Überprüfe diese Äußerung mit der Checkliste.

Checkliste: Äußerungen angemessen formulieren	Ja	Nein
– Ist die Wortwahl situationsangemessen?		
– Ist das richtige Anredepronomen (du oder Sie) gewählt?		
– Werden Beleidigungen vermieden?		
– Sind Ich-Botschaften verwendet worden?		
– Konnte die Situation geklärt werden?		

9 Überlegt, wie die Kundin auf Mirkas Äußerung reagieren könnte.

Z **10** Welche Erfahrungen habt ihr im Praktikum gemacht?

von eigenen Erfahrungen erzählen und sie darstellen

szenisches Spiel ➤ S. 302

a. Erzählt davon: Wie habt ihr auftretende Probleme gelöst? Überlegt auch, ob ihr heute anders reagieren würdet.
b. Gestaltet ein Rollenspiel, in dem ihr das Problem und die Lösung darstellt.

Alles aus Kunststoff

- Sachtexte erschließen
- Mündlich und schriftlich argumentieren

Sich dem Thema nähern

Auf Seite 27 findet ihr ein Plakat, das für einen Film wirbt.

Wirkung und Aussage eines Filmplakats verstehen

1 Wovon könnte der Film handeln?
- **a.** Beschreibt das Plakat.
- **b.** Tauscht euch darüber aus, welche der abgebildeten Gegenstände aus Kunststoff euch im Alltag begegnen.
- **c.** Lest den Filmtitel und sprecht über Vermutungen zum Thema.

Auf dem Plakat steht ein Satz, der an die Betrachter gerichtet ist.

2 Worauf weist der Satz im Zusammenhang mit dem Bild hin?
- **a.** Beschreibt, wie Text und Bild zusammen auf euch wirken.
- **b.** Stellt Vermutungen dazu an, was das Plakat vermitteln soll.

So beginnt der Film:

Die Kamera streift über ein idyllisches Gebirgstal. Wolken, Wälder, blauer Himmel, Natur pur. Aus dem Off dringt die Stimme des Filmemachers Werner Boote. „Früher einmal war die Erde ohne Plastik. Doch dann kam der große Auftritt des belgischen Chemikers Leo H. Baekeland. In den Jahren 1905 bis 1907 entwickelte er Bakelit, das erste vollsynthetische Produkt aus Erdöl. Seither schlägt der Fortschritt ein Rad um das andere. Nach der Steinzeit, der Bronze- und der Eisenzeit haben wir jetzt die Plastikzeit. Wir sind Kinder des Plastikzeitalters."

3 Tauscht euch darüber aus, was ihr nach diesem Filmanfang erwartet.

Erwartungen und Rechercheergebnisse vergleichen

im Internet recherchieren
➤ S. 295

Z **4**
- **a.** Recherchiert Informationen zu wesentlichen Aussagen des Films „Plastic Planet" und zu Absichten des Filmemachers Werner Boote.
- **b.** Vergleicht die Informationen mit euren Vermutungen.

Bezeichnungen und ihre Verwendung verstehen

5 Im Film ist häufig von **Plastik** die Rede.
- **a.** Schreibt andere Bezeichnungen für diesen Kunststoff auf und tauscht euch darüber aus, wie ihr sie jeweils verwendet.
- **b.** Schreibt auch Bezeichnungen in anderen Sprachen auf.

Plaste
kunststof (niederländisch)
plast (schwedisch)

Die Überschrift des Kapitels auf Seite 27 verrät etwas über das Thema.

6 Schreibe deine Erwartungen an das Kapitel und Fragen zum Thema auf.

In diesem Kapitel lernt ihr, Sachtexte zu erschließen sowie mündlich und schriftlich zu argumentieren.

Kunststoffe in Industrie und Alltag

Kunststoffe sind aus unserem Alltag nicht mehr wegzudenken.
Und auch in der Industrie sind Kunststoffe mittlerweile unentbehrlich.

1

2

3

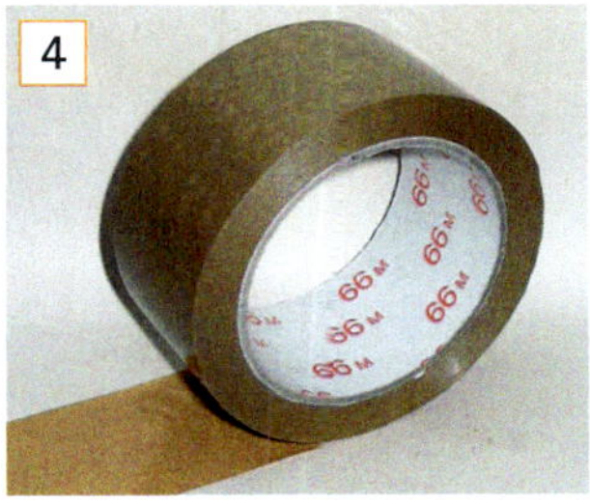
4

5

1 **a.** Schreibe auf, wo die abgebildeten Gegenstände verwendet werden.
b. Beschreibe, welche Eigenschaften die Gegenstände haben.
c. Recherchiere, welche Materialien früher zur Herstellung dieser oder ähnlicher Gegenstände verwendet wurden.
Schreibe die Ergebnisse auf.

über Gegenstände aus Kunststoff und Materialeigenschaften sprechen

2 Auf welche Gegenstände aus Kunststoff würdest du ungern verzichten?
a. Schreibe sie in einer Liste auf.
b. Schreibe auch auf, welche Eigenschaften die Gegenstände haben.

den eigenen Kunststoffgebrauch reflektieren

3 Warum werden heute viele Gegenstände aus Kunststoff hergestellt?
Tauscht euch über eure Vermutungen aus.

W Informiere dich und andere über weitere Aspekte des Themas.
Wähle aus den folgenden Aufgaben eine aus.

4 Verschiedene Kunststoffe werden durch Abkürzungen gekennzeichnet. Informiere dich und andere darüber, welche Kunststoffe sich hinter den Abkürzungen PE, PET, PS und PVC verbergen.

sich über verschiedene Kunststoffe informieren

im Internet recherchieren
➤ S. 295

5 In welchen Bereichen verwendet man die Kunststoffe PE, PET, PS und PVC? Erstelle eine Tabelle.

6 Erkundige dich danach, wie die Kunststoffe PE, PET, PS und PVC entsorgt werden. Erkläre, welche Probleme es dabei geben kann.

Einen Sachtext mit dem Textknacker erschließen

In diesem Text erfährst du viel über Kunststoffe. Mit dem Textknacker knackst du den Text.
Die Informationen benötigst du, um Argumente für eine Diskussion über Nutzen und Gefahren der Kunststoffe zu erhalten.

Bilder verraten dir schon viel, bevor du mit dem Lesen beginnst.

Textknacker
Schritt 1:
Vor dem Lesen

1 Was erfährst du, wenn du die Bilder auf den Seiten 30–32 betrachtest? Schreibe zu jedem Bild einen Satz auf.

Überschriften verraten etwas über das Thema des Textes.

2 Schreibe auf, worum es in dem Text vermutlich geht.

3 Was möchtest du über das Thema erfahren?
a. Schreibe Wörter und Wortgruppen auf, die dich neugierig machen.
b. Was ist dir zu dem Thema schon bekannt? Schreibe Stichworte auf.

Du überfliegst den Text.

Textknacker
Schritt 2:
Den Text überfliegen

4 Überprüfe deine Vermutungen zu Aufgabe 2.

Vom Überraschungsei bis zum Rennauto – Kunststoffe sind überall

Fast überall ist Kunststoff enthalten. Jedes Überraschungsei ist voller Plaste-Teile. Einkaufstüten und Sonnenbrillen, Haarspangen, Eierlöffel, iPods – unglaublich viele Dinge, die wir Tag für Tag in die Hand nehmen oder in den Mund stecken, bestehen aus Kunststoffen. Fast alles kann aus Kunststoffen hergestellt werden: Rohre für die Wasser- und Gasversorgung, Isolierungen für Kabel, Autoteile, Fensterrahmen, Verpackungsmaterial. Hart oder weich, durchsichtig, farbig, formbar, fast unzerstörbar ...

Lange Zeit haben Menschen von einem Material geträumt, das je nach Bedarf die Eigenschaften von Eisen, Gummi oder Holz hat und das künstlich hergestellt werden kann. Wenn wir heute eine 1,5-Liter-Flasche aus PET (*Polyethylenterephthalat*) in einen Einkaufskorb aus PVC (*Polyvinylchlorid*) legen, dann tragen wir über 100 Jahre Chemie-Geschichte mit zur Kasse.

Radio mit Bakelitgehäuse

Der belgisch-amerikanische Chemiker Leo Hendrik Baekeland (1863–1944) erfand einen unlöslichen, formbaren und hitzebeständigen Stoff, den er 1907 unter dem Namen *Bakelit* patentieren ließ. In den 20er und 30er Jahren des vorigen Jahrhunderts bekommt das braune und schwarze *Bakelit* Konkurrenz. Immer mehr Kunststoffe, die auch beliebig eingefärbt werden können, wurden entwickelt.

Die vielen unterschiedlichen Eigenschaften von Kunststoff sind erstaunlich. Wie kommt es aber, dass Dinge wie Schutz- und Sturzhelme oder Karosserieteile von Autos aus *Duroplaste* leicht und unzerstörbar sind? Dass Gegenstände wie Reifen oder elastische Gummibänder aus *Elastomeren* ihre Gestalt zwar verändern, aber immer wieder in ihre ursprüngliche Form zurückkehren können? Oder dass unsere mittlerweile weit verbreiteten PET-Flaschen, die zur Familie der *Thermoplasten* gehören, durch Erhitzung und Formung entstehen? Woraus besteht dieses „Material-Chamäleon[1]" namens Kunststoff?

Seine Grundbausteine sind die *Monomere* (*monos*, griechisch = allein, einzig), kleine Moleküle, die man aus Erdöl gewinnt. Sie lassen sich zu Ketten von gewünschter Länge zusammensetzen. Daran können weitere Moleküle angedockt werden, sodass vernetzte, verzweigte und verschlungene Molekülketten, die *Polymere* (*poly*, griechisch= viel) entstehen. Im Grunde besteht eine PET-Flasche aus millionenfach sich wiederholenden *Polyethylenterephthalat*-Teilen, so wie sich der Einkaufskorb aus millionenfach sich wiederholenden *Polyvinylchlorid*-Teilen zusammenbaut. Die Roh-Kunststoffe können – je nachdem, welchen Zweck sie erfüllen sollen – mit Farbpartikeln oder anderen chemischen Zusätzen verändert werden, beispielsweise durch Weich- oder Hartmacher. Die Vielzahl an unterschiedlichen Beigaben führt zu der Vielzahl an Kunststoffen und zu fast unbegrenzten Verwendungszwecken.

In das Loblied vom Kunststoff mischen sich allerdings auch Misstöne. Einerseits werden beispielsweise die Weichmacher gebraucht, um spröde Kunststoffe weicher, biegsamer und dehnbarer zu machen. Sie können dann einfacher bearbeitet werden oder erzeugen erst die Eigenschaften, die das Endprodukt haben soll. Andererseits können die Weichmacher aus dem Material austreten. Sie gelangen in die Umwelt oder auch in die Nahrungskette von Mensch und Tier. So stecken die Weichmacher in Textilien, sie werden in Lacken und Dichtungsmasse verwendet und auch in Fußbodenbelägen. Sie kommen auch in Plüschtieren, Kunststoffschnullern und Kinderspielzeug vor. Zwar werden sie durch Wasser aus dem Kunststoff gespült, können aber dennoch schlimmstenfalls zu Erkrankungen führen. Das PET, das in der Lebensmittelindustrie neben Flaschen auch für Lebensmittelverpackungen genutzt wird, ist nicht ganz frei von Schadstoffen.

Zu einem echten Problem ist ausgerechnet einer der größten Vorzüge von Kunststoffen geworden: ihre Langlebigkeit, ja ihre Unzerstörbarkeit. Denn was wird aus den Millionen Tonnen von Plaste-Müll? Billig herzustellen, praktisch in der Benutzung, niemand, der darauf verzichten möchte. Doch jede geleerte Shampooflasche, jeder leere Joghurtbecher, jedes weggeworfene Kinderspielzeug muss entsorgt oder nach Möglichkeit recycelt werden.

[1] das Chamäleon: eine Echse, die ihre Hautfarbe der Umgebung anpassen kann; hier: anpassungsfähiges Material

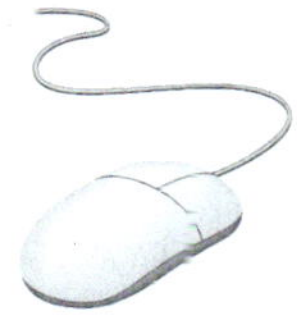
Computermaus aus Duroplaste

Schwamm aus Elastomer

Flasche aus Thermoplaste

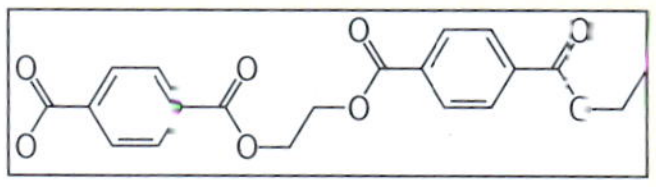

Modell einer Molekülkette von PET (Ausschnitt)

So werden zum Beispiel PET-Flaschen ungefähr zwanzig Mal wieder in den Umlauf gebracht, bevor Millionen von ihnen zu kleinen *Flakes* zerhäckselt werden. Aus dem Granulat entstehen wieder neue PET-Flaschen oder die *Flakes* werden als Feuerungsmittel in Heizkraftwerken und Müllverbrennungsanlagen genutzt. Das Entsorgen von Kunststoffprodukten ist jedoch problematisch: Weder Säuren noch Laugen können die Kunststoffe zersetzen. Viele Dinge, die aus Kunststoff bestehen, werden nicht als Mehrweg-, sondern als Wegwerfartikel hergestellt. Sie verrotten nicht und „leben" über eine sehr, sehr lange Zeit von Hunderten von Jahren in Böden und im Wasser. Auch Mikroorganismen wie die Bodenbakterien „beißen" sich an Kunststoffen „die Zähne" aus.

Kunststoff-Flakes

Mittlerweile treiben mehrere Millionen Tonnen Kunststoffmüll auf den Weltmeeren. Im Nordpazifik hat sich ein Mahlstrom[2] aus dem „Alleskönner" gebildet, der die Größe Mitteleuropas hat. Zwar zerreiben und zerreißen die Kräfte des Ozeans *Duro-* und *Thermoplasten* und die *Elastomeren*, zwar werden die Millionen von Joghurtbechern, Sportschuhen, Teddybären, Einkaufstüten, Plastekanistern, Getränkekartons u. v. a. sozusagen pulverisiert – aber in diesem Zustand werden sie von den Meeresbewohnern zusammen mit dem nahrhaften Plankton aufgenommen. Ihre Verdauung versagt, sie sterben qualvoll – oder sie werden von uns Menschen gefangen, liegen neben PET-Flasche und Joghurtbecher im Einkaufskorb und enden in unseren Mägen.

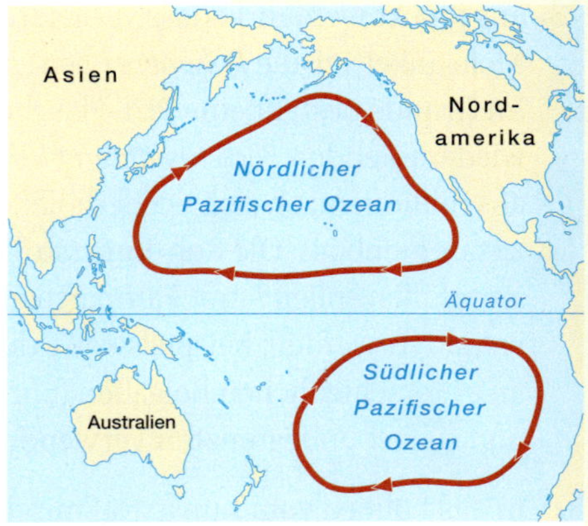

Kunststoffmüll im Nordpazifik

Es geht nicht darum, auf Kunststoffe zu verzichten. Sie haben in allen Formen, Farben und Zuständen ihren nützlichen Platz in unserer Welt. Aber wir müssen lernen, sorgsam mit ihnen umzugehen. Beispielsweise können Dinge aus *Thermoplasten* wieder eingeschmolzen, anders geformt und wiederverwertet werden. Andere Kunststoffe, beispielsweise *Schaumpolystyrolverpackungen*, können zur Bodenverbesserung in der Landwirtschaft oder bei der Herstellung von *Schaumpolystyrol*-Beton verwendet werden. Es lassen sich mittlerweile etliche Produkte – wie Fußbodenbeläge oder PVC-Rohre – erneut zu Verpackungen oder Produkten wie Blumen- und Getränkekästen, Gießkannen usw. einsetzen. Sogenannte Bio-Kunststoffe werden entwickelt. Etliche Verpackungsmaterialien lassen sich heute schon aus Stärke herstellen. Und die PET-Flaschen mit unserem Lieblingsgetränk lassen sich auch in einem Stoffbeutel statt in einer Plastiktüte nach Hause tragen.

[2] der Mahlstrom: ein gefährlicher Wirbel, eine starke strudelnde Strömung

Lies den Text genau. Absätze gliedern den Text.

5 Was erfährst du in den einzelnen Absätzen?
Schreibe für jeden Absatz eine passende Zwischenüberschrift auf.

Textknacker
Schritt 3:
Beim genauen Lesen

Fragen helfen, den Text zu verstehen.

6 Im Tandem!
   a. Schreibt Fragen an den Text auf und beantwortet sie selbst. Bezieht eure Notizen zu Aufgabe 3 auf Seite 30 ein.
   b. Tauscht eure Fragen aus und beantwortet sie gegenseitig.
   c. Vergleicht eure Antworten.

Fragen an den Text stellen und beantworten

Schlüsselwörter sind zum Verstehen besonders wichtig.

7 Welche Schlüsselwörter können in einer Diskussion über die Verwendung von Kunststoffen nützlich sein?
Schreibe Schlüsselwörter aus jedem Absatz zu der entsprechenden Zwischenüberschrift.

Schlüsselwörter finden

Sachtexte enthalten oft Grafiken, die dir helfen, den Text zu verstehen.

8 Über welchen Teilbereich des Themas informiert die Karte auf Seite 32?
   a. Beschreibt die Karte.
   b. Tauscht euch darüber aus, was sie veranschaulicht.

Bilder nutzen

Textverknüpfer stellen Zusammenhänge in Argumentationssträngen her.

9 Welche Zusammenhänge werden in den Zeilen 40–52 deutlich?
   a. Ordne jeweils zwei der blau hervorgehobenen Wörter einander zu.
   b. Erkläre, welcher Zusammenhang zwischen den Sätzen besteht, die diese Wörter einleiten.

die Funktion von Textverknüpfern verstehen

Manche Wörter werden erklärt.

10 Erklärungen für verschiedene Wörter findest du im Text und in den Fußnoten. Schreibe dir unbekannte Wörter mit ihren Erklärungen auf.

Worterklärungen verstehen

11 Schlage weitere Wörter, die du nicht verstanden hast, im Lexikon nach. Schreibe die Wörter zusammen mit ihrer Erklärung auf.

Wörter nachschlagen

Du hast nun vieles über Kunststoffe erfahren und notiert. Deine Aufzeichnungen helfen dir bei einer späteren Diskussion über die Verwendung der Kunststoffe.

Textknacker
Schritt 4:
Nach dem Lesen

12 Trage Argumente für und gegen die Verwendung von Kunststoffen in eine Tabelle ein.

Z **13** Welche Teilschritte waren besonders hilfreich, um den Text zu verstehen? Werte deine Arbeit mit dem Textknacker aus.

Überzeugend argumentieren: Argumentationsstränge entwickeln

Mark, Onur und Samira bereiten eine Diskussion über den Nutzen und die Nachteile von PET-Flaschen vor.

Samira Mark Onur

Den Äußerungen von Mark, Onur und Samira kannst du jeweils eine These (Behauptung) entnehmen.

Thesen formulieren

1 Formuliere jeweils in einem Satz eine These für Mark, Onur und Samira.

> **Starthilfe**
> Samira: PET-Flaschen zu entsorgen ist problematisch.

Wer seine These überzeugend vertreten will, muss sie begründen.

Argumente erkennen und ergänzen

2 Wie argumentieren Mark, Onur und Samira?
- **a.** Schreibe Argumente auf, mit denen Mark und Onur ihre Meinung begründen.
- **b.** Ergänze Samiras Äußerung mit passenden Argumenten.

Nun kannst du eine eigene These vertreten.

die eigene Meinung formulieren und begründen

3 Was hältst du vom Gebrauch von PET-Flaschen?
- **a.** Schreibe eine These auf.
- **b.** Begründe deine Meinung mit Argumenten. Lies dazu im Text auf den Seiten 30 – 32 nach.

Argumentationsansätze auswerten

Z **4**
- **a.** Stellt einander eure These und Argumente vor.
- **b.** Wertet aus, welche Darstellung euch überzeugt und womit dies gelingt.

In der Werbung werden häufig Argumentationsstränge verwendet.

5 Schreibe die verwendete These und die Argumente auf.

Zum Aufbau eines Argumentationsstrangs gehören weitere Bestandteile:

6 **a.** Ordne den einzelnen Sätzen und Teilsätzen des Werbespots die entsprechenden Bestandteile eines Argumentationsstrangs zu. Nutze dazu die Arbeitstechnik und den Infokasten auf dieser Seite unten.

den Aufbau eines Argumentationsstrangs verstehen

Z **b.** Erkläre, wozu die hervorgehobenen Wörter im Werbespot dienen.

7 Entwickle einen Argumentationsstrang zum Gebrauch von PET-Flaschen. Ergänze deine These und deine Argumente aus Aufgabe 3 durch Beispiele und durch eine Schlussfolgerung.

Argumentationsstränge entwickeln

Z **8** Schreibe eine Stellungnahme für oder gegen den Gebrauch von PET-Flaschen. Verwende die Notizen zu den Aufgaben 3 und 7.

eine Stellungnahme schreiben

Arbeitstechnik

Einen Argumentationsstrang entwickeln

- Formuliere deine **These** kurz und klar.
- Begründe sie durch **Argumente**.
- Stütze die Argumente durch **Beispiele und Belege**.
- Formuliere am Ende eine **Schlussfolgerung** (auch Fazit genannt), die die anfängliche These wieder aufgreift.

Info

Aufbau eines Argumentationsstrangs:

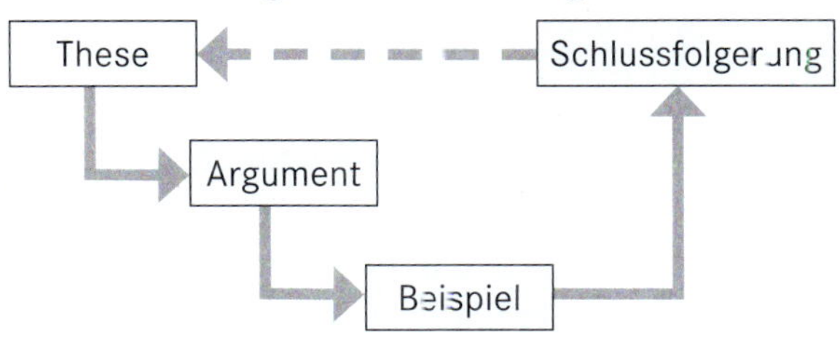

Mündlich argumentieren: Eine Podiumsdiskussion

Argumentationsstränge entwickeln ➤ S. 34–35

Eine Umweltschule in Hessen will zur Verringerung der im Kunststoff vorhandenen Schadstoffe beitragen. Die Schulleitung hat zum Verzicht von Kunststoffprodukten in der Schule aufgerufen.

1 Welche Produkte aus Kunststoff verwendet ihr in der Schule?
- **a.** Tragt eure Antworten zusammen und sammelt sie in einer Liste.
- **b.** Schreibt auf, ob und wodurch die Produkte ersetzt werden könnten.

In einer Podiumsdiskussion könnt ihr diskutieren, was ihr von einem generellen Verzicht auf Kunststoffprodukte in der Schule haltet.

eine Podiumsdiskussion vorbereiten

2 Bereitet eine Podiumsdiskussion vor.
- **a.** Bildet vier verschiedene Gruppen: Moderation, Befürworter und Gegner eines Kunststoffverbots, Beobachter/Publikum.
- **b.** Welche Aufgaben übernehmen Moderatoren, Befürworter, Gegner, Beobachter und Publikum? Tauscht euch darüber aus.

Ablauf der Diskussion:
Einleitung und Begrüßung
Vorstellung der Teilnehmer
offene Diskussion/Publikumsfragen
Abmoderation

3 Gruppenarbeit!

Gruppe 1: Moderation
- Klärt, wie viel Zeit für die Diskussion zur Verfügung steht, und schreibt einen Zeitplan für den Diskussionsverlauf.
- Schreibt eine Einleitung zur Podiumsdiskussion. Nennt das Thema, stellt die Diskussionsteilnehmer vor und begrüßt das Publikum.
- Formuliert Fragen und entscheidet, wem ihr sie stellen wollt.
- Besprecht, wie ihr reagieren könnt, wenn Gesprächsregeln in der Podiumsdiskussion verletzt werden.
- Besprecht, wie ihr die Diskussion abmoderieren (beenden) könnt.

Gruppe 2 und 3: Befürworter und Gegner (Interessenvertreter)
- Formuliert eure These in eigenen Worten.
- Schreibt passende Argumente einzeln auf Karteikarten auf.
- Entwickelt Argumentationsstränge zu einzelnen Argumenten.
- Schreibt einen kurzen Beitrag für die Vorstellungsrunde. Nennt darin eure These und ein Argument. Übt, den Text frei vorzutragen.
- Entscheidet, wer eure Gruppe vertreten soll.

Gruppe 4: Beobachter/Publikum
- Schreibt Fragen auf und entscheidet, wem ihr sie stellen wollt.
- Schreibt in einen Beobachtungsbogen, worauf ihr achten wollt.
- Entscheidet, wer während der Diskussion worauf achtet.

Beobachtungsbogen

Thema der Diskussion: ____________

Gesprächsverlauf: ____________

Einhaltung der Gesprächsregeln: ____________

Argumentationsstränge:

Pro:	*Kontra:*

Einigung/Ergebnis: ____________

Vor Beginn der Podiumsdiskussion sind einige Vorbereitungen notwendig.

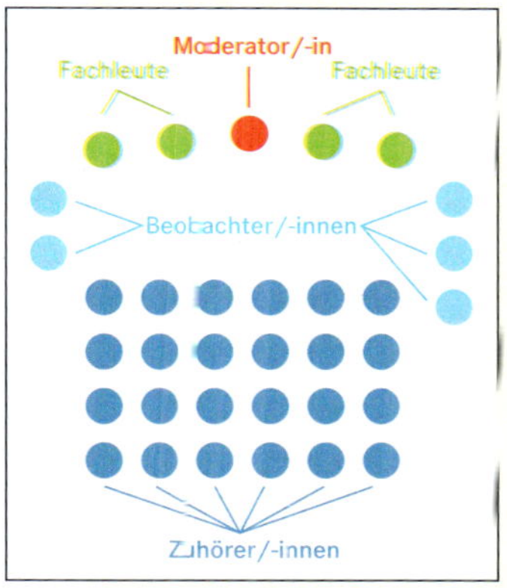

4 Woran müsst ihr noch denken?
a. Beschreibt die Sitzordnung mithilfe der Fotos und der Grafik.
b. Klärt, was noch zu tun ist, und bereitet alles vor.

Nun kann die Diskussion beginnen.

5 Führt die Podiumsdiskussion durch.
Beachtet bei der Durchführung die Arbeitstechnik und die Sitzordnung.

eine Podiumsdiskussion durchführen

6 **a.** Wertet die Diskussion anschließend mit den Beobachtungsbögen der Beobachtergruppe aus.
b. Besprecht auch, was den anderen Beteiligten aufgefallen ist.

eine Podiumsdiskussion auswerten

Arbeitstechnik

Eine Podiumsdiskussion durchführen

In einer Podiumsdiskussion diskutieren Interessenvertreter oder Fachleute vor Publikum auf einem Podium (z. B. einer Bühne).
- Die **Moderatorin oder** der **Moderator** begrüßt alle und leitet die Diskussion ein. Sie oder er stellt das Thema und die Interessenvertreter vor.
- Die **Interessenvertreter** tragen ihren Standpunkt zusammenfassend vor (These und Argument).
- Dann folgt die **offene Diskussion**:
- Die **Interessenvertreter** versuchen, ihren Standpunkt überzeugend darzustellen.
- Das **Publikum** beteiligt sich durch Fragen oder Meinungsäußerungen an der Diskussion.
- Die **Moderatorin** oder der **Moderator** achtet darauf, dass alle zu Wort kommen und die Gesprächsregeln sowie der Zeitplan eingehalten werden. Sie oder er kann Fragen stellen und das Publikum in die Diskussion einbeziehen. Sie oder er beendet die Diskussion nach Ablauf der Zeit.

Schriftlich argumentieren: Eine Argumentation verfassen

Nach der Diskussion in der Klasse möchte Lui weitere Schüler einbeziehen. In der Schülerzeitung veröffentlicht er diesen Artikel.

Sind wir Matrosen auf einem Müllschiff?

Vorige Woche las ich von einem Schiff, das Plastikmüll aus Europa über die Meere bringt. Es gibt ganze Müllflotten, aber dieses eine Schiff namens „Break of Dawn“ wurde plötzlich überall abgewiesen. Es fährt auf den Meeren herum und wird den Müll nicht mehr los. Als ich davon las, wurde mir mulmig zumute. Wir alle gebrauchen und verbrauchen ohne Ende Dinge aus Plastik. Haben die ihren Zweck erfüllt, werfen wir sie weg. Und wir wissen nicht genau, wohin sie gelangen. Wir wissen zwar von den riesigen Müllhalden, aber wir hoffen, dass alles gut ausgehen wird. Außerdem verbrauchen wir bei der Herstellung von Kunststoff einen der Schätze unseres Planeten: das Erdöl. Vielleicht, dachte ich, sind wir alle Matrosen auf einem Müllschiff und sollten uns überlegen, woher diese Müllmengen kommen. Warum sind viele Sachen so riesig verpackt? Warum schmeißen wir so vieles weg, nur weil es nicht angesagt ist? Und dann fiel mir noch ein Lied von Michael Jackson ein, das genauso heißt wie das Müllschiff „Break of Dawn“ („Vor Tagesanbruch“). „Let's not wait, the sun is out, let's get up and let's get out“, singt er. „Lass uns nicht warten, die Sonne scheint, lass uns aufstehen und lass uns rausgehen“ – und lass uns überlegen, was wir wirklich brauchen.

Lui W.

1 Welche These kannst du dem Artikel entnehmen? Formuliere sie.

eine These formulieren

2 Welche Argumentationsstränge werden entwickelt? Trage die verwendeten Argumente, Belege und Beispiele mit den entsprechenden Zeilenangaben in eine Tabelle ein.

Argumentationsstränge untersuchen

Starthilfe

Argument	Beleg	Beispiel
– zu viel Müll (Zeile ...)	– ...	– ...

3 Zu welcher Schlussfolgerung führen die Argumentationsstränge? Schreibe die entsprechende Textstelle als Zitat mit Zeilenangabe auf.

die Schlussfolgerung verstehen

Z **4** In seinem Artikel verfolgt Lui verschiedene Schreibziele. Was will Lui mit seinem Artikel erreichen? Tauscht euch über die Schreibziele aus und belegt eure Antworten.

Schreibziele verstehen

In einer Argumentation legst du deine Meinung dar.

schriftlich argumentieren

5 Schreibe deine Meinung zu Luis Artikel in Stichworten auf.

Starthilfe

– Nachdenken über die eigene Müllerzeugung genügt nicht, um …

6 Mit welchen Argumenten, Beispielen und Belegen kannst du deine Meinung stützen? Trage sie in eine Tabelle ein.

mehr zu Kunststoffmüll ➤ S. 31–32

Starthilfe

Argument	Beispiel/Beleg
Mehrere Millionen Tonnen Kunststoffmüll treiben schon auf den Weltmeeren.	Im Nordpazifik treibt der Müll …

7 Nummeriere deine Argumente der Wichtigkeit nach.
Beginne mit dem schwächsten und ende mit dem stärksten Argument.

8 Welche Argumente könnten gegen deine Meinung angeführt werden?
a. Schreibe mögliche Gegenargumente auf.
b. Notiere auch, wie sie sich entkräften lassen.

So behaupten zwar viele, dass …, aber …
Sicherlich ist es nicht ganz falsch, dass …, jedoch …

9 Verfasse eine Argumentation.
Nutze die Arbeitstechnik und deine Notizen zu den Aufgaben 4 bis 8.

Arbeitstechnik

Eine Argumentation verfassen

Eine Argumentation baust du dreiteilig auf:

1. Einleitung:
- **Nenne das Thema** und **formuliere dein Interesse** daran.
- Du kannst auch knapp darstellen, auf welchen Text du dich beziehst (z. B. auf einen Zeitungsartikel).
- **Formuliere deine Meinung** in einer These.

2. Hauptteil: Im Hauptteil **entwickelst** du die **Argumentationsstränge**. These, Argument, Beispiel
- **Begründe deine These** durch Argumente und **veranschauliche** diese durch Beispiele/Belege.
- Beginne mit dem schwächsten und ende mit dem stärksten Argument.
- **Entkräfte** nach Möglichkeit **Gegenargumente**.
- **Verknüpfe** deine Argumentationsstränge sinnvoll durch Textverknüpfer (Konjunktionen und Adverbien).

3. Schluss:
- **Fasse** deine begründete Meinung noch einmal kurz **zusammen**. Das überzeugendste Argument kannst du hier noch einmal anführen.
- **Formuliere** eine Schlussfolgerung.
- **Rege** durch eine Frage oder eine Aufforderung die weitere Diskussion **an**.

Extra Sprache: Textverknüpfer verwenden

Textverknüpfer stellen einen logischen Zusammenhang zwischen Sätzen her. Die einzelnen Bestandteile einer Argumentation können durch Textverknüpfer (z. B. Konjunktionen oder Adverbien) eingeleitet werden.

also   beispielsweise   denn   folglich   jedoch   deshalb   somit   aber
da   so   daher   weil   hingegen   andererseits   wegen   darum   obwohl

die Funktion von Textverknüpfern in einer Argumentation kennen

1 Was können die Textverknüpfer jeweils einleiten?
  a. Ordne den Argumentationsteilen Textverknüpfer zu.
  b. Ergänze weitere Textverknüpfer.

Starthilfe

Argument	Gegenargument	Beispiel/Beleg	Schlussfolgerung (Fazit)
...	...	...	also, ...

Mit einigen Textverknüpfern kannst du Hauptsätze verbinden.

Hauptsätze miteinander verknüpfen

Kunststoffverpackungen sind nützlich. Kunststoffverpackungen sind in der modernen Lebensmittelindustrie sehr vorteilhaft. Kunststoffe sind billig herzustellen und praktisch in der Benutzung.	Kunststoffverpackungen tragen zur Umweltbelastung bei. Jede leere Shampooflasche, jedes weggeworfene Spielzeug muss entsorgt oder recycelt werden. Sie ermöglichen es, Lebensmittel länger haltbar zu machen.

2 Verknüpfe die Sätze so, dass ein logischer Zusammenhang entsteht. Schreibe die Satzreihen mit passenden Konjunktionen auf.

denn
aber
doch/jedoch

Andere Textverknüpfer verbinden Haupt- und Nebensätze miteinander.

Haupt- und Nebensätze verknüpfen

Satzgefüge ➤ S. 309

3 Verknüpfe die Sätze aus Aufgabe 2 zu Satzgefügen. Achte auf die veränderte Wortstellung im Nebensatz.

Starthilfe

Kunststoffverpackungen sind nützlich, weil sie ...

Z **4** Bilde mithilfe von Textverknüpfern aus Aufgabe 1 weitere Satzreihen und Satzgefüge für eine Argumentation über Vorteile und Nachteile von Kunststoffen.

Textverknüpfer verwenden

weil
obwohl

Extra Sprache: Fachwörter erschließen

Argumente kannst du Sachtexten entnehmen, doch Sachtexte enthalten häufig Fachwörter. Oft kannst du ihre Bedeutung aus dem Zusammenhang erschließen.

Die Grundbausteine in der Kunststoffherstellung sind sogenannte Monomere. Das sind kleine Moleküle, die man aus Erdöl gewinnt. Diese kleinen Bausteine lassen sich beliebig lang zu einer Kette zusammensetzen. Wenn man diese Ketten chemisch verknüpft, erhält man ganz unterschiedliche Roh-Kunststoffe. Da diese Roh-Kunststoffe aus vielen Monomeren aufgebaut sind, bezeichnet man sie auch als Polymere (*poly*, griechisch = *viel*).

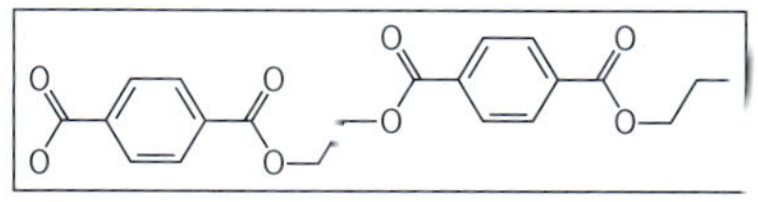

aus Monomeren zusammengesetzte Molekülkette = Polymer

1 Welche Fachwörter werden durch die hervorgehobenen Wörter erklärt? Schreibe die Fachwörter mit ihrer Erklärung auf.

Fachwörter ihrer Erklärung zuordnen

Diese Erklärungshilfen werden häufig in Sachtexten verwendet:

- Zerlegung und Übersetzung von Wörtern aus anderen Sprachen
- Bildung von Zusammensetzungen aus bekannten Wörtern
- Umschreibung durch eine Wortgruppe
- Erklärung durch einen weiteren Fachbegriff
- Erklärung durch eine Abbildung

2 Welche Erklärungshilfen enthält der Textausschnitt über Aufgabe 1?

a. Ordne sie den entsprechenden Fachwörtern und Erklärungen zu.

b. Schreibe auch in Stichworten auf, was die Abbildung neben dem Text veranschaulicht.

Erklärungshilfen erkennen

Nun kannst du die Fachwörter im folgenden Textausschnitt erschließen.

Generell unterscheidet man drei Arten von Kunststoffen: Thermoplasten, Duroplasten und Elastomere. Thermoplasten (*thermos*, griechisch = *warm*) sind Kunststoffe, die beim Erhitzen erweichen. Liegen sie in weicher Form vor, kann man sie beliebig formen. Duroplasten hingegen sind sehr feste Polymer-Werkstoffe. Sie sind durch Hitze nicht verformbar, lassen sich aber mechanisch durch Sägen, Bohren oder Schleifen bearbeiten.

Computermaus aus Duroplaste

Schwamm aus Elastomer

Flasche aus Thermoplaste

3 Erkläre die Fachwörter **Thermoplaste** und **Duroplaste** mit eigenen Worten.

Fachwörter erklären

Z **4** Informiere dich über **Elastomere** und erkläre das Fachwort.

Z Weiterführendes: Informationen bewerten

Eine Welt ohne Kunststoffe ist schwer vorstellbar, aber die Entsorgung von Kunststoffmüll bleibt problematisch. Dieser Sachtext informiert über Aspekte, die in der Zukunft verstärkt eine Rolle spielen werden.

1 Lies den Text mithilfe des Textknackers.

den Textknacker anwenden

Textknacker ➤ S. 30–33

Die Zukunft der Kunststoffe

Schätzungen zufolge wurden 2010 weltweit über 250 Millionen Tonnen Kunststoff produziert. Und die Produktion wird weiterhin steigen, da sich Kunststoffe nicht komplett durch andere Werkstoffe ersetzen lassen.

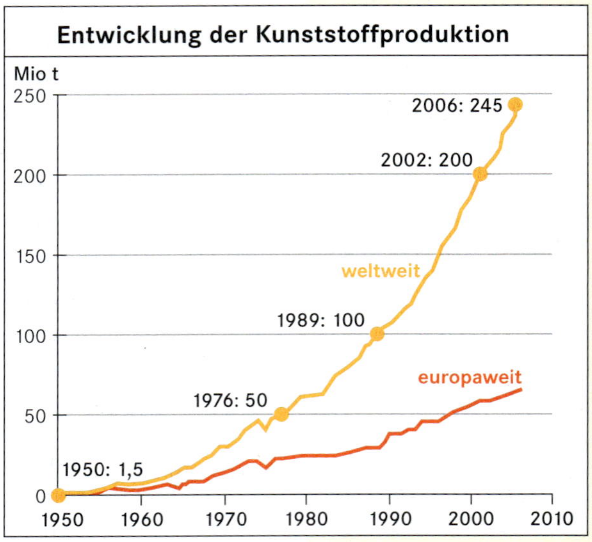

Momentan wird Kunststoff größtenteils aus Erdöl hergestellt. Zwar werden nur 3–5 % des zurzeit geförderten Erdöls für die Kunststoffindustrie verwendet, doch da Erdöl ein endlicher Rohstoff ist, müssen Alternativen für die Kunststoffproduktion gefunden werden. Zudem vermutet man, dass sich Konflikte und Kriege um Erdöl zukünftig häufen werden, denn die Abhängigkeit von diesem Rohstoff ist weltweit sehr groß. So gibt es Überlegungen dazu, wie Kunststoff ölunabhängig hergestellt werden kann.

Einen Ausweg könnte das Recycling des Kunststoffs bieten. Dabei wird Kunststoffmüll durch technische Verfahren in seine Ausgangsstoffe, wie z. B. Erdöl, zurückverwandelt, die dann wiederum für die erneute Produktion zur Verfügung stehen. Die riesigen Berge des Kunststoffmülls ließen sich so sinnvoll abbauen. Jedoch sind alle bisher entwickelten Recycling-Verfahren noch sehr teuer und energieaufwendig. Aber da Energie aktuell hauptsächlich aus den fossilen Rohstoffen[1] gewonnen wird, deren Verbrennung zu einer starken Umweltbelastung führt, muss das Kunststoff-Recycling noch technisch optimiert[2] werden.

Eine zweite Möglichkeit, um bei der Kunststoffproduktion nicht mehr vom Erdöl abhängig zu sein, bieten die sogenannten Bio-Kunststoffe. Unter diesem Begriff

[1] fossile Rohstoffe: in früheren Zeiten entstandene Rohstoffe, dazu gehören Erdöl, Erdgas und Torf, Steinkohle, Braunkohle. Sie erneuern sich nicht und sind deshalb als Energiereserven begrenzt.
[2] optimiert: verbessert

werden Kunststoffe zusammengefasst, die sich aus nachwachsenden Rohstoffen wie Mais, Zuckerrüben oder Kartoffeln herstellen lassen. Forscher versuchen momentan, Verfahren zur Herstellung von Bio-Kunststoffen zu optimieren.

Doch auch hier zeigen sich einige Nachteile. Zunächst werden für die Produktion von nachwachsenden Rohstoffen viel Wasser und umweltbelastender Dünger benötigt. Weiterhin stellt sich die Frage, ob man Nahrungsmittel für die Kunststoffherstellung nutzen sollte, während weltweit ca. 1 Milliarde Menschen Hunger leiden mit steigender Tendenz.

Mittlerweile mehren sich auch Stimmen aus der Forschung, die betonen, dass Bio-Kunststoffe nicht schadstofffrei abbaubar sind. Denn schließlich bedeutet der Begriff Bio-Kunststoff nicht automatisch, dass dieser biologisch abbaubar ist. Ob Kunststoffe biologisch abbaubar sind, hängt nicht nur von den Ausgangsstoffen ab, sondern auch von der chemischen Struktur der Kunststoffe sowie ihrer Eigenschaft, sich innerhalb einer bestimmten Zeit in Anwesenheit von Mikroorganismen oder Pilzen zu mehr als neunzig Prozent zu Wasser, Kohlenstoffdioxid und Biomasse[3] abzubauen. Bio-Kunststoffe müssen jedoch oftmals erhitzt werden, um die Abbauprozesse zu beschleunigen, was wiederum zu einem vermehrten Ausstoß des Treibhausgases Kohlenstoffdioxid führt. Und zudem kommt es zu einem verstärkten Ausstoß von Methan, was das Klima der Erde noch stärker belastet als Kohlenstoffdioxid.

Kunststoffe werden in der Zukunft weiterhin eine zentrale Rolle spielen. Doch erdölunabhängige Herstellungsverfahren und das Problem der Anhäufung von Kunststoffmüll werden die Forschung noch lange Zeit beschäftigen.

[3] die Biomasse: organische Substanz, die z. B. bei der Kompostierung von Biomüll anfällt

2 Beantwortet die folgenden Fragen zum Inhalt des Sachtextes:
- Um welches zentrale Problem geht es in dem Text?
- Welches Ziel verfolgt die Forschung im Bereich der Kunststoffe?
- Welche Lösungsansätze werden genannt?

den Inhalt erschließen

In den Zeilen 16–50 erfährst du etwas über die Vor- und Nachteile der vorgestellten Lösungsansätze.

3 Erstelle eine Tabelle zu den Vorteilen und Nachteilen der Verfahren.

Informationen entnehmen

Nun kannst du die Informationen aus dem Text selbst bewerten.

4 Wie könnten deiner Meinung nach Probleme der Kunststoffherstellung und -entsorgung am ehesten gelöst werden?
Verfasse eine schriftliche Argumentation.

eine Argumentation verfassen
argumentieren ➤ S. 34–35

Das kann ich!

Sachtexte erschließen
Mündlich und schriftlich argumentieren

In diesem Kapitel habt ihr gelernt, Sachtexte zu erschließen. Ihr habt darin erfahren, wie sehr unser Alltag von Kunststoffen bestimmt wird und welche Vor- und Nachteile mit ihrer Verwendung verbunden sind. Davon handelt auch der folgende Sachtext. Die Informationen benötigt ihr, um anschließend eine Podiumsdiskussion vorzubereiten und durchzuführen.

1 Lies den Sachtext mit dem Textknacker.

den Textknacker anwenden

Textknacker ➤ S. 30–33

Neue Aufgaben für alte Kunststoffe

Zwei von drei Kunststoffprodukten sind länger als acht Jahre in Gebrauch. Kunststofffensterrahmen beispielsweise halten sogar jahrzehntelang. Es gibt aber auch viele sehr kurzlebige Produkte; dazu gehören vor allem Verpackungen, die etwa ein Drittel aller Nahrungsmittel in Deutschland einhüllen und die man nach Gebrauch wegwirft. Das macht Müll und ist Verschwendung, weil in Kunststoffen sehr viel Energie steckt: Die Kunststoffe Polystyrol (PS) und Polyethylen (PE) würden beim Verbrennen mehr Energie liefern als Heizöl. Man hat sich deshalb überlegt, was man verbessern könnte. Anfang der 1990er Jahre wurde in Deutschland das Kreislaufwirtschafts- und Abfallgesetz erlassen. Darin steht, dass Abfälle vermieden, verwertet, zur Energiegewinnung genutzt oder ordnungsgemäß entsorgt werden sollen. Und so sammelt man in Deutschland heute etwa die Hälfte der Kunststoffe (in manchen europäischen Ländern noch mehr) wieder ein und verwertet sie fast vollständig.
Auf eine ausgefallene Idee und pfiffige Wiederverwendungsmöglichkeit für PET-Flaschen kam Andreas Froese: Die Flaschen werden mit Schutt und Sand gefüllt und zum Hausbau in verschiedenen Ländern Lateinamerikas und in Indien verwendet. Dazu werden die vollen Flaschen aufeinandergestapelt und mittels Lehm miteinander verbunden. Wiederverwertungsfirmen unterscheiden die werkstoffliche von der rohstofflichen Verwertung. Werkstoffliche Verwertung ist das Recycling – der gesammelte Kunststoff bildet das Ausgangsmaterial für ein neues Produkt: Alte Kunststofffensterrahmen aus Polyvinylchlorid werden zu neuen geformt; ein Gemisch verschiedener Kunststoffe als Rohstoff, etwa, wenn er aus vielen kleinen, verschmutzten Teilen besteht. Dann wird er chemisch in die einzelnen Inhaltsstoffe zerlegt, die z. B. zur Herstellung von Käseverpackungen, Waschmitteln, Schmieröl oder sogar Medikamenten dienen – und so prägt Kunststoff sogar mehrfach unsere Welt.

Andreas Froese beim Bau eines Wohnhauses aus PET-Flaschen

2 Welche Informationen können als Argumente, Belege und Beispiele in einer Podiumsdiskussion über Gefahren und Nutzen von Kunststoffen dienen? Schreibt Stichworte mit entsprechenden Zeilenangaben auf.

Informationen gezielt entnehmen und mit dem Vorwissen verknüpfen

Ihr habt außerdem Argumentationsstränge entwickelt, die ihr für das schriftliche und mündliche Argumentieren verwenden könnt.

3 Bereitet eine Podiumsdiskussion über Gefahren und Nutzen von Kunststoffen vor, zu der folgende Interessenvertreter geladen sind:
- eine Umweltschützerin
- die Chefin einer Recyclingfirma
- ein Spielzeughersteller
- ein besorgter Vater, der die Gesundheit seiner Kinder gefährdet sieht.

a. Bildet Gruppen für die Moderation, für die einzelnen Interessenvertreter und für die Beobachter.
b. Erstellt in den Gruppen eine Checkliste und tragt ein, welche Aufgaben ihr erledigen müsst.
c. Erledigt eure Aufgaben und überprüft die Vorbereitungen mit der Checkliste.

Checkliste: Eine Podiumsdiskussion vorbereiten	*Ja*	*Nein*
– Haben wir die Sitzordnung berücksichtigt?		
– Haben wir einen Zeitplan für den Diskussions-verlauf geschrieben (Gruppe: Moderation)?		
– Haben wir …		

eine Podiumsdiskussion vorbereiten

Podiumsdiskussion ➤ S. 36–37

4 Führt die Podiumsdiskussion durch.
- Wählt dazu aus den Gruppen der Interessenvertreter und der Moderation aus, wer eure Gruppe jeweils vertreten soll.
- Alle übrigen Gruppenmitglieder beteiligen sich als Publikum an der Podiumsdiskussion.
- Entscheidet, ob die Podiumsdiskussion von einem Beobachter mit einer Kamera aufgenommen werden soll.
- Übernehmt eure Rollen/Aufgaben im Diskussionsablauf.

eine Podiumsdiskussion durchführen

Die Podiumsdiskussion könnt ihr mit verschiedenen Hilfsmitteln auswerten.

5 Wertet eure Podiumsdiskussion aus.
a. Verwendet dazu die Beobachtungsbögen der Beobachtergruppe.
b. Überprüft die Beobachtungen mit der Kamera-Aufzeichnung.

eine Podiumsdiskussion auswerten

Beobachtungsbogen ➤ S. 36

Einen Kommentar schreiben

Die Argumentationsstruktur in einem Zeitungsartikel

In einem Kommentar kannst du deine persönliche Meinung zu einem Sachverhalt oder einem Thema darstellen. Du beziehst dich dabei auf Informationen aus Veröffentlichungen, wie z. B. aus folgendem Zeitungsartikel.

1 Lies den Zeitungsartikel mit dem Textknacker.

Eltern sollen auf Prüfsiegel achten – Schärfere Gesetze gefordert

Spielzeug aus Kunststoff ist günstig herzustellen und schön bunt. Darum ist es sowohl bei Eltern als auch bei Kindern sehr beliebt. Doch immer mehr Meldungen über Schadstoffe in Kunststoffspielzeug verunsichern die Eltern.

In den Medien häufen sich Berichte, in denen Herstellern von Plastikspielzeug vorgeworfen wird, die Gesundheit von Kindern zu gefährden. Den Berichten zufolge gehörten viele Spielsachen aus Kunststoff eher auf die Sondermülldeponie als ins Kinderzimmer, denn in Kunststoffen enthaltene Schadstoffe wie Weichmacher sammelten sich in Kinderkörpern an und könnten zu Krankheiten führen. Die Folgen für die Kinder seien gravierend, da schon geringe Mengen der Weichmacher z. B. den Hormonhaushalt stören könnten, der unter anderem Wachstum und geistige Entwicklung steuert.

Umweltschützer weisen darauf hin, dass Eltern mit gutem Gewissen Spielwaren kaufen könnten, die ein anerkanntes Gütesiegel hätten. Und auch auf die eigene Nase sei Verlass, denn Spielzeug, was nach Plastik riecht, scheidet auch schädliche Stoffe aus. Diese könnten wiederum von Kindern aufgenommen werden, wenn sie z. B. daran lutschten.

Da es für einige Gefahrenstoffe bisher noch gar keine Grenzwerte gäbe, fordert das Bundesamt für Risikobewertung nun strengere Richtlinien.

spiel gut – vom arbeitsausschuß kinderspiel + spielzeug ausgezeichnet recommended

TEXTILES VERTRAUEN – Schadstoffgeprüfte Textilien nach Öko-Tex Standard 100 – Prüf-Nr. 00.0.00000 Institut

GS – geprüfte Sicherheit

Zunächst untersuchst du wesentliche Aussagen und den Aufbau.

die Textaussagen und die Argumentationsstruktur untersuchen

2 Was ist das Thema des Zeitungsartikels? Schreibe Stichworte dazu auf.

3 **a.** Trage in eine Tabelle Thesen ein.
b. Ergänze Argumente und Beispiele, die die Thesen stützen.

Starthilfe

Thesen	Argument	Beispiel
– Spielzeughersteller gefährden ...	– Kunststoffe enthalten ...	– ...

Einen Kommentar zu einem Zeitungsartikel planen

**In einem Kommentar kannst du deine Meinung äußern.
Du kannst außerdem andere überzeugen, sie auffordern oder mit Fragen zur Fortsetzung der Diskussion anregen.**

1 Was denkst du über das Thema des Zeitungsartikels auf Seite 46?
- **a.** Lies deine Notizen aus Aufgabe 2 auf Seite 46.
- **b.** Formuliere deine Meinung in einer These.

die eigene Meinung formulieren

2 Schreibe auf, an wen du den Kommentar richten willst.

die Adressaten und Schreibziele festlegen

3 Lege deine Schreibziele fest.

Starthilfe
- die Leser dazu auffordern, sich bewusster zu entscheiden, welche Produkte sie kaufen …

Argumente und Beispiele wirken überzeugender, wenn sie deinen Lesern und deinem Schreibziel entsprechen.

4 Schreibe Argumente und Beispiele auf, die deine These stützen.
- **a.** Wähle Argumente und Beispiele, die deine Leser überzeugen.
- **b.** Prüfe auch, ob sie nützlich für das Erreichen deines Schreibziels sind.

Argumente und Beispiele sammeln und auswählen

5 Wie kannst du möglichen Gegenargumenten begegnen?
- **a.** Tausche dich mit einer Partnerin oder einem Partner darüber aus, was gegen deine Argumente und Beispiele angeführt werden könnte.
- **b.** Schreibe auf, wie du die Gegenargumente entkräften kannst.

Gegenargumente entkräften

Die Anordnung der Argumente beeinflusst ihre Überzeugungskraft.

These: Verbraucher können sich besser schützen
- *Kinder müssen nicht mit Spielzeugen überhäuft werden*
- *Prüfsiegel bieten Orientierungshilfe*
- *lieber weniger kaufen und auf bessere Qualität achten*
- *unabhängige Untersuchungseinrichtungen achten darauf, dass gesetzliche Vorgaben eingehalten werden*

6
- **a.** Schreibe die These und die Argumente ab.
- **b.** Markiere Argumente, die zusammengehören, mit einer Farbe.

zusammengehörige Argumente kennzeichnen

7 Nummeriere deine Argumente der Wichtigkeit nach.
Beginne mit dem schwächsten Argument und ende mit dem stärksten.

Argumente anordnen

Den Kommentar schreiben und überarbeiten

Ein Kommentar ist ein argumentativer Text. Mithilfe der Arbeitstechnik kannst du einen Kommentar zu dem Zeitungsartikel auf Seite 46 verfassen.

1 Schreibe deine Argumentation in der Form eines Kommentars mithilfe der Arbeitstechnik.

den Kommentar schreiben

Arbeitstechnik

Einen Kommentar verfassen

Schreibe deine Meinung in Stichworten auf.
- Lege fest, an wen du den Kommentar richten willst und welche Schreibziele du verfolgst.
- Notiere Argumente und Beispiele, die deinen Lesern und Schreibzielen entsprechen
- Beachte den dreiteiligen Aufbau einer Argumentation:

1. **Einleitung:**
   - **Nenne das Thema** und **formuliere dein Interesse** daran.
   - Du kannst auch knapp darstellen, auf welchen Text du dich beziehst (z. B. auf einen Zeitungsartikel).
   - **Formuliere deine Meinung** in einer These.
2. **Hauptteil:** Im Hauptteil **entwickelst** du die **Argumentationsstränge**.
   - **Begründe deine These** durch Argumente und **veranschauliche** diese durch Beispiele/Belege.
   - Beginne mit dem schwächsten und ende mit dem stärksten Argument.
   - **Entkräfte** nach Möglichkeit **Gegenargumente**.
   - **Verknüpfe** deine Argumentationsstränge sinnvoll durch Textverknüpfer (Konjunktionen und Adverbien).
3. **Schluss:**
   - **Fasse** deine begründete Meinung noch einmal kurz **zusammen**. Das überzeugendste Argument kannst du hier noch einmal anführen.
   - **Formuliere** eine Schlussfolgerung.
   - **Rege** durch eine Frage oder eine Aufforderung die weitere Diskussion **an**.

Textverknüpfer verwenden
➤ S. 40

Mithilfe einer Checkliste kannst du deinen Kommentar überprüfen.

2 Überprüfe und überarbeite deinen Kommentar.
- **a.** Formuliere mithilfe der Arbeitstechnik Checkfragen.
- **b.** Überarbeite deinen Kommentar, wenn du Checkfragen mit „Nein" beantwortet hast.
- **c.** Überprüfe zum Schluss die Rechtschreibung.

den Kommentar überprüfen und überarbeiten

Checkliste: Einen Kommentar verfassen	*Ja*	*Nein*
– Habe ich die Leser und meine Schreibziele berücksichtigt?		
– Ist der Aufbau …		

Ein Beruf für dich

- Referate präsentieren
- Sprechsituationen gestalten

Stellenangebot

Wir bieten zum 01.09.2012 Ausbildungsstellen zum/zur Seiler/-in.

Stellenbeschreibung:

Seiler/-innen verarbeiten natürliche und künstliche Fasern oder Draht maschinell zu Seilen aller Art. Sie machen fertiggestellte Seile verkaufsfertig oder verarbeiten sie weiter.

Anforderungen an die Bewerber:

- Sie kommen aus dem Großraum Frankfurt.
- Sie haben einen qualifizierenden/erweiterten Hauptschulabschluss.
- Ihre Noten in den Hauptfächern sind nicht schlechter als 3.
- Sie haben EDV- und Englischkenntnisse.
- Sie haben ein gepflegtes Erscheinungsbild.

Persönliche Stärken/Schlüsselqualifikationen:

Teamfähigkeit, Kommunikationsfähigkeit, Kundenorientierung

1

2

3

4

Was wird verlangt, was kann ich gut?

Bevor du dich um eine Ausbildungsstelle bewirbst, musst du herausfinden, welche Anforderungen in diesem Beruf gestellt werden und welche du erfüllen kannst.
Die Fotos auf Seite 49 zeigen Jugendliche in ihren Ausbildungsberufen.

1 Tauscht euch über die Ausbildungsberufe auf den Fotos aus.
- **a.** Beschreibt die Tätigkeiten und den Arbeitsplatz.
- **b.** Ordnet den abgebildeten Tätigkeiten passende Berufsbezeichnungen zu.

Die Tätigkeiten auf den Fotos erfordern spezielle Fähigkeiten und Interessen.

Sorgfalt Interesse am Werken und Gestalten handwerkliches Geschick
körperliche Belastbarkeit Freude am Umgang mit Menschen
Naturverbundenheit Einfallsreichtum räumliche Vorstellung

2 Was bedeuten diese Fähigkeiten und Interessen?
- **a.** Erklärt, was ihr darunter versteht.
- **b.** Ordnet sie den Berufen von Seite 49 passend zu.
- Z **c.** Recherchiert weitere Berufe, für die man diese Fähigkeiten und Interessen besitzen sollte, und schreibt sie auf.

Starthilfe

Anforderung	Erklärung	Berufe
Sorgfalt	Aufgaben genau, gewissenhaft ausführen	...

Auf Seite 49 findet ihr auch eine Stellenanzeige, die über eine freie Ausbildungsstelle informiert.

Stellenanzeigen verstehen

3 Welche Informationen enthält die Stellenanzeige?
- **a.** Schreibt auf, was ihr über den Beruf und die Ausbildung zum Seiler bzw. zur Seilerin erfahrt.
- **b.** Erklärt, was im Einzelnen von den Bewerbern gefordert wird.
- **c.** Ordnet der Stellenanzeige das passende Foto zu.

In diesem Kapitel setzt ihr euch mit Berufen, deren Anforderungen und euren Fähigkeiten und Interessen auseinander. Die einzelnen Teileinheiten des Kapitels könnt ihr zum gezielten Training für eure Berufsvorbereitung nutzen. Am Ende des Kapitels könnt ihr sachgerecht und folgerichtig präsentieren sowie Gespräche gestalten und reflektieren.
Das Zeichen in der Randspalte führt euch schrittweise dorthin.

In allen Berufen werden neben den fachlichen Anforderungen bestimmte Eigenschaften erwartet. In vielen Stellenanzeigen werden sie als Schlüsselqualifikationen bezeichnet.

4 Schreibe auf, welche Schlüsselqualifikationen in der Stellenanzeige auf Seite 49 gefordert werden.

Schlüsselqualifikationen verstehen

Kommunikationsfähigkeit	aktiv sein, Tatkraft zeigen
Initiative	sich mit anderen austauschen, sich verständigen
Mobilität	mit anderen zusammenarbeiten, gemeinsam etwas erreichen
Teamfähigkeit	sich an Regeln halten, auf Ordnung bedachtes Verhalten
Lösungsorientierung	Ideenreichtum, etwas gestalten
Engagement	sich auf neue Situationen und Umstände einstellen
Flexibilität	sich für die Arbeit einsetzen
Disziplin	Lösungen finden
Kreativität	Bereitschaft, an verschiedenen Orten zu arbeiten

5 **a.** Ordnet den Schlüsselqualifikationen passende Erklärungen zu oder ergänzt eigene Erklärungen.

Z **b.** Tauscht euch darüber aus, warum der Begriff **Schlüsselqualifikationen** für solche Eigenschaften verwendet wird.

Info

die Qualifikation = Eignung, Befähigung, Tauglichkeit

Wer sich selbst gut einschätzt, hat es leichter, einen passenden Beruf zu wählen.

6 Beantworte die folgenden Fragen schriftlich:
- Welche deiner Eigenschaften zählst du zu deinen Stärken?
- Auf einer Skala von 1 bis 10: Wie sehr sind deine Stärken ausgeprägt?
- Welche Schlüsselqualifikationen hast du schon gebraucht und in welchem Zusammenhang hast du sie erkennbar eingesetzt?

die Stärken einschätzen

Starthilfe

Schlüsselqualifikationen	Ausprägung	Beispiel
Engagement	...	Tätigkeit als Schulsprecher
...	9	im Mannschaftssport

7 Im Tandem!

a. Tauscht eure Notizen zu Aufgabe 6 aus.

b. Schreibt auf, wie ihr eure Partnerin oder euren Partner einschätzt.

c. Begründet und vergleicht eure Einschätzungen.

8 Welche Anforderungen und Schlüsselqualifikationen in der Stellenanzeige auf Seite 49 treffen auf deine Stärken zu? Begründe deine Antwort mithilfe der Ergebnisse zu den Aufgaben 6 und 7.

Anforderungen und Stärken vergleichen

Einen Zeitungsartikel über Berufswünsche und Berufsanforderungen auswerten

Was willst du einmal werden? Diese Frage wird dir schon seit vielen Jahren gestellt. Und irgendwann sollst du dich entscheiden. Bei dieser Entscheidung spielen Wünsche und Vorstellungen eine wichtige Rolle.

1 Was ist dir im Beruf besonders wichtig?
Stelle dir selbst Fragen und beantworte sie.

Starthilfe

- Was bedeutet mir der Kontakt mit anderen Menschen?
- Möchte ich mich beruflich weiterentwickeln können?
- Wie wichtig ist mir ein guter Verdienst?
- ...

2 **a.** Schreibe aus der Sicht eines Arbeitgebers in deinem Wunschberuf, was dieser von seinen Auszubildenden erwarten könnte.
b. Vergleiche sie mit deinen Berufsvorstellungen und deinen Stärken. Beziehe deine Notizen zu Aufgabe 5 auf Seite 51 und Aufgabe 1 auf Seite 52 ein.

Info

Informationen zur Berufswahl unter **http://www.planet-beruf.de/** auch in gedruckter Form in den Berufs-Informations-Zentren (BiZen) der Agenturen für Arbeit

Worauf es neben deinen Wünschen und Vorstellungen noch ankommt, erfährst du in diesem Zeitungsartikel.

3 Betrachte die Bilder und lies die Überschrift.
Schreibe deine Vermutungen zum Inhalt des Artikels auf.

4 Überfliege den Text. Schreibe auf, was dir besonders auffällt.

Zwischen den Vorstellungen von Arbeitgebern und Azubis liegen oft Welten

Manche Dinge ändern sich nie. Als Holger Schwanecke neulich auf einer Handwerksveranstaltung war, wurde eine Gruppe von Jungs gefragt, welche Ausbildung sie am liebsten machen würden. Geschlossen hätten sie „Kraftfahrzeugmechatroniker“ geantwortet, erzählt der Generalsekretär des Handwerksverbands ZDH. Und bei den Mädchen, fügt er hinzu, stehe seit Jahren die Friseurin unangefochten an der Spitze der beliebtesten Handwerksberufe, trotz der geringen Bezahlung. „Dabei gibt es 151 Ausbildungsberufe im Handwerk!“ Er schüttelt den Kopf. „Darunter sind so viele spannende und innovative, die weniger bekannt sind, wie Modellbauer oder Seiler.“

Andere Branchen sind zwar bekannt, müssen sich aber trotzdem anstrengen.
Im Hotel- und Gastgewerbe etwa bleiben überdurchschnittlich viele Plätze leer. Das hat mit den Arbeitszeiten und Überstunden zu tun, aber sicher auch mit dem rauen Ton in vielen Häusern.

Im Ausbildungsreport des Deutschen Gewerkschaftsbundes (DGB) jedenfalls landen diese Berufe regelmäßig auf den hinteren Plätzen.
Zu dem mangelnden Wissen über die Vielfalt der Ausbildungsmöglichkeiten kommt der demografische Wandel[1] hinzu.
So spüren nun auch die Freiberufler in Rechtsanwaltskanzleien oder Architektenbüros deutlich, dass die Jahrgänge kleiner werden. Früher sind die Steuerberater überrannt worden, obwohl die Ausbildung zum Steuerfachangestellten anspruchsvoll ist. Inzwischen aber hat sich der Wettbewerb um geeignete Auszubildende deutlich verschärft. „Drei Viertel der Jugendlichen stürzen sich auf 40 Berufe, dabei gibt es in Deutschland insgesamt über 350 Berufsbilder, in denen man eine Lehre absolvieren kann", weiß Raufer, Ausbildungsreferent in einem großen Chemieunternehmen. Es sei auch Aufgabe der Industrie, hier für mehr Transparenz zu sorgen.
„Top Ausbildungen, etwa im Maschinenbau, bietet der Mittelstand", sagt DIHK (Deutsche Industrie- und Handelskammer)-Mann Pahl.
Aber davon hätten viele Schüler noch nie gehört. Auch hier herrsche noch Nachholbedarf beim „Ausbildungsmarketing".
Das mangelnde Wissen über die Vielfalt der Ausbildungsmöglichkeiten und den jeweiligen Qualifikationsanforderungen führen dazu, dass viele Schüler ein falsches Bild von ihrem Ausbildungsberuf haben. Allein im Handwerk werden deshalb fast 30 Prozent der Ausbildungsverträge wieder gelöst.
Auch Florian hatte zunächst keine Idee, welchen Beruf er gerne erlernen würde, deshalb informierte

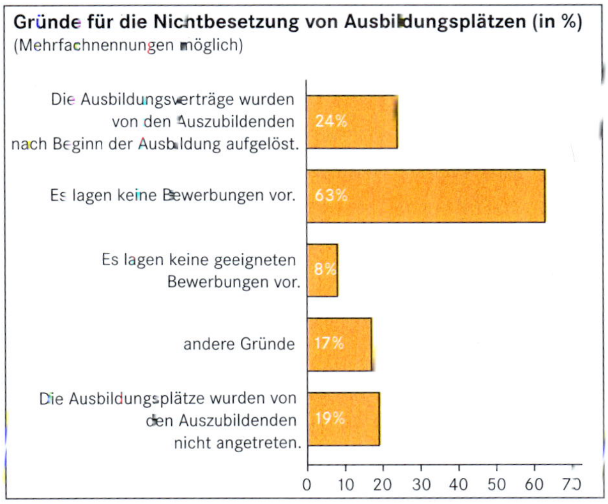

er sich im Internet unter planet-beruf.de darüber, welche seiner Stärken und Interessen zu welchen Berufen passen könnten. „Ich wollte schon immer gern im Büro arbeiten und trotzdem Kontakt zu Kunden haben", erzählt Florian. „Über Planet Beruf habe ich schnell herausgefunden, welche Berufe zu mir passen könnten. Durch ein Praktikum hat sich mein Berufswunsch dann gefestigt: Heute mache ich eine Ausbildung zum Medienkaufmann Digital und Print bei einer großen Tageszeitung in Frankfurt. Besonders gut gefällt mir die Arbeit in der Anzeigenabteilung des Zeitungsverlages."
Die Wege zu einem Ausbildungsplatz können ganz unterschiedlich verlaufen. Anna-Lena wollte eigentlich Kfz-Mechatronikerin werden. In den Sommerferien vor dem letzten Schuljahr schrieb sie Adressen aus dem Branchenbuch heraus und bewarb sich. Doch mit der Ausbildungsstelle klappte es nicht. Also suchte sie eine Alternative: „Ich entschied mich, Industriemechanikerin zu werden", erzählt die Absolventin[2] einer Realschule in Hessen. Die Unterlagen für die Bewerbung als Industriemechanikerin stellte sie sorgfältig zusammen. „Ich habe meine Praktikumszeugnisse aus dem Kfz-Bereich beigelegt", sagt sie. „Im Anschreiben habe ich erklärt, dass ich mich sehr für Technik interessiere und in der Schule den

[1] der demografische Wandel: die Veränderung der Bevölkerungsentwicklung, z. B. die Zusammensetzung der Altersverteilung in der Bevölkerung
[2] die Absolventin: Schülerin, Studentin, Kursteilnehmerin, die die vorgeschriebene Ausbildungszeit abgeschlossen und einen Abschluss erworben hat

WP-Kurs[3] Technik gewählt habe", erzählt sie. So konnte sie überzeugen und wurde zum Eignungstest eingeladen.

Prinzipiell wissen die zukünftigen Arbeitnehmer genau, was sie von ihren Brötchengebern einmal erwarten: einen sicheren Job, in dem sie sich persönlich weiterentwickeln können, der aber auch genug Freiraum für Familie und Freizeit lässt. Allerdings sind sich 62,2 Prozent der Schüler noch nicht sicher, was sie nach ihrem Abschluss wirklich machen wollen. Zum Beispiel Laura: Die 17-jährige Schülerin der Schillerschule schwankt zwischen einer Ausbildung zur Bankkauffrau oder zur Alten- bzw. Krankenpflegerin. „Ich möchte einen Beruf, bei dem ich mit Menschen zu tun habe und in dem ich Verantwortung tragen kann", sagt sie selbstbewusst. Um auf Nummer sicher zu gehen, absolviert sie nach dem Realschulabschluss ein freiwilliges soziales Jahr. Erst danach will sie sich endgültig entscheiden. Die nötigen Voraussetzungen – gute Noten und soziale Kompetenzen[4] – hat sie für beide Berufe.

Das ist nicht immer bei allen Jugendlichen der Fall, wie die aktuelle Ausbildungsumfrage des Deutschen Industrie- und Handelskammertags (DIHK) unter mehr als 15 000 Unternehmen belegt. Viele beklagen die unzureichende Qualifikation der Bewerber – vor allem in Deutsch und Mathematik. Viele Betriebe reagieren auf die mangelnde Ausbildungsreife, indem sie ihren Auszubildenden internen Unterricht anbieten, um die schulischen Defizite[5] abzubauen. In kleineren Betrieben setzt sich hierfür der Chef zum Teil persönlich mit den Jugendlichen zusammen.

Aber es fehlt nicht nur an Fachwissen. Die Arbeitgeber sind unzufrieden mit der Leistungsbereitschaft, Belastbarkeit und Disziplin der Bewerber, loben aber auch die steigende IT- und Medienkompetenz.

Was erwartet die Wirtschaft eigentlich von den Schulabgängern, um sie zu guten Fachkräften ausbilden zu können? Unentbehrlich ist die grundlegende Beherrschung der deutschen Sprache in Wort und Schrift sowie das Beherrschen einfacher Rechentechniken. Auch an einem Nachweis sogenannter Schlüsselqualifikationen – also berufsübergreifender und überfachlicher Fähigkeiten – kommt heute kein Lehrstellenbewerber mehr vorbei. Das Hauptaugenmerk der Betriebe liegt dabei zunächst auf den stark persönlichkeitsbezogenen Qualifikationen wie Zuverlässigkeit, Lern- und Leistungsbereitschaft sowie Ausdauer, Belastbarkeit und Gewissenhaftigkeit. Erst dann kommen die unmittelbar auf die Arbeit ausgerichteten Fähigkeiten wie Konzentration, logisches Denken, Selbstständigkeit, Fähigkeit zur Kritik und Selbstkritik, planvolles Arbeiten oder auch Kreativität zum Zuge. Bei den kaufmännischen Berufen wird der Kommunikationsfähigkeit eine höhere Bedeutung beigemessen als in den gewerblich-technischen. Der Grund: Beim Handeltreiben, Kaufen und Verkaufen, Werben und Vermarkten stehen die Sprache und das kommunikative Verhalten stärker im Vordergrund. Die Mitarbeiter von morgen müssen sich überdies durch soziale Kompetenzen, wie Teamfähigkeit, Freundlichkeit und Toleranz, ausweisen. Nach Aussage des Instituts der Deutschen Wirtschaft tolerieren die Betriebe fachliche Leistungsdefizite eher als Defizite bei den Schlüsselqualifikationen. Denn mangelhafte Mathekenntnisse lassen sich eher ausräumen als Schwächen in der Persönlichkeitsentwicklung.

[3] der WP-Kurs: Wahlpflichtkurs
[4] soziale Kompetenzen: Fähigkeiten, die für den Umgang mit Menschen nützlich oder notwendig sind, z. B. Konflikte lösen zu können, Teamgeist oder Einfühlungsvermögen zu zeigen
[5] das Defizit: der Mangel

Kläre zunächst, worüber der Zeitungsartikel informiert.

5 Stelle Fragen zum Inhalt und beantworte sie in Stichworten.

Fragen zum Inhalt stellen und beantworten

Lies den Text nun genauer.

6 Lies die Zeilen 1–51 noch einmal.
a. Erkläre, wie sich Bewerber auf Ausbildungsberufe verteilen.
b. Schreibe Gründe für diese Verteilung auf.

den Text genau lesen

7 Welche Möglichkeiten, einen passenden Beruf zu finden, werden im Artikel aufgezeigt? Beantworte die Frage mithilfe der Textzeilen 53–84.

8 In den Zeilen 85–154 wird erläutert, warum „zwischen den Vorstellungen der Arbeitgeber und Azubis oft Welten“ liegen.
a. Vergleiche die Erwartungen von Arbeitgebern und Bewerbern.
b. Schreibe auf, wie Betriebe und Bewerber auf die Probleme reagieren.

Leseerwartungen überprüfen

Die Grafik auf Seite 53 enthält ergänzende Informationen.

9 Was veranschaulicht die Grafik?
a. Schreibe Gründe für die Nichtbesetzung von Ausbildungsplätzen nach der Häufigkeit auf, in der sie von Arbeitgebern genannt wurden.
b. Schreibe Textstellen auf, die einzelne Gründe näher erläutern.

eine Grafik erschließen
eine Grafik lesen ➤ S. 295

Starthilfe

Gründe (aus der Grafik)	Erklärungen (aus dem Text)
1. Es lagen keine geeigneten Bewerbungen vor.	– Unternehmen beklagen ... (Zeile 108–109)

Auch in deinem Wunschberuf achten die Arbeitgeber auf verschiedene Fähigkeiten. So machst du dich fit für eine Ausbildung.

10 **a.** Schätze deine Aussichten ein, zum jetzigen Zeitpunkt einen Ausbildungsplatz zu bekommen, und begründe deine Einschätzung.
b. Schreibe Vorschläge dazu auf, wie du deine Stärken entwickeln und trainieren kannst.

die eigenen Fähigkeiten einschätzen und trainieren

Starthilfe

Was wird in euren Wunschberufen erwartet?	Wie könnt ihr eure Stärken entwickeln und trainieren?
– Kritik- und Konfliktfähigkeit	– bei Meinungsverschiedenheiten ruhig und sachlich bleiben; Kritik annehmen, ...

Nutzt eure Chancen: trainiert gemeinsam.

Z **11** Gebt euch regelmäßig ein Feedback zu euren Fähigkeiten und unterstützt euch gegenseitig beim Trainieren.

Feedbacks geben und nutzen

Ein Referat halten: Berufe vorstellen

Obwohl es insgesamt mehr als 500 Ausbildungsberufe gibt, möchten die meisten Schulabgänger davon nur etwa zehn Berufe erlernen.

1 Gruppenarbeit!
- **a.** Führt eine Umfrage durch: Bittet Schülerinnen und Schüler eurer Schule, zehn Berufe aufzuschreiben, die sie kennen.
- **b.** Wertet eure Ergebnisse aus und diskutiert sie in der Gruppe.
- **c.** Schreibt auf, wie ihr euch über weitere Berufe informieren könnt.

Starthilfe
Betriebserkundungen durchführen, …

Mit Referaten könnt ihr auch weniger bekannte Berufsbilder vorstellen.

1. Schritt: Das Thema aussuchen

2 Über welchen Beruf willst du mehr erfahren?
- **a.** Informiere dich darüber, welche Ausbildungsberufe für dich infrage kommen.
- **b.** Entscheide dich für den Beruf, der dich am meisten interessiert.

2. Schritt: Informationen und Material beschaffen

Polsterer/Polsterin — Suche

Neupolsterung | ihr-polsterspezialist.de
In unserer Meisterwerkstatt preiswert mit Abholservice
www.ihre-polsterspezialist.de

Polsterer/Polsterin – BERUFENET, Berufsinformationen…
Die Datenbank für Ausbildungs- und Tätigkeitsbeschreibungen der Bundesagentur für Arbeit…
berufenet.arbeitsagentur.de/berufe/start?dest=profession&prof… – Ähnliche Seiten

Ausbildungsplatz 2012 / **Polsterer/in**: Jobs…
Jobs@pads: Ausbildungsplatz 2012 / Polsterer/in. Den dauerhaften Markterfolg festigen wir durch gut ausgebildete…
www.pads.com//de/ausbildungsplatz-2012/ – Ähnliche Seiten

3 Untersuche die zum Suchbegriff **Polsterer/Polsterin** gefundenen Einträge.
- **a.** Erkläre, welche Informationen die Einträge enthalten.
- **b.** Lege eine Reihenfolge fest, in der du die Einträge öffnen würdest, um Informationen zum Beruf Polsterer/Polsterin zu erhalten.
- **c.** Begründe deine Entscheidung.

4 Recherchiere im Internet Informationen zum Beruf deiner Wahl.

Info

Die Bundesagentur für Arbeit veröffentlicht jedes Jahr das **Lexikon BERUF AKTUELL**. Es enthält Beschreibungen von etwa 500 Ausbildungsberufen. Die Broschüre ist auch im Internet als PDF-Dokument verfügbar.

ein Referat vorbereiten
➤ S. 300

mehr über Ausbildungsberufe
➤ www.planet-beruf.de
➤ www.berufenet.arbeitsagentur.de/
➤ www.bibb.de

im Internet recherchieren
➤ S. 295

3. Schritt: Informationen aus Texten entnehmen

Polsterer / Polsterin
- *2-jährige Ausbildung in der Industrie und im Handwerk*
- *Sorgfalt ist z. B. beim exakten Fixieren der Schnittschablonen und Einzeichnen der Schnittkonturen auf textilen Materialien wichtig.*
- *Nach Vorlage oder Zeichnung nähen sie die Stoffe per Hand oder an Nähmaschinen zusammen und versäubern die Nähte.*
- *Sie arbeiten vor allem in Fertigungshallen und in Werkstätten.*

5 Welchen Teilthemen vom Rand können die Informationen zugeordnet werden? Schreibe die Teilthemen und die Informationen auf.

Ausbildungs-/Arbeitsort
Schlüsselqualifikationen
Ausbildungsdauer
Typische Tätigkeiten

6 Welche Teilthemen kommen in deinem Referat vor?
a. Schreibe Informationen, die zusammengehören, auf eine Karteikarte.
b. Ergänze auf jeder Karteikarte passende Überschriften.

4. Schritt: Das Kurzreferat gliedern

7 In welcher Reihenfolge möchtest du die Informationen vortragen?
a. Ordne deine Karteikarten.
b. Nummeriere sie in einer sinnvollen Reihenfolge.
c. Markiere Schlüsselwörter, die dir helfen, beim Vortragen den Überblick über deine Notizen zu behalten.

8 Wie möchtest du deine Gliederung präsentieren?
a. Schreibe auf, welche Möglichkeiten der Präsentation du kennst.

eine Präsentationsform wählen

Starthilfe
an der Tafel, mit Computer und Beamer, ...

b. Übertrage die Überschriften deiner Karteikarten in die gewählte Präsentationsform.

5. Schritt: Überschrift, Einleitung und Schluss formulieren

9 **a.** Schreibe als Überschrift auf, welchen Beruf du vorstellst.
b. Formuliere in der Einleitung, warum du dich für ein Referat über diesen Beruf entschieden hast.
c. Fasse abschließend zusammen, ob eine Ausbildung im vorgestellten Beruf dich weiterhin interessiert. Begründe deine Antwort.

6. Schritt: Das Referat halten

10 Halte dein Referat in der Klasse.

das Referat halten

Informationen mit einem Hand-out präsentieren

Nils hat für sein Referat über die Ausbildung zum IT-Systemelektroniker zwei Hand-outs entworfen. Eins will er verteilen, damit seine Zuhörer dem Referat gut folgen und wichtige Informationen später nachlesen können.

IT-Systemelektroniker/-in **2. 5. 2012**

Ein Kunde möchte E-Mail-Konten für jeden Mitarbeiter einrichten und dazu braucht er 25 Telefone mit eigener Nummer – für IT-Systemelektroniker ist das kein Problem.
Sie sind darauf spezialisiert, individuelle Kundenwünsche zu erfüllen.

Ausbildungsdauer: 3,5 Jahre, ggf. Verkürzung

Schulische Voraussetzungen: mindestens guter Hauptschulabschluss
Bewerber sollten:
· mathematisches Verständnis, logisches Denkvermögen besitzen
· Ausdauer haben und sich stets auf neue Situationen einstellen können

Typische Tätigkeiten:
· Kunden beraten und schulen
· alle notwendigen IT-Geräte und Netzwerke installieren und warten

Perspektiven und Aufstiegschancen: sehr gut (Techniker, Industriemeister, ...)

Ähnliche Berufe: Mechatroniker, Informationselektroniker, Mediengestalter

---

Referat:
Berufsvorstellung im Fach Deutsch,
Nils Koch, 9 d

IT-Systemelektroniker/-in
Sie planen und installieren kundenspezifische Systeme der IT-Technik, konfigurieren sie und nehmen sie in Betrieb. Sie warten die Systeme, analysieren Fehler und beseitigen Störungen. Sie beraten und schulen Kunden.

Bei der Aufstellung der Geräte achten sie auf leichte Zugänglichkeit und komfortable Bedienbarkeit.

Sie sind Elektrofachkräfte im Sinne der Unfallverhütungsvorschriften.

---

1 Tauscht euch darüber aus, was in den Entwürfen gelungen ist und was man verbessern kann.

Für die Präsentation deines Referats kannst du ein Hand-out erstellen.

2 Erstelle mithilfe der Arbeitstechnik ein Hand-out zu deinem Referat über einen Ausbildungsberuf, kopiere und teile es an deine Zuhörer aus.

ein Hand-out erstellen

Arbeitstechnik

Ein Hand-out erstellen

Ein gutes Hand-out entlastet die Zuhörer, indem es die **Gliederung** eines Referats **veranschaulicht** und Informationen schriftlich **zusammenfasst**.
- Schreibe das **Fach** und das **Datum** deines Vortrags auf.
- Nenne das **Thema** des Referats und deinen **Namen**.
- Schreibe die Überschriften der Teilthemen in der Reihenfolge des Vortrags als **Gliederung** auf.
- Schreibe zu jeder Überschrift die **wichtigsten Stichworte** auf.
- Lass genügend **Platz für die Notizen** deiner Zuhörer.
- Gib an, mit welchen Internetseiten oder mit welchen Broschüren sich deine Zuhörer informieren können und welche du benutzt hast.
- Achte darauf, dass das Hand-out **übersichtlich und gut lesbar** ist.
- Insgesamt sollte der Umfang eine Seite nicht überschreiten!

Eine Mitschrift anfertigen

Nicht zu jedem Referat gibt es ein Hand-out. Wichtige Informationen müssen dann mitgeschrieben werden. Ramona hat für ihr Referat über den Beruf Goldschmied Stichworte mithilfe des Computers aufgeschrieben. Angelina hat während Ramonas Referat mitgeschrieben.

Goldschmied/-in — **Ramona D.**

Ausbildungsdauer: 3,5 Jahre, ggf. Verkürzung

Schulische Voraussetzungen:
- kein Schulabschluss ist vorgeschrieben, aber die Betriebe bevorzugen Schüler mit Realschulabschluss oder Abitur

Bewerber sollten ...
- kreativ sein
- Fingerspitzengefühl und zeichnerisches Talent haben
- sorgfältig mit den wertvollen Materialien umgehen
- Sinn für Farben und Formen haben

Typische Tätigkeiten:
- Behandeln von Oberflächen: Schleifen, Polieren, Bürsten
- Anfertigen von Scharnieren und Verschlüssen
- Legieren, Schmelzen und Glühen von Metallen
- Justieren von Fassungen für Steine
- Aufarbeitung und Reparatur von Schmuckstücken
- Vorbereitung und Durchführung von Juwelenschmuckguss
- Verbindung von Kettengliedern durch Einhänge zu Ketten

Perspektiven und Aufstiegschancen:
- Zunahme der Zahl der Goldschmiedebetriebe seit einigen Jahren
- viel mehr Bewerber als Ausbildungsplätze

Weiterbildung:
Goldschmiedemeister/-in, Gestalter/-in der Fachrichtung Metall – Schmuck und Gerät, Edelmetall oder Edelstein/Schmuck, Techniker/-in für Betriebswirtschaft
Als Meister/-in kann man einen eigenen Betrieb gründen oder Führungsaufgaben im Betrieb übernehmen.

Ähnliche Berufe: Silberschmied

Ramonas Notizen

16.5.2012

Der Beruf des Goldschmiedes
- 3,5 Jahre
- kreativ
- gut in Kunst
- kein Schulabschluss
- Es gibt immer mehr Goldschmiedebetriebe.
- Es gibt viel mehr Bewerber als Ausbildungsplätze.

Man kann sich weiterbilden und sogar einen eigenen Betrieb aufmachen.

Angelinas Mitschrift

1 Vergleicht Ramonas Notizen mit Angelinas Mitschrift. Besprecht, welche Informationen der Mitschrift wichtig sind und welche eher weggelassen werden können.

eine Mitschrift überprüfen

2 Überarbeite Angelinas Mitschrift. Wähle dazu wichtige Informationen aus Ramonas Notizen aus und gliedere sie.

eine Mitschrift überarbeiten

Ein Vorstellungsgespräch vorbereiten

Ein Vorstellungsgespräch ist eine Chance, sich gut zu präsentieren. Inge hat eine Einladung zu einem Vorstellungsgespräch erhalten.

Fa. Frank Strüfing & Sohn
Karlstraße 34, 69115 Heidelberg
Ausbildungsleiterin: Beate Heinemann

Tel. 06221 1234-0
Fax 06221 1234-11
E-Mail heinemann@struefing.de

Frau
Inge de Riso
Lübckestraße 19 b
69115 Heidelberg

Gesch.Z.[1] Hei 8. 1. 2012

Ihre Bewerbung vom 17. September 2011

Sehr geehrte Frau de Riso,

wir freuen uns, dass Sie sich für die Ausbildung zur Groß- und Außenhandelskauffrau in unserer Firma interessieren. Nachdem wir die Fülle der Bewerbungen gesichtet haben, möchten wir Sie am 21. Februar 2012 um 8:30 Uhr zu einem persönlichen Vorstellungsgespräch in unsere Geschäftsräume bitten.
Gegebenenfalls werden wir Sie später zu einem Eignungstest bitten.
Im Falle einer Verhinderung bitten wir um eine umgehende Nachricht.

Mit freundlichen Grüßen
i. A. *B. Heinemann*

[1] Gesch.Z.: Geschäftszeichen zur Kennzeichnung des Schriftverkehrs, hier durch das Kurzzeichen der zuständigen Bearbeiterin (Hei für Heinemann)

Karlstraße ... wo ist das eigentlich genau?

?

Vielleicht fragen sie mich, was ich über den Betrieb weiß ...

1 Welche wichtigen Informationen enthält die Einladung? Schreibe in Stichworten auf, was Inge wissen und beachten muss.

2 Wie könnte Inge den Termin für das Vorstellungsgespräch bestätigen?
  a. Sprecht über Vor- und Nachteile verschiedener Möglichkeiten.
  b. Formuliert eine schriftliche Bestätigung.

Bis zu dem Vorstellungsgespräch hat Inge noch sechs Wochen Zeit. Trotzdem ist sie schon aufgeregt und weiß nicht, woran sie zuerst denken soll.

3 **a.** Schreibt in Stichworten auf, woran Inge jetzt schon denken sollte.
  b. Entwerft einen Zeitplan für ihre Vorbereitungen.

Inge weiß nicht, welche Fragen ihr im Vorstellungsgespräch gestellt werden. Ihre Freundin Antonia, die schon in der Ausbildung ist, schickt ihr per E-Mail einige Tipps.

Liebe Inge,

die Ausbildungsleiterin will wahrscheinlich Folgendes herausfinden:

Deine Persönlichkeit: Bist du vertrauenswürdig und sympathisch? Anpassungs- und teamfähig? Passt du zum Betrieb, kann man gut mit dir zusammenarbeiten?

Deine Leistungsbereitschaft: Kannst du dich engagieren, begeistern und interessieren? Bist du lern- und arbeitswillig? Kannst du dich mit der Arbeit und der Firma identifizieren?

Deine Fähigkeiten und Stärken: Verfügst du über Eigenschaften die in dem gewünschten Beruf wichtig sind? Hast du Praktika oder Jobs gemacht, in denen du deine Eignung für diesen Beruf gezeigt hast? Hast du Nachweise (z. B. Beurteilungen) dafür? Zeigen deine Hobbys, dass du entsprechende Fähigkeiten hast?

Ich hab's eilig! So viel für heute und grüß Alberto!

Antonia

4 Wie würdest du die Fragen für dich beantworten?

a. Schreibe die Fragen in einer Tabelle untereinander auf.

b. Beantworte sie ehrlich. Kreuze Antworten an, die auf dich zutreffen.

c. Frage auch Freunde und andere Personen, die dich gut kennen.

die eigene Wirkung einschätzen

Starthilfe

Fragen	Ja	Nein	ich weiß nicht	Einschätzung von anderen
Meine Persönlichkeit: Wirke ich vertrauenswürdig?				

5 Fasse nun in einigen Sätzen zusammen:

- Wie schätzt du deine Persönlichkeit ein?
- Wie schätzt du deine Leistungsbereitschaft ein?
- Welche Fähigkeiten und Stärken hast du?

Mit eigenen Fragen kannst du Interesse am Unternehmen und an den Tätigkeiten in der Ausbildung zeigen.

6 Schreibe Fragen auf, die du im Vorstellungsgespräch stellen möchtest.

Tipp: Deine Notizen kannst du auch im Vorstellungsgespräch benutzen.

Fragen formulieren

Starthilfe

Wie viele Auszubildende werden dieses Jahr bei Ihnen eingestellt?

Sich im Vorstellungsgespräch präsentieren

Inge hat ihr Vorstellungsgespräch gut vorbereitet und versucht nun, die Ausbildungsleiterin Frau Heinemann davon zu überzeugen, dass sie die richtige Wahl für die Besetzung der Ausbildungsstelle ist.

Frau Heinemann: Guten Tag, Frau de Riso. Ich freue mich, dass ich Sie heute persönlich kennenlernen darf. Wie war Ihre Fahrt zu uns?

Inge: Guten Tag, Frau Heinemann. Vielen Dank für die Einladung. Die Fahrt war ganz unproblematisch. Die Bushaltestelle ist ja nur wenige Meter entfernt.

Frau Heinemann: Das freut mich. Möchten Sie etwas trinken: Wasser, Saft, Tee?

Inge: Ein Glas Wasser wäre prima, danke!

Frau Heinemann: Sie sind ja heute hier, um sich vorzustellen. Bitte beschreiben Sie sich zunächst einmal selbst.

Inge: Ich bin 16 Jahre alt, besuche zurzeit die 9. Klasse. In meiner Freizeit spiele ich gern Basketball und chille gern mit meinen Freunden.

Frau Heinemann: Welche Stärken und Schwächen haben Sie?

Inge: Ich bin pünktlich und teamfähig. Streit mag ich nicht, den versuche ich immer zu schlichten. Gelernt habe ich das in der Mediations-AG an unserer Schule. Die kopierte Teilnahmebestätigung finden Sie in meiner Bewerbungsmappe. Und die Schwächen? Na ja, ich bin nicht besonders ordentlich, aber ich weiß immer, wo ich wichtige Dinge abgelegt habe.

Frau Heinemann: Ihre Noten sind im Großen und Ganzen ja ganz gut, wenn man von Englisch absieht. Warum haben Sie darin eine Vier?

Inge: Ich glaube, Herr Zenker hält nicht so viel von mir. Da traue ich mich nicht nachzufragen, wenn ich etwas nicht verstanden habe. Außerdem bin ich bei Klassenarbeiten so aufgeregt, dass ich dann manchmal gar nichts mehr weiß.

Frau Heinemann: Das ist ja nicht so schön zu hören. Bitte erzählen Sie mir, warum Sie sich als Auszubildende zur Außenhandelskauffrau bei uns beworben haben.

Inge:

Frau Heinemann: Welche Ausbildungsberufe kommen für Sie noch in Frage?

Inge:

Frau Heinemann: Warum sollten wir gerade Sie einstellen?

Inge: Weil … Ich habe auch noch einige Fragen, kann ich Sie Ihnen stellen?

in einem Vorstellungsgespräch antworten und Fragen stellen

1 **a.** Lies das Gespräch leise für dich.
b. Schreibe Antworten und Fragen für die Zeilen 26, 28 und 30 auf.

2 Wie könnten Inges Antworten auf Frau Heinemann wirken? Tauscht euch darüber aus und überarbeitet „ungeschickte“ Antworten. Schreibt Alternativen auf, die Inge positiver wirken lassen.

Antworten auswerten

3 Lest das Gespräch mit verteilten Rollen und ergänzt dabei fehlende Antworten und Fragen mithilfe eurer Notizen zu den Aufgaben 1 und 2.

In einem Vorstellungsgespräch kommt es aber nicht nur darauf an, was gesagt wird. Auch die Körpersprache verrät viel.

4 Wie wirkt die Körpersprache der Jugendlichen auf den Fotos?
a. Beschreibt die Gestik und Mimik der Jugendlichen.
b. Tauscht euch darüber aus, wie sie auf euch wirken.

die Wirkung von Körpersprache reflektieren

5 **a.** Welche Signale der Körpersprache könnten im Vorstellungsgespräch einen positiven Eindruck vermitteln? Erstellt eine Übersicht.
b. Tauscht euch darüber aus, wie eure Körpersprache auf andere wirkt.
Tipp: Um euch in der Bewerbungskleidung sicher zu bewegen, könnt ihr vor einem Spiegel damit „üben".

Kurz vor einem Vorstellungsgespräch ist fast jeder aufgeregt. Mithilfe einer Checkliste könnt ihr euch vorbereiten.

6 Schreibt eine Checkliste für Vorstellungsgespräche. Verwendet eure Ergebnisse der Seiten 60–63.

eine Checkliste für Vorstellungsgespräche schreiben

Checkliste: Vorstellungsgespräche vorbereiten und durchführen	*Ja*	*Nein*
– Habe ich den Termin für das Vorstellungsgespräch bestätigt?		
– Habe ich ...		

Das Auswahlverfahren eines Assessment-Centers

Besonders größere Firmen laden ihre Bewerber gern zu einem Assessment-Center ein. Sie beauftragen Experten, unter mehreren Bewerbern diejenigen zu ermitteln, die den Anforderungen besonders entsprechen. Die Grafik zeigt einen Ausschnitt eines Bewertungsmusters.

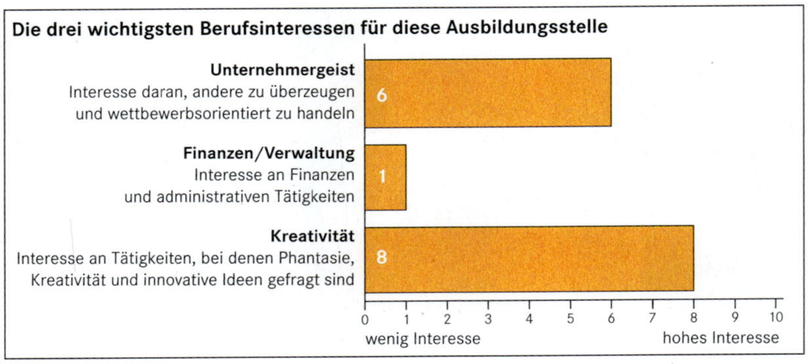

Info
to assess (engl.) = beurteilen

1 Untersuche die Grafik mithilfe der folgenden Fragen:
- Worauf wurden Bewerber getestet?
- Was sagen die Werte auf den Skalen über den Bewerber aus?

eine Grafik verstehen
eine Grafik lesen ➤ S. 295

2 Erstelle eine Grafik für drei wichtige Berufsinteressen in deinem Wunschberuf und kennzeichne, wie ausgeprägt sie bei dir sind.

die eigenen Berufsinteressen einschätzen

Bei der Beurteilung der Bewerber unterscheiden die Betriebe zwischen vorhandenen Fähigkeiten und Potentialen, also deinen Anlagen, die noch entwickelt werden können.

3 Was kannst du schon? Was steckt noch in dir?
a. Schreibe eine Liste mit Fähigkeiten und Schlüsselqualifikationen, die für einen Ausbildungsbetrieb deiner Wahl interessant sein könnten.
b. Schätze auf einer Skala von 1 bis 10 ein, in welchem Maße sie bei dir vorhanden sind und wie sehr sie entwickelt werden können.

mündlicher/schriftlicher Ausdruck
Schnelligkeit
Entscheidungsstärke
Selbstständigkeit

Starthilfe

Fähigkeit/Schlüsselqualifikation	vorhanden	kann entwickelt werden
Ausdauer	4	3
Umgang mit Zahlen	8	2
Kommunikationsfähigkeit	...	...

Während eines Assessment-Centers wird das Verhalten der Bewerber in einer Gruppe in verschiedenen Situationen beurteilt.

4 Was kann man in einer Gruppe besser über jemanden erfahren als in einem Einzelgespräch? Tauscht euch darüber aus.

Ziele der Auswahlverfahren verstehen

In einem Assessment-Center werden den Bewerbern ganz unterschiedliche Aufgaben gestellt. Drei gängige Aufgaben sind.

A Die Vorstellung: Das Unternehmen und die Bewerber stellen sich in der Gruppe vor. Die Bewerber erhalten dafür eine genaue Zeitvorgabe, meist sind das wenige Minuten. Dabei sollen sie auch auf ihre Eignung für die Ausbildungsstelle eingehen.

B Die Gruppendiskussion: Vier bis sechs Bewerber bekommen ein Thema vorgegeben, über das sie diskutieren sollen. Sie müssen dabei ihren eigenen oder einen vorgegebenen Standpunkt vertreten. Für diese Aufgabe stehen zwischen 15 bis 45 Minuten zur Verfügung.

C Das Rollenspiel: Die Bewerber sollen nach einer Vorbereitungszeit oft im Zweiergespräch eine vorgegebene Situation aus der Arbeitswelt durchspielen: z. B. ein Beschwerdegespräch oder ein Verkaufsgespräch. Meist übernimmt ein Assessment-Center-Beobachter die andere Rolle und versucht den Bewerber durch verschiedene Verhaltensweisen herauszufordern oder zu provozieren.

Wie schätzt die Bewerberin/der Bewerber sich selbst ein?
Wie überzeugend ist sie/er?
Wie gut kann sie/er auf andere eingehen?
Wie gut kann sie/er sich selbst Zeit einteilen?
Kann sie/er Ursachen von Problemen erkennen und Lösungen entwickeln?

5 **a.** Ordnet die Fragen vom Rand den entsprechenden Aufgaben zu.
b. Ergänzt weitere Fragen, die zu den Aufgabenstellungen passen.

6 **a.** Informiert euch über typische Assessment-Center-Aufgaben: die **Präsentation**, die **Postkorbübung**, die **Fallstudie**, das **Interview.**
b. Stellt die Aufgaben vor und erklärt, was getestet wird.

sich über Aufgabentypen informieren

7 Schreibt auf, wie ihr euch auf die einzelnen Aufgaben vorbereiten könnt, und vergleicht eure Vorschläge.

Starthilfe
Sätze formulieren, mit denen ich mich vorstelle.

sich vorbereiten und trainieren

Info
Personalmanager raten, sich so gut wie möglich zu präsentieren, aber sich dabei selbst treu zu bleiben. Selbst wenn es gelänge, sich im Assessment-Center zu verstellen, würde man auf Dauer im Unternehmen nicht glücklich, denn jeden Tag eine Rolle zu spielen, kann sehr belastend sein.

W **Mithilfe der folgenden Aufgaben könnt ihr für ein Assessment-Center trainieren. Wählt eine aus.**

8 Warum bist du für diese Ausbildungsstelle (in deinem Wunschberuf) besonders geeignet? Stelle dich in einer 3-minütigen Präsentation vor. Als Material erhältst du ein DIN-A3-Blatt und einen Stift.

9 Gruppenarbeit!
a. Erfindet eine Eierflugmaschine, mit der ein rohes Ei aus einer Höhe von 2,5 bis 3 m unbeschädigt zu Boden kommt. Ihr habt 45 Minuten Zeit.
Dazu habt ihr folgende Materialien: ein rohes Ei, eine Schere, ein DIN-A4-Blatt, ein DIN-A5-Blatt, ein Luftballon, zwei Streifen Tesakrepp (10 cm), eine Schnur (35–40 cm) und einen Pappstreifen (10 x 30 cm).
b. Wertet nach dem Bau die Zusammenarbeit und die Verständigung untereinander aus.

Vorstellungsgespräche trainieren

Über sich selbst sprechen

Paula hat eine Einladung zu einem Vorstellungsgespräch erhalten. Der Termin ist schon in zwei Tagen und sie hat noch viel zu erledigen. Mit ihrem Freund Tom bespricht sie ihre Bedenken.

Paula: Übermorgen! Wie soll ich mich so schnell vorbereiten?
Tom: Hey, Paula, freu dich doch: Die wollen dich kennen lernen! Und vielleicht auch herausfinden, ob du gut organisiert und flexibel bist.
Paula: Die wollen mich also gleich testen. Was soll ich über mich erzählen?
Tom: Na alles, was für die interessant sein könnte: Denk dran, wie du neulich allein ein Netzwerk aufgebaut hast. Da hast du spontan gründlich gearbeitet.

1 Untersuche das Gespräch.
a. Fasse zusammen, welche Bedenken Paula hat und wie Tom versucht, sie zu beruhigen.
b. Schreibe auf, welche Eigenschaften und Fähigkeiten Tom nennt.

In einem Vorstellungsgespräch werden deine Eigenschaften thematisiert.

2 Was ist in deinem Wunschberuf besonders wichtig?
a. Recherchiere, auf welche Fähigkeiten und Schlüsselqualifikationen die Betriebe Wert legen.
b. Schätze ein, welche davon deine Stärken sind, und schreibe sie auf.

Anforderungen und eigene Stärken kennen

Du solltest deine Eigenschaften auch mit Beispielen belegen können.

3 Wie hast du deine Stärken schon unter Beweis gestellt? Schreibe Beispiele auf, an denen deine Stärken deutlich werden.

die eigene Einschätzung mit Beispielen belegen

Auch deine Schwächen könnten angesprochen werden. Dabei geht es vor allem darum, ob du sie kennst und bereit bist, sie zu beseitigen.

4 Schreibe auf, wie du auf folgende Fragen antworten würdest:
- Was würden Sie als Ihre größte Schwäche bezeichnen?
- Wie begründen Sie Ihre Englisch-Note im letzten Zeugnis?

auf Schwächen eingehen

Starthilfe
Ich bin manchmal etwas unorganisiert und möchte mehrere Dinge gleichzeitig erledigen. Dann mache ich mir Checklisten ...

Ein Rollenspiel vorbereiten

Um in einem Vorstellungsgespräch sicher und überlegt zu reagieren, könnt ihr den Ablauf im Rollenspiel trainieren.

1 Untersuche eine Stellenanzeige, die dich interessiert.
  a. Schreibe Anforderungen und Schlüsselqualifikationen auf.
  b. Beantworte die folgenden Fragen in Stichworten:
  - Warum eignest du dich für diese Ausbildungsstelle?
  - Welche passenden Fähigkeiten, Schlüsselqualifikationen hast du?

2 Im Tandem:
Kopiert die Stellenanzeige und eure Notizen und tauscht sie aus.
Tipp: Wenn ihr Lebenslauf, Praktikumsbescheinigung und Zeugnis beifügt, wird das Rollenspiel noch realistischer.

Einigt euch, wer die Rolle des Bewerbers übernimmt und wer die des Ausbildungsleiters.
Bereitet eure Rollen vor und führt das Gespräch durch.
Anschließend werden die Rollen getauscht.

3 Bereite deine Rolle als Bewerberin oder Bewerber vor.
  a. Lies deine Notizen zu Aufgabe 1.
  b. Formuliere passende Antworten zu Fragen, die du erwartest.
  c. Was willst du über den Betrieb und die Ausbildung erfahren? Schreibe Fragen auf, die du stellen könntest.

Starthilfe
Wer steht mir als Ansprechpartner zur Verfügung?
Welche Aufgaben …?

  d. Wie kannst du bei der Begrüßung einen guten Eindruck machen? Schreibe Stichworte auf.

Starthilfe
- Ausbildungsleiterin/Ausbildungsleiter mit Namen ansprechen …

4 Bereite deine Rolle als Ausbildungsleiterin oder Ausbildungsleiter vor.
  a. Lies die Stellenanzeige und die Notizen der Bewerberin oder des Bewerbers.
  b. Schreibe Fragen auf, die du ihr/ihm stellen willst.
  c. Schreibe einen Verlaufsplan für das Vorstellungsgespräch.

Starthilfe
1. Begrüßung (ca. 1 Minute)
2. Vorstellung des Betriebs und der eigenen Person …

Warum haben Sie sich gerade bei uns beworben?
Was machen Sie in Ihrer Freizeit?
Was wissen Sie über unseren Betrieb?
Haben Sie schon einmal praktisch gearbeitet?
Wie stellen Sie sich Ihre berufliche Laufbahn vor?
Welche anderen Ausbildungsberufe kommen für Sie in Frage?
Wie begründen Sie die Noten im letzten Zeugnis?
Wo liegen Ihre Stärken und Schwächen?

Ein Rollenspiel durchführen und auswerten

Für die Auswertung des Rollenspiels ist ein Beobachtungsbogen gut geeignet.

Beobachtungsbogen	
1. Wie wirkt die Körperhaltung?	
2. Wie ist der Blick und wohin schauen die Augen?	
3. Wie spricht ...?	
4. ... Gesichtsausdruck...?	
5. Wie antwortet ...?	
6. Wie wirken die Fragen ...?	
7. Wie lässt sich das Gesprächsverhalten beschreiben?	
8. Welche Anrede ...?	

1 Entwickelt einen Beobachtungsbogen.
Formuliert Fragen zur Wirkung der Bewerber.

einen Beobachtungsbogen entwickeln

sieht ... an / weg, ...
deutlich, undeutlich, ...
freundlich, ängstlich, ...
direkt, ausweichend, ...
interessiert, aufmerksam ...
lässt (nicht) ausreden ...
höflich, namentlich, ...

2 Gruppenarbeit!
- **a.** Bildet Vierergruppen.
- **b.** Führt jeweils zu zweit das Rollenspiel durch. Tauscht dann die Rollen.
- **c.** Die übrigen Gruppenmitglieder notieren ihre Beobachtungen. Verwendet dazu den Beobachtungsbogen aus Aufgabe 1.

Bei der Auswertung des Rollenspiels sollten alle zu Wort kommen.

3 **a.** Beschreibt als Bewerber, wie ihr euch und die Situation erlebt habt.
b. Beschreibt als Ausbildungsleiter das Gespräch:
- Hat die Bewerberin/der Bewerber Kontakt zu mir aufgenommen?
- Wie hat sie/er meine Fragen beantwortet?
- Wie hat sie/er Interesse gezeigt?
- Würde ich sie/ihn einstellen? Warum?

4 Gebt als Beobachter der Bewerberin bzw. dem Bewerber ein Feedback mithilfe eures Bewerbungsbogens.

ein Feedback geben und empfangen

5 Worauf solltest du bei einem Vorstellungsgespräch besonders achten?

das Feedback nutzen

- **a.** Formuliere, was dir im Rollenspiel noch nicht so gut gelungen ist, in Checkfragen um und ergänze deine Checkliste von Seite 63.
- **b.** Hefte die Checkliste zu deinen Bewerbungsunterlagen und lies sie vor deinen Vorstellungsgesprächen.
- **c.** Schreibe zu jeder Checkfrage, wie du es besser machen willst.

Auf der Suche nach dem Glück

- Literarische Texte erschließen und interpretieren
- Produktives Schreiben

Über das Glück nachdenken und schreiben

Glück wird von Menschen unterschiedlich empfunden.

Fotos beschreiben

1 Wie wirken die Menschen auf den Fotos auf Seite 69 auf euch? Beschreibt die Fotos. Geht dabei auf die Gestik und Mimik ein.

2 Tauscht euch darüber aus, warum die Menschen auf den Fotos glücklich sein könnten.

eine Geschichte zu einem Foto erzählen

3 Wählt ein Foto aus und erzählt eine Geschichte dazu.

Was ist Glück für euch?

sich über den Begriff austauschen

4 Im Tandem!
Tauscht euch über diese Fragen aus:
- Was ist Glück für euch?
- In welchen Momenten seid ihr glücklich?

Glück wird auch mit Symbolen dargestell.

über die Bedeutung von Glückssymbolen informieren

5 **a.** Wähle ein Glückssymbol aus und recherchiere, warum es zu einem Glückssymbol geworden ist.
b. Welche Glückssymbole kennst du außerdem? Recherchiere und stelle sie vor.

Glück, Freude und Zufriedenheit liegen dicht beieinander.

Wortbedeutungen unterscheiden

Z **6** Was haben sie gemeinsam? Wie unterscheiden sie sich?
a. Sammelt Stichworte zu jedem Begriff.
b. Fasst zusammen, was sie gemeinsam haben und was sie unterscheidet.

Z **7** Wer wirkt auf den Fotos glücklich, freudig oder zufrieden?
a. Seht euch noch einmal die Fotos auf Seite 69 an.
b. Ordnet die Fotos den Begriffen Glück, Freude, Zufriedenheit zu.
c. Begründet, warum ihr sie so zugeordnet habt.

In diesem Kapitel untersucht ihr literarische Texte, schreibt sie um oder weiter und erzählt neue Geschichten zum Glück.
Das Zeichen in der Randspalte führt euch schrittweise dorthin.

In Sprichwörtern und Zitaten sind ganz unterschiedliche Vorstellungen vom Glück zu finden.

Das Glück liegt in uns, nicht in den Dingen.

François de La Rochefoucauld, französischer Schriftsteller (1613 – 1680)

Willst du glücklich sein im Leben,
trage bei zu andrer Glück,
denn die Freude, die wir geben,
kehrt ins eigene Herz zurück.

deutsches Sprichwort

Ja, lauf nur nach dem Glück, doch laufe nicht zu sehr.
Denn alle laufen nach dem Glück, das Glück läuft hinterher.

Bertolt Brecht, deutscher Schriftsteller und Regisseur (1898 – 1956)

Dein Lebensglück ist wie ein Vogel, den du liebst.
Du nährst ihn mit den Körnern deines Herzens
und tränkst ihn mit dem Licht deiner Augen.

Khalil Gibran, libanesisch-amerikanischer Dichter und Maler (1883 – 1931)

Genug zu haben ist Glück,
mehr als genug zu haben ist unheilvoll.
Das gilt von allen Dingen,
aber besonders vom Geld.

Laotse, chinesischer Philosoph aus dem 6. Jahrhundert

Das Glück kommt zu denen, die lachen.

japanisches Sprichwort

Viele Menschen versäumen das kleine Glück,
während sie auf das große vergebens warten.

Pearl S. Buck, amerikanische Schriftstellerin (1892 – 1973)

8 Welche Vorstellungen vom Glück findest du in diesen Sprichwörtern und Zitaten? Wähle eines aus und schreibe es in eigenen Worten auf.

Zitate und Redewendungen erschließen

9 Vergleicht die Glücksvorstellungen mit euren Ansichten. Welcher stimmt ihr zu?

Zitate vergleichen und bewerten

In einem Zitat wird das Glück mit einem Vogel verglichen.

10 **a.** Überlegt, warum Khalil Gibran das Glück mit einem Vogel vergleicht.
b. Womit würdet ihr das Glück vergleichen? Tauscht euch darüber aus.

sprachliche Vergleiche finden

Z **11** „Das Glück liegt in uns, ...“ stellt Rochefoucauld fest
a. Erkläre das Zitat.
b. Schreibe persönliche Glücksmomente auf.

eigene Glücksmomente aufschreiben

Ein Glückssucher der Romantik

1826 veröffentlichte der Schriftsteller Joseph von Eichendorff die Novelle „Aus dem Leben eines Taugenichts". Der folgende Textauszug stellt eine Vorstellung von Glück dar, die auch mit der Zeit zusammenhängt, in der sie entstanden ist.

1 Wer ist ein Taugenichts?
Sprecht darüber, was einen Taugenichts charakterisieren könnte.

einen Begriff klären

2 Überlegt gemeinsam, worum es in der Novelle gehen könnte.
Bezieht dabei eure Kenntnisse zur Novelle ein.

Vermutungen zum Inhalt äußern

Novelle ➤ S. 291

Aus dem Leben eines Taugenichts   Joseph von Eichendorff

Das Rad an meines Vaters Mühle brauste und rauschte schon wieder recht lustig, der Schnee tröpfelte emsig vom Dache, die Sperlinge zwitscherten und tummelten sich dazwischen; ich saß auf der Türschwelle und wischte mir den Schlaf aus den Augen; mir war so recht wohl in dem warmen Sonnenscheine. Da trat der Vater aus dem Hause; er hatte schon seit Tagesanbruch in der Mühle rumort[1] und die Schlafmütze schief auf dem Kopf, der sagte zu mir: „Du Taugenichts! Da sonnst du dich schon wieder und dehnst und reckst dir die Knochen müde, und lässt mich alle Arbeit allein tun. Ich kann dich hier nicht länger füttern. Der Frühling ist vor der Tür, geh auch einmal hinaus in die Welt und erwirb dir selber dein Brot." – „Nun", sagte ich, „wenn ich ein Taugenichts bin, so ist's gut, so will ich in die Welt gehen und mein Glück machen." Und eigentlich war mir das recht lieb, denn es war mir kurz vorher selber eingefallen, auf Reisen zu gehen, da ich die Goldammer[2], welche im Winter immer betrübt an unserem Fenster sang: „Bauer, miet mich, Bauer miet mich!", nun in der schönen Frühlingszeit wieder ganz stolz und lustig vom Baume rufen hörte: „Bauer, behalt deinen Dienst!" – Ich ging also in das Haus hinein und holte meine Geige, die ich recht artig spielte, von der Wand, mein Vater gab mir noch einige Groschen Geld mit auf den Weg und so schlenderte ich durch das lange Dorf hinaus. Ich hatte recht meine heimliche Freude, als ich da alle meine alten Bekannten und Kameraden rechts und links, wie gestern und vorgestern und immerdar, zur Arbeit hinausziehen, graben und pflügen sah, während ich so in die freie Welt hinausstrich. Ich rief den armen Leuten nach allen Seiten recht stolz und zufrieden Adjes[3] zu, aber es kümmerte sich eben keiner sehr darum. Mir war es wie ein ewiger Sonntag im Gemüte.

Joseph Freiherr von Eichendorff (1788–1857) beendete die Novelle „Aus dem Leben eines Taugenichts" 1820. Mit diesem Werk hatte er zu seinen Lebzeiten den größten Erfolg.

[1] rumort: gelärmt [2] die Goldammer: ein Singvogel
[3] Adjes! kommt von Adieu! (Tschüss!) Abschiedsgruß

Und als ich endlich ins freie Feld hinauskam, da nahm ich meine liebe Geige vor, und spielte und sang, auf der Landstraße fortgehend:

„Wem Gott will rechte Gunst erweisen,
Den schickt er in die weite Welt,
Dem will er seine Wunder weisen
In Berg und Wald und Strom und Feld.

Die Trägen, die zu Hause liegen,
Erquicket nicht das Morgenrot,
Sie wissen nur vom Kinderwiegen
Von Sorgen, Last und Not um Brot.

Die Bächlein von den Bergen springen,
Die Lerchen schwirren hoch vor Lust,
Was sollt ich nicht mit ihnen singen
Aus voller Kehl und frischer Brust?

Den lieben Gott lass ich nur walten;
Der Bächlein, Lerchen, Wald und Feld
Und Erd und Himmel will erhalten,
Hat auch mein' Sach' aufs Best' bestellt!"

Indem, wie ich mich so umsehe, kömmt ein köstlicher Reisewagen ganz nahe an mich heran, der mochte wohl schon einige Zeit hinter mir dreingefahren sein, ohne dass ich es merkte, weil mein Herz so voller Klang war, denn es ging ganz langsam, und zwei vornehme Damen steckten die Köpfe aus dem Wagen und hörten mir zu. Die eine war besonders schön und jünger als die andere, aber eigentlich gefielen sie mir alle beide. Als ich nun aufhörte zu singen, ließ die ältere stillhalten und redete mich holdselig an: „Ei, lustiger Gesell, Er weiß ja recht hübsche Lieder zu singen." Ich nicht zu faul dagegen: „Ew.[4] Gnaden aufzuwarten, wüsst ich noch viel schönere." Darauf fragten sie mich wieder: „Wohin wandert er denn schon so am frühen Morgen?" Da schämte ich mich, dass ich das selber nicht wusste, und sagte dreist: „Nach Wien"; nun sprachen's beide miteinander in einer fremden Sprache, die ich nicht verstand. Die jüngere schüttelte einige Male mit dem Kopfe, die andere lachte aber in einem fort und rief mir endlich zu: „Spring er nur hinten mit auf, wir fahren auch nach Wien." Wer war froher als ich! Ich machte einen Reverenz[5] und war mit einem Sprunge hinter dem Wagen, der Kutscher knallte und wir flogen über die glänzende Straße fort, dass mir der Wind am Hute pfiff.

[4] Ew.: Abkürzung für Euer, veraltete Anredeform: Euer Gnaden
[5] die Reverenz (lat.): die Verbeugung

3 **a.** Tauscht euch über euren Leseeindruck aus. Wie wirkt der Text auf euch?
b. Vergleicht eure Eindrücke mit euren Vermutungen aus Aufgabe 2 auf Seite 72.

sich über den ersten Leseeindruck austauschen

Im Textauszug wird deutlich, welche Einstellung die Hauptfigur dem Leben gegenüber hat.

die Hauptfigur untersuchen und charakterisieren

4 Was hält der Vater von dem Sohn?
- **a.** Erklärt mithilfe von Textstellen, wieso der Vater den Sohn als Taugenichts bezeichnet.
- **b.** Gebt mit eigenen Worten wieder, was dem Vater wichtig ist.

5 Wie reagiert der Sohn auf den Vorwurf?
Gebt wieder, was er tut und wie er sich dabei fühlt.

6 Welche Vorstellung vom Glücklichsein hat der Taugenichts?
- **a.** Sucht Textstellen heraus, die seine Haltung gegenüber der Arbeit ausdrücken.
- **b.** Sucht Textstellen, in denen seine Beziehung zur Natur und seine Einstellung zum Reisen deutlich werden.
- **c.** Schreibt auf, was dem Taugenichts im Leben wichtig ist.

7 Welches Foto von Seite 69 könnte die Glücksvorstellung des Taugenichts darstellen? Vergleicht eure Vorstellung mit den Fotos. Begründet eure Wahl.

Eichendorffs Novelle wird der Zeit der Romantik zugeordnet.

einen Cluster erstellen

Cluster ➤ S. 296

8 Im Tandem!
Was versteht ihr unter dem Begriff **Romantik**?
Schreibt eure Gedanken in einen Cluster dazu auf.

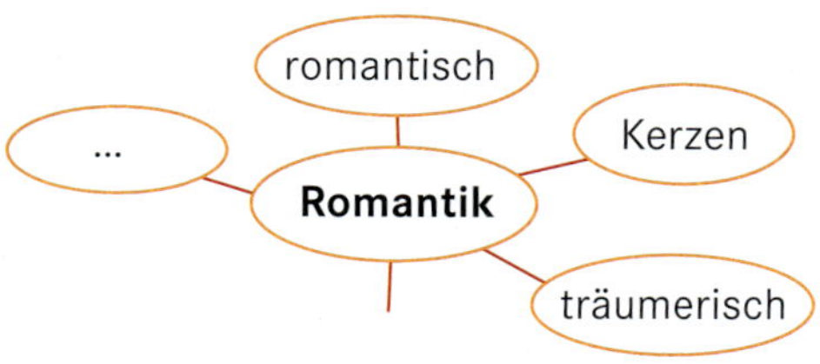

Die **Romantik** bezeichnet einen Zeitabschnitt in der deutschen Literaturgeschichte in der ersten Hälfte des 19. Jahrhunderts. Zu dieser Zeit erschien der Alltag mit seinen Pflichten und Aufgaben eintönig und die Dichter wollten in ihren Werken aus dem Alltag ausbrechen. Sie beschrieben den „Typus des romantischen Träumers, der nicht in den bürgerlichen Alltag passt, aber im Reich der Fantasie ein Held oder König ist“. Die Natur als Zufluchtsort, in der besondere, magische Kräfte wirken, ist häufig ein Thema. Auch die christliche Religion, der Glaube an Gott, spielt bei vielen Dichtern eine bedeutende Rolle.
In der Literatur werden enge Vorgaben dadurch durchbrochen, dass unterschiedliche Formen gemischt werden, indem zum Beispiel Gedichte in Prosatexte eingebaut werden. Vor allem Gedichte von Eichendorff sind oft vertont worden, so dass auch die Grenze zwischen Wort und Musik verwischt wird.

einen Lexikoneintrag verstehen

9 Lest den Lexikoneintrag über die Zeit der Romantik.
Wie wird die Romantik beschrieben? Schreibt Stichworte auf.

In dem Textauszug „Aus dem Leben eines Taugenichts“ findet ihr bestimmte Merkmale der Romantik wieder.

10 Untersucht, wie der Frühling und seine Wirkung in der Novelle dargestellt werden. Sammelt Textstellen, die sich auf den Frühling und auf das Verhalten des Taugenichts beziehen.

die Naturbeschreibungen untersuchen

Starthilfe

Die Natur im Frühling	Die Handlungen des Taugenichts
– „der Schnee tröpfelte emsig vom Dache, …“ (Z. 2)	– Der Taugenichts sitzt vor der Tür …

11 Fasst zusammen, welche Stimmung hier erzeugt wird.

12 Warum beginnt der Aufbruch des Taugenichts im Frühling? Schreibt auf, welche Parallelen zwischen der Natur und dem Taugenichts deutlich werden.

Parallelen zwischen der Naturbeschreibung und der Hauptfigur finden

Joseph von Eichendorff verwendet in der Novelle eigene Lieder. Dieses Lied gehört heute zu den Volksliedern.

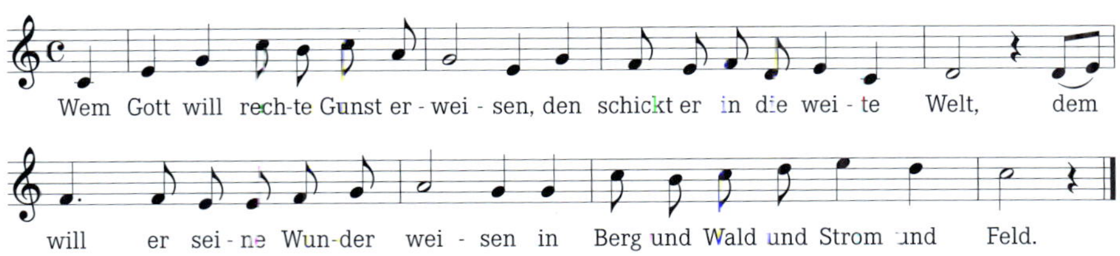

13 Tauscht euch über die Botschaft des Liedtextes aus. Überlegt, welche Rolle der Glaube für den Taugenichts spielen könnte.

den Liedtext erschließen

Der folgende Bibeltext, ein Auszug aus einer Predigt Jesu, gibt euch weitere Hinweise darauf, wie die Figur des Träumers gesehen werden kann.

Sorgt euch nicht um euer Leben und darum, dass ihr etwas zu essen habt, noch um euren Leib und darum, dass ihr etwas anzuziehen habt. Ist nicht das Leben wichtiger als die Nahrung und der Leib wichtiger als die Kleidung? Sehet euch die Vögel des Himmels an: Sie säen nicht, sie ernten nicht und sammeln keine Vorräte in Scheunen; euer himmlischer Vater ernährt sie. Seid ihr nicht viel mehr wert als sie?

14 **a.** Notiert die Botschaft aus dem Textauszug.
b. Vergleicht diese Auffassung mit der Lebenseinstellung des Taugenichts.

Z **15** Überlegt, wie die Geschichte weitergehen könnte. Entwickelt mithilfe der Handlungsbausteine Ideen und schreibt sie auf.

die Geschichte weiterschreiben

Erzählplan ➤ S. 296

Ein Taugenichts aus der Gegenwart?

Alexander Rösler erzählt die Geschichte des Taugenichts neu. Sein Buch „Ich bin nur mal kurz mein Glück suchen ... Neues vom Taugenichts“ erschien 2008.

1 Könnte sich die Geschichte vom Taugenichts auch in der Gegenwart abspielen?
Notiere, was auch in der heutigen Zeit geschehen könnte und was nicht passt.

Vermutungen zum Inhalt äußern

Ich bin nur mal kurz mein Glück suchen ... Neues vom Taugenichts   Alexander Rösler

Der Rasenmäher zog meinen Vater hinter sich her durch den Garten. Gemeinsam schnitten sie eine Schneise durchs Gras. Hinten am Zaun, in meiner Lieblingsecke, lag ich auf dem Bauch. Den Kopf in die Hände gestützt, beobachtete ich die Entwicklung dieses Samstags. Ich stellte mir vor, wie im Dickicht des Rasendschungels Hunderte von Insekten vor dem heranrollenden Mähermonster zur Seite sprangen oder sich in die Erde bohrten. Auch hinten bei Bermers und bei Fandrichs rotierten die Mäher. Nur rechts nebenan, bei Frau Feld, raspelte schon der Kantenschneider. Meine Mutter verwandelte mit einem feuchten Lappen die Gartenmöbel in staubfreie Zonen. Während sie auf und ab lief, schlugen die hölzernen Sohlen ihrer Gesundheitssandalen nach jedem Schritt an ihre Fersen ... Klipp ... Klapp ... „Jetzt kommt die Saison, in der wieder Luft an die Füße kommt“, würde sie bald zufrieden sagen. Sie zog, wie immer, eifrig zu Werke. Am Tag muss man den Rückstand der Nacht aufholen, hatte sie mal gesagt. Der Tag begann morgens mit dem Bürsten ihres Kurzhaarschnitts. Dann klopfte sie die Bettwäsche aus, die hatte es nicht anders verdient. Bevor sie ins Bad ging, hing sie das Hemd des Tages für meinen Vater zum Lüften auf einen Bügel an einem eigens dafür befestigten Haken am Balkon. Die Hemden ließen sich ein bisschen durch den Frühsommerwind hin- und herwehen. Sie sahen sich alle sehr ähnlich, die Hemden und die Tage. Dann machte Mutter Frühstück, während im Garten bereits das Unkraut und der Staub lauerten. Mich ließ sie in Ruhe ... Klipp ... Klapp ... In unserem Gartenteich schwammen die beiden Goldfische auf der Stelle und pumpten das trübe Wasser durch ihre Kiemen. Bald würde es wieder Zeit für meine Mutter, den Teichsauger anzuwerfen, den sie vor zwei Jahren von meinem Vater zum Geburtstag geschenkt bekommen hatte. Ein paar Kirchtürme bimmelten bereits eifrig herüber und rundherum arbeiteten die Nachbarn am Garten, an ihren Autos oder am Hund. Wimmers von links nebenan schwangen sich (vor dem Mittagessen!) in Trainingsanzügen auf ihre Aluräder und traten

Alexander Rösler (1965 in Kassel geboren) schrieb schon vor seinem Medizinstudium in Berlin. 1999 veröffentlichte er sein erstes Buch. „Ich bin nur mal kurz mein Glück suchen ...“ ist sein zweiter Roman. Er arbeitet als Arzt in Hamburg.

mit ihren Bürofüßen kräftig in die Pedale. „Schönes Wochenende“, riefen sie uns über den Gartenzaun zu und winkten mir, als seien wir verwandt. Sie hatten keinen Rasen im Garten, nur Waschbeton. Wenig später sah ich das Türkis ihrer Trainingsanzüge auf dem Hügel in gleichmäßigem Tempo über den Horizont ziehen, wie die kleinen Blechziele in einer Schießbude auf dem Jahrmarkt. Die Sonne leuchtete das ganze Wimmelbild aus. Die Welt war ein Ameisenhaufen.

Vaters Rasenmäher steuerte auf mich zu, ich lag auf dem letzten Fleck Rasen, der noch ungeschoren davongekommen war. Mein Vater rief mir was zu, aber der Lärm des Rasenmähers schluckte alle Vokale: „sth ndlch f nd t ws!“ Ich stand auf und blickte meinen schwitzenden Vater an. Er hielt seinen Mund an mein Ohr und rief: „Du hilfst nicht im Garten. Du tust nichts im Haushalt. Dein Abitur ist in der Tonne. Du hängst rum oder isst den Kühlschrank leer. Mach endlich was, tu was Sinnvolles, lauf wenigstens irgendwohin und mach irgendwas von Nutzen!“ Zwischen uns wirbelte der Rasenmäher. Wenn man ihn umdrehte, könnte man vielleicht einen Hubschrauber daraus machen, abheben und wegfliegen, dachte ich. Aber nur mein Vater drehte sich um und folgte wieder dem Mäher, obgleich dort schon gemäht war. Ich sah von hinten, dass seine Ohren glühten. Meine Mutter hatte inzwischen die Saugdüse auf den Staubsauger gesteckt und fuhrwerkte wie ein Ameisenbär zwischen den Ritzen der Gartenmöbel umher.

Ich ging ins Haus und lauschte in mich hinein, wurde aber abgelenkt von einem Anrufer, der sich auf dem Anrufbeantworter dafür entschuldigte, dass er sich verwählt hatte. „Auf Wiederhören“, sagte er. Ich zog den alten Stoffrucksack meines Großvaters aus dem Koffer unter dem Bett hervor und warf folgende Dinge hinein: ein Taschenmesser mit einer Minisäge, eine Isomatte, meinen Schlafsack, eine zweite Hose, einen Wollpullover (der soll ja immer mit, sagen alle Reiseführer, denn selbst in der Wüste, wie man weiß, kann es „empfindlich kalt werden“), die Regenjacke, einen Notizblock mit Kugelschreiber, Personalausweis, meinen nagelneuen Führerschein und eine nagelneue Zahnbürste, von denen wir immer einen großen Vorrat im Badezimmerschrank hatten.Außerdem den Inhalt der Haushaltsgeldbox meiner Mutter. (Für die Nachwelt hier eine kurze Wegbeschreibung zur Haushaltsgeldbox meiner Mutter: Geschirrschrank im Esszimmer mit dem grünen Kaffeeservice; in Zuckerdose Schlüssel für die Wohnzimmerkommode; dort unter den Frontbriefen meines Großvaters im braunen Schuhkarton, Aufschrift Schuh-Heine, Schlüssel für das kleine Hängeschränkchen in der Küche über dem Kaktus, in der Blechbox „van Hoeven Kakao“ finden sich am Monatsanfang ca. dreihundert Euro.) Es war Monatsanfang. Ich habe mich gefragt, ob der Kaktus wohl die Box bewachen soll (nehme gerne Rückmeldungen zur Frage Nähe von Kakteen zu Haushaltsgeldversteckboxen entgegen). Mein Handy, dieses kleine, magisch funkelnde Klötzchen, hielt ich einen Moment in der Hand und sah es an, wie ich es nie zuvor angesehen hatte. Dann legte ich es zurück und schnürte den Rucksack zu.

Ich schwang ihn über die rechte Schulter und verließ lautlos das Haus durch den Vordereingang, vorbei an Wimmers, die auf ihren Rädern zurückkamen und genauso aussahen wie vor ihrer Abfahrt, nur in die andere Richtung gekehrt. Sie winkten mir wieder zu und schienen sich über einen jungen Menschen mit altem Rucksack zu freuen. [...]
Meinen Abschied bemerkte keiner, schließlich hat heute fast jeder einen Rucksack auf, wenn er irgendwohin geht. Ich hätte Ben oder Lilly Tschüss sagen können, aber ich wollte ihnen lieber ferne Postkarten schreiben und alle sollten sich wundern. Mir schwoll ein wenig die Brust und ich hätte [...] gern gesungen, aber mir schwirrten nur ein paar Popsongs im Kopf herum, und ich fragte mich, ob seit Einführung des Radios die Leute im Schnitt eher schlechter oder besser singen konnten. Dann verschob ich alle Gedanken, die meinen Schritt hätten bremsen können, und marschierte, als wüssten meine Beine, was das Wort marschieren bedeutete.

2 Was erfährst du über die Hauptfigur und seine Eltern?
Schreibe Stichworte auf.

die Hauptfigur charakterisieren

3 In den Zeilen 14 bis 22 wird der Tagesablauf der Mutter beschrieben.
Gebt mit eigenen Worten wieder, wie er aussieht.

den Text erschließen und Aussagen am Text belegen

4 Worin besteht das Glück für die Eltern?
Überlegt, ob die Eltern mit ihrem Leben glücklich sind.
Begründet eure Meinung mithilfe von Textstellen.

5 Ihr erfahrt auch etwas über die Nachbarn.
Vergleicht ihre Tätigkeiten mit denen der Eltern.

6 Was bedeutet Glück für den Taugenichts?
Sucht Textstellen, an denen deutlich wird, welche Haltung der Taugenichts hat.

7 Untersucht den Textauszug mit den Fragen:
- Aus welcher Perspektive wird erzählt?
- Welchen Einfluss hat die Erzählperspektive auf das Geschehen?

Tipp: Versetzt euch in die Situation der Mutter. Wie würde sie das Geschehen erzählen?

aus einer anderen Perspektive erzählen
Erzähler ➤ **S. 291**

Die Reisevorbereitungen des Taugenichts dauern nur wenige Minuten.

8 **a.** Lest nach, welche Dinge er einpackt, und besprecht, ob diese Dinge wichtig sind.
b. Sprecht darüber, warum er sein Handy nicht mitnimmt.

Bei Eichendorff nimmt die Beschreibung der Natur viel Raum ein. Auch in dem Textauszug von Alexander Rösler wird die Umgebung beschrieben.

9 Wie wird die Natur in diesem Textauszug von Alexander Rösler beschrieben und wie gehen die Menschen damit um?

a. Haltet fest, welche Dinge aus der Natur genannt werden. Beschreibt mit eigenen Worten, um welche „Natur" es sich handelt.

b. Sucht Stellen im Text, die euch zeigen, wie die Menschen – hier: die Eltern des Taugenichts – mit der Natur umgehen. Gebt mit eigenen Worten wieder, welche Rolle die Natur für sie spielt.

c. Tauscht euch darüber aus, welche Meinung der Taugenichts von ihrem Verhalten hat. Belegt eure Aussagen mithilfe von Textstellen.

Naturbeschreibungen untersuchen

Die folgenden drei Fotos stammen aus unterschiedlichen Zeiten und zeigen Menschen in der Natur.

1

2

3

10 Im Tandem!
Tauscht eure Eindrücke zu den Fotos aus.

W Wähle ein Foto und eine Aufgabe dazu aus.

11 **a.** Beschreibe ein Foto:
- Versetze dich in eine Person aus einem Foto.
- Erzähle in der Ich-Perspektive die Gefühle und Gedanken dieser Person.

b. Lies deinen Text vor. Die anderen Schülerinnen und Schüler raten, welches Foto du beschrieben hast.

Fotos beschreiben
aus der Ich-Perspektive erzählen

Texte schreiben und überarbeiten ➤ S. 296

12 Welche Beziehung zwischen Mensch und Natur wird in den Fotos verdeutlicht? Notiert Stichworte und vergleicht eure Ergebnisse mit den Aussagen in den Romanauszügen.

Fotos und Romanauszüge vergleichen

Extra Sprache: Die Sprache der Romantik

Die Zeit der Romantik liegt rund 200 Jahre zurück. Die Texte aus dieser Zeit sind zwar verständlich, trotzdem erscheint heute vieles an der Sprache von damals ungewohnt.

Aus dem Leben eines Taugenichts — Joseph von Eichendorff

Sooft der Gärtner fort und ich allein war, zog ich sogleich mein kurzes Tabakspfeifchen heraus, setzte mich hin, und sann auf schöne höfliche Redensarten, wie ich die eine junge schöne Dame, die mich in das Schloss mitbrachte, unterhalten wollte, wenn ich ein Kavalier wäre und mit ihr hier herumginge. Oder ich legte mich an schwülen Nachmittagen auf den Rücken hin, wenn alles so still war, dass man nur die Bienen sumsen hörte, und sah zu, wie über mir die Wolken nach meinem Dorfe zuflogen und die Gräser und Blumen sich hin und her bewegten, und gedachte an die Dame, und da geschah es denn oft, dass die schöne Frau mit der Gitarre oder einem Buche in der Ferne wirklich durch den Garten zog, so still, groß und freundlich wie ein Engelsbild, sodass ich nicht recht wusste, ob ich träumte oder wachte. […] Gleich vor dem Schlosse, gerade unter den Fenstern, wo die schöne Frau wohnte, war ein blühender Strauch. Dorthin ging ich dann immer am frühesten Morgen und duckte mich hinter die Äste, um so nach den Fenstern zu sehen, denn mich im Freien zu produzieren hatt ich keine Courage. Da sah ich nun allemal die allerschönste Dame noch heiß und halb verschlafen im schneeweißen Kleide an das offne Fenster hervortreten. Bald flocht sie sich die dunkelbraunen Haare und ließ dabei die anmutig spielenden Augen über Busch und Garten ergehen, bald bog und band sie die Blumen, die vor ihrem Fenster standen, oder sie nahm auch die Gitarre in den weißen Arm und sang dazu so wundersam über den Garten hinaus, dass sich mir noch das Herz umwenden will vor Wehmut, wenn mir eins von den Liedern bisweilen einfällt – und ach, das ist alles schon lange her!

die Wortwahl im Textauszug untersuchen

1 Welche Wörter kennt ihr nicht oder würdet ihr nicht verwenden?
- **a.** Übertragt diese in die Tabelle.
- **b.** Ergänze bei den Verbformen den Infinitiv.

Starthilfe

Nomen	Adjektive	Verben	andere
Dame	anmutig	(ich) sann auf – sinnen auf	…
Kavalier	…	…	…

2 Welche Wörter verwendet ihr stattdessen? Übertragt diese Wörter in die heutige Sprache.

Z **3** Welche weiteren Wörter kennst du, die heute nicht mehr verwendet werden? Schreibe sie auf.

Auch Wörter haben eine Herkunft, eine Geschichte. In einem etymologischen Wörterbuch erfährst du mehr über die Herkunft von Wörtern.

Kavalier: Das seit etwa 1600 bezeugte Wort ist aus gleichbed. *frz.* cavalier entlehnt, das seinerseits aus *ital.* cavaliere „Reiter, Ritter“ stammt. „Kavalier“ war zunächst nur als Titel der Angehörigen eines ritterlichen Ordens gebräuchlich. Wenig später schon entwickeln sich daraus Bedeutungen wie „adliger Herr, Hofmann“, die ihrerseits den heute allein üblichen Gebrauch des Wortes im Sinne von „feiner und gebildeter, (besonders Frauen gegenüber) taktvoller Mann“ vorbereiten. [...]

4 **a.** Gebt mit eigenen Worten wieder, welche Bedeutungen das Wort **Kavalier** hatte.
b. Untersucht, in welcher Bedeutung der Taugenichts dieses Wort gebraucht.

Bedeutungen erschließen

Auffallend an Eichendorffs Text sind die ausführlichen Beschreibungen von Details.

5 **a.** Sucht in dem Text Beispiele für die Beschreibungen. Was fällt euch auf?
b. Sprecht über die Wirkung der genauen Beschreibungen.

die Sprache im Textauszug untersuchen

Eichendorff verwendet viele Adjektive.

6 Warum werden viele Adjektive in dem Textauszug verwendet?
a. Wählt einen Satz aus und schreibt ihn ohne Adjektive auf.
b. Lest euch die Sätze vor. Was könnt ihr feststellen?

Probiere die Sprache der Romantik selbst aus.

Z **7** Schreibe einen Brief des Taugenichts an die schöne Frau, in dem dieser über seine Gefühle spricht.
Tipps:
- Gehe auf die Dinge ein, die er an ihr liebt.
- Verwende die altertümlichen Worte, die auch der Taugenichts gebraucht.
- Verwende genaue Beschreibungen und viele Adjektive.

einen Brief schreiben und eine andere Sprachform verwenden

Texte schreiben und überarbeiten ➤ S. 296

Starthilfe

Schönste Dame!
Ein stiller, geheimer Verehrer schickt Ihnen als Zeichen seiner tiefen, aufrichtigen Gefühle diesen Brief. Seit ich Sie das erste Mal erblickt, ...

Z Weiterführendes: Ein Gedicht über das Glück

Das Empfinden von Glück wird auch als Gefühl und als Zustand beschrieben, so wie in dem Gedicht von Mascha Kaléko (1907–1975).

1 Lest den Titel des Gedichtes und sprecht darüber, wie ihr ihn versteht.

über den Titel des Gedichtes sprechen

Sozusagen grundlos vergnügt Mascha Kaléko

Ich freu mich, daß am Himmel Wolken ziehen
Und daß es regnet, hagelt, friert und schneit.
Ich freu mich auch zur grünen Jahreszeit,
Wenn Heckenrosen und Holunder blühen.
– Daß Amseln flöten und daß Immen[1] summen.
Daß Mücken stechen und daß Brummer brummen.
Daß rote Luftballons ins Blaue steigen.
Daß Spatzen schwatzen. Und daß Fische schweigen.

Ich freu mich, daß der Mond am Himmel steht
Und daß die Sonne täglich neu aufgeht.
Daß Herbst dem Sommer folgt und Lenz[2] dem Winter,
Gefällt mir wohl. Da steckt ein Sinn dahinter,
Wenn auch die Neunmalklugen ihn nicht sehn.
Man kann nicht alles mit dem Kopf verstehn!
Ich freue mich. Das ist des Lebens Sinn.
Ich freue mich vor allem, daß ich bin.

In mir ist alles aufgeräumt und heiter:
Die Diele blitzt. Das Feuer ist geschürt.
An solchem Tag erklettert man die Leiter,
Die von der Erde in den Himmel führt.
Da kann der Mensch, wie es ihm vorgeschrieben,
– Weil er sich selber liebt – den Nächsten lieben.
Ich freue mich, daß ich mich an das Schöne
Und an das Wunder niemals ganz gewöhne.
Daß alles so erstaunlich bleibt, und neu!
Ich freue mich, daß ich ... Daß ich mich freu. Ⓡ

[1] die Imme, die Immen: dichterisch für Bienen
[2] der Lenz: dichterisch für Frühling

2 Im Tandem!
Welche Stimmung wird in dem Gedicht beschrieben?
a. Lest euch das Gedicht gegenseitig vor.
b. Tauscht euch darüber aus, welche Stimmung darin beschrieben wird.

das Gedicht vortragen und die Stimmung untersuchen

In dem Gedicht zählt das lyrische Ich viele Dinge auf, worüber es sich freut.

3 Wann und wobei empfindet das lyrische Ich Freude?
- **a.** Sprecht darüber, worüber sich das lyrische Ich besonders freut.
- **b.** Findet heraus, welche Haltung zur Natur deutlich wird, wenn das lyrische Ich sich selbst über stechende Mücken (Z. 6) freuen kann.
- **c.** Tauscht euch darüber aus, über welche genannten Dinge ihr euch ebenfalls freut.

den Inhalt des Gedichtes erschließen

lyrisches Ich ➤ S. 290

4 Tauscht euch darüber aus, wie ihr die folgende Aussage versteht: „Man kann nicht alles mit dem Kopf verstehn!“ (Z. 14).

Die Dichterin verwendet eine besondere sprachliche Gestaltung.

5 Untersucht die sprachliche Gestaltung des Gedichtes.
- **a.** Wofür stehen die Metaphern in den Zeilen 17–20? Sucht sie heraus und erklärt sie mit eigenen Worten.
- **b.** In Zeile 22 bezieht sich die Dichterin auf ein bekanntes Bibelzitat. Erklärt die Gedichtzeile mit eigenen Worten.

die sprachliche Gestaltung des Gedichtes untersuchen

sprachliche Bilder ➤ S. 290

Der Inhalt und die sprachliche Gestaltung bilden bei einem Gedicht eine Einheit.

6 Interpretiert das Gedicht.
- **a.** Sprecht darüber, worin das Glück für das lyrische Ich besteht. Ergänzt dazu den Satz „Ich freu mich, dass ich …“ (Z. 26).
- **b.** Tauscht euch darüber aus, warum Mascha Kaléko den letzten Vers nicht vollendet hat.
- **c.** Schreibt auf, welche Glücksformel sich aus dem Gedicht von Mascha Kaléko ableiten lässt.
- **d.** Lest die Zitate auf Seite 71 noch einmal. Sprecht darüber, welche Glücksvorstellung zu der Glücksvorstellung in dem Gedicht passt.

das Gedicht interpretieren

W Wählt aus den Aufgaben aus.

7 Schreibt eigene Glücksformeln auf.

eine eigene Glücksformel schreiben

8 Schreibt zu der ersten Strophe ein Parallelgedicht.

ein Parallelgedicht schreiben

Starthilfe

Ich freu mich, dass …
Ich freu mich auch …

Das kann ich!

Literarische Texte erschließen und interpretieren
Produktives Schreiben

In diesem Kapitel hast du in Textauszügen unterschiedliche Auffassungen vom Glück kennen gelernt. Du hast die Textauszüge interpretiert und dazu eigene Texte geschrieben.
Dieser Auszug setzt die Reise des Taugenichts aus der Novelle fort.

Aus dem Leben eines Taugenichts Joseph von Eichendorff

Hinter mir gingen nun Dorf, Gärten und Kirchtürme unter, vor mir neue Dörfer, Schlösser und Berge auf; unter mir Saaten, Büsche und Wiesen bunt vorüberfliegend, über mir unzählige Lerchen in der klaren blauen Luft – ich schämte mich laut zu schreien, aber innerlichst jauchzte ich und strampelte und tanzte auf dem Wagentritt herum, dass ich bald meine Geige verloren hätte, die ich unterm Arme hielt. Wie aber denn die Sonne immer höher stieg, rings am Horizont schwere weiße Mittagswolken aufstiegen, und alles in der Luft und auf der weiten Fläche so leer und schwül und still wurde über den leise wogenden Kornfeldern, da fiel mir erst wieder mein Dorf ein und mein Vater und unsere Mühle, wie es da so heimlich kühl war an dem schattigen Weiher, und dass nun alles so weit, weit hinter mir lag. Mir war dabei so kurios zumute, als müsst ich wieder umkehren; ich steckte meine Geige zwischen Rock und Weste, setzte mich voller Gedanken auf den Wagentritt hin und schlief ein.

1 Der Taugenichts nimmt seine Umgebung mit vielen Sinnen wahr. Suche dafür Belege im Text.

2 Beschreibe mit eigenen Worten, welche Gefühle die Dinge, die er wahrnimmt, in ihm hervorrufen.

3 Seine Gefühle ändern sich, sowie sich die Umgebung ändert.
- **a.** Suche die Parallelen in dem Textauszug und schreibe sie heraus.
- **b.** Erkläre mit eigenen Worten, wie und weshalb sich seine Stimmung ändert.

den Textauszug untersuchen und Gefühlsäußerungen mit Textstellen belegen

Du kennst Besonderheiten der Sprache der Romantik.

4
- **a.** Schreibe die Besonderheiten der Sprache der Romantik auf.
- **b.** Ersetze veraltete Wörter durch Wörter aus der Gegenwart.

5
- **a.** Wie würdest du diesen Text heute schreiben? Formuliere neu.
- **b.** Vergleiche beide Auszüge. Was fällt dir auf?

die Sprache untersuchen

Sprache in der Romantik
➤ S. 80–81

Alexander Rösler hat sich in seinem Roman an der Novelle von Joseph von Eichendorff orientiert. So lassen sich viele Gemeinsamkeiten, aber auch Unterschiede herausfinden.

6 **a.** Vergleicht die beiden Textauszüge miteinander und beantwortet die folgenden Fragen:
- Welche Glücksvorstellungen haben die beiden Hauptfiguren?
- Was erfahrt ihr über das Alltagsleben der Menschen?
- Welche Erwartungen haben die Väter an ihre Söhne?
- Welche Einstellung haben die beiden Söhne dazu?

b. Haltet die Gemeinsamkeiten und Unterschiede in einer Tabelle fest.
c. Sammelt weitere Fragen und beantwortet sie.

die Textauszüge vergleichen
„Aus dem Leben eines Taugenichts" ➤ S. 72–73
„Ich bin nur mal kurz mein Glück suchen ..." ➤ S. 76–78

Du hast dich mit den literarischen Texten auseinandergesetzt, sie um-, weiter- und neu geschrieben.

7 Schreibe einen Brief oder eine E-Mail an eine der beiden Hauptfiguren, in dem du Stellung zu ihrem Verhalten nimmst. Äußere dich zu deinen Glücksvorstellungen und vergleiche sie mit denen vom Taugenichts.

Stellung nehmen
➤ S. 298

Am Ende sitzt der Taugenichts aus der Novelle von Joseph von Eichendorff „voller Gedanken" auf dem Wagentritt und schläft dann ein (Z. 13).

8 Was könnte dem Taugenichts durch den Kopf gehen?
Wovon könnte er träumen?
Schreibe die Gedanken des Taugenichts als inneren Monolog auf.

einen inneren Monolog schreiben
innerer Monolog ➤ S. 291

9 Schreibe einen Traum des Taugenichts auf, der seine Hoffnungen oder seine Sorgen und Ängste widerspiegelt.

einen Traum aufschreiben

W Wähle aus den Aufgaben aus.

10 Im Tandem!
Versetzt euch in die Rolle der Eltern in dem Textauszug von Alexander Rösler, als sie entdecken, dass der Sohn weggegangen ist. Besprecht, welche Überlegungen sie anstellen, und schreibt einen Dialog darüber.

einen Dialog schreiben

11 Beschreibe die Atmosphäre des Ortes in dem Textauszug von Alexander Rösler, als der Taugenichts die Straße entlangwandert. Überlege, was er dabei sieht, hört, riecht, fühlt oder denkt, und halte diese Eindrücke fest.

die Atmosphäre beschreiben

12 Was könnte in den nächsten 24 Stunden geschehen?
Schreibe eine Fortsetzungsgeschichte zu einem der beiden Textauszüge.

den Textauszug weiterschreiben

Produktives Schreiben

Texte planen, schreiben und überarbeiten

Um zu einem Text zu schreiben, musst du ihn zunächst verstehen. 1841 erschien „Peter Schlemihls wundersame Geschichte“ von Adelbert von Chamisso, eine der berühmtesten Erzählungen der Romantik. Sie handelt von dem jungen Peter Schlemihl, der glaubt, mit Geld glücklich zu werden. Am Anfang der Novelle befindet sich Schlemihl auf einer Feier bei dem reichen Herrn John. Dort beobachtet er einen seltsamen grauen Mann, der dem Gastgeber jeden Wunsch zu erfüllen scheint.

Peter Schlemihls wundersame Geschichte   Adelbert von Chamisso

Wie erschrak ich, als ich den Mann im grauen Rock hinter mir her und auf mich zukommen sah. Er nahm sogleich den Hut vor mir ab und verneigte sich so tief, als noch niemand vor mir getan hatte. Es war kein Zweifel, er wollte mich anreden, und ich konnte, ohne grob zu sein, es nicht vermeiden. Ich nahm den Hut auch ab, verneigte mich wieder, und stand da in der Sonne mit bloßem Haupt wie angewurzelt. Ich sah ihn voller Furcht stier an und war wie ein Vogel, den eine Schlange gebannt hat. Er selber schien sehr verlegen zu sein, er hob den Blick nicht auf, verbeugte sich zu verschiedenen Malen, trat näher und redete mich an mit leiser, unsicherer Stimme, ungefähr im Tone eines Bettelnden.

„Möge der Herr meine Zudringlichkeit entschuldigen, wenn ich es wage, ihn so unbekannter Weise aufzusuchen, ich habe eine Bitte an ihn. Vergönnen Sie gnädigst –“ – „Aber um Gottes willen, mein Herr!“, brach ich in meiner Angst aus, „was kann ich für einen Mann tun, der –“ wir stutzten beide, und wurden, wie mir deucht, rot.

Er nahm nach einem Augenblick des Schweigens wieder das Wort: „Während der kurzen Zeit, wo ich das Glück genoss, mich in Ihrer Nähe zu befinden, hab ich, mein Herr, einige Mal – erlauben Sie, dass ich es Ihnen sage – wirklich mit unaussprechlicher Bewunderung den schönen, schönen Schatten betrachten können, den Sie in der Sonne, und gleichsam mit einer gewissen edlen Verachtung, ohne selbst darauf zu merken, von sich werfen, den herrlichen Schatten da zu Ihren Füßen. Verzeihen Sie mir die freilich kühne Zumutung. Sollten Sie sich wohl nicht abgeneigt finden, mir diesen Ihren Schatten zu überlassen?“

Er schwieg, und mir ging's wie ein Mühlrad im Kopfe herum. Was sollt ich aus dem seltsamen Antrag machen, mir meinen Schatten abzukaufen? Er muss verrückt sein, dacht ich, und mit verändertem Tone, der zu der

Adelbert von Chamisso (1781 – 1838), von Geburt Franzose, war Naturforscher und Dichter. Während der Französischen Revoution musste die Familie nach Deutschland fliehen. Er arbeitete zunächst beim preußischen Militär und begann zu schreiben. „Peter Schlemihls wundersame Geschichte“ gehört zu seinen bekanntesten Werken. Obwohl die französische Sprache seine Muttersprache war, schrieb Chamisso bedeutende Werke auf Deutsch. Mit dem Adelbert-von-Chamisso-Preis werden seit 1985 in Deutschland Autorinnen und Autoren nichtdeutscher Muttersprache ausgezeichnet.

Demut des seinigen besser passte, erwiderte ich also: „Ei, ei! guter Freund, habt Ihr denn nicht an Eurem eignen Schatten genug? Das heiß ich mir einen Handel von einer ganz absonderlichen Sorte.“ Er fiel sogleich wieder ein: „Ich hab in meiner Tasche manches, was dem Herrn nicht ganz unwert scheinen möchte; für diesen unschätzbaren Schatten halt ich den höchsten Preis zu gering.“
[…]
„Fortunati Glückssäckel“, fiel ich ihm in die Rede, und wie groß meine Angst auch war, hatte er mit dem einen Wort meinen ganzen Sinn gefangen. Ich bekam einen Schwindel, und es flimmerte mir wie doppelte Dukaten vor den Augen. – „Belieben gnädigst der Herr diesen Säckel zu besichtigen und zu erproben.“ Er steckte die Hand in die Tasche und zog einen mäßig großen, festgenähten Beutel, von starkem Korduanleder, an zwei tüchtigen ledernen Schnüren heraus und händigte mir selbigen ein. Ich griff hinein, und zog zehn Goldstücke daraus, und wieder zehn, und wieder zehn, und wieder zehn; ich hielt ihm schnell die Hand hin: „Topp! der Handel gilt, für den Beutel haben Sie meinen Schatten.“ Er schlug ein, kniete dann ungesäumt vor mir nieder und mit einer bewundernswürdigen Geschicklichkeit sah ich ihn meinen Schatten, vom Kopf bis zu meinen Füßen, leise von dem Grase lösen, aufheben, zusammenrollen und falten, und zuletzt einstecken. Er stand auf, verbeugte sich noch einmal vor mir, und zog sich dann nach dem Rosengebüsche zurück. Mich dünkt', ich hörte ihn da leise für sich lachen. Ich aber hielt den Beutel bei den Schnüren fest, rund um mich her war die Erde sonnenhell, und in mir war noch keine Besinnung.

1 Untersucht den Textauszug mithilfe der Fragen:
- Beschreibt die Gefühle und den Wunsch Schlemihls. Welcher Konflikt bahnt sich hier an?
- Wie wird der Graue charakterisiert?
- Wo werden Anzeichen für ein drohendes Unheil deutlich?

den Textauszug inhaltlich untersuchen

Die Atmosphäre in der Geschichte spielt eine große Rolle. Sie erleichtert es der Leserin und dem Leser, sich in die Situation hineinzufühlen.

2 Wie wird die Atmosphäre gestaltet?
Untersucht, mit welchen sprachlichen Mitteln der Autor die Atmosphäre gestaltet.
Tipp: Achtet auf die Adjektive, die Vergleiche und den Satzbau.

den Textauszug sprachlich untersuchen

Dieser Textauszug bietet einige Möglichkeiten, dazu produktiv zu schreiben. Gezielte Fragen helfen euch, Ideen zu sammeln.

3 Im Tandem!
a. Schreibt Fragen an den Textauszug auf, die ihr euch gegenseitig stellt.
b. Sucht gemeinsam nach Antworten.

Fragen an den Text stellen und beantworten

W **Auf dieser Seite erhaltet ihr Anregungen, wie ihr mit diesem und anderen literarischen Texten produktiv umgehen könnt. Wählt dazu eine der folgenden Schreibaufgaben aus und bearbeitet sie.**

4 Du kannst dich selbst als Hauptfigur in den Text hineinschreiben und erzählen, was du denken, sagen oder tun würdest. Schreibe den Text ab Zeile 35 („Ich bekam einen Schwindel ...“) weiter, mit dir selbst als Hauptfigur. Wie verhältst du dich an Peter Schlemihls Stelle?

die Perspektive der Hauptfigur einnehmen

5 Du kannst dich als weitere Figur in die Geschichte schreiben, die die Ereignisse beobachtet, kommentiert oder auch in die Handlung eingreift. Schreibe dich als einen Freund von Peter Schlemihl in die Geschichte hinein. Du beobachtest, was passiert, machst dir deine eigenen Gedanken und redest auch mit den Figuren.

die Perspektive einer weiteren Figur einnehmen

6 Du kannst eine Geschichte selber weitererzählen. Achte dabei darauf, dass keine Widersprüche entstehen und dass dein Text auch sprachlich zum Anfang passt. Schreibe weiter, wie es Peter Schlemihl ohne Schatten ergeht.
Tipp: Für die Menschen zu Chamissos Zeit spielte der Glaube an den Teufel eine große Rolle, und sie hatten große Angst vor Dingen, für die es keine Erklärung gab.

die Geschichte weitererzählen

7 Schreibe eine moderne Version der Erzählung.
Überlege dir dazu folgende Fragen:
- Wie würden Peter Schlemihl und der Graue heute aussehen?
- Wo könnten sie sich begegnen?
- Welches Angebot würde der Graue heute machen?
- Wie würden die beiden sprechen?

die Geschichte in die heutige Sprache übertragen

W **Überarbeitet eure Texte. Wählt eine Möglichkeit aus.**

8 Wertet die Texte in der Gruppe aus:
- Eine Schülerin bzw. ein Schüler liest den eigenen Text laut vor.
- In der ersten Runde sagen die anderen nacheinander, was ihnen an dem Text gefallen hat.
- In der zweiten Runde erwähnen sie, welches Detail ihnen besonders aufgefallen ist.
- In der dritten Runde werden Fragen zum Text gestellt.

Texte überarbeiten
Schreibkonferenz ➤ **S. 298**

9 Im Tandem!
- Überprüft den Text auf Inhalt, Wortwahl, Grammatik (Satzbau) und die Rechtschreibung.
- Wertet die überarbeiteten Texte gemeinsam aus.

Die überarbeiteten Texte könnt ihr in einem Buch sammeln oder in einer Lesung präsentieren.

Mutige Menschen im Widerstand

- Sachtexte erschließen
- Präsentieren: Sich und andere informieren

Helmuth Hübener (1925 – 1942)

Bekanntmachung.

Der am 11. August 1942 vom Volksgerichtshof wegen Vorbereitung zum Hochverrat und landesverräterischer Feindbegünstigung zum Tode und zum dauernden Verlust der bürgerlichen Ehrenrechte verurteilte 17 Jahre alte

Helmuth Hübener

aus Hamburg

ist heute hingerichtet worden.

Berlin, den 27. Oktober 1942.

Der Oberreichsanwalt beim Volksgerichtshof.

der Widerstand (dt.) la resistencia (span.) la résistance (franz.)

Demonstration auf der Plaza de Mayo in Buenos Aires (Argentinien)

Widerstand hat viele Gesichter

Auf Seite 89 steht das Wort Widerstand in verschiedenen Sprachen.

Bedeutungen verstehen

1 Erklärt die Bedeutung des deutschen Wortes.

a. Zerlegt das Wort **Widerstand** in seine Bausteine und erklärt ihre Bedeutung.

Starthilfe

1. wider- kommt z. B. in widersprechen vor und bedeutet ...
2. Stand kommt von ...

b. Erklärt auch, was die Zusammensetzung **Widerstand** bedeutet.

2 Das spanische und das französische Wort für **Widerstand** werden vom Lateinischen abgeleitet.

a. Lest die Informationen am Rand.

b. Vergleicht die lateinischen Wortbausteine mit den deutschen.

Info

lat. **re-**: 1. zurück, noch einmal, 2. gegen

lat. **sistere**: hinstellen, stehen bleiben – im übertragenen Sinn: zum Stillstand bringen, festnehmen, aussetzen, aufschieben

3 In welchen anderen Sprachen kennt ihr das Wort **Widerstand**? Schreibt es in verschiedenen Sprachen auf.

Widerstand gab und gibt es zu verschiedenen Zeiten, an verschiedenen Orten und in verschiedenen Formen.

4 Was verbindet ihr mit dem Thema **Widerstand**?

a. Schreibt auf einen großen Bogen Packpapier spontan Begriffe und Fragen auf, die euch zum Thema **Widerstand** einfallen.

b. Hängt eure Bögen auf und sprecht über eure Eindrücke. Was fällt euch besonders auf? Worüber möchtet ihr mehr erfahren?

So könnt ihr euer Vorwissen und eure Vorstellungen ordnen.

das Vorwissen in einer Mind-Map strukturieren

5 Übertragt die Mind-Map auf ein Blatt und ergänzt sie sinnvoll.

In diesem Kapitel erfahrt ihr anhand von zwei Beispielen, was Widerstand bedeuten kann. Die Informationen entnehmt ihr unterschiedlichen Textsorten. Am Ende des Kapitels präsentiert ihr die von euch aufbereiteten Ergebnisse in einer Ausstellung.

Die Fotos auf Seite 89 zeigen Menschen, die Widerstand leisten oder geleistet haben.

Bildern und Texten Informationen entnehmen

6 Beschreibt die Fotos und stellt Vermutungen dazu an:
- Wie sind die Fotos zeitlich einzuordnen?
- Wer könnten die abgebildeten Personen sein?

Zu Helmuth Hübener findet ihrt auf Seite 89 ein Foto und eine Bekanntmachung.

7 Was erfahrt ihr über Helmuth Hübener?
- **a.** Fasst Informationen aus der Bekanntmachung zusammen.
- **b.** Tauscht euch darüber aus, was ihr über die Zeit um 1942 wisst.
- **c.** Stellt Vermutungen an, was zu seiner Hinrichtung führte.

Dieser Text informiert über die Personen auf dem unteren Foto (Seite 89).

Es vergeht kein Donnerstag, an dem sich die Frauen nicht auf der Plaza de Mayo vor dem Regierungssitz in Buenos Aires versammeln. Sie machen seit vielen Jahren die Öffentlichkeit auf das spurlose Verschwinden ihrer Kinder und Enkel aufmerksam, die während der argentinischen Militärdiktatur 1976–1982[1] entführt und verschleppt wurden. Die Frauen tragen weiße Kopftücher. Weiß, weil es für sie die Farbe des Lebens und der Unschuld ist. Weiß, weil sie nicht nach Toten, sondern nach Lebenden suchen und weil sie wissen, dass ihre Familienangehörigen im Sinne der Menschenrechte unschuldig sind. Auf jedem Kopftuch stehen die Namen der vermissten Familienangehörigen mit den Geburtsdaten und dem Tag der Verhaftung. Die Kopftücher wurden zum Erkennungszeichen der Bewegung der Abuelas[2] de Plaza de Mayo.

Symbol des Widerstandes der Abuelas de Plaza de Mayo

[1] in den Jahren 1976–1982 riskierten die Frauen mit ihrem Protest, selbst bedroht oder verhaftet zu werden
[2] las abuelas: die Großmütter

8 Was erfahrt ihr über die Abuelas? Schreibt Stichworte auf.

9 Warum gehört Mut dazu, Widerstand zu leisten? Sprecht darüber.

Ein Sachtext über einen jungen Widerstandskämpfer

In diesem Text erfährst du Näheres über Helmuth Hübener. Die Informationen benötigst du, um sie später im Rahmen einer Ausstellung zum Thema „Widerstand“ zu präsentieren.

1 Sieh dir die Bilder an und lies die Überschrift. Schreibe auf, worum es in dem Text vermutlich geht.

2 Überfliege den Text. Tausche dich mit anderen über diese Fragen aus:
- Was macht dich neugierig?
- Was ist dir schon bekannt?

einen Text mit dem Textknacker lesen

Textknacker ➤ S. 294

Helmuth Hübener – Vom Hochverräter zum Vorbild

Im Sommer 1941 konnten Menschen in Hamburg kleine Handzettel und längere Flugblatt-Texte in ihren Briefkästen, in Telefonzellen oder Hauseingängen finden. Darauf standen Parolen wie „Nieder mit Hitler“ oder „ Hitler, der Mörder“. Auf der Rückseite stand : „Kettenbrief – und darum weitergeben.“ Geschrieben hatte sie der 16-jährige Helmuth Hübener, Lehrling in einer Hamburger Verwaltung. Er wohnte zu dieser Zeit bei seinen Großeltern im Hamburger Stadtteil Hammerbrook.

Gemeinsam mit seinen Freunden hörte er heimlich den deutschsprachigen Nachrichtensender des britischen Rundfunks BBC ab, denn ausländische Sender zu hören war in Deutschland verboten. Auf diese Weise erfuhr Helmuth Hübener von den Verbrechen der Nationalsozialisten und vom Kriegsverlauf. Diese Informationen widersprachen völlig den Propagandanachrichten im deutschen Rundfunk. Das machte ihn und seine Freunde misstrauisch. Die britischen Nachrichten klangen für sie viel glaubwürdiger und sie waren der Meinung, dass die Menschen ein Recht auf die Wahrheit haben. Außerdem empörten sie sich darüber, dass an ihrem Gemeindehaus ein Schild angebracht wurde, das jüdischen Menschen den Zutritt verbot. Helmuth Hübener erklärte seinem Freund Karl-Heinz: „Die Nazis versauen und vergiften wirklich alles Gute im Menschen. Jetzt sickert der Hass auch schon in die Gotteshäuser.“ Wütend waren sie auch darüber, dass sie gezwungen wurden, der Hitlerjugend beizutreten.

Rudi Wobbe, Helmuth Hübener, Karl-Heinz Schnibbe (vermutlich 1941)

Die Jugendlichen entschlossen sich, Widerstand zu leisten. Nacht für Nacht setzte sich Helmuth Hübener an die Schreibmaschine und verfasste Schriften, in denen er die Informationen des britischen Radiosenders vervielfältigte und dann mithilfe seiner Freunde unauffällig verteilte. Die Gesamtzahl betrug ungefähr 1000 Exemplare, von denen einige bei der Polizei abgegeben wurden. Die Jugendlichen waren jedoch vorsichtig und ließen sich nicht erwischen.

Doch ein halbes Jahr später denunzierte ein Arbeitskollege den jungen Helmuth Hübener. Er hatte den Lehrling beobachtet und ihm nachspioniert. Kurz darauf nahm die Gestapo Hübener fest und folterte ihn, bis er die Namen seiner Freunde preisgab.

Während der Verhandlung vor dem Volksgerichtshof in Berlin nahm Helmuth Hübener alle Schuld auf sich. Damit rettete er seinen Freunden das Leben. Sie erhielten langjährige Haftstrafen, für ihn selbst lautete das Urteil Todesstrafe. Einer seiner Freunde berichtete später, dass er das Urteil sehr tapfer entgegennahm und dem Richter Karl Engert sagte: „Ich muss jetzt sterben und habe kein Verbrechen begangen. Jetzt bin ich dran, aber Sie kommen auch noch dran." In der Hinrichtungsstätte Berlin-Plötzensee starb er am 27. Oktober 1942 mit gerade 17 Jahren als jüngster Widerstandskämpfer unter dem Fallbeil. Seine Angehörigen erfuhren schon bald durch die blutrote Bekanntmachung davon.

Wandbild von Hildegund Schuster an der Heinrich-Wolgast-Schule in Hamburg

Erst als 1945 die Schreckensherrschaft der Nazis zu Ende war, berichteten Zeitungen und Buchautoren über die Hintergründe der Menschen im Widerstand. Sie gelten heute nicht mehr als Hochverräter, sondern als mutige Kämpfer für die Freiheit. So schrieb der Autor Stefan Hermlin über Helmuth Hübener und seine Freunde: „Es gibt Zeiten und Menschen, wo Kinder nicht mehr Streiche aushecken, sondern es mit einem Staat aufnehmen." Heute erinnern ein Wandbild und eine Gedenktafel in Hamburg an ihn. Seine Mörder wurden nie bestraft.

Gedenktafel im Behördenhaus in Hamburg, Barmbek-Süd, in dem Helmuth Hübener ab 1941 Verwaltungslehrling war

3 Formuliere Zwischenüberschriften für die einzelnen Absätze.

Starthilfe

1. Helmuth Hübener verteilte Flugblätter gegen Hitler.

4 Schreibe wichtige Schlüsselwörter aus jedem Absatz zur passenden Zwischenüberschrift.

„Es gibt Zeiten und Menschen, wo Kinder […] es mit dem Staat aufnehmen." (Zeile 49 – 50)

5 **a.** Fasst zusammen, was ihr über Helmuth Hübener erfahren habt.
b. Vergleicht seine Lebensumstände mit denen von Jugendlichen heute.
c. Bewertet und diskutiert das Handeln der Jugendlichen von damals.

Informationen zusammenfassen und bewerten

Nun kannst du Informationen für die Ausstellung zum Thema „Widerstand" auswählen und gliedern.

6 **a.** Wähle wichtige und interessante Informationen aus und ergänze die Mind-Map von Seite 90.
b. Recherchiere weitere Informationen zur Helmuth-Hübener-Gruppe und schreibe sie auf.

eine Ausstellung vorbereiten

Ein Flugblatt als Mittel im Widerstand

Eine besondere Bedeutung als Mittel des politischen Widerstands erlangten im Deutschland der vierziger Jahre die Flugblätter. Auf einem der Flugblätter von Helmuth Hübener war Folgendes zu lesen:

Hitlerjugend

Deutsche Jungen, seid ihr euch überhaupt bewusst, was die HJ ist und welches Ziel sie verfolgt? Ihr könnt es nicht wissen. Eure selbstherrlichen Führer und Unterführer predigen euch immer von Kameradschaft, während sie sich selbst aus dem Kreise der Kameradschaft ausschließen. Sie fühlen sich hier doch recht in ihrem Element, wenn sie die eingeschüchterten Jungen, wenn sie euch tyrannisieren können. Oder wollt ihr abstreiten, dass man euch mit allen zur Verfügung stehenden Mitteln gefügig machen will? Man droht euch mit disziplinarischen Strafen, polizeilichen Maßnahmen und lässt euch, Deutsche, sogar die Freiheit nehmen und in sog. Wochenendkarzer stecken. [...]
Das ist also die weit gepriesene HJ. Eine Zwangsorganisation ersten Ranges zur Heranziehung nazihöriger Volksgenossen. Hitler und seine Komplizen wissen, dass sie euch von Anfang an den freien Willen nehmen müssen, um gefügige, willenlose Elemente aus euch machen zu können. Denn Hitler weiß, dass seine Zeitgenossen ihn langsam zu durchschauen beginnen, ihn als Unterdrücker freier Nationen, den Mörder von Millionen.
Drum rufen wir euch zu: Lasst euch euren freien Willen, das kostbarste, was ihr besitzt, nicht nehmen.
Lasst euch von euren Führern – selbstherrlichen Königen im Kleinen – nicht unterdrücken und tyrannisieren, sondern wendet vielmehr der HJ, dem Werkzeug des Hitlerregimes für euren Untergang, den Rücken.

Info

Die Hitlerjugend (HJ) war während der Zeit des Nationalsozialismus (1933 – 1945) die einzige staatliche Jugendorganisation der Nationalsozialistischen Deutschen Arbeiterpartei (NSDAP). Wer der HJ nicht beitrat, zählte als Außenseiter. Ab 1939 war der Beitritt Pflicht. Zu den vorrangigen Erziehungszielen gehörten die politische Beeinflussung der Jugendlichen, ihre körperliche Abhärtung sowie das Einüben von Befehl und Gehorsam, Disziplin, Kameradschaft und Selbstaufopferung.

ein Flugblatt untersuchen

1 Untersuche das Flugblatt mithilfe der folgenden Fragen:
- Wen will Helmuth Hübener mit dem Flugblatt ansprechen?
- Wie beschreibt er die Hitlerjugend und ihre Mitglieder?

Starthilfe

selbstherrliche Führer und Unterführer (Z. 2–3) – Anführer, die ...

2 Erkläre, warum Helmuth Hübener den „freien Willen" für kostbar (Z. 19) hält.

Mit sprachlichen Mitteln lassen sich Aussagen unterstreichen.

3 Finde Textstellen, in denen die sprachlichen Mittel vom Rand verwendet werden. Erkläre, wie sie auf die Leser wirken.

Sprachliche Mittel:

direkte Anrede der Leser

rhetorische Frage: eine scheinbare Frage, auf die keine Antwort erwartet wird

Anapher (Wiederholung von Wörtern am Anfang aufeinander folgender Sätze)

Imperativ (Aufforderungsform)

Eine Rede zu einer Ausstellung

Die 15-jährige Semiha Savran hat sich mit dem Schicksal Helmuth Hübeners befasst und zu der Ausstellung „Die Freiheit lebt“ beigetragen. Am 23. Januar 2010 hielt sie im Hamburger Rathaus zur Eröffnung der Ausstellung eine kurze Rede.

1 Worum könnte es in der Rede gehen? Sprecht über eure Vermutungen.

über Leseerwartungen sprechen

Sehr geehrte Damen und Herren, liebe Eltern!

Ich freue mich sehr, heute bei der Eröffnungsfeier dabei zu sein. Ich habe vor gut einem Jahr ein dreiwöchiges Praktikum in der KZ-Gedenkstätte Neuengamme absolviert. Ich war bei vielen Führungen dabei und bin durch Herbert Diercks auf eine jugendliche Widerstandsgruppe, die Helmuth-Hübener-Gruppe, gestoßen, von der ich zuvor nichts gehört hatte. Ich sichtete Fotos und Dokumente. Die Jugendlichen, die zur Helmuth-Hübener-Gruppe gehörten, haben mich persönlich sehr beeindruckt, weil sie zur Zeit des Nationalsozialismus den Mut hatten, Widerstand zu leisten. Außerdem hat mich sehr erstaunt, dass Helmuth Hübener und seine Freunde sehr jung waren, etwa in meinem Alter, und sich nicht gescheut haben, trotz großer Gefahren die Wahrheit über die Verbrechen des Nationalsozialismus und den Kriegsverlauf den Menschen zu vermitteln. Ich habe Texte über die Gruppe verfasst und bin froh darüber, dass die Gruppe einen Platz in dieser Ausstellung gefunden hat.

Ich fand es auch wichtig, die Gruppe anderen Jugendlichen bekannt zu machen, und habe deshalb eine Präsentation in meiner Schule gemacht. [...]

Ich bin sehr traurig, dass Karl-Heinz Schnibbe, das einzige noch lebende Mitglied der Helmuth-Hübener-Gruppe, heute nicht zu dieser Eröffnungsfeier erscheinen kann. Er lebt in Salt Lake City und konnte aus gesundheitlichen Gründen nicht kommen. Trotzdem freut es mich, die Ehre zu haben, sein Grußwort vorzulesen [...] Danke für Ihre Aufmerksamkeit. Ich wünsche Ihnen interessante Einblicke in die Ausstellung.

2 **a.** Gib wieder, was Semiha Savran in ihrer Rede thematisiert.
b. Vergleiche Semihas Aussagen mit deinen Vermutungen.

Leseerwartungen überprüfen

3 Welche Textstellen weisen darauf hin, dass es sich um eine Rede handelt? Tauscht euch darüber aus.

die Merkmale und den Aufbau untersuchen

4 Wie ist die Rede aufgebaut? Schreibe die Gliederung auf.

Starthilfe
1. Anrede der Gäste
2. persönliches Interesse an ...

Z **5** Wie würdest du eine Rede zu der Ausstellungseröffnung aufbauen? Schreibe eine mögliche Gliederung auf.

eine eigene Rede gliedern

Extra Sprache: Sprachliche Mittel in einer Rede

Sprecher können mit einer Rede verschiedene Absichten verfolgen, z. B. bestimmte Personen oder einen Anlass zu würdigen, den Zuhörern Informationen zu vermitteln oder die Zuhörer zu überzeugen und sie zum Handeln zu bewegen.

Redeabsichten untersuchen

1 Welche Absichten verfolgt Semiha mit ihrer Rede?
- **a.** Lest die Rede auf Seite 95 noch einmal.
- **b.** Schreibt die Ziele zusammen mit passenden Textstellen auf.
- **c.** Tauscht euch darüber aus, welche Redeabsicht überwiegt.

Die Rednerin, Semiha Savran, verwendet verschiedene sprachliche Mittel, um ihre Ziele zu erreichen.

Ich freue mich sehr, ...
Die Jugendlichen, ..., haben mich persönlich sehr beeindruckt
Außerdem hat mich erstaunt, dass ...

Es ist erfreulich, dass ...
Die Jugendlichen, ..., sind beeindruckend
Es ist erstaunlich, dass ...

die Wirkung sprachlicher Mittel untersuchen

2 Was erreicht Semiha durch Verwendung von Personalpronomen in der 1. Person?
- **a.** Vergleicht die Formulierungen aus Semihas Rede mit den Formulierungen am Rand.
- **b.** Schreibt weitere ähnliche Formulierungen aus der Rede von Seite 95 auf und untersucht ihre Wirkung.

Starthilfe

Textstelle	Wirkung
Ich freue mich sehr, dass ... (Zeile 2)	– spricht das Gefühl an, vermittelt, welche Bedeutung der Anlass und die Ausstellung hat

Semiha spricht in ihrer Rede ihre Zuhörerinnen und Zuhörer an.

den Adressatenbezug untersuchen

3 Lest die Textstellen, in denen sich Semiha direkt an ihr Publikum wendet.
- **a.** Tauscht euch darüber aus, wer ihr Publikum ist.
- **b.** Ergänzt in der Tabelle zu Aufgabe 2 die Textstellen, in denen sich Semiha direkt an ihr Publikum wendet.
- **c.** Tragt auch ein, welche Wirkung die direkte Ansprache in einer Rede hat.

Adressaten berücksichtigen

Z **4** Wie müsste die Rede geschrieben werden, um euer Interesse an einer Ausstellung zum Thema **Widerstand** zu wecken? Schreibt eure Vorschläge auf.

Wenn ihr eine eigene Rede halten wollt, müsst ihr dafür sorgen, dass euch eure Zuhörerinnen und Zuhörer gut folgen können. Dies ist ein Ausschnitt aus der Rede von Semiha.

Außerdem hat mich sehr erstaunt, dass Helmuth Hübener und seine Freunde sehr jung waren, etwa in meinem Alter, und sich nicht gescheut haben, trotz großer Gefahren die Wahrheit über die Verbrechen des Nationalsozialismus und den Kriegsverlauf den Menschen zu vermitteln.

5 Im Tandem!

- **a.** Lest euch den Satz gegenseitig vor. Lest als Zuhörerin oder Zuhörer nicht mit.
- **b.** Sprecht darüber, worin die Schwierigkeit beim Zuhören besteht.
- **c.** Schreibt den Satz so um, dass euch das Zuhören leichtfällt.
- **d.** Überprüft euer Ergebnis. Geht dabei vor wie in Aufgabe 5a.

die Zuhörer berücksichtigen

Eure Formulierungen haben Einfluss auf die Wirkung der Rede.

6 Formuliert Sätze, mit denen ihr eure persönlichen Eindrücke, Gefühle und Gedanken zu Helmuth Hübener ausdrückt.

- **a.** Ergänzt die Satzanfänge aus der Randspalte.
- **b.** Formuliert eigene Sätze.

Mir ist aufgefallen, dass ...
Ich halte es für wichtig, dass ...
Besonders interessant fand ich ...

Durch die Verwendung sprachlicher Mittel könnt ihr das Interesse eures Publikums wecken und dafür sorgen, dass die Aufmerksamkeit nicht nachlässt.

A Drei Fotos und eine Prozessakte: Dokumente, die heute an Hübeners mutigen Widerstand erinnern.

B Helmuth Hübener beschloss sehr früh, seinen eigenen Weg zu gehen.

C Den Zwang, den Drill, die bedingungslose Unterordnung unter selbstherrliche Führer in der Hitlerjugend lehnte Helmuth Hübener ab.

Aufzählung
Ellipse: unvollständiger Satz durch die Auslassung eines Satzteils
Metapher: die nicht wörtliche, die übertragene Bedeutung einer Aussage

7
- **a.** Ordnet jedem Beispielsatz das passende sprachliche Mittel zu.
- **b.** Tauscht euch über die Wirkung der Beispielsätze aus.

8 Welche weiteren sprachlichen Mittel kennt ihr?

- **a.** Sammelt für eure Eröffnungsrede mögliche sprachliche Mittel.
- **b.** Formuliert mit den sprachlichen Mitteln Sätze, die ihr in einer Eröffnungsrede für eure Ausstellung zum Thema **Widerstand** verwenden könnt.

sprachliche Mittel verwenden

Sich über eine Widerstandsorganisation informieren

Die Abuelas de Plaza de Mayo, eine Widerstandsbewegung von Frauen, protestieren bis heute in Buenos Aires gegen die Militärregierung der 70er und 80er Jahre, die Kritiker einfach verhaftete, verschwinden ließ oder ihre Kinder entführte.

Info

María Isabel Chorobik de Mariani, genannt „Chicha", kämpft seit vielen Jahren für die Menschenrechte in Argentinien. Sie ist die Gründerin der Organisation Abuelas de Plaza de Mayo.

Veröffentlichter Brief von María Isabel Chorobik de Mariani an ihre Enkelin Clara Anahi:

Clara Anahi, meine Kleine, heute ist der 12. August 1981 und es ist dein Geburtstag. Vor vier Jahren und neun Monaten haben sie dich mitgenommen. Du warst damals noch ein Baby, mit rosa Lätzchen, mit einem ganz großen Mund, der immerzu lachte, und mit den kleinen neugierigen Äuglein, die du immer ganz weit und lachend aufgemacht hast, wenn du immer in die Gesichter von Papa und Mama geschaut hast. Und wie du mich immer strahlend angelacht hast, wenn ich versucht habe, dir mit meiner krächzenden Stimme etwas vorzusingen, und wie sich die ganze Familie dann über dich gefreut hat und mit grinsenden Seitenblicken zu mir meinte, du hättest ein sehr musikalisches Gehör und wärst sehr intelligent [...]

Und dann das Entsetzen, das Grauen an diesem 24. November 1976. Die Schüsse. Der Tod – und du bist verschwunden. Ganz allein haben sie dich mitgenommen. Du warst gerade drei Monate alt. Und dann ist die Zeit stehengeblieben.

Ich habe dich überall gesucht, meine Anahi, erst einen Tag und dann jeden Tag, erst einen Monat und dann viele Monate und Jahre. Ich habe versucht, die Waffen zu ignorieren und die Drohungen und die unendliche Trauer über den Tod meiner Kinder. Mit zusammengebissenen Zähnen, mit Wut und Verzweiflung habe ich Jahr um Jahr an dich gedacht: wann dein erster kleiner Zahn herauskommen würde; wann du deine ersten Schritte versuchen würdest. Manchmal ist mir beinahe das Herz zersprungen. Du bist herangewachsen, und ich hoffe jeden Tag, dich zu finden, jeden Tag, jede Minute. Ich habe mir vorgestellt, wie deine ersten Kleiderchen wohl aussehen würden. Aber ich konnte dich nicht finden: „Ihr Aufenthalt ist unbekannt." [...]

Deine Großmutter, meine Anahi, hat sich in hartes Metall verwandelt, um dich zu suchen. Aber ich weiß, dass ich dich finden werde. Und wenn wir wieder zusammen sind, dann werde ich mich wieder in ein warmes Nest verwandeln, so wie es früher war, als deine Mutter noch lebte.

Deine Großmutter Maria 12. August 1981

1 Untersucht den Brief und beantwortet folgende Fragen:
- Was erfährst du über das Schicksal der Großmutter und ihrer Enkelin?
- Welche Gefühle drückt die Großmutter aus?
- Was könnte die Großmutter mit der Veröffentlichung des Briefes erreichen wollen?

einem Brief Informationen entnehmen

Durch Nachforschungen der Abuelas konnten viele Familien zusammengeführt werden. Im Internet findet ihr Aussagen von Menschen, die ihre Angehörigen auf diesem Weg wiedergefunden haben.

A „Als ich erfuhr, dass ich eines der verschwundenen Kinder war, war es sehr seltsam. Ich wusste nicht, wie ich reagieren sollte. ‚Du hast eine Großmutter, die dich sucht, und alles, was sie wissen will, ist, ob es dir gut geht', wurde mir gesagt und ich antwortete sofort: ‚ich muss sie kennenlernen'". [...]

B „Für mich ist Identität unter anderem zu wissen, wie meine Mutter heißt, wie mein Vater heißt, dass mein Großvater mich zum Mittagsschlaf ins Bett brachte, als ich klein war. Meine wahre Herkunft zu kennen, ist unbezahlbar, das sind Dinge, die ich immer wissen wollte und die jetzt nach und nach zu meiner eigenen Geschichte werden, die mir vor 29 Jahren geraubt wurde." [...]

2 Sprecht darüber, welche Bedeutung die Arbeit der Abuelas für die Menschen bis heute hat.

die Hintergründe verstehen

Die Abuelas haben sich auch für Rechte von Kindern und Jugendlichen eingesetzt, unter anderem für diesen Artikel, der am 20.11.1989 in einem Übereinkommen der Vereinten Nationen aufgenommen wurden.

mehr über die Kinderrechte
➤ www.national-coalition.de/pdf/UN-Kinderrechtskonvention.pdf

Artikel 8
Identität

(1) Die Vertragsstaaten verpflichten sich, das Recht des Kindes zu achten, seine Identität, einschließlich seiner Staatsangehörigkeit, seines Namens und seiner gesetzlich anerkannten Familienbeziehungen, ohne rechtswidrige Eingriffe zu behalten.
(2) Werden einem Kind widerrechtlich einige oder alle Bestandteile seiner Identität genommen, so gewähren die Vertragsstaaten ihm angemessenen Beistand und Schutz mit dem Ziel, seine Identität so schnell wie möglich wiederherzustellen.

Gesetzestexte lesen
➤ S. 206–215

3 Besprecht den Inhalt des Artikels mithilfe der folgenden Fragen:
- Was gehört zur Identität eines Menschen?
- Wozu verpflichten sich die Staaten, die das Übereinkommen unterzeichnet haben?

einem Gesetzestext Informationen entnehmen

4 Sprecht darüber, warum das Recht auf Identität den Abuelas wichtig ist.

Z **5** Informiert mit einer Wandzeitung oder mit einem Plakat über die Widerstandsbewegung der Abuelas de Plaza de Mayo.
a. Sammelt Informationen und Bilder für die Wandzeitung / das Plakat.
b. Stellt Materialien zusammen. Ergänzt sie durch informierende Texte.

eine Wandzeitung gestalten

ein Plakat gestalten
➤ S. 299

Z Weiterführendes: Widerstand in vertonten Texten

Auch in Protestliedern oder Protestsongs wird Widerstand zum Ausdruck gebracht.

1 Welche Protestlieder oder Protestsongs kennt ihr?
a. Schreibt die Titel auf.
b. Schreibt auf, was kritisiert wird.

2 Welche Wirkung geht von Protestliedern und Protestsongs aus?
a. Schreibt auf, wo und wann ihr solche Lieder und Songs gehört oder gesungen habt.
b. Vergleicht ihre Wirkung mit Texten, die nicht vertont sind.

Info
Ein **Protestlied** oder auch **Protestsong** ist ein Lied, das sich gegen eine Autorität richtet und meist soziale oder politische Missstände thematisiert.

Das Chanson „Le déserteur“ stammt von Boris Vian. Der französische Musiker sang es auf vielen Konzerten. Es wurde in verschiedene Sprachen übersetzt und von zahlreichen Interpreten gesungen. Diese Übersetzung stammt von Hans Diebstahler.

Der Deserteur[1] Boris Vian

Verehrter Präsident
Ich sende Euch ein Schreiben
Lest oder lasst es bleiben
Wenn Euch die Zeit sehr brennt.
Man schickt mir da, gebt acht
Die Militärpapiere
Dass ich in den Krieg marschiere
Und das vor Mittwochnacht.
Verehrter Präsident
Das werde ich nicht machen
Das wäre ja zum Lachen
Ich hab kein Kriegstalent.
Sei's Euch auch zum Verdruss
Ihr könnt mir's nicht befehlen
Ich will's Euch nicht verhehlen[2]
Dass ich desertieren muss.
Ich nehm den Bettelstab
Auf meiner Tour de France
Durch Bretagne und Provence
Und sag den Menschen dies:
Verweigert Krieg, Gewehr
Verweigert Waffentragen
Ihr müsst schon etwas wagen
Verweigert's Militär.
Ihr predigt, Kompliment
Doch wollt Ihr Blut vergießen
Dann lasst das Eure fließen
Verehrter Präsident.
Sagt Eurer Polizei
Sie würde mich schon schaffen
Denn ich bin ohne Waffen
Zu schießen steht ihr frei.

Seit ich auf Erden bin [...]

[1] der Deserteur: ein Soldat, der seine Truppe heimlich verlässt, weil er nicht kämpfen will. Das Desertieren wird auch als Fahnenflucht bezeichnet und ist strafbar.
[2] verhehlen: verheimlichen

3 Fasse in eigenen Worten zusammen, worum es in dem Chanson geht.

den Inhalt zusammenfassen

4 Untersuche den Liedtext mithilfe der folgenden Fragen genauer und belege deine Antworten mit passenden Textstellen:
- An wen richtet sich das lyrische Ich?
- Wogegen richtet sich der Protest in diesem Chanson?

den Liedtext untersuchen

5 Warum will das lyrische Ich sein Vorhaben zu desertieren nicht verheimlichen? Schreibe deine Vermutungen dazu auf.

Das lyrische Ich nennt konkrete Gründe für seine Haltung.

6 **a.** Schreibt mögliche Gründe in kurzen Sätzen auf und bringt sie in Reimform.
b. Tragt eure Versionen der Klasse vor.
c. Vergleicht nun eure Textversionen mit dem Original auf Seite 100.

eine Strophe ergänzen

7 In den Zeilen 21 – 25 spricht das lyrische Ich weitere Adressaten an.
- Wen spricht es hier direkt an?
- Wozu fordert es die nun Angesprochenen auf?
- Wodurch wirken die Aufforderungen besonders nachdrücklich?

8 Untersuche die Haltung des lyrischen Ichs in den Zeilen 26 – 33.
a. Gib wieder, was das lyrische Ich riskiert.
b. Erkläre, wie hier die Anrede „verehrter Präsident" zu verstehen ist.
c. Beurteile die Haltung des lyrischen Ichs aus deiner Sicht.

den Liedtext deuten

9 Hört euch die Originalversion des Chansons von Boris Vian an (z. B. im Internet) und untersucht, was durch die Instrumentation deutlich wird.

die Vertonung als Deutungshilfe nutzen

Im Jahre 1956 wurde „Le déserteur" nach einigen spektakulären Auftritten Boris Vians von der französischen Regierung verboten.

10 Sprecht darüber, was sie zu dieser Zensur veranlasst haben könnte. Überlegt auch, ob die Gründe ausreichen, Protestlieder heute zu verbieten.

über die Wirkung sprechen

W **Es gibt verschiedene Umstände, unter denen Menschen Widerstand leisten. Wählt eine der folgenden Aufgaben.**

11 Informiere dich über andere Protestlieder und Songs der Friedensbewegung und präsentiere deine Ergebnisse in der Klasse.

sich über Protestlieder informieren

12 Gruppenarbeit!
Wählt eine Situation aus, die zum Widerstand herausfordert. Verfasst einen Liedtext und präsentiert ihn in der Klasse.

eigene Liedtexte schreiben

Das kann ich!

Sachtexte erschließen
Präsentieren: Sich und andere informieren

In dem Kapitel habt ihr gelernt, verschiedenen Textsorten Informationen über mutige Menschen zu entnehmen und aufzubereiten. Der Autor Christian Nürnberger würdigt mutige Menschen in seinem gleichnamigen Buch. Dies ist ein Auszug aus dem Vorwort.

Wer Mut beweist, riskiert etwas, gefährdet sich, setzt seine Karriere aufs Spiel, seine Gesundheit, seine Freiheit, sein Leben. Er riskiert den Bruch mit seiner Familie, mit Freunden, mit Traditionen, nimmt Liebesentzug in Kauf, Drohungen, Spott und Verletzungen. Und in dem Moment, in dem er das tut, kann er nie wissen, ob sich der Einsatz lohnt, ob er zum Erfolg führt. Aber Erfolg, der „Lohn", ist nicht das höchste Ziel des Mutigen. Vielmehr zeigt er Mut, weil er davon durchdrungen ist, dass bestimmte Werte – Würde, Anstand, Frieden, Freiheit, Wahrheit, Gerechtigkeit – unbedingt gelten müssen, und im Extremfall kann dieses unbedingte Festhalten an bestimmten Werten das eigene Leben kosten. Dieses Risiko nicht einzugehen, liegt in der Natur des Menschen. […]
Immer dort, wo ein Samenkörnchen Mut in den Boden fällt und ausnahmsweise mal aufgeht, verändert sich das Leben. Am Anfang jeder Weltveränderung steht meist ein Mutiger. Oder der Mut einer kleinen Gruppe. Der Mut, sich seines eigenen Verstandes zu bedienen. Der Mut, einfach die Wahrheit auszusprechen. Der Mut, einer Übermacht die Stirn zu bieten. Der Mut, sich einen neuen Weg zu bahnen. Der Mut, die Dinge anders zu sehen. Der Mut zur Umkehr. Der Mut, etwas Neues zu wagen. Der Mut zu einem Umweg. Der Mut, sein Leben in die eigene Hand zu nehmen.

1 Was versteht Christian Nürnberger unter Mut?
- **a.** Schreibt für jeden Absatz eine Überschrift und Schlüsselwörter auf.
- **b.** Fasst den Inhalt des Textes in zwei Sätzen zusammen.

Texte erschließen
➤ S. 92–95

2 Untersucht die verwendeten sprachlichen Mittel.
- **a.** Prüft, welche sprachlichen Mittel im Vorwort vorkommen.
- **b.** Erklärt, wie sie auf die Leser wirken.

sprachliche Mittel
➤ S. 94, 96–97

3 Welche Schreibziele hat der Autor?
- **a.** Belegt eure Antwort mit Textstellen aus dem Vorwort.
- **b.** Untersucht, ob sich das Vorwort auch als Rede über mutige Menschen eignen würde.

Schreibziele, Redeabsichten
➤ S. 95–97

4 Sammelt Informationen zu Büchern von Christian Nürnberger über mutige Menschen und stellt sie in der Klasse vor.

sich informieren und die Ergebnisse präsentieren
➤ S. 93, 99, 101

In einer Ausstellung präsentieren

Eine Ausstellung planen und vorbereiten

Ihr habt auf den Seiten 98 – 102 viel über verschiedene Formen des Widerstands erfahren. In einer Ausstellung könnt ihr die Informationen zusammenstellen und einem Publikum präsentieren.

Eine Ausstellung muss sorgfältig geplant werden.

die Ausstellung planen

1 Vereinbart wichtige Eckdaten und schreibt sie auf.
- Gebt eurer Ausstellung einen interessanten Titel.
- Legt fest, für wen ihr die Ausstellung planen wollt (Zielgruppe).
- Findet heraus, wo sie stattfinden kann.
- Legt die Vorbereitungszeit und die Dauer der Ausstellung fest.

Starthilfe

Titel der Ausstellung:	...
Ort:	im Eingangsbereich der Schule, im Jugendzentrum, ...
Zielgruppe:	...
Vorbereitungszeit:	von ... bis ...
Dauer der Ausstellung:	...

Zur Vorbereitung gehören viele verschiedene Aufgaben. Eure Arbeitsteilung könnte so aussehen:

die Ausstellung vorbereiten

2 Gruppenarbeit!

Gruppe 1: Gestaltung des Ausstellungsraumes
- Erkundigt euch nach geeigneten Räumlichkeiten.
- Erstellt einen Raumplan, in dem die einzelnen Stationen eingezeichnet werden.
- Besorgt Stellwände, Tische und Medien (Laptop, CD-Player etc.).
- Schreibt auf, wer für welche Aufgabe verantwortlich ist.
- Notiert zu jeder Aufgabe, bis wann sie erledigt werden muss.

Gruppe 2: Material zusammenstellen
- Wählt aus euren Arbeitsergebnissen zum Kapitel „Mutige Menschen im Widerstand“ aus, was sich zur Präsentation eignet.
- Entscheidet auch, welche Texte und Bilder aus dem Kapitel ihr verwenden wollt.
- Besorgt Materialien, die die Informationen veranschaulichen (Schreibmaschine, abgetipptes Flugblatt, weiße Kopftücher, ...)

Gruppe 3: Bild-, Text- und Tonmaterial

- Recherchiert im Internet oder in der Bibliothek nach Bildern, Texten und Audiodateien, die ihr in die Ausstellung einbeziehen könnt.
- Gebt immer die jeweilige Quelle zu den verwendeten Materialien an.

informative Texte schreiben ➤ S. 216–219
im Internet recherchieren ➤ S. 295

Starthilfe

- aus: Online-Dossier der Bundeszentrale für politische Bildung www.bpb.de/
- aus: Christian Nürnberger: Mutige Menschen – für Frieden, Freiheit und Menschenrechte: Schulausgabe mit Materialien. Stuttgart (Gabriel Verlag) 2008. S. ...
- Boris Vian: Le déserteur. Aus: Les plus grandes chansons [CD]. Hamburg (Polygram) 1990.

- Schreibt kurze informative Texte zu den gefundenen Materialien.

Gruppe 4: Werbung

- Entwerft Plakate für eure Zielgruppe(n) und gebt darin das Thema der Ausstellung, das Datum und den Ausstellungsort an.
- Entwerft Flyer, die die Neugier eurer Zielgruppe(n) auf eure Ausstellung wecken.
- Entscheidet, wie viel Werbung ihr für eure Zielgruppe(n) benötigt, und kopiert die Plakate und Flyer in entsprechender Anzahl.
- Legt fest, wo und ab wann ihr eure Werbung einsetzen wollt.
- Hängt die Plakate auf und verteilt die Flyer.

Mutige Menschen im Widerstand

eine Ausstellung der Klasse 9a
der Che-Guevara-Schule
Neustadt

Eröffnung: 30. 6. 2012
von 9–12 Uhr
in der Aula

Gruppe 5: Eröffnungsrede

- Schreibt eine Eröffnungsrede. Lest dazu eure Arbeitsergebnisse zu den Seiten 95 bis 97.
- Tragt euch gegenseitig den Text eurer Rede vor und gebt euch gegenseitig ein Feedback mithilfe der folgenden Checkliste.

Checkliste: Eine Rede halten	*Ja*	*Nein*
– Wurde die Rede weitgehend frei vorgetragen?		
– Hatte die Rednerin/der Redner Blickkontakt zum Publikum?		
– Hat die Rednerin/der Redner deutlich gesprochen?		
– Hat die Rednerin/der Redner kurze Pause zwischen den Gedankengängen gelassen?		
– Hat die Rednerin/der Redner Gestik und Mimik ...		
– ...		

- Ergänzt weitere Checkfragen, wenn euch während der Auswertung auffällt, worauf ihr beim Halten der Rede achten solltet.
- Entscheidet, wer von euch die Eröffnungsrede halten soll.

3 Stellt eure Materialien auf und eröffnet eure Ausstellung.

die Ausstellung eröffnen

Bilder und Texte als Fenster in die Vergangenheit

- Literarische Texte verstehen und bewerten
- Zusammenhänge zwischen Text, Zeitgeschichte und Autor herstellen

1 Josef Mathias von Trenkwald: Die wilde Soldateska nach der Schlacht bei Nördlingen (Dreißigjähriger Krieg)

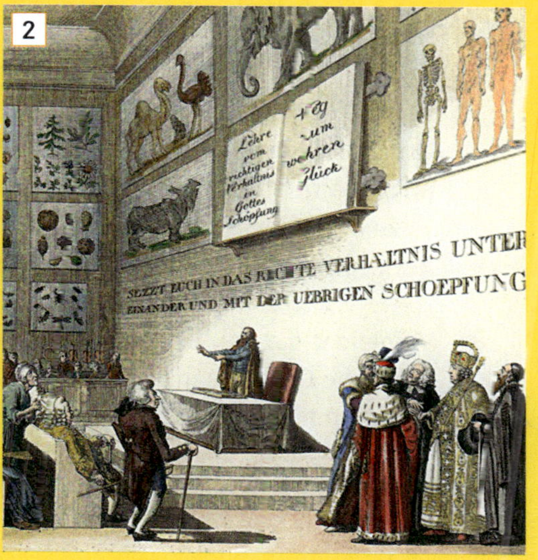

2 Daniel Chodowiecki: Lehre vom richtigen Verhältnis zu Gottes Schöpfung (Ausschnitt)

3 Theodor Hosemann: Die liederliche Wirtschaft (Arme Schuhmacherfamilie)

Fenster zur Zeit öffnen

Auf einer Zeitreise in die Vergangenheit erfährst du, wie die Menschen damals gelebt und gefühlt haben. Häufig haben die Menschen einer bestimmten Zeit ähnliche Erfahrungen gemacht. Das spiegelt sich in Bildern und Texten wider.

Bilder beschreiben

1 Was könnt ihr auf den Bildern von Seite 105 erkennen? Beschreibt die Bilder und bezieht die Titel ein.

Wenn ihr die Bilder genauer betrachtet, entdeckt ihr viele Details, die euch einiges über die dargestellte Zeit verraten.

ein Schreibgespräch führen

2 Gruppenarbeit!
Untersucht ein Bild auf Seite 105, das euch besonders anspricht.
a. Schreibt eure persönlichen Eindrücke, Gefühle und Fragen zu dem Bild in einem Kreis auf.
b. Lest die Notizen der anderen, ergänzt und kommentiert sie.

3 Vergleicht die drei Bilder:
- Welche Gemeinsamkeiten haben sie?
- Wodurch unterscheiden sie sich?

Als Grundstimmung bezeichnet man eine vorherrschende und entscheidende Stimmung in einer Zeit. Ihr könnt sie in Texten und Bildern aus dieser Zeit entdecken.

die Grundstimmung erkunden

Hoffnungslosigkeit
Wut
Traurigkeit
Glück
Zufriedenheit
hoffnungsvoll
Begeisterung

4 Welche Grundstimmung strahlt das von euch gewählte Bild aus?
a. Schreibt passende Wörter um den Kreis mit euren Notizen (Aufgabe 2). Begründet mündlich.
Tipp: Die Wörter in der Randspalte können euch dabei helfen.
b. Sprecht darüber, ob diese Grundstimmung für eine bestimmte Zeit typisch sein könnte. Überlegt dazu, welche Ereignisse diese Stimmung beeinflusst haben könnten.

In diesem Kapitel untersucht ihr literarische Texte aus verschiedenen zeitlichen Abschnitten der deutschen Literaturgeschichte. Ihr ergründet die Grundstimmung in den Texten und lernt durch Informationen über die Zeit und den Autor, die Texte besser zu verstehen. Das Zeichen in der Randspalte führt euch schrittweise dorthin.

Grundstimmungen aus verschiedenen Zeiten sind auch in diesen Textauszügen zu finden.

1

Die Herrlichkeit der Erden
Muss Rauch und Aschen werden,
Kein Fels, kein Erz kann stehn.
Dies, was uns kann ergetzen[1],
Was wir für ewig schätzen,
Wird als ein leichter Traum vergehn.

[1] ergetzen (veraltet): ergötzen, erfreuen

2

Verehrter Herr und König,
Weißt du die schlimme Geschicht?
Am Montag aßen wir wenig,
Und am Dienstag aßen wir nicht […]"

3

Nein, sie wird kommen, sie wird gewiss kommen, die Zeit der Vollendung, da der Mensch […] das Gute tun wird, weil es das Gute ist […]

5 Lest die Textauszüge und beantwortet folgende Fragen dazu:
- Worum geht es darin?
- Wer könnten die Sprecher sein?
- An wen ist der zweite Textausschnitt gerichtet?

Textauszüge erschließen und die Grundstimmung darin erkennen

6 Welche Grundstimmung könnt ihr in den Textauszügen erkennen? Sprecht darüber in der Klasse.

7 Welche Grundstimmung in den Textauszügen passt zu welchem Bild von Seite 105?
a. Ordnet die Textauszüge den Bildern zu.
b. Begründet eure Zuordnung.
c. Vergleicht eure Zuordnung.

die Grundstimmung von Text und Bild zuordnen
Bilder ➤ S. 105

Der zweite Text ist ein Ausschnitt aus dem Gedicht „Hungerlied" von Georg Weerth. Es endet mit diesen Zeilen:

„Sonst werden wir sonntags packen
und fressen, o König, dich!"

Z **8** Wie könnte das Gedicht weitergehen?
a. Ergänzt die Zeilen dazwischen.
Tipp: Achtet auf das Reimschema und die Wochentage.
b. Vergleicht euer Gedicht mit dem Original auf Seite 311.

ein Gedicht ergänzen
vollständiges Gedicht ➤ S. 311

Die heutige Zeit ist auch von bestimmten Stimmungen geprägt.

Z **9** Welche Grundstimmungen prägen die heutige Zeit? Gestaltet eine Collage dazu.

eine Collage gestalten

Zeitfenster 1: Sich mit Worten wehren

Heinrich Heine schrieb das Gedicht „Die schlesischen Weber“ 1844.

1 Worum könnte es in dem Gedicht gehen?
  a. Lest die Überschrift und den Infotext. Seht euch auch das Bild an.
  b. Tauscht euch über eure Vermutungen aus.

Vermutungen zum Gedichtinhalt äußern

Die schlesischen Weber Heinrich Heine

Im düstern Auge keine Träne,
Sie sitzen am Webstuhl und fletschen die Zähne:
Deutschland, wir weben dein Leichentuch,
Wir weben hinein den dreifachen Fluch –
Wir weben, wir weben!

Ein Fluch dem Gotte, zu dem wir gebeten
In Winterskälte und Hungersnöten;
Wir haben vergebens gehofft und geharrt,
Er hat uns geäfft und gefoppt und genarrt –
Wir weben, wir weben!

Ein Fluch dem König, dem König der Reichen,
Den unser Elend nicht konnte erweichen,
Der den letzten Groschen von uns erpresst
Und uns wie Hunde erschießen lässt –
Wir weben, wir weben!

Ein Fluch dem falschen Vaterlande,
Wo nur gedeihen Schmach und Schande,
Wo jede Blume früh geknickt,
Wo Fäulnis und Moder den Wurm erquickt –
Wir weben, wir weben!

Das Schiffchen[1] fliegt, der Webstuhl kracht,
Wir weben emsig Tag und Nacht –
Altdeutschland, wir weben dein Leichentuch,
Wir weben hinein den dreifachen Fluch –
Wir weben, wir weben!

[1] das Schiffchen: hier: der Teil eines Webstuhls

Info

Schlesien war eine Provinz des Staates Preußen. Sie bestand von 1815 bis 1919 und nochmals von 1938 bis 1941.

Käthe Kollwitz: Not (Weberaufstand)

2 Welche Grundstimmung könnt ihr in dem Gedicht erkennen? Tauscht euch darüber aus.

die Grundstimmung erkennen

3 Worum geht es in dem Gedicht? Schreibe Fragen auf und suche Antworten in dem Gedicht.

Starthilfe

Von wem ist die Rede?
In welcher Situation …?

Beim genauen Lesen versteht ihr das Gedicht besser.

den Inhalt untersuchen

4 Was ist ein Fluch? Wer wird verflucht?
Untersucht die Strophen 2, 3 und 4. Schreibt Stichworte auf.

5 Welche Grundstimmung und welche gesellschaftlichen Verhältnisse der Zeit werden in diesem Gedicht deutlich?
Fasst euer erstes Verständnis des Gedichts zusammen.

Das Gedicht hat einen realen Hintergrund. Heinrich Heine bezieht sich darin auf den Weberaufstand 1844.

Um 1840 stand die industrielle Revolution in Deutschland noch am Anfang. Nur fünf Prozent der Bevölkerung arbeiteten in Fabriken, die anderen arbeiteten zu Hause, darunter waren viele Weber. Sie mussten das Material von den Großhändlern kaufen und verkauften die fertigen Stoffe an diese zurück. Zu dieser Zeit gab es in England schon mechanische Webstühle, die mit weniger Aufwand mehr Stoffe produzierten. Durch die englische Konkurrenz zahlten die Fabrikanten den Weberfamilien immer weniger. Hinzu kamen Missernten und die wirtschaftliche Situation in Schlesien verschlechterte sich so, dass die Weberfamilien nahezu verhungerten. Am 3. Juni 1844 protestierten 3000 schlesische Weber in Peterswalde. Sie forderten vom Großhändler und Fabrikanten Zwanziger höhere Löhne. Zwanziger verdiente an den Erzeugnissen das Hundert- bis Tausendfache, weigerte sich jedoch, mehr zu bezahlen. Der Fabrikant verhöhnte die Weber und empfahl ihnen, Gras zu essen, das wüchse reichlich. Damit eskalierte die Situation; die Weber stürmten sein Haus, zerschlugen die Einrichtung und verwüsteten mehrere Fabrikgebäude. Danach marschierten sie ins benachbarte Langenbielau und zerstörten dort Fabriken. Zwei Tage später setzte der preußische König Friedrich Wilhem IV. seine Soldaten zur Wiederherstellung der Ordnung ein. Der Aufstand wurde von den Soldaten brutal niedergeschlagen. Die Losung für das preußische Militär hieß damals „Für Gott, König und Vaterland“.

Heinrich Heine (1797–1856) war einer der bedeutendsten Dichter und Journalisten des 19. Jahrhunderts. In seinen Schriften kritisierte er das Großbürgertum, das nichts gegen das soziale Elend unternahm. Er setzte sich mit seinem Werk für die unterdrückte Bevölkerung ein. Heine wurde wegen seiner politischen Ansichten verfolgt und ging 1831 nach Paris, wo er 1856 starb.

6 Welchen Standpunkt des Sprechers könnt ihr in dem Gedicht erkennen?
a. Lest dazu den Infotext zum Weberaufstand und sprecht darüber, welche Position der lyrische Sprecher einnimmt.
b. Wen greift der lyrische Sprecher mit seinem Gedicht an? Belegt eure Aussagen mit Textstellen.

weitere Informationen in die Interpretation einbeziehen

lyrischer Sprecher ➤ S. 290

7 Für wen könnte Heinrich Heine das Gedicht geschrieben haben? Tauscht euch darüber aus.

Das Gedicht „Die schlesischen Weber“ wird auch als Weberlied bezeichnet.

8 Welche liedhaften Elemente fallen euch auf?
- **a.** Achtet auf den Aufbau und die Wiederholungen.
- **b.** Tauscht euch darüber aus, wie die liedhaften Elemente auf euch wirken.

den Aufbau und die Form untersuchen

9 Sprecht darüber, warum Heinrich Heine, die Form des Liedes verwendet hat.
Tipp: Bezieht dabei eure Erkenntnisse von Seite 109 aus Aufgabe 7 ein.

10 Gruppenarbeit!
Tragt das Gedicht mit mehreren Sprecherinnen und Sprechern vor:
- Entscheidet zunächst, welche Teile ihr einzeln oder im Chor sprecht.
- Verdeutlicht beim Vortrag die wachsende Wut der Weber.
- Stellt beim Sprechen den eintönigen Rhythmus der Weber dar.

das Gedicht ausdrucksvoll vortragen

➤ S. 301

Das Gedicht wird aufgrund der Entstehungszeit und der Grundstimmung der Zeit des „Jungen Deutschlands“ zugeordnet.

Z **11** Lest die Beschreibung der Zeit des „Jungen Deutschlands“ auf Seite 121. Begründet anhand der Beschreibung, warum das Gedicht dieser Zeit zugeordnet werden kann.

das Gedicht zeitlich einordnen

„Junges Deutschland“ ➤ S. 121

W **Wählt aus den folgenden Aufgaben aus und präsentiert anschließend eure Ergebnisse.**

12 Das Gedicht wurde unterschiedlich vorgetragen.
- **a.** Hört und seht euch Varianten des vertonten Gedichtes im Internet an.
- **b.** Vergleicht die unterschiedlichen Vorträge:
  - Was gefällt euch?
  - Wie ist die Grundstimmung des Gedichtes dargestellt worden?
- **c.** Erarbeitet einen eigenen Vortrag und stellt das Gedicht vor.

Gedichtinterpretationen vergleichen und das Gedicht vortragen

13 In welchen Ländern gibt es heute noch unerträgliche Arbeitsbedingungen und gesellschaftliche Missstände?
- **a.** Recherchiert, wo es heute noch unerträgliche Arbeitsbedingungen und gesellschaftliche Missstände gibt.
- **b.** Informiert darüber. Wählt zwischen einem Referat oder einem Plakat.

sich und andere informieren

Referat ➤ S. 300
Plakat ➤ S. 299

14 Heinrich Heine gilt als einer der bedeutendsten Vertreter des „Jungen Deutschlands“. Stellt den Autor in einem Referat vor.

den Autor im Referat vorstellen

Referat ➤ S. 300

Zeitfenster 2:
Sich seines eigenen Verstandes bedienen

Ihr reist nun in eine Zeit, in der der Verstand des Menschen als Mittel der Erkenntnis an Bedeutung gewann. Der Dichter Gotthold Ephraim Lessing nutzte dazu auch die Literatur. In seinem Drama „Nathan der Weise“ wird der jüdische Kaufmann Nathan zum muslimischen Sultan Saladin gebeten. Saladin benötigt Geld, er möchte es von Nathan haben und will ihn deshalb in eine Falle locken. Er stellt Nathan das Rätsel, welche Religion die wahre sei: das Christentum, das Judentum oder der Islam. Saladin erwartet, dass Nathan keine richtige Antwort finden wird und ihm so sein Vermögen überlassen muss. Nathan antwortet mit einer Geschichte.

Nathan der Weise   Gotthold Ephraim Lessing

3. Akt, 7. Szene

Nathan: Vor grauen Jahren lebt' ein Mann in Osten,
Der einen Ring von unschätzbarem Wert'
Aus lieber Hand besaß. Der Stein war ein
Opal[1], der hundert schöne Farben spielte,
Und hatte die geheime Kraft, vor Gott
Und Menschen angenehm zu machen, wer
In dieser Zuversicht ihn trug. Was Wunder,
Dass ihn der Mann in Osten darum nie
Vom Finger ließ; und die Verfügung traf,
Auf ewig ihn bei seinem Hause zu
Erhalten? Nämlich so. Er ließ den Ring
Von seinen Söhnen dem geliebtesten;
Und setzte fest, dass dieser wiederum
Den Ring von seinen Söhnen dem vermache,
Der ihm der liebste sei; und stets der Liebste,
Ohn Ansehn der Geburt, in Kraft allein
Des Rings, das Haupt, der Fürst des Hauses werde. –
Versteh mich, Sultan.
Saladin: Ich versteh dich. Weiter!
Nathan: So kam nun dieser Ring, von Sohn zu Sohn,
Auf einen Vater endlich von drei Söhnen;
Die alle drei ihm gleich gehorsam waren,
Die alle drei er folglich gleich zu lieben
Sich nicht entbrechen[2] konnte. Nur von Zeit
zu Zeit schien ihm bald der, bald dieser, bald
Der dritte, – sowie jeder sich mit ihm

[1] der Opal: ein weißlicher Schmuckstein [2] entbrechen: (veraltet) für freimachen

Allein befand, und sein ergießend Herz
Die andern zwei nicht teilten, – würdiger
Des Ringes; den er denn auch einem jeden
Die fromme Schwachheit hatte, zu versprechen.
Das ging nun so, solang es ging. – Allein
Es kam zum Sterben, und der gute Vater
Kömmt in Verlegenheit. Es schmerzt ihn, zwei
Von seinen Söhnen, die sich auf sein Wort
Verlassen, so zu kränken. – Was zu tun? –
Er sendet in geheim zu einem Künstler,
Bei dem er, nach dem Muster seines Ringes,
Zwei andere bestellt, und weder Kosten
Noch Mühe sparen heißt, sie jenem gleich,
Vollkommen gleich zu machen. Das gelingt
Dem Künstler. Da er ihm die Ringe bringt,
Kann selbst der Vater seinen Musterring
Nicht unterscheiden. Froh und freudig ruft
Er seine Söhne, jeden insbesondre;
Gibt jedem insbesondre seinen Segen, –
Und seinen Ring, – und stirbt. – Du hörst doch, Sultan?

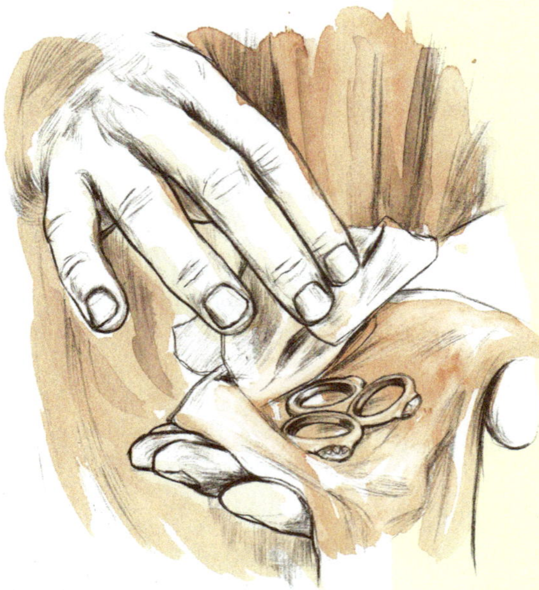

Saladin *(der sich betroffen von ihm gewandt)*:
Ich hör, ich höre! – Komm mit deinem Märchen
Nur bald zu Ende. – Wird's?
Nathan: Ich bin zu Ende.
Denn was noch folgt, versteht sich ja von selbst. –
Kaum war der Vater tot, so kömmt ein jeder
Mit seinem Ring', und jeder will der Fürst
Des Hauses sein. Man untersucht, man zankt,
Man klagt. Umsonst; der rechte Ring war nicht
Erweislich; – *(nach einer Pause, in welcher er des Sultans Antwort erwartet)*
Fast so unerweislich, als
Uns itzt – der rechte Glaube.
Saladin: Wie? das soll
Die Antwort sein auf meine Frage? ...
Nathan: Soll
Mich bloß entschuldigen, wenn ich die Ringe
Mir nicht getrau zu unterscheiden, die
Der Vater in der Absicht machen ließ,
Damit sie nicht zu unterscheiden wären.
Saladin: Die Ringe! – Spiele nicht mit mir! – Ich dächte,
Dass die Religionen, die ich dir
Genannt, doch wohl zu unterscheiden wären.
Bis auf die Kleidung, bis auf Speis und Trank!

Nathan: Und nur von Seiten ihrer Gründe nicht. –
Denn gründen alle sich nicht auf Geschichte?
Geschrieben oder überliefert! – Und
Geschichte muss doch wohl allein auf Treu
Und Glauben angenommen werden? – Nicht? –
Nun wessen Treu und Glauben zieht man denn
Am wenigsten in Zweifel? Doch der Seinen? [...]
Wie kann ich meinen Vätern weniger,
Als du den deinen glauben? Oder umgekehrt. –
Kann ich von dir verlangen, dass du deine
Vorfahren Lügen strafst, um meinen nicht
Zu widersprechen? Oder umgekehrt.
Das Nämliche gilt von den Christen. Nicht? –
Saladin: (Bei dem Lebendigen! Der Mann hat Recht.
Ich muss verstummen.)
Nathan: Lass auf unsere Ring'
Uns wieder kommen. Wie gesagt: die Söhne
Verklagten sich; und jeder schwur dem Richter,
Unmittelbar aus seines Vaters Hand
Den Ring zu haben, – [...]
Saladin: Und nun, der Richter? – Mich verlangt zu hören.
Was du den Richter sagen lässest. Sprich!

1 Worum geht es? Gebt den Inhalt mit eigenen Worten wieder.

den Inhalt wiedergeben

2 Im Tandem!
Stellt euch vor, ihr müsstet das Rätsel lösen.
Wie würdet ihr entscheiden?

a. Tauscht euch darüber aus, wie der Richter entscheiden könnte. Schreibt Stichworte auf.

b. Formuliert euer Urteil.

eigene Lösungen finden

Nathan setzt seine Geschichte mit dem Spruch des Richters fort.

Nathan: Der Richter sprach: Wenn ihr mir nun den Vater
Nicht bald zur Stelle schafft, so weis ich euch
Von meinem Stuhle. Denkt ihr, dass ich Rätsel
Zu lösen da bin? Oder harret ihr,
Bis dass der rechte Ring den Mund eröffne? –
Doch, halt! Ich höre ja, der rechte Ring
Besitzt die Wunderkraft beliebt zu machen;
Vor Gott und Menschen angenehm. Das muss
Entscheiden! Denn die falschen Ringe werden
Doch das nicht können! – Nun; wen lieben zwei
Von euch am meisten? – Macht, sagt an! Ihr schweigt?

Die Ringe wirken nur zurück? und nicht
Nach außen? Jeder liebt sich selber nur
Am meisten? – O, so seid ihr alle drei
Betrogene Betrüger! Eure Ringe
Sind alle drei nicht echt. Der echte Ring
Vermutlich ging verloren. Den Verlust
Zu bergen, zu ersetzen, ließ der Vater
Die drei für einen machen.
Saladin: Herrlich! Herrlich!
Nathan: Und also; fuhr der Richter fort, wenn ihr
Nicht meinen Rat, statt meines Spruches, wollt:
Geht nur! – Mein Rat ist aber der: ihr nehmt
Die Sache völlig wie sie liegt. Hat von
Euch jeder seinen Ring von seinem Vater:
So glaube jeder sicher seinen Ring
Den echten, – Möglich: dass der Vater nun
Die Tyrannei des Einen Rings nicht länger
In seinem Hause dulden wollen! – Und gewiss;
Dass er euch alle drei geliebt, und gleich
Geliebt: indem er zwei nicht drücken mögen,
Um einen zu begünstigen. – Wohlan!
Es eifre jeder seiner unbestochnen
Von Vorurteilen freien Liebe nach!
Es strebe von euch jeder um die Wette,
Die Kraft des Steins in seinem Ring an Tag
Zu legen! komme dieser Kraft mit Sanftmut,
Mit herzlicher Verträglichkeit, mit Wohltun,
Mit innigster Ergebenheit in Gott,
Zu Hülf'! Und wenn sich dann der Steine Kräfte
Bei euern Kindes-Kindeskindern äußern:
So lad ich über tausend tausend Jahre,
Sie wiederum vor diesen Stuhl. Da wird
Ein weisrer Mann auf diesem Stuhle sitzen,
Als ich; und sprechen. Geht! – So sagte der
Bescheidne Richter.

3 Was rät der Richter?

a. Lest die Textstelle mit dem Rat des Richters vor.
b. Gebt den Rat des Richters mit eigenen Worten wieder.
c. Tauscht euch darüber aus, was der Spruch bedeutet.

den Richterspruch erklären

Starthilfe

Der Richter rät, dass jeder sich durch sein Verhalten bemühen sollte, ...

Nathans Geschichte wird als Parabel, als eine belehrende Rede, bezeichnet.

4 Wie lässt sich die Parabel von den drei Ringen auf die Frage nach der Bedeutung und Wahrheit der Religionen übertragen? Übertragt die Bildebene auf die Sachebene.
Tipp: Nutzt dafür auch die Grafik auf Seite 114.

Starthilfe

Bildebene (das, was erzählt wird)	Sachebene (das, was gemeint ist)
Vater	...
die drei Söhne	...
der Streit der Söhne	...
die drei Ringe	die drei Religionen
das Ende (keiner weiß, ob es den	...
richtigen Ring gibt)	...
der Rat des Richters an die Söhne	...

Info
Bei einer **Parabel** wird das Gesagte im übertragenen Sinne verstanden. Die Bildebene (das, was erzählt wird) wird auf eine Sachebene (das, was gemeint ist) übertragen. Lessings Parabel ist eine der berühmtesten und wird als Ringparabel bezeichnet.

In der Zeit zwischen 1685 und 1781 entstanden viele literarische Texte, die an den Verstand des Menschen appellieren. Aus diesen Gründen wird diese Zeit als Literatur der Aufklärung bezeichnet.

Z **5** Warum gilt Lessings Ringparabel als eines der wichtigsten Werke der Aufklärung?
Informiere dich auf Seite 120 über die Aufklärung. Weise die Merkmale in der Ringparabel nach.

sich informieren
Aufklärung ➤ S. 120

Auch heute noch wird das Drama „Nathan der Weise" an vielen Bühnen inszeniert und gespielt.

6 Tauscht euch darüber aus, was die Ringparabel heute noch für die Menschen bedeuten könnte.

Aufführung am Mecklenburgischen Staatstheater Schwerin 2010

W Wählt aus den Aufgaben aus.

7 Recherchiert zum Dichter und stellt ihn vor.

8 Gestaltet die Auseinandersetzung zwischen Nathan und dem Sultan Saladin und tragt sie szenisch vor.

die Szene lesen
szenisches Lesen ➤ S. 302

9 Wie würdet ihr die Szene mit den drei Söhnen vor dem Richter inszenieren?
a. Schreibt den Sprechtext mit Regieanweisungen auf.
Tipp: Ihr könnt den Text kürzen und in die heutige Sprache übertragen.
b. Lest die Szene mehrmals laut.
c. Spielt die Szene vor.

eine Szene gestalten
szenisches Spiel ➤ S. 302

Zeitfenster 3:
Von der Vergänglichkeit des Lebens

Es gab eine Zeit, in der auf deutschem Boden dreißig Jahre lang Krieg herrschte. Das Bild „Schlachtenbild" von Johann Heinrich Schönfeld vermittelt einen Eindruck davon.

Johann Heinrich Schönfeld: Schlachtenbild

1 Welche Stimmung vermittelt euch das Bild?
Tauscht euch darüber aus.

Das Gedicht „Menschliches Elende" von Andreas Gryphius entstand ebenfalls in dieser Zeit.

Menschliches Elende Andreas Gryphius

Was sind wir Menschen doch! Ein Wohnhaus grimmer Schmerzen.
Ein Ball des falschen Glücks, ein Irrlicht dieser Zeit,
Ein Schauplatz herber Angst, besetzt mit scharfem Leid.
Ein bald verschmelzter Schnee und abgebrannte Kerzen.

Dies Leben fleucht[1] davon wie ein Geschwätz und Scherzen.
Die vor uns abgelegt des schwachen Leibes Kleid
Und in das Totenbuch der großen Sterblichkeit
Längst eingeschrieben sind, sind uns aus Sinn und Herzen.

Gleich wie ein eitel[2] Traum leicht aus der Acht[3] hinfällt
Und wie ein Strom verschleußt[4], den keine Macht aufhält,
So muss auch unser Nam, Lob, Ehr und Ruhm verschwinden.

Was itzund[5] Atem holt, muss mit der Luft entfliehn;
Was nach uns kommen wird, wird uns ins Grab nachziehn.
Was sag ich? Wir vergehn, wie Rauch von starken Winden.

[1] fleucht: flieht [2] eitel: leer, vergänglich [3] Acht: Erinnerung
[4] verschleußt: davonfließt [5] itzund: jetzt

2 Worum geht es?
a. Lest das Gedicht für euch.
b. Sprecht darüber, wie das Gedicht auf euch wirkt.

über den ersten Leseeindruck sprechen

3 Vergleicht das Bild und das Gedicht. Welche Gemeinsamkeiten gibt es?

Die Wortwahl spiegelt die Zeit wider, in der das Gedicht entstanden ist.

4 Welche Wörter und Wendungen könnt ihr beim ersten Lesen nicht erschließen?
- **a.** Schreibt sie heraus und erschließt die Bedeutung aus dem Zusammenhang.
- **b.** Schreibt auf, was die Wörter eurer Meinung nach bedeuten.
- **c.** Überprüft euer Verständnis mithilfe eines Lexikons.

die Wortwahl untersuchen

Die Grundstimmung wird mithilfe von sprachlichen Bildern beschrieben.

5 Welche Wirkung haben die verwendeten sprachlichen Bilder?
- **a.** Untersucht die sprachlichen Bilder und ihre Wirkung.
- **b.** Vergleicht eure Ergebnisse in der Klasse und vervollständigt die Tabelle.

sprachliche Bilder untersuchen

sprachliche Bilder ➤ S. 290

Starthilfe

was bezeichnet wird	sprachliches Bild	Bedeutung/Wirkung
Menschen	„Ein Wohnhaus grimmer Schmerzen“ (Z. 1)	die Menschen sind von Krankheiten und Leid betroffen
	„Ein Ball des …“	…

6 Fasse den Inhalt des Gedichtes zusammen.

den Inhalt zusammenfassen

Die Grundstimmung in diesem Gedicht entspricht der damaligen Zeit. Das Gedicht wird der Literatur des Barock zugeordnet.

Z **7** **a.** Lest die Informationen über diese Zeit auf der Seite 120. Sprecht darüber, welche Merkmale des Barock ihr in dem Gedicht wiederfindet.
- **b.** Tauscht euch darüber aus, durch welche geschichtlichen Ereignisse die Grundstimmung beeinflusst wurde und wie ihr dies im Gedicht wiederfindet.

Barock ➤ S. 120

die Grundstimmung erkennen

8 Tragt das Gedicht ausdrucksvoll vor.

ein Gedicht vortragen ➤ S. 301

W Wählt aus den Aufgaben aus.

9 Schreibt einen fiktiven Brief an den Dichter Andreas Gryphius, in dem ihr euch zu der Grundstimmung in seinem Gedicht äußert und diese mit den Grundstimmungen in der heutigen Zeit vergleicht.

einen Brief schreiben

10 **a.** Recherchiert die geschichtlichen Hintergründe dieser Zeit.
- **b.** Präsentiert euer Wissen in einem Referat.

ein Referat halten ➤ S. 300

Z Weiterführendes: Lebensfreude und Lebensschmerz – zwei Grundstimmungen im Barock

Das Lebensgefühl und die Grundstimmungen einer Zeit sind manchmal sogar gegensätzlich. Das zeigen Gedichte, Bilder, Bauwerke und Musikstücke. Ein Beispiel hierfür sind die folgenden Gedichtauszüge.

1

Lasset uns schertzen
Blühende Hertzen
Lasset uns lieben
Ohne Verschieben.
Lauten und Geigen
Sollen nicht schweigen
Kommet zum Dantze
Pflücket vom Crantze
Drücket die Hände
Retschet[1] zum Ende
Gebet euch Küsse
Tretet die Füsse
Machet euch frölich
Machet euch ehlich.
Lasset die Narren
Länger verharren

[1] retschet: plaudern

Aus: „An seine Gesellschafft" von Georg Greflinger

2

Verlache Welt und Ehre,
Furcht, Hoffen, Gunst und Lehre,
Und fleuch[1] den Herren an.
Der immer König bleibet,
Den keine Zeit vertreibet,
Der einzig ewig machen kann.

Es hilft kein weises Wissen,
Wir werden hingerissen
Ohn einen Unterscheid.
Was nützt der Schlösser Menge?
Dem hie die Welt zu enge,
Dem wird ein enges Grab zu weit.

Dies alles wird zerrinnen,
Was Müh und Fleiß gewinnen
Und saurer Schweiß erwirbt;
Was Menschen hier besitzen,
Kann für den Tod nicht nützen,
Dies alles stirbt uns, wenn man stirbt.

[1] fleuch: flüchten, Zuflucht suchen

Aus: „Vanitas! Vanitatum vanitas!" von Andreas Gryphius

3

Geh aus mein Herz und suche Freud
In dieser lieben Sommerzeit
An deines Gottes Gaben:
Schau an der schönen Garten-Zier
Und siehe wie sie mir und dir
Sich ausgeschmücket haben.

Aus: „Sommer-Gesang" von Paul Gerhardt

1 Lest die verschiedenen Gedichtauszüge und tauscht euch über eure Leseeindrücke aus.

über den Leseeindruck sprechen

2 Wählt einen Gedichtauszug aus und untersucht diesen inhaltlich und sprachlich.

einen Auszug untersuchen

3 Tragt den Gedichtauszug ausdrucksvoll vor.

den Auszug vortragen

Diese Gedichtauszüge sind alle in derselben literarischen Epoche entstanden.

Info

Epochen sind Abschnitte in der Literaturgeschichte.

4 Lest die Beschreibungen der Epochen auf den Seiten 120 bis 121. Entscheidet euch, in welcher Epoche diese Gedichte entstanden sein könnten. Begründet eure Entscheidung.

Gedichte aus einer Epoche vergleichen

5 Welche Unterschiede gibt es zu dem Gedicht „Menschliches Elende“?

a. Vergleicht die drei Gedichtauszüge mit dem Gedicht „Menschliches Elende“ auf Seite 116.

b. Wie lassen sich die Unterschiede erklären? Äußert Vermutungen und begründet sie.

Die Zeit des Barock hinterließ Spuren in der Architektur, der Musik und der Malerei.

Peter Paul Rubens: Porträt der Alatheia Talbot, Countess of Arundel

Cabinet doré im Schloss Versailles

Johann Sebastian Bach: Tanz aus der Orchestersuite BWV 1067

die Merkmale des Barock in der Kunst wiederfinden

6 Welche Merkmale des Barock findet ihr in der Malerei und der Architektur wieder? Seht euch die Abbildungen an und tauscht euch dazu aus.

7 Welche Merkmale des Barock findet ihr in der Musik wieder? Probiert es aus.

a. Legt eine Folie über die Notenzeile und verbindet die Notenköpfe mit einer Linie.

b. Beschreibt das Muster, das ihr erhaltet.

c. Vergleicht das Muster mit den Abbildungen darüber.

Z Weiterführendes: Die Zeitabschnitte in der deutschen Literaturgeschichte

Die Bilder und Texte in diesem Kapitel sind bestimmten Zeitabschnitten der deutschen Literaturgeschichte zuzuordnen.

Andreas Gryphius (1616–1648) ist einer der bedeutendsten Dichter des Barock. Sein Leben und Werk wurden vom Dreißigjährigen Krieg und dem Wissen um die Vergänglichkeit des Lebens beeinflusst.

Barock

Die Zeit zwischen 1600 und 1720, als Epoche des Barock bezeichnet, wird durch einen starken Gegensatz geprägt. Einerseits entstanden prunkvolle Schlösser, andererseits starb durch den Dreißigjährigen Krieg (1618–1648) mehr als ein Drittel der Bevölkerung in Deutschland. Die Fürsten schwelgten im Luxus, die Menschen in Stadt und Land mussten ums Überleben kämpfen. Sie hofften auf die Erlösung von dieser schlimmen Welt im Jenseits durch den Tod und das Himmelreich. Andere wollten die Not verdrängen und das Glück im Augenblick (im Diesseits) finden. Die deutsche Sprache gewann gegenüber dem Latein an Bedeutung. Dabei mussten besonders in der Dichtkunst strenge Regeln beachtet werden. Berühmte Dichter dieser Zeit waren Martin Opitz, Paul Gerhardt, Andreas Gryphius und Hans Jakob von Grimmelshausen.

1 Die Gedichte auf den Seiten 116 und 118 sind nach Regeln gebaut. Untersucht sie und findet heraus, um welche es sich handeln könnte.

eine Epochenbeschreibung verstehen

Gotthold Ephraim Lessing ist ein bedeutender Vertreter der Aufklärung. Sein Drama „Nathan der Weise“ gehört zu den wichtigsten Werken.

Gotthold Ephraim Lessing (1729–1781) arbeitete u. a. am Hamburger Nationaltheater als Dramaturg und später in der herzoglichen Bibliothek in Wolfenbüttel. Er kritisierte die Kirche. Wegen seiner kritischen Äußerungen erhielt er bald ein Publikationsverbot zum Religionsthema.

Aufklärung

Die Literatur der Aufklärung wollte die Menschen auffordern, sich ihres eigenen Verstandes bewusst zu werden. Es waren gebildete Bürger und Adelige, die das herrschende System von Adelsherrschaft und Leibeignen kritisierten und die Menschen aufforderten, selbst zu handeln, anstatt auf das bessere Jenseits zu hoffen. Der Verstand wurde zum Maßstab aller Dinge. Die Gleichheit aller Menschen wurde gefordert. Die Philosophen sagten, der Mensch sei von Natur aus gut; das Leben auf Erden habe einen Sinn, den man herausfinden müsse. Erziehung und Bildung waren der Weg zur Veränderung der Gesellschaft; dies wollte man unter anderem durch Fabeln, Lehrgedichte (Parabeln) und Satiren erreichen. So entstanden literarische Werke, die den Adel und die Kirche verdeckt angriffen und kritisierten. Wichtige Persönlichkeiten dieser Zeit waren Voltaire, Jean-Jacques Rousseau, Johann Joachim Winckelmann, Immanuel Kant und Gotthold Ephraim Lessing.

2 Welche Gründe könnte es für Lessing gegeben haben, das Drama „Nathan der Weise“ zu schreiben? Sprecht darüber. Bezieht die Informationen aus der Randspalte ein.

Die Autorinnen und Autoren des „Jungen Deutschlands" kritisierten in ihren Texten gesellschaftliche Missstände.

„Junges Deutschland"

Weberelend (um 1850)

Die Zeit des „Jungen Deutschlands" umfasst die Jahre von 1825 bis 1848. In dieser Zeit hatte sich die Wirtschaft rasant weiterentwickelt, aber in den Fabriken herrschte soziale Not. Die Arbeitsbedingungen waren sehr schlecht. Forderungen nach Demokratie und mehr Rechten für alle wurden geäußert. Es entstand eine Bewegung von Schriftstellern, die sich für die Einheit Deutschlands, das Respektieren der Grundrechte aller Menschen, die gerechte Verteilung der materiellen Güter und für die Rechte der Frauen einsetzten. Sie engagierten sich politisch und viele arbeiteten auch als Journalisten. Erstmals stand der normale Bürger, Arbeiter, Soldat im Mittelpunkt der Literatur. Wichtige Autoren dieser Zeit waren Georg Büchner, Heinrich Heine, Georg Herwegh und Georg Weerth.

3 **a.** Lest das Gedicht „Das Hungerlied" von Georg Weerth auf Seite 311.
b. Untersucht das Gedicht und weist nach, dass dieses Gedicht in der Zeit des „Jungen Deutschlands" entstanden ist.

„Das Hungerlied" ➤ S. 311

W **Mithilfe der folgenden Projektvorschläge könnt ihr euch genauer mit den Zeitabschnitten der deutschen Literaturgeschichte auseinandersetzen. Wählt aus und präsentiert eure Ergebnisse in der Klasse.**

Projekte zu den Zeitabschnitten der deutschen Literaturgeschichte durchführen und präsentieren

im Internet recherchieren ➤ S. 295

4 Sucht nach Gebäuden, Gemälden und Musikstücken, die dem Barock zugeordnet werden können.

5 Vergleicht die Mode zu den unterschiedlichen Zeiten mithilfe von typischen Abbildungen aus dem Barock, der Aufklärung und dem „Jungen Deutschland".

6 Stellt berühmte Persönlichkeiten der Aufklärung mithilfe von Steckbriefen und Zitaten vor.

7 Heinrich Heine war ein bedeutender Dichter des „Jungen Deutschland". Stellt ein weiteres Gedicht von ihm vor und zeigt daran die Besonderheiten dieses Zeitabschnittes.

8 Recherchiert zu den gesellschaftlichen Verhältnissen in der Zeit des „Jungen Deutschlands". Stellt diese in einem Referat vor.

Das kann ich!

Literarische Texte verstehen und bewerten
Zusammenhänge zwischen Text, Zeitgeschichte und Autor herstellen

In diesem Kapitel hast du Texte und Bilder aus unterschiedlichen Zeiten untersucht. Du hast gelernt, die Grundstimmungen darin zu ermitteln und für das Verständnis weitere Informationen über die Zeit und den Dichter einzubeziehen.
Die drei Zitate stammen aus unterschiedlichen Zeiten.

1 Habe Mut, dich deines eigenen Verstandes zu bedienen.

2 Schönheit dieser Welt vergehet,
Wie ein Winde, der niemals stehet [...]

3 Friede den Hütten, Krieg den Palästen!

1 Welche Grundstimmungen vermitteln die Zitate? Begründe.

2 Wähle ein Zitat aus, das für einen Zeitabschnitt in der deutschen Literaturgeschichte stehen könnte. Erkläre den Zusammenhang.

die Grundstimmungen ermitteln

Aufklärung
Barock
Junges Deutschland

Die folgenden Textauszüge vermitteln auch heute noch Leserinnen und Lesern ein Gefühl davon, wie es den Leuten damals ging.

A Im Jahr [...] siehet es so aus, als würde die Bibel Lügen gestraft. Es sieht aus, als hätte Gott die Bauern und Handwerker am fünften Tage, und die Fürsten und Vornehmen am sechsten gemacht, und als hätte der Herr zu diesen gesagt: Herrschet über alles Getier, das auf Erden kriecht, und hätte die Bauern und Bürger zum Gewürm gezählt. Das Leben der Vornehmen ist ein langer Sonntag, sie wohnen in schönen Häusern, sie tragen zierliche Kleider, sie haben feiste Gesichter und reden eine eigne Sprache; das Volk aber liegt vor ihnen wie Dünger auf dem Acker. Der Bauer geht hinter dem Pflug, der Vornehme aber geht hinter ihm und dem Pflug und treibt ihn mit den Ochsen am Pflug, er nimmt das Korn und lässt ihm die Stoppeln. Das Leben des Bauern ist ein langer Werktag; Fremde verzehren seine Äcker vor seinen Augen, sein Leib ist eine Schwiele, sein Schweiß ist das Salz auf dem Tische des Vornehmen. [...]

B Adieu Welt, denn auf dich ist nicht zu trauen, noch von dir nichts zu hoffen, in deinem Haus ist das Vergangene schon verschwunden, das Gegenwärtige verschwindet uns unter den Händen, das Zukünftige hat nie angefangen, das Allerbeständigste fällt, das Allerstärkste zerbricht und das Allerewigste nimmt ein End; also, dass du ein Toter bist unter den Toten; und in hundert Jahren lässt du uns nicht eine Stund leben. [...] O Welt! Du unreine Welt, derhalben beschwöre ich dich, ich bitte dich, ich ersuche dich, ich ermahne und protestiere wider dich, du wollest kein Teil mehr an mir haben; und hingegen begehre ich auch nicht mehr in dich zu hoffen, denn du weißt, dass ich mir hab vorgenommen, nämlich dieses: Posui finem curis, spes & fortuna valete[1].
[...]

[1] Lateinisch: Meinen Sorgen hab ich ein End gesetzt, Hoffnung und Glück, lebt wohl!

3 Welche Grundstimmung vermitteln die Textauszüge? Begründe.

die Grundstimmung erkennen

4 Gib die Aussage der Textauszüge mit eigenen Worten wieder.

die Aussage wiedergeben

5 Untersuche die Textauszüge mit den Fragen:
- Wer ist der Sprecher? An wen könnte der Textauszug gerichtet sein?
- Welche sprachlichen Besonderheiten fallen dir auf?

die Aussage untersuchen und zuordnen

Die Textauszüge stammen von den beiden folgenden Dichtern.

Hans Jakob Christoph von Grimmelshausen verlor mit etwa vier Jahren seinen Vater und wuchs beim Großvater in Gelnhausen auf. Die Mutter hatte wieder geheiratet und lebte in Frankfurt. Mit Anfang zwanzig erlebte er die Schrecken des Krieges: er musste vor kaiserlichen Truppen fliehen, wurde von Kroaten entführt und diente dann als Soldat in verschiedenen Armeen. Bis zu seinem Tod führte er ein sehr bewegtes Leben, hatte verschiedene Stellen, unter anderem als Schreiber, Schaffner und Gastwirt, und kämpfte schließlich wieder als Soldat.

Georg Büchner wuchs in Darmstadt auf und studierte in Straßburg Medizin. Dort kam er mit revolutionären Ideen in Berührung. Später wurde er selbst politisch aktiv und setzte sich in Flugblättern und literarischen Werken mit Missständen in der Gesellschaft und der Politik auseinander. Das war nicht ungefährlich: Für seine Flugschrift „Der Hessische Landbote" drohte ihm die Verhaftung; einige daran Beteiligte wurden tatsächlich verhaftet. Erst nach seinem Tod wurde Büchner bekannt. Heute trägt der bedeutendste deutsche Literaturpreis seinen Namen.

6 Welcher Text wurde von welchem Schriftsteller geschrieben? Begründe deine Meinung.

Bezüge zwischen Biografie und Text herstellen

Heute geschieht es häufig, dass wichtige Ereignisse plötzlich für eine Stimmung sorgen, die Menschen miteinander teilen, vor allem, weil solche Ereignisse sofort über die Medien verbreitet werden.

7 Tauscht euch darüber aus, ob ihr solche Ereignisse kennt, und welche Stimmung sie verursacht haben.

8 Besprecht, ob die Ereignisse, über die die Schriftsteller in diesem Kapitel schreiben, auch für die heutigen Menschen noch aktuell sind.

Grundstimmungen der heutigen Zeit beschreiben und mit historischen Grundstimmungen vergleichen

Einen literarischen Text interpretieren

Einen literarischen Text untersuchen

Ein literarischer Text kann zunächst für sich allein sprechen. Er kann eine bestimmte Grundstimmung vermitteln, die dir vertraut oder fremd sein kann. Interessanter wird er, wenn du erkennen kannst, worauf diese Grundstimmung zurückgeht.

Klöpplerinnen Louise Otto-Peters

Seht Ihr sie sitzen am Klöppelkissen,
Die Wangen bleich und die Augen rot!
Sie mühen sich ab für einen Bissen,
Für einen Bissen schwarzes Brot!

Großmutter hat sich die Augen erblindet,
Sie wartet, bis sie der Tod befreit –
Im stillen Gebet sie die Hände windet:
Gott schütz' uns in der schweren Zeit.

Die Kinder regen die kleinen Hände,
Die Klöppel fliegen hinab, hinauf,
Der Müh' und Sorge kein Ende, kein Ende!
Das ist ihr künftiger Lebenslauf.

Die Jungfrauen all, dass Gott sich erbarme,
Sie ahnen nimmer der Jugend Lust –
Das Elend schließt sie in seine Arme,
Der Mangel schmiegt sich an ihre Brust.

Seht Ihr sie sitzen am Klöppelkissen,
Seht Ihr die Spitzen, die sie gewebt:
Ihr Reichen, Großen – hat das Gewissen
Euch nie in der innersten Seele gebebt?

Ihr schwelgt und prasset, wo sie verderben,
Genießt das Leben in Saus und Braus,
Indessen sie vor Hunger sterben,
Gott dankend, dass die Qual nun aus!

Seht Ihr sie sitzen am Klöppelkissen
Und redet noch schön von Gottvertraun?
Ihr habt es aus ihrer Seele gerissen,
Weil sie Euch selber gottlos schaun!

Seht Ihr sie sitzen am Klöppelkissen
Und fühlt kein Erbarmen in solcher Zeit,
Dann werde Euer Sterbekissen
Der Armut Fluch und all ihr Leid!

1 Welche Grundstimmung findest du in dem Gedicht wieder?
- **a.** Notiere dir Stichworte zur Grundstimmung.
- **b.** Schreibe in einem Satz auf, womit sich Louise Otto-Peters in dem Gedicht auseinandersetzt.

die Grundstimmung erkennen

2 Untersuche das Gedicht mithilfe der Fragen inhaltlich:
- Wer sind die Klöpplerinnen?
- Was erfährst du über ihre Situation?
- Wer wird in diesem Gedicht angesprochen?
- Welche Gegensätze zwischen den Angesprochenen und den Klöpplerinnen werden beschrieben?

das Gedicht inhaltlich untersuchen

Louise Otto-Peters verwendet sprachliche Bilder, um die Situation der Klöpplerinnen zu veranschaulichen.

3 Welche sprachlichen Bilder verwendet die Dichterin, um die Situation zu veranschaulichen? Benenne sie und beschreibe ihre Wirkung.
Tipp: Vergiss die Zeilenangabe nicht.

ein Gedicht sprachlich untersuchen

sprachliche Bilder
➤ S. 290

Starthilfe

„die Augen rot und die Wangen bleich" (Z. 2) – Beschreibung der Klöpplerinnen, überarbeitet
„sie der Tod befreit" (Z. 6) – Personifikation ...
„das Elend" (Z. 15) – ...

4 Welche Worte und Wortgruppen werden wiederholt?
An welcher Stelle werden sie wiederholt?
Schreibe sie auf und beschreibe ihre Wirkung.

5 Untersuche die Haltung des lyrischen Sprechers.

lyrischer Sprecher
➤ S. 290

6 Fasse den Inhalt des Gedichtes zusammen.

den Inhalt zusammenfassen

Die Situation von Klöpplerinnen ist auch auf diesem Gemälde dargestellt.

Giacomo Ceruti:
Die Spitzenklöpplerinnen

Z **7** Vergleicht das Bild mit dem Gedicht.
Untersucht dabei die dargestellte Grundstimmung.

Biografische und epochentypische Informationen in die Interpretation einbeziehen

Informationen über die Schriftstellerin und die geschichtlichen Hintergründe helfen dir, den literarischen Text besser zu verstehen.

A Louise Otto-Peters (1819–1895) stammte aus einer bürgerlichen, wohlhabenden Familie. Mit 17 Jahren wurde sie Vollwaise und lebte von ihrer Erbschaft und ihrer Arbeit als Schriftstellerin. Als sie ihre Schwester in Oederan besuchte, sah sie, welche Not die Heimarbeiterinnen dort litten. Von da an setzte sie sich für sie ein, in Zeitungsartikeln und ihrer Literatur, ohne Angst vor den Folgen.

B In Deutschland hatte die Bevölkerung stark zugenommen, 60 % der Menschen lebten auf dem Land in Armut, viele flohen vor der Armut nach Amerika oder in die wachsenden Städte. Aber auch die beginnende Industrialisierung konnte die Armut nicht lindern, die sich in den Städten breitmachte.

C Vor der Märzrevolution 1848 bildete sich eine politisch aktive Gruppe von Schriftstellern, das „Junge Deutschland". Sie kritisierten die politischen und gesellschaftlichen Zustände und forderten in ihren Texten Toleranz, Pressefreiheit, die Beseitigung der sozialen Ungerechtigkeiten und das Recht der Frauen auf Bildung. In dieser Zeit entstanden daher viele Flugschriften und politische Gedichte.

D Louise Otto-Peters setzte sich vor allem für die Rechte der Frauen ein. „Die Teilnahme der Frau an den Interessen des Staates ist nicht ein Recht, sondern eine Pflicht", schrieb sie 1843 in einem Zeitungsartikel. Frauenarbeit sollte organisiert werden, damit Frauen nicht aus Not in die Prostitution getrieben wurden. Sie gründete Dienstboten- und Arbeiterinnenvereine und gab eine Frauenzeitung heraus, bis Gesetze beides verboten. Dennoch blieb sie ihr Leben lang aktiv im Kampf für die Rechte der Frauen.

1 Welche Informationen helfen dir beim Verständnis des Gedichtes „Klöpplerinnen"?

a. Lies die Materialien und überlege, in welchen Materialien du wichtige Informationen über die Schriftstellerin und in welchen Materialien du Informationen über den geschichtlichen Hintergrund erhältst.

b. Notiere Stichworte, die dir für das Verständnis helfen.

weitere Informationen erschließen

2 Stelle Zusammenhänge zwischen den biografischen Informationen und dem geschichtlichen Hintergrund her.
Folgende Fragen helfen dir dabei:
- Welche Haltung hatte Louise Otto-Peters zu aktuellen Konflikten ihrer Zeit?
- Warum forderte sie bessere Bedingungen besonders für Frauen?
- Warum wurde sie wohl in ihrer Arbeit und in ihrem Schreiben behindert?

Zusammenhänge herstellen

3 Ordne das Gedicht einer Epoche zu. Begründe.

das Gedicht einordnen

die Zeitabschnitte in der deutschen Literaturgeschichte
➤ S. 120–121

Das Gedicht „Klöpplerinnen" von Louise Otto-Peters erschien 1840.

4 **a.** Sprecht darüber, welche Wirkung das Gedicht damals verursacht haben könnte.
b. Tauscht euch darüber aus, ob dieses Gedicht heute noch aktuell ist. Begründet eure Meinung.

über die Wirkung sprechen

5 Schreibe mithilfe der Arbeitstechnik eine Interpretation des Gedichtes „Klöpplerinnen".

eine Interpretation schreiben

Arbeitstechnik

Einen literarischen Text im Zusammenhang mit dem Autor und seiner Zeit sehen

Folgende Arbeitsschritte helfen dir dabei, einen historischen literarischen Text besser zu verstehen:

1. **Lies** den Text **mehrmals**.
2. Überlege, welches **Thema** darin behandelt wird und welche **Grundstimmung** erkennbar ist.
3. **Untersuche** den Text.
   - Achte auf den Aufbau und die Textsorte.
   - Fasse den Inhalt abschnittsweise oder strophenweise zusammen.
   - Erkläre die Bedeutung von sprachlichen Bildern und beschreibe ihre Wirkung.
   - Führe andere Besonderheiten an, die dir aufgefallen sind. Gehe auf ihre Wirkung ein.
4. **Recherchiere** und **sammle** weitere **Informationen**
   - zur Biografie der Autorin oder des Autors,
   - zu den sozialen und politischen Verhältnissen der Zeit,
   - zu weiteren Werken der Autorin oder des Autors oder anderer Schriftsteller.
5. Überlege, in welcher **Beziehung** der **literarische Text zu** den **Hintergrundinformationen** stehen könnte.
6. Überlege, in welche **Epoche** der Text eingeordnet werden könnte.
7. **Bewerte** den Text: Ist der Text auch heute noch interessant? Begründe.

Fragen an das Leben

Die Sicht auf das Leben in einem Song

Woher kommen wir, wohin gehen wir, was ist uns wichtig im Leben? Viele Dichter haben zu diesen Fragen Gedichte und Songtexte geschrieben. In diesem Kapitel lernst du einige davon kennen.

Der Sänger Peter Fox stellt seine Sicht auf das Leben in dem Song „Haus am See“ dar.

Haus am See Peter Fox

Hier bin ich gebor'n und laufe durch die Straßen!
Kenn die Gesichter, jedes Haus und jeden Laden!
Ich muss mal weg, kenn jede Taube hier beim Namen.
Daumen raus, ich warte auf 'ne schicke Frau mit schnellem Wagen.
Die Sonne blendet, alles fliegt vorbei.
Und die Welt hinter mir wird langsam klein.
Doch die Welt vor mir ist für mich gemacht!
Ich weiß sie wartet und ich hol sie ab!
Ich hab den Tag auf meiner Seite, ich hab Rückenwind!
Ein Frauenchor am Straßenrand, der für mich singt!
Ich lehne mich zurück und guck ins tiefe Blau,
schließ die Augen und lauf einfach geradeaus.

Und am Ende der Straße steht ein Haus am See.
Orangenbaumblätter liegen auf dem Weg.
Ich hab 20 Kinder, meine Frau ist schön.
Alle kommen vorbei, ich brauch nie rauszugehen.
Ich suche neues Land
Mit unbekannten Straßen, fremde Gesichter und keiner kennt meinen Namen!
Alles gewinnen beim Spiel mit gezinkten Karten.
Alles verlieren, Gott hat einen harten linken Haken.
Ich grabe Schätze aus im Schnee und Sand.
Und Frauen rauben mir jeden Verstand!
Doch irgendwann werd ich vom Glück verfolgt.
Und komm zurück mit beiden Taschen voll Gold.
Ich lad' die alten Vögel und Verwandten ein.
Und alle fang'n vor Freude an zu weinen.
Wir grillen, die Mamas kochen und wir saufen Schnaps.
Und feiern eine Woche jede Nacht.
[...]
Hier bin ich gebor'n, hier werd ich begraben.
Hab taube Ohr'n, 'nen weißen Bart und sitz im Garten.
Meine 100 Enkel spielen Cricket auf'm Rasen.
Wenn ich so daran denke, kann ich's eigentlich kaum erwarten.

1 Wie wirkt der Song auf euch? Nennt Textstellen, die bei euch hängen geblieben sind, und beschreibt die Stimmung, die durch sie erzeugt wird.

über die Wirkung sprechen

2 Welche Sicht auf das Leben findest du in dem Song wieder? Schreibe passende Wörter und Wortgruppen auf.

den Liedtext untersuchen

Im Refrain verwendet Peter Fox sprachliche Bilder. Das „Haus am See“ ist eines davon.

sprachliche Bilder erklären

sprachliche Bilder ➤ **S. 290**

3 Schreibe die sprachlichen Bilder auf und überlege, welche Bedeutung sie haben könnten.

> **Starthilfe**
> „Ende der Straße“ (Z. 13) – Ende des Lebensweges
> „Haus am See“ (Z. 13) – ...

In den Strophen beschreibt das lyrische Ich seine Entwicklung.

4 Welche Stationen seines Lebens nennt es in den einzelnen Strophen? Schreibe sie auf.

den Inhalt der Strophen zusammenfassen

lyrisches Ich ➤ **S. 290**

> **Starthilfe**
> Z. 1–4: Situation zuhause
> Z. 5– ... : ...

5 Was erlebt das lyrische Ich?
a. Gebt die Gründe an, warum das lyrische Ich von zu Hause weg will.
b. Tauscht euch darüber aus, wie das lyrische Ich diese Erlebnisse bewertet und welches Lebensgefühl erkennbar ist.
c. Besprecht die Vorstellung des lyrischen Ichs von seinem Lebensende. Überlegt auch, ob ihr dieses Ende erwartet hättet.

W Wählt aus den folgenden vier Aufgaben eine aus und stellt euch danach eure Ergebnisse gegenseitig vor.

6 Beschreibe dein Traumhaus als Ausdruck deiner Sicht auf das Leben.

eigene Lebensvorstellungen beschreiben

7 Welche Vorstellungen und Wünsche habt ihr vom **Leben**?
a. Erstellt einen Cluster.
b. Vergleicht eure Cluster. Wo habt ihr gemeinsame Vorstellungen, wo sind sie unterschiedlich?

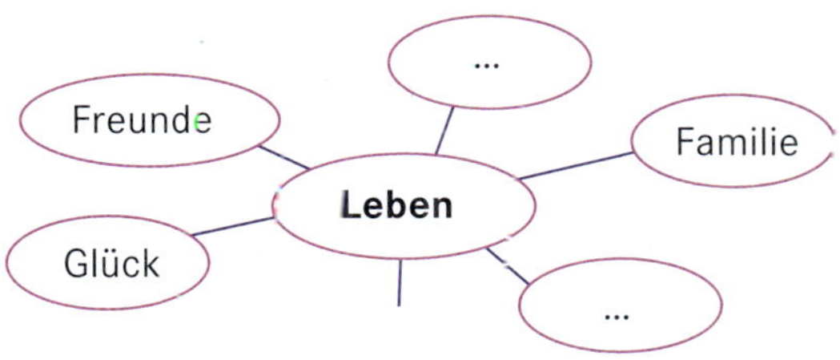

einen Cluster zum Thema erstellen und vergleichen

Cluster ➤ **S. 296**

8 Schreibe eine Parallelstrophe zur zweiten Strophe. Schreibe darin deine Vorstellung vom Leben auf.

eine Parallelstrophe schreiben

> **Starthilfe**
> Mein Aufbruch ins Leben
> Ich suche ...

9 Gruppenarbeit:
Dreht einen Kurzfilm zu diesem Song.

einen Kurzfilm drehen

Szenen aus dem Leben
➤ **S. 196–205**

Sehnsuchtsgedanken in Gedichten vergleichen

Wünsche und Sehnsüchte geben dem Leben eine Richtung. Der türkische Dichter Nâzım Hikmet (1902 – 1963) hat Gedanken zur Sehnsucht in seinen Gedichten ausgedrückt.

1 Lest den Auszug aus dem türkischen Gedicht von Nâzım Hikmet im Original und die beiden deutschen Übersetzungen dazu.

Gedichte lesen

Davet Nâzım Hikmet

[...] Yaşamak! Bir ağaç gibi tek ve hür
ve bir orman gibi kardeşçesine,
bu hasret bizim!

Leben, einzeln und frei wie ein Baum
und brüderlich wie ein Wald
ist unser Traum ...

Leben wie ein Baum,
einzeln und frei,
und brüderlich wie ein Wald,
das ist unsere Sehnsucht.

2 Welches wichtige Wort kannst du im Originalgedicht erkennen? Schreibe es auf Deutsch und auf Türkisch auf.

3 Was unterscheidet die beiden Übersetzungen voneinander?

die Übersetzungen vergleichen

a. Sucht Gemeinsamkeiten und Unterschiede in den beiden deutschen Übersetzungen.
b. Überlegt, warum der Übersetzer der zweiten Fassung für die Wörter „einzeln und frei" eine extra Zeile gewählt hat.
c. Vergleicht die Bedeutung der Wörter „Traum" und „Sehnsucht" miteinander. Überlegt, inwiefern die Aussage des Gedichtes dadurch verändert wird.

Nâzım Hikmet vergleicht das freie Leben mit dem eines Baumes und das brüderliche Zusammensein mit dem Leben eines Waldes.

4 Erläutert den sprachlichen Vergleich im Gedicht.

den sprachlichen Vergleich untersuchen

sprachlicher Vergleich
➤ S. 290

a. Besprecht, warum er diese beiden Vergleiche gewählt hat.
b. Besprecht, welche Vorteile das einsame, freie Leben bietet und welche Vorteile das Leben in der Gemeinschaft hat. Überlegt, wie sich beides miteinander vereinbaren lässt.

Z **5** Womit verbindest du das Leben? Schreibe ein Parallelgedicht.

ein Parallelgedicht schreiben und vortragen
➤ S. 301

Starthilfe
Leben wie ein Vogel ...
das ist ...

Z **6** Tragt eure Gedichte vor.

In diesem Gedicht verwendet der Dichter andere Bilder, um seine Sehnsucht zu veranschaulichen.

Sehnsucht   Nâzım Hikmet

Heimkehren will ich zum Meer,
hineintauchen in den blauen Wasserspiegel, ins Meer!
Heimkehren will ich zum Meer!
Die Schiffe streben zum Horizont, hell und weit,
ihre straffen Segel sind nicht gebläht vom Leid.
Ich wäre glücklich, könnt ich einmal
auf einem solchen Schiff Wache tun.
Da uns der Tod eines Tages gewiss ist, nun
so möcht ich wie ein in der Flut versickerndes Licht
verlöschen im Meer.
Heimkehren will ich zum Meer!
Heimkehren zum Meer!

7 Lest das Gedicht. Gebt in einem Satz wieder, worum es in diesem Gedicht eurer Meinung nach geht.

den Inhalt zusammenfassen

8 Tauscht euch zu folgenden Fragen aus:
- Welche Sehnsucht wird in diesem Gedicht beschrieben?
- Welches Leben wünscht sich das lyrische Ich?
- Warum wünscht es sich dieses Leben?

den Inhalt untersuchen

Das lyrische Ich spricht in dem Gedicht vom Meer, aber er meint nicht nur das wirkliche Meer.

9 Sucht Stellen im Gedicht, in denen deutlich wird, dass das Meer nicht nur wörtlich zu verstehen ist.
Tauscht euch darüber aus, was das Meer außerdem bedeuten könnte.

sprachliche Bilder untersuchen
sprachliche Bilder ➤ **S. 290**

10 Findet weitere Stellen, an denen der Dichter sprachliche Bilder verwendet.
Benennt diese Bilder und überlegt, was sie bedeuten.

Nâzım Hikmets Geburtsstadt Istanbul in der Türkei liegt am Meer.

Z **11** Lest den Infokasten.
Überlegt, warum der Dichter als Bild seiner Sehnsucht das Meer wählte.

Nâzım Hikmet (1902–1963) wurde wegen seiner Gedichte zu 15 Jahren Zwangsarbeit und Exil verurteilt. Er floh nach Moskau, kehrte in die Türkei zurück, musste wieder fliehen. Er lebte seit 1950 überwiegend in Moskau, wo er 1961 starb. Seine Werke waren bis 1965 in der Türkei verboten.

Sehnsucht nach der Ferne

Auch der deutsche Dichter der Romantik Joseph von Eichendorff (1788 – 1857) äußert seine Sehnsuchtsgedanken in einem Gedicht.

Sehnsucht Joseph von Eichendorff

Es schienen so golden die Sterne,
Am Fenster ich einsam stand
Und hörte aus weiter Ferne
Ein Posthorn[1] im stillen Land.
Das Herz mir im Leib entbrennte;
Da hab ich mir heimlich gedacht:
Ach, wer da mitreisen könnte
In der prächtigen Sommernacht!

Zwei junge Gesellen gingen
Vorüber am Bergeshang,
Ich hörte im Wandern sie singen
Die stille Gegend entlang:
Von schwindelnden Felsenschlüften,
Wo die Wälder rauschen so sacht,
Von Quellen, die von den Klüften
Sich stürzen in die Waldesnacht.

Sie sangen von Marmorbildern,
Von Gärten, die überm Gestein
In dämmernden Lauben verwildern,
Palästen im Mondenschein,
Wo die Mädchen am Fenster lauschen,
Wann der Lauten[2] Klang erwacht
Und die Brunnen verschlafen rauschen
In der prächtigen Sommernacht. –

Caspar David Friedrich: Frau am Fenster (1822)

[1] das Posthorn: Signalhorn der Postkutsche, heute Symbol der Post
[2] die Laute: ein mittelalterliches Saiteninstrument

1 Beschreibt das lyrische Ich.
a. Sammelt Informationen im Gedicht über das lyrische Ich.
b. Tauscht euch darüber aus, wonach sich das lyrische Ich sehnt.
c. Überlegt, was das lyrische Ich am Reisen hindern könnte.

Starthilfe
Zeile 2–4: Das lyrische Ich steht einsam am Fenster und hört …
Zeile 5: Es hat Sehnsucht …

das lyrische Ich untersuchen

lyrisches Ich ➤ S. 290

In dem Gedicht finden sich bestimmte Stimmungen und Lebensgefühle wieder.

2 Untersucht die erste Strophe.
Mit welchen Worten wird die Stimmung beschrieben?

die Stimmung beschreiben

3 Wie stellen sich die Gesellen das Leben vor? Notiert euch die Worte und Wortgruppen, die ihre Vorstellungen beschreiben.

das Lebensgefühl untersuchen

Z **4** Untersucht, wie realistisch die Vorstellungen der beiden Gesellen sind.
a. Informiert euch dazu über das Leben der Gesellen zu der damaligen Zeit.
b. Vergleicht die Vorstellungen aus dem Gedicht mit den historischen Darstellungen.

Die Stimmung des Gedichtes wird durch den Aufbau verstärkt.

5 Untersuche den Aufbau des Gedichtes.
Achte dabei auf die Stropheneinteilung und das Reimschema.

der Aufbau des Gedichtes untersuchen

Reimschema, Metrum
➤ S. 290

6 Welches Metrum findest du in dem Gedicht?
a. Lege eine Folie über die Buchseite. Lies das Gedicht laut und markiere dabei die betonten (x́) und unbetonten (x) Silben.
b. Welches Versmaß hast du herausgefunden? Vergleiche deine Ergebnisse in der Klasse.

Z **7** Schreibe dieses Gedicht als Geschichte um.
Verwende dazu die Wörter und Wortgruppen.

das Gedicht als Geschichte schreiben

In den beiden Gedichten „Sehnsucht" von Nâzım Hikmet auf Seite 131 und Joseph von Eichendorff auf Seite 132 gibt es Gemeinsamkeiten und Unterschiede.

8 Vergleicht die beiden Gedichte. Wo ergeben sich Gemeinsamkeiten, wo gibt es Unterschiede? Haltet eure Ergebnisse in einer Tabelle fest.

die Gedichte vergleichen

Starthilfe

	N. Hikmet „Sehnsucht"	J. von Eichendorff „Sehnsucht"
Inhalt	Sehnsucht nach der Weite des Meeres	Sehnsucht nach der Weite der Welt
Aufbau	...	drei Strophen

Der Rückblick auf das eigene Leben

Hermann Hesse (1877 – 1962) war bereits 64 Jahre alt, als er das Gedicht „Stufen“ schrieb.

Stufen   Hermann Hesse

Wie jede Blüte welkt und jede Jugend
Dem Alter weicht, blüht jede Lebensstufe,
Blüht jede Weisheit auch und jede Tugend
Zu ihrer Zeit und darf nicht ewig dauern.
Es muß das Herz bei jedem Lebensrufe
Bereit zum Abschied sein und Neubeginne,
Um sich in Tapferkeit und ohne Trauern
In andre, neue Bindungen zu geben.
Und jedem Anfang wohnt ein Zauber inne,
Der uns beschützt und der uns hilft, zu leben.

Welche Lebensstufen gibt es?
Gibt es verschiedene Weisheiten?
Warum nicht?
Wer ruft?
Wovon verabschiedet man sich?
Welche Bindungen?

Wir sollen heiter Raum um Raum durchschreiten,
An keinem wie an einer Heimat hängen,
Der Weltgeist will nicht fesseln uns und engen,
Er will uns Stuf' um Stufe heben, weiten.
Kaum sind wir heimisch einem Lebenskreise
Und traulich eingewohnt, so droht Erschlaffen;
Nur wer bereit zu Aufbruch ist und Reise,
Mag lähmender Gewöhnung sich entraffen.

Es wird vielleicht auch noch die Todesstunde
Uns neuen Räumen jung entgegensenden,
Des Lebens Ruf an uns wird niemals enden …
Wohlan denn, Herz, nimm Abschied und gesunde! Ⓡ

M. C. Escher: Relativität

1 Sprecht darüber, welche Stimmung ihr in diesem Gedicht spürt.

die Stimmung des Gedichtes durch Lesen zum Ausdruck bringen

Fragen helfen euch, den Inhalt zu erschließen. Zur ersten Strophe wurden bereits Fragen formuliert.

2 Erschließt euch durch Fragen das Gedicht.
- **a.** Schreibt eigene Fragen und Gedanken zur zweiten und dritten Strophe auf.
- **b.** Stellt euch die Fragen gegenseitig und sucht nach Antworten.

das Gedicht durch Fragen erschließen

Der Dichter zeigt seine Sicht auf das Leben.

3 Schreibt zu jeder Strophe einen Satz auf, was über das Leben ausgesagt wird.

den Inhalt zusammenfassen

> **Starthilfe**
> Strophe 1: Die Lebensumstände ändern sich, und der Mensch muss sich mit ihnen ändern.
> Strophe 2: Die richtige Einstellung dafür …

4 Erkläre den Zusammenhang zwischen den immer kürzer werdenden Strophen und den Aussagen darin.

Zusammenhänge erklären

5 Sprecht darüber, welchen Zusammenhang ihr zwischen dem Titel und dem Inhalt seht.

Hermann Hesse verstärkt die Aussage des Gedichtes durch einen lyrischen Sprecher und sprachliche Bilder.

6 Untersucht den lyrischen Sprecher im Gedicht:
- Welchen lyrischen Sprecher hat der Dichter gewählt? Warum?
- Wer wird in dem Gedicht angesprochen?

den lyrischen Sprecher untersuchen

lyrischer Sprecher ➤ S. 290

7 Überlegt, wofür Hermann Hesse den sprachlichen Vergleich mit den Blüten verwendet. Begründet eure Aussage.

sprachliche Bilder erläutern

sprachliche Bilder ➤ S. 290

8 Untersucht, wie der Dichter den Tod in der dritten Strophe beschreibt:
- Welche Worte wählt er, wenn er vom Sterben spricht?
- Welche Stimmung drückt sich in den Worten aus?

Zwei Verse aus diesem Gedicht (Z. 9 – 10) sind sehr bekannt.

Und jedem Anfang wohnt ein Zauber inne,
Der uns beschützt und der uns hilft, zu leben.

9 **a.** Gebt dieses Zitat mit eigenen Worten wieder.
b. Beschreibt eine Situation in eurem Leben, in der ihr dieses Gefühl hattet.

ein Zitat an einem Beispiel erläutern

10 Schreibt zusammenfassend auf, welche Einstellung in diesem Gedicht zum Leben und zum Tod vermittelt wird.

die Botschaft des Gedichtes aufschreiben

11 Tragt das Gedicht vor.

das Gedicht vortragen

Gedichte vortragen ➤ S. 301

Zwei Lebensauffassungen vergleichen

Betty Paoli (1814 – 1894) hat ihre Gedanken über das Leben in dem Gedicht „Carpe diem!" „verdichtet".

Info
Der Ausruf „Carpe diem!" ist eine lateinische Redewendung des römischen Dichters Horaz (65 – 8. v. Chr.), die auf Deutsch mit „Genieße (Pflücke) den Tag!" übersetzt werden kann.

1 Sprecht zunächst über den Titel des Gedichtes. Wie versteht ihr ihn?
Tipp: Lest dazu die Informationen in der Randspalte.

2 Der Titel enthält eine Aufforderung.
Tauscht euch zu diesen Fragen aus:
- Wer könnte die Aufforderung ausgesprochen haben?
- An wen könnte sie gerichtet sein? Warum?

Carpe diem! Betty Paoli

Der Zukunft pocht dein Herz entgegen
Mit jedem Pulsschlag, jedem Hauch?
Gemach! ob Fluch ihr Teil, ob Segen
Weißt du es auch?

Weißt du, ob, wenn sie einst gekommen,
Die ferne Zeit, die du erkürst
Du nach dem Heute nicht, beklommen,
Dich sehnen wirst?

Solange dieser dunkeln Frage
Nicht Antwort wurde, voll und echt,
Leb' in dem Heut, und lass' dem Tage
Sein gutes Recht.

3 Gebt den Inhalt jeder Strophe mit eigenen Worten wieder.

das Gedicht zusammenfassen

Starthilfe
In der ersten Strophe fragt Betty Paoli, ob der Leser der Zukunft entgegenstrebt, und ermahnt ihn, sich Zeit zu lassen ...

4 Untersucht das Gedicht mit den Fragen:
- Welche Fragen werden gestellt?
- Wer gibt die Antworten?
- Was könnt ihr über die angesprochene Person herausfinden?
- Könnt ihr euch mit der angesprochenen Person identifizieren?

das Gedicht durch Fragen erschließen

5 Was spricht für solch eine Lebenseinstellung, was dagegen? Diskutiert, ob und inwieweit die Lebenseinstellung des Carpe diem euch sinnvoll erscheint.

über die Aussage diskutieren
diskutieren ➤ S. 299

Der persische Dichter Muhammad Schams ad-Din Hafis (1320 – 1390) hat den Titel „Reiseziel“ für sein Gedicht gewählt und veranschaulicht darin seine Auffassung vom Leben.

6 Sammelt Ideen, worum es in diesem Gedicht gehen könnte.

Ideen zum Titel sammeln

Reiseziel Muhammad Schams ad-Din Hafis

Nun ist das Leben an seinem Ziel
Und ohne Zweck war die Reise.
O Jüngling, rühre das Saitenspiel,
Schon morgen wirst du zum Greise.

Das lecke Schiff und der morsche Kiel
In Meeren ohne Geleise,
Der Winde Ball und der Wellen Spiel
Unnütz gewirbelt im Kreise.

So viel gehofft und gewünscht so viel,
Getäuscht in jeglicher Weise,
Hindurch durchs ewige Widerspiel
Gequält von Glut und von Eise.

Nun sinkt die Rose auf mattem Stiel,
Die Blätter fallen vom Reise[1].
Nun ist das Leben an seinem Ziel
Und ohne Zweck war die Reise.

[1] das Reis: junger Trieb an einem Zweig

7 Welche Grundstimmung vermittelt dieses Gedicht?
Haltet euren ersten Eindruck fest. Belegt euren Eindruck mit Textstellen.

die Grundstimmung erkennen und am Text belegen

8 Wie wird die Grundstimmung erzeugt?
Untersucht die Sprache des Gedichtes.
a. Schreibt die passenden Adjektive und Verben auf.
b. Findet sprachliche Bilder und deutet sie.
c. Überlegt, warum die beiden ersten Zeilen am Ende wiederholt werden.

9 Halte die Aussage des Gedichtes über das Leben in einem Satz fest.

die Aussage zusammenfassen

Z **10** Vergleicht die beiden Gedichtaussagen von Paoli und Hafis:
- Könnt ihr euch einer der beiden Aussagen über das Leben anschließen? Begründet eure Meinung.
- Schreibt eine Antwort an einen Dichter und setzt euch darin mit der Lebensauffassung auseinander.

die Aussagen der beiden Gedichte vergleichen

Z Weiterführendes: Ein Gedicht über die Hoffnung

Die Hoffnung ist ein ständiger Begleiter in unserem Leben.

über den Begriff nachdenken

1 Was verbirgt sich hinter dem Begriff **Hoffnung**?

a. Schreibt ein Akrostichon.

b. Stellt eure Akrostichen vor.

Starthilfe

H offen auf ...
O ffen sein für die Zukunft
F ...
...

2 Tauscht euch zu den Fragen aus:
- Welche Rolle spielt die Hoffnung in deinem Leben?
- An welche Situationen erinnerst du dich, in denen du große Hoffnungen hegtest?

Friedrich Schiller (1759 – 1805) hat zu diesem Thema ebenfalls ein Gedicht verfasst.

3 Lest zunächst die erste Strophe.

Die Hoffnung Friedrich Schiller

Es reden und träumen die Menschen viel
Von bessern künftigen Tagen,
Nach einem glücklichen goldenen Ziel
Sieht man sie rennen und jagen,
Die Welt wird alt und wieder jung,
Doch der Mensch hofft immer Verbesserung.

Die Hoffnung führt ihn ins Leben ein,
Sie umflattert den fröhlichen Knaben,
Den Jüngling bezaubert ihr Zauberschein,
Sie wird mit dem Greis nicht begraben;
Denn beschließt er im Grabe den müden Lauf,
Noch am Grabe pflanzt er – die Hoffnung auf.

Es ist kein leerer schmeichelnder Wahn,
Erzeugt im Gehirne der Toren[1],
Im Herzen kündet es laut sich an,
Zu was Besserem sind wir geboren,
Und was die innere Stimme spricht,
Das täuscht die hoffende Seele nicht.

[1] der Tor: der Narr, der Idiot

4 Untersucht die erste Strophe.
Beantwortet dazu die Fragen:
- Wie wird das Ziel der Menschen beschrieben?
- Was könnte mit „einem glücklichen goldenen Ziel“ (Z. 3) gemeint sein?
- Wie wollen die Menschen dieses Ziel erreichen?
  Belegt eure Aussagen mit Textstellen.

die erste Strophe untersuchen

5 Diskutiert die Darstellung der Hoffnung in der ersten Strophe.
a. Gebt mit eigenen Worten wieder, wie die Hoffnung in der ersten Strophe dargestellt wird.
b. Vergleicht diese Auffassung mit euren Vorstellungen.

diskutieren
➤ S. 299

6 **a.** Lest das gesamte Gedicht.
b. Fasst mit eigenen Worten den Inhalt des Gedichtes zusammen.

den Inhalt zusammenfassen

7 Worin besteht der Widerspruch zwischen der ersten und der zweiten und dritten Strophe?
a. Sprecht darüber, wie die Hoffnung in den beiden Strophen dargestellt wird.
b. Vergleicht diese Auffassung mit dem Inhalt der ersten Strophe.

den Inhalt der Strophen vergleichen

Friedrich Schiller hat in seinem Gedicht die Hoffnung personifiziert (Z. 7–8).

8 Wie wird die Hoffnung dargestellt?
a. Schreibt auf, mit welchen Worten die Hoffnung beschrieben wird.
b. Tauscht euch darüber aus, was die Personifikation der Hoffnung bewirkt.
Tipp: Seht euch dazu besonders die Verben an.

die Personifikation beschreiben
Personifikation ➤ S. 290

9 Mit welchen Verben würdet ihr die Hoffnung personifizieren?
Schreibt diese Verben auf.

die Hoffnung personifizieren

Das Gedicht endet mit diesen Zeilen:
„Und was die innere Stimme spricht,
das täuscht die hoffende Seele nicht“ (Z. 17–18).

10 Erläutert das Ende der dritten Strophe.

das Gedichtende erläutern

11 Hat Schillers Meinung über die Hoffnung eine Bedeutung für dich?
Begründe.

Stellung nehmen

Ein Gedicht interpretieren

Das Gedicht untersuchen

Beim Schreiben einer Gedichtinterpretation gehst du schrittweise vor. Zunächst verschaffst du dir einen ersten Eindruck vom Gedicht, wie in dem Gedicht von Rainer Maria Rilke (1875 – 1926).

1 Lies den Titel. Schreibe Vermutungen auf, worum es in dem Gedicht gehen könnte.

Vermutungen zum Thema aufschreiben

Du musst das Leben nicht verstehen Rainer Maria Rilke

Du musst das Leben nicht verstehen,
dann wird es werden wie ein Fest.
Und lass dir jeden Tag geschehen
so wie ein Kind im Weitergehen
von jedem Wehen
sich viele Blüten schenken lässt.

Sie aufzusammeln und zu sparen,
das kommt dem Kind nicht in den Sinn.
Es löst sie leise aus den Haaren,
drin sie so gern gefangen waren,
und hält den lieben jungen Jahren
nach neuen seine Hände hin.

2 Lies das Gedicht und schreibe einen ersten Eindruck auf.

den ersten Leseeindruck aufschreiben

Die Aussage eines Gedichtes ist wichtig.

3 Worum geht es in dem Gedicht?
a. Lies das Gedicht noch einmal.
b. Notiere dir Stichworte zu folgenden Fragen:
- Was ist das Thema des Gedichtes?
- Gibt es einen lyrischen Sprecher? Wer wird angesprochen?

c. Schreibe Fragen auf, die dir beim Lesen einfallen.

das Thema erfassen

lyrischer Sprecher ➤ S. 290

4 Fasse den Inhalt mit eigenen Worten zusammen.

den Inhalt zusammenfassen

In einem weiteren Schritt untersuchst du den Aufbau des Gedichtes.

5 Untersuche den Aufbau des Gedichts mithilfe der Arbeitstechnik.

den Aufbau des Gedichtes untersuchen

Reimschema, Metrum
➤ S. 290

Starthilfe

x x́ x x́ x x́ x x́ x
Du musst das Leben nicht verstehen, a

x x́
dann wird es werden wie ein Fest. b
Und lass dir jeden Tag geschehen a
so wie ein Kind im Weitergehen a
von jedem Wehen a
sich viele Blüten schenken lässt. b

umarmender Reim

Anschließend untersuchst du die sprachlichen Besonderheiten und erklärst ihre Bedeutung.

Metapher
Vergleich
direkte Aufforderung

6 Untersuche das Gedicht auf sprachliche Besonderheiten.

a. Ordne die sprachlichen Besonderheiten den jeweiligen Wörtern im Gedicht zu.

b. Erkäre ihre Bedeutung.

sprachliche Besonderheiten untersuchen

sprachliche Bilder ➤ S. 290

Starthilfe

Z. 1: „Du musst das Leben nicht verstehen" – direkte Aufforderung
Z. 2: „wie ein Fest" – Vergleich zwischen Leben und Fest
Z. 4: …

7 Untersuche die sprachlichen Mittel der zweiten Strophe.

8 Überlege, wie der Aufbau und die sprachlichen Mittel die Aussage des Gedichtes unterstützen.

die Wirkung der sprachlichen Mittel untersuchen

Arbeitstechnik

Den Aufbau eines Gedichtes untersuchen

Schreibe das Gedicht **ab**.
Lasse genügend **Platz** zwischen den einzelnen Versen.
Markiere die Besonderheiten des Aufbaus.
Beantworte dir dazu folgende **Fragen**:
- Wie viele Strophen mit je wie vielen Versen hat das Gedicht?
- Fallen dir bestimmte Verse auf?
- Wird die Überschrift oder werden einzelne Verse wiederholt?
- Welches Reimschema wird verwendet?
- Welche Reimwörter sind für den Klang besonders wichtig?
- Welches Metrum findest du heraus?

Eine Interpretation planen, schreiben und überarbeiten

Du hast das Gedicht „Du musst das Leben nicht verstehen“ von Rainer Maria Rilke ausführlich untersucht und kannst deine Erkenntnisse in einer Interpretation zusammenfassen.

1 Schreibe eine Einleitung zu deiner Interpretation.
Tipp: Dazu gehören der Titel, der Autor, die Textsorte und das Thema des Gedichtes.

eine Einleitung schreiben

2 Im Tandem!
Tauscht eure Einleitungen aus und vergleicht sie. Welche erscheinen euch gelungen? Schreibt euch auch andere Formulierungen auf.

die Einleitung auswerten

Starthilfe

Das Gedicht ... handelt von ...
Das Gedicht ... thematisiert ...

Im Hauptteil legst du deine Ergebnisse aus der Untersuchung des Gedichtes dar.

3 Schreibe den Hauptteil der Interpretation.
a. Fasse den Inhalt zusammen.
Tipps: Erläutere dazu Strophe für Strophe und Gedanke für Gedanke den Inhalt.
Verwende eigene Worte zum Formulieren und belege deine Aussagen mit Zitaten.

den Hauptteil schreiben

zitieren ➤ S. 295

Starthilfe

Rilke verwendet einen lyrischen Sprecher, der sich als Ratgeber direkt an seine Leser wendet. Gleich im ersten Vers spricht er den Leser an, dass er das Leben nicht verstehen müsse...

b. Untersuche den Gedichtaufbau und schreibe deine Ergebnisse auf.

Deine Gedichtinterpretation beschließt du mit deiner Wertung.

4 Schreibe einen Schluss, in dem du die Interpretation noch einmal zusammenfassen kannst und auch deine Wertung einbeziehst.

den Schluss schreiben

Starthilfe

Zusammenfassend lässt sich sagen ...
Ausgelöst durch Rilkes Gedicht habe ich mich gefragt, ob wir ...

5 **a.** Lest eure Interpretationen.
b. Überprüft sie mithilfe der Arbeitstechnik auf Seite 143.

die Interpretation überprüfen

Z Weiterführendes: Ein Gedicht über den Lebenssinn

Johann Wolfgang von Goethe (1749 – 1832) hat in diesem Gedicht Fragen an das Leben formuliert.

Beherzigung Johann Wolfgang von Goethe

Ach, was soll der Mensch verlangen?
Ist es besser, ruhig zu bleiben?
Klammernd fest sich anzuhangen?
Ist es besser, sich zu treiben?
Soll er sich ein Häuschen bauen?
Soll er unter Zelten leben?
Soll er auf die Felsen trauen?
Selbst die festen Felsen beben.

Eines schickt sich nicht für alle!
Sehe jeder, wie er's treibe,
Sehe jeder, wo er bleibe,
Und wer steht, dass er nicht falle!

1 Schreibe mithilfe der Arbeitstechnik eine Gedichtinterpretation.

eine Interpretation schreiben

2 Erstelle mithilfe der Arbeitstechnik eine Checkliste.

3 Überprüfe deine Interpretation mithilfe deiner Checkliste.

die Interpretation überprüfen und überarbeiten

4 Überarbeite deine Interpretation. Achte auch auf die Rechtschreibung.

Arbeitstechnik

Eine Gedichtinterpretation schreiben

Mit einer Interpretation erläuterst du **deine Deutung** und Sichtweise eines Gedichtes. Wichtig ist, dass du deine Interpretation **am Text belegen** kannst und dass sie schlüssig hergeleitet ist. Du schreibst **sachlich** und verwendest das **Präsens**.

Eine Gedichtinterpretation besteht aus einer **Einleitung**, einem **Hauptteil** und einem **Schluss**.

1. In der **Einleitung** nennst du den **Titel**, den **Autor**, die **Textsorte** und beschreibst das **Thema** des Gedichtes.
2. Im **Hauptteil analysierst** du das Gedicht inhaltlich und sprachlich:
   - Gib den Inhalt Strophe für Strophe mit eigenen Worten wieder.
   - Arbeite die Besonderheiten des **Gedichtaufbaus** und die **sprachlichen Mittel** heraus.
   - Überlege auch, welche **Funktionen** diese Mittel haben.
3. Im **Schlussteil fasst** du deine Ergebnisse noch einmal **zusammen** und formulierst eine begründete **Bewertung** des Gedichtes.

Mitten ins Geschehen – Kurzgeschichten

Eine amerikanische Short Story

Bei einer Kurzgeschichte steigt ihr als Leserinnen und Leser mitten in das Geschehen einer Geschichte ein. Details spielen eine Rolle und am Ende bleiben oft noch Fragen offen. In diesem Kapitel lest und interpretiert ihr Kurzgeschichten. Auf dieser Grundlage könnt ihr euer Textverständnis in einer Interpretation formulieren.

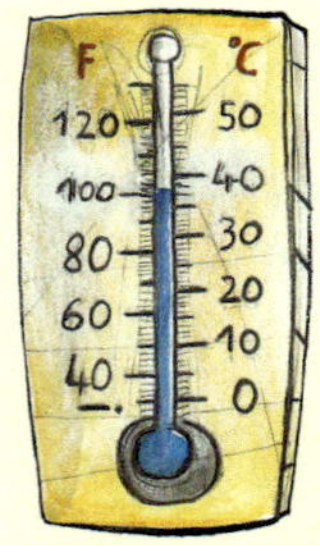

Vermutungen aufschreiben

1 Worum könnte es in der Kurzgeschichte gehen? Lest zunächst den Titel der Kurzgeschichte und seht euch die Abbildung am Rand an. Schreibt eure Vermutungen auf und begründet sie.

2 Lest die Kurzgeschichte. Schreibt in Stichworten auf, was euch auffällt.

Ein Tag Warten   Ernest Hemingway

Er kam ins Zimmer, um die Fenster zu schließen, während wir noch im Bett lagen, und ich fand, dass er krank aussah. Er fröstelte; sein Gesicht war weiß, und er ging langsam, als ob jede Bewegung wehtäte.

„Was ist los, Schatz?"

„Ich hab Kopfschmerzen."

„Dann geh lieber wieder ins Bett."

„Nein, ich bin ganz in Ordnung."

„Du gehst ins Bett. Ich komme zu dir, sobald ich angezogen bin."

Aber als ich herunterkam, war er angezogen und saß am Feuer und sah wie ein kranker, jämmerlicher, neunjähriger Junge aus. Als ich ihm die Hand auf die Stirn legte, wusste ich, dass er Fieber hatte.

„Du gehst rauf ins Bett", sagte ich. „Du bist krank."

„Ich bin ganz in Ordnung", sagte er.

Als der Doktor kam, nahm er die Temperatur des Jungen.

„Wie viel hat er?", fragte ich ihn.

„Hundertundzwei."

Unten ließ der Doktor drei verschiedene Medikamente in verschiedenfarbigen Kapseln zurück mit Anweisungen, wie sie zu nehmen waren. Das eine sollte das Fieber herunterbringen, das zweite war ein Abführmittel, und das dritte war gegen Übersäure im Magen. Die Grippebazillen können nur bei Übersäure existieren, hatte er erklärt. Er schien alles über Grippe zu wissen

Ernest Hemingway (1899–1961) war ein amerikanischer Schriftsteller und Journalist. In beiden Weltkriegen war er als Kriegsberichterstatter tätig. Er wurde mit der wichtigsten US-amerikanischen Auszeichnung, dem Pulitzer Preis, ausgezeichnet und erhielt 1954 den Literaturnobelpreis.

und sagte, es wäre nicht weiter besorgniserregend, falls die Temperatur nicht auf hundertvier stiege. Es herrsche eine leichte Grippeepidemie, und es bestände keinerlei Gefahr, wenn keine Lungenentzündung hinzukäme.

Als ich wieder ins Zimmer kam, schrieb ich die Temperatur des Jungen auf und notierte, wann man ihm die verschiedenen Medikamente geben sollte.

„Möchtest du, dass ich dir vorlese?“

„Schön. Wenn du willst“, sagte der Junge. Sein Gesicht war sehr weiß, und er hatte dunkle Schatten unter den Augen. Er lag reglos im Bett und schien gleichgültig gegen alles, was vorging.

Ich las ihm aus Howard Pyles Piratenbuch vor, aber ich sah, dass er nicht bei der Sache war.

„Wie fühlst du dich, Schatz?“, fragte ich ihn.

„Genau wie vorhin, bis jetzt“, sagte er.

Ich saß am Fußende des Bettes und las für mich, während ich darauf wartete, dass es Zeit war, ihm wieder ein Pulver zu geben. Normalerweise hätte er einschlafen müssen, aber als ich aufblickte, blickte er das Fußende des Bettes an und hatte einen seltsamen Ausdruck im Gesicht.

„Warum versuchst du nicht einzuschlafen? Ich werde dich wecken, wenn es Zeit für die Medizin ist.“

„Ich möchte lieber wach bleiben.“

Nach einer Weile sagte er zu mir: „Papa, du brauchst nicht hier bei mir zu bleiben, wenn es dir unangenehm ist.“

„Es ist mir nicht unangenehm.“

„Nein, ich meine, du brauchst nicht zu bleiben, wenn es dir unangenehm wird.“

Ich dachte, dass er vielleicht ein bisschen wirr sei, und nachdem ich ihm um elf das verschriebene Pulver gegeben hatte, ging ich eine Weile aus. […]

Zu Haus sagte man mir, dass der Junge keinem erlaubt habe, in sein Zimmer zu kommen.

„Du kannst nicht reinkommen“, hatte er gesagt. „Du darfst das nicht bekommen, was ich habe.“

Ich ging zu ihm hinauf und fand ihn in genau derselben Lage, wie ich ihn verlassen hatte, weißgesichtig, aber mit roten Fieberflecken auf den Backen. Er starrte immer noch, wie er vorher gestarrt hatte, auf das Fußende des Bettes.

Ich nahm seine Temperatur.

„Wie viel habe ich?“

„Ungefähr hundert“, sagte ich. Es waren hundertundzwei und vier Zehntel.

„Es waren hundertundzwei“, sagte er.

„Wer hat das gesagt?“

„Der Doktor.“

„Deine Temperatur ist ganz in Ordnung“, sagte ich. „Kein Grund, sich aufzuregen.“

„Ich rege mich nicht auf", sagte er, „aber ich muss immer denken."

„Nicht denken", sagte ich. „Nimm's doch nicht so tragisch."

„Ich nehme es nicht tragisch", sagte er und sah starr vor sich hin.

Er nahm sich offensichtlich wegen irgendetwas schrecklich zusammen.

„Schluck dies mit etwas Wasser."

„Glaubst du, dass es helfen wird?"

„Natürlich wird es."

Ich setzte mich hin und schlug das Piratenbuch auf und begann zu lesen, aber ich konnte sehen, dass er nicht folgte, darum hörte ich auf.

„Um wie viel Uhr glaubst du, dass ich sterben werde?", fragte er.

„Was?"

„Wie lange dauert es noch ungefähr, bis ich sterbe?"

„Aber du stirbst doch nicht. Was ist denn los mit dir?"

„Doch, ich werde. Ich habe gehört, wie er hundertundzwei gesagt hat."

„Aber man stirbt doch nicht bei einer Temperatur von hundertundzwei. Es ist albern, so zu reden."

„Ich weiß aber, dass es so ist. In der Schule in Frankreich haben mir die Jungen erzählt, dass man mit vierundvierzig Grad nicht leben kann. Ich habe hundertundzwei."

Er hatte den ganzen Tag auf seinen Tod gewartet, die ganze Zeit über, seit neun Uhr morgens.

„Mein armer Schatz", sagte ich. „Mein armer, alter Schatz. Es ist wie mit Meilen und Kilometern. Du wirst nicht sterben. Es ist ein anderes Thermometer. Auf dem Thermometer ist siebenunddreißig normal. Auf dieser Sorte achtundneunzig."

„Bist du sicher?"

„Völlig", sagte ich. „Es ist wie mit Meilen und Kilometern. Weißt du, so wie: wie viel Kilometer machen wir, wenn wir siebzig Meilen im Auto fahren?"

„Ach", sagte er.

Aber die Starre schwand langsam aus seinem auf das Fußende seines Bettes gerichteten Blick; auch seine Verkrampftheit ließ schließlich nach und war am nächsten Tag fast ganz weg, und er weinte wegen Kleinigkeiten los, die ganz unwichtig waren.

3 Worum geht es in der Kurzgeschichte? Haltet eure Eindrücke nach dem Lesen fest und vergleicht sie mit euren ersten Vermutungen.

über den ersten Leseeindruck sprechen

In der Kurzgeschichte gibt ein Ich-Erzähler die Ereignisse aus seiner Sicht wieder.

4 Was erfahrt ihr über den Ich-Erzähler und darüber, welche Situation er an diesem Morgen vorfindet? Schreibt Stichworte auf.

die Handlungsbausteine Hauptfigur und Situation untersuchen

5 Notiert, was der Vater alles unternimmt, um dem kranken Sohn zu helfen.

Handlungsbaustein Wunsch

In dieser Kurzgeschichte erfahrt ihr nicht alles. Ihr müsst euch beim Lesen selbst vorstellen, was die Figuren in der Geschichte fühlen oder denken. Diese Stellen, die ihr mit euren eigenen Vorstellungen ausfüllt, werden Leerstellen genannt.

6 Was könnte der Vater denken, als er merkt, dass seine Bemühungen dem kranken Sohn nicht helfen?
Wähle eine Textstelle aus und schreibe die Gedankengänge des Vaters in einem inneren Monolog zu dieser Stelle auf.

Handlungsbaustein Hindernis

innerer Monolog ➤ S. 291

Info

Die Kurzgeschichte „A Day's Wait (Ein Tag Warten)" spielt in den USA, wo die Temperatur nach der Fahrenheit-Skala gemessen wird. Auf der Skala sind die Werte bei gleicher Temperatur mehr als doppelt so hoch wie auf unserer Celsius-Skala.

7 Schreibt auf, was dem kranken Sohn durch den Kopf gehen könnte,
- als er hört, dass er eine Temperatur von 102 hat (Z. 16),
- als er den Vater mit den verschiedenen Medikamenten sieht (Z. 25–26),
- als er sagt, „Ich möchte lieber wach bleiben." (Z. 43),
- als er anderen verbietet, sein Zimmer zu betreten (Z. 51–54).

Tipp: Lest dazu die Informationen am Rand.

8 Tauscht euch darüber aus, warum er seine Gedanken dem Vater nicht mitteilt.

9 Vergleicht das Verhalten des Sohnes, nachdem er von den verschiedenen Thermometern erfahren hat, mit seinem Verhalten davor. Erklärt diese Veränderung.

Handlungsbaustein Ende

Das Geschehen findet an einem Tag statt.

10 Welche Bedeutung hat der Titel „Ein Tag Warten"?
Erklärt die Bedeutung des Titels. Sucht dazu den passenden Satz in der Geschichte.

den Titel erklären

11 Schreibe mithilfe der Handlungsbausteine eine Inhaltsangabe der Kurzgeschichte.

eine Inhaltsangabe schreiben

Diese amerikanische Short Story weist die typischen Merkmale auf, die ihr von deutschen Kurzgeschichten kennt.

12 Untersucht die Kurzgeschichte auf diese Merkmale hin.

die Merkmale einer Kurzgeschichte untersuchen

Merkwissen

Eine **Kurzgeschichte** erzählt einen **kurzen Ausschnitt** aus einem **alltäglichen Geschehen**, das zu einem **entscheidenden Moment** im Leben einer oder mehrerer Figuren wird.
Der **Einstieg** erfolgt meist **unvermittelt**. Das **Ende** ist **offen** und lässt mehrere Deutungsmöglichkeiten zu.
Nur **wenige Figuren** sind an der Handlung beteiligt.

Eine merkwürdige Begegnung

In der Kurzgeschichte „An einem dieser Tage“ von Gabriel García Márquez wird dir manches merkwürdig vorkommen.

1 Lies die Kurzgeschichte und schreibe dir Fragen dazu auf.

Gabriel García Márquez (geb. 1928) ist ein kolumbianischer Schriftsteller und Journalist. Sein starkes politisches Bewusstsein wird nicht nur in seinen Zeitungsartikeln, sondern auch in seinen Erzählungen deutlich. 1982 erhielt er den Nobelpreis für seinen Roman „Hundert Jahre Einsamkeit“.

An einem dieser Tage   Gabriel García Márquez

Der Montag erwachte lau und regnerisch. Don Aurelio Escobar, Zahnarzt ohne Diplom und Frühaufsteher, öffnete seine Praxis um sechs. Er holte aus dem Glasschrank eine noch im Gipsabguss liegende Prothese und legte auf den Tisch eine Handvoll Instrumente, die er wie bei einer Ausstellung der Größe nach aneinanderreihte. Er trug ein kragenloses, am Hals mit einem vergoldeten Knopf geschlossenes Hemd, seine Hosen hielt ein Hosenträger. Er war steif, hager, und wie der Blick von Schwerhörigen entsprach sein Blick selten der Situation.

Als er alle Gegenstände auf dem Tisch angeordnet hatte, drehte er die Bohrmaschine zum Drehstuhl und setzte sich, um die Prothese zu polieren. Er schien nicht an das zu denken, was er tat, arbeitete jedoch beharrlich und bediente das Pedal der Bohrmaschine auch, wenn er sie nicht benutzte.

Nach acht machte er eine Pause, um durchs Fenster zum Himmel aufzublicken, und sah zwei nachdenkliche Aasgeier, die sich auf dem Dachfirst des Nachbarhauses in der Sonne trockneten. Er arbeitete weiter im Gedanken, dass es vor dem Mittagessen wieder regnen würde.

Wieso kommt kein Patient?

Können Aasgeier nachdenklich sein?

Die raue Stimme seines elfjährigen Sohnes riss ihn aus seiner Versunkenheit.

„Papa.“

„Was?“

„Der Bürgermeister sagt, dass du ihm einen Backenzahn ziehen sollst.“

„Sag ihm, ich bin nicht da.“

Er polierte einen Goldzahn, hielt ihn in Armesweite von sich weg und prüfte ihn mit halb geschlossenen Augen. Im Wartezimmerchen schrie wieder sein Sohn.

„Er sagt, dass du da bist, weil er dich hört.“

Der Zahnarzt prüfte weiter den Zahn. Erst als er ihn auf den Tisch zu den fertigen Arbeiten legte, sagte er: „Umso besser.“

Wieder ließ er den Bohrer surren. Aus einer kleinen Pappschachtel, in der er die unfertigen Sachen verwahrte, holte er eine mehrkronige Brücke und begann das Gold zu polieren.

„Papa.“

„Was?“

Noch immer war sein Gesichtsausdruck unverändert.

„Er sagt, wenn du ihm nicht den Backenzahn ziehst, knallt er dich über den Haufen.“

Warum will …?

Ohne sich zu beeilen, nahm er mit einer seelenruhigen Bewegung den Fuß vom Pedal, schob die Bohrmaschine vom Stuhl weg und zog die unterste Schublade des Tischs ganz auf. Dort lag der Revolver.

„Gut“, sagte er. „Sag ihm, er soll mich über den Haufen knallen.“

Er ließ den Stuhl kreisen, bis er der Tür gegenüberstand, und legte die Hand auf den Rand der Schublade. Der Bürgermeister erschien im Türrahmen. Er hatte die linke Wange rasiert, die andere jedoch, die geschwollene, schmerzende, bedeckte ein fünf Tage alter Bart. Der Zahnarzt sah in seinen welken Augen viele verzweifelte Nächte. Er drückte die Schublade mit den Fingerspitzen zu und sagte sanft: „Setzen Sie sich.“

„Guten Morgen“, sagte der Bürgermeister.

„Morgen“, sagte der Zahnarzt.

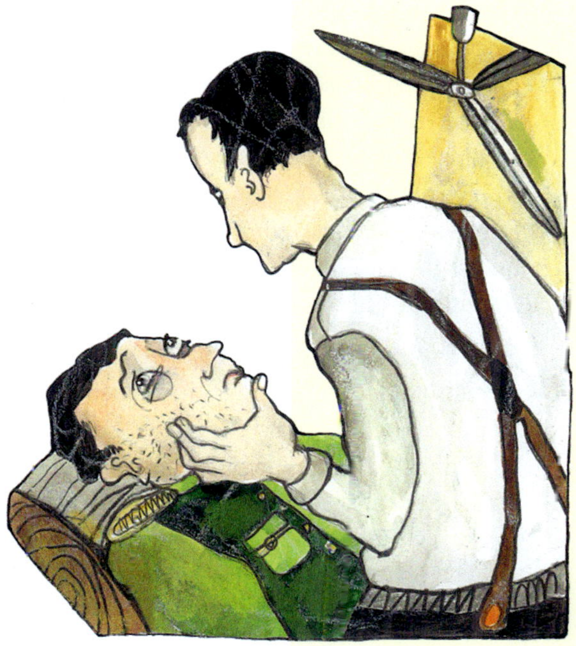

Während die Instrumente ausgekocht wurden, lehnte der Bürgermeister seinen Schädel an die Kopfstütze des Stuhles und fühlte sich besser. Er atmete eisigen Geruch. Es war eine armselige Praxis: ein alter Holzstuhl, Bohrmaschine mit Pedal und ein Glasschrank mit Porzellandosen. Dem Stuhl gegenüber ein Fenster mit einem mannshohen Wandschirm. Als er fühlte, dass der Zahnarzt näher trat, klemmte der Bürgermeister die Hacken zusammen und sperrte den Mund auf.

Don Aurelio Escobar drehte ihm das Gesicht zum Licht. Nachdem er den schadhaften Backenzahn geprüft hatte, befühlte er mit behutsamem Fingerdruck die Kinnlade.

„Es muss ohne Betäubung sein“, sagte er.

„Warum?“

„Weil Sie einen Abszess[1] haben.“

Der Bürgermeister blickte ihm in die Augen.

„Gut“, sagte er und versuchte zu lächeln. Der Zahnarzt lächelte nicht. Er stellte die Schale mit den ausgekochten Instrumenten auf den Arbeitstisch, und noch immer, ohne sich zu beeilen, fischte er diese mit einer kalten Pinzette aus dem Wasser. Dann schob er den Spucknapf mit der Fußspitze näher und ging, um sich die Hände im Waschbecken zu waschen. Doch der Bürgermeister verlor ihn nicht aus den Augen.

Es war ein unterer Weisheitszahn. Der Zahnarzt spreizte die Beine und setzte die heiße Zange an den Backenzahn. Der Bürgermeister klammerte sich an die Armlehnen, presste seine ganze Kraft in die Füße und fühlte eisige Leere in den Nieren, gab aber keinen Ton von sich. Der Zahnarzt bewegte lediglich das Handgelenk. Ohne Groll, eher mit bitterer Zärtlichkeit sagte er: „Damit zahlen Sie uns für zwanzig Tote, Leutnant.“

Der Bürgermeister spürte ein Knirschen der Knochen im Kinnbacken, und seine Augen füllten sich mit Tränen. Aber er gab keinen Ton von sich, bevor er nicht den Backenzahn herauskommen fühlte. Dann sah er ihn

[1] der Abszess: eitriges Geschwür

durch seine Tränen hindurch. Er kam ihm so fremd vor in seinem Schmerz, dass er die Marter seiner fünf vergangenen Nächte nicht fassen konnte. Über den Spucknapf gebeugt, schwitzend, keuchend, knöpfte er sich den Waffenrock auf und tastete in der Hosentasche nach seinem Taschentuch. Der Zahnarzt reichte ihm einen sauberen Lappen.

„Trocknen Sie sich die Tränen ab", sagte er.

Der Bürgermeister tat es. Er zitterte. Während der Zahnarzt sich die Hände wusch, sah er die durchlöcherte Zimmerdecke und ein staubiges Spinnennetz mit Spinneneiern und toten Insekten. Der Zahnarzt kehrte sich die Hände abtrocknend zurück. „Legen Sie sich hin", sagte er, „und spülen Sie mit Salzwasser." Der Bürgermeister stellte sich auf die Füße, verabschiedete sich mit einem mürrischen militärischen Gruß und ging mit staksenden Beinen auf die Tür zu, ohne den Waffenrock wieder zuzuknöpfen.

„Schicken Sie mir die Rechnung", sagte er.

„An Sie oder an die Gemeinde?"

Der Bürgermeister drehte sich nicht um. Schloss die Tür hinter sich und sagte durch das Drahtnetz hindurch:

„Eines so lästig wie's andere."

2 Schreibt eure ersten Eindrücke von der Kurzgeschichte auf. Vergleicht eure Fragen und tauscht euch über mögliche Antworten aus.

Fragen an den Text stellen

3 Charakterisiert die Figur des Zahnarztes.

a. Schreibt auf, was ihr über ihn erfahrt. Achtet auch auf die Beschreibung seiner Praxis (Z. 51–55).

b. Fasst zusammen, welchen Eindruck die Leserinnen und Leser am Anfang der Kurzgeschichte von Don Escobar gewinnen.

die Hauptfiguren charakterisieren

Figurencharakteristik
➤ S. 297

Starthilfe

Don Aurelio Escobar, Zahnarzt ohne Diplom und Frühaufsteher (Z. 2)
...

4 Wie verhält sich der Zahnarzt dem Bürgermeister gegenüber?

a. Untersucht sein Verhalten.
Wählt aus den folgenden Aussagen eine aus und begründet mithilfe von Textstellen, ob sie zutrifft:
- Er behandelt den Bürgermeister aus Mitleid.
- Er ist ein verantwortungsbewusster Arzt.
- Er hat kein Mitgefühl mit dem Bürgermeister.
- Er ist ein mutiger Mann.
- Er will sich an dem Bürgermeister rächen.
- Er hat Gefallen daran, den Bürgermeister zu quälen.
- Er braucht dringend das Geld.

b. Vergleicht eure Ergebnisse.

das Verhalten der Figuren untersuchen

5 Wie verhält sich der Bürgermeister gegenüber dem Zahnarzt?
a. Untersucht sein Verhalten, bevor er die Praxis betritt, während der Behandlung und als er sich verabschiedet.
b. Besprecht, welche Haltung gegenüber dem Zahnarzt darin zum Ausdruck kommt.

Um das Verhalten der beiden Männer verstehen zu können, ist es wichtig, die Entstehungszeit der Kurzgeschichte zu kennen. Sie erschien 1962. Gabriel García Márquez geht darin auf die damalige Situation seines Heimatlandes ein.

Info
Nach dem Bürgerkrieg 1948, in dem 200 000 Menschen starben und 800 000 ihre Heimat Kolumbien verließen, übernahm das Militär 1953–1958 die Macht. Aufgrund der sozialen Notlage der Menschen kam es aber auch unter der neuen Regierung immer wieder zu Massenaufständen in Kolumbien, die blutig niedergeschlagen wurden.

6 **a.** Informiert euch über den historischen Hintergrund mithilfe der Informationen.
b. Sprecht darüber, wie ihr das Verhalten des Zahnarztes vor dem historischen Hintergrund bewertet.

das Verhalten vor dem historischen Hintergrund bewerten

W **Die beiden Hauptfiguren sprechen über ihre gegenseitige Abneigung nicht miteinander. Wählt aus den Aufgaben aus.**

7 Im Tandem!
Schreibt einen Dialog, in dem die Gedanken und Gefühle der beiden Hauptfiguren benannt werden.

einen Dialog schreiben

8 Schreibt auf, was dem Zahnarzt durch den Kopf gehen könnte, als der Bürgermeister vor der Tür steht.

einen inneren Monolog schreiben
innerer Monolog ➤ S. 291

9 Schreibt auf, was der Bürgermeister denken könnte, als er vor der Tür steht und erfahren muss, dass der Zahnarzt ihn nicht behandeln will.

Gabriel García Márquez hat für seine Kurzgeschichte einen auktorialen Erzähler gewählt, der nichts über die Ereignisse mitteilt, die dieser Begegnung vorausgegangen sind.

10 **a.** Findet Belege für die auktoriale Erzählperspektive.
b. Tauscht euch darüber aus, ob durch diese Perspektive bei den Leserinnen und Lesern Verständnis für beide Figuren geweckt wird.

die Erzählperspektive untersuchen
auktorialer Erzähler ➤ S. 291

Z Weiterführendes: Eine besondere Begegnung

Der Titel einer Kurzgeschichte kann viel über den Inhalt verraten, so wie in dieser Kurzgeschichte des japanischen Autors Haruki Murakami.

1 Im Tandem!
Worum könnte es in der Kurzgeschichte gehen? Lest den Titel und tauscht euch über eure Vermutungen aus. Überlegt auch, ob es ein 100%iges Mädchen und einen 100%igen Jungen gibt.

sich über den Titel austauschen

Wie ich eines schönen Morgens im April das 100%ige Mädchen sah. Haruki Murakami

Eines schönen Morgens im April komme ich auf einer kleinen Seitenstraße in Harajuku an dem 100%igen Mädchen vorbei.

Ehrlich gesagt, ist sie nicht besonders hübsch. Sie ist weder besonders auffällig, noch ist sie schick gekleidet. Ihre Haare sind hinten vom Schlaf verlegen. Sie ist nicht mehr jung. So an die dreißig wird sie sein, nicht eigentlich ein Mädchen. Aber trotzdem weiß ich schon aus fünfzig Meter Entfernung: Sie ist für mich das 100%ige Mädchen. Bei ihrem Anblick dröhnt es in meiner Brust, und mein Mund ist trocken wie eine Wüste.

Vielleicht gibt es einen bestimmten Typ Mädchen, der dir gefällt, mit schmalen Fesseln zum Beispiel oder großen Augen, vielleicht stehst du auf schöne Finger oder fühlst dich, warum auch immer, von Mädchen angezogen, die sich beim Essen viel Zeit lassen. Dieses Gefühl meine ich. Auch ich habe natürlich meine Vorlieben. Manchmal ertappe ich mich dabei, wie ich im Restaurant gebannt auf die Nase des Mädchens am Nachbartisch starre.

Aber den Typ des 100%igen Mädchens kann keiner definieren. An die Form ihrer Nase kann ich mich gar nicht erinnern. Ich weiß noch nicht einmal mehr, ob sie überhaupt eine hatte. Ich weiß nur, dass sie keine nennenswerte Schönheit war. Irgendwie seltsam.

„Gestern kam ich an dem 100%igen Mädchen vorbei“, erzähle ich jemandem.

„Hm“, antwortet er, „war sie hübsch?“

„Nein, das nicht.“

„Also dein Typ.“

„Ich weiß es nicht mehr. Ich erinnere mich an nichts. Weder an die Form ihrer Augen noch daran, ob sie große oder kleine Brüste hatte.“

„Das ist sonderbar.“

„Ja, es ist sonderbar.“

„Na und“, sagt er scheinbar gelangweilt, „hast du was gemacht? Hast du sie angesprochen, oder bist du ihr nachgelaufen?“

„Nein, nichts. Ich bin einfach an ihr vorbeigegangen.“

Sie ging von Osten nach Westen, ich von Westen nach Osten. An einem besonders schönen Morgen im April.

Haruki Murakami
(geb. 1949) ist ein japanischer Schriftsteller von Romanen und Kurzgeschichten. Obwohl seine Werke vorwiegend in Japan spielen, orientieren sie sich stark an der westlichen Literatur. Murakami ist auch als Übersetzer amerikanischer Literatur ins Japanische tätig und lehrte in den frühen 90er Jahren an der Princeton University (USA).

Ich möchte mit ihr sprechen, und wenn nur für eine halbe Stunde. Ich möchte von ihrem Leben erfahren und ihr von meinem erzählen. Mehr als alles andere aber möchte ich die Umstände des Schicksals klären, das uns an einem schönen Morgen im April neunzehnhunderteinundachtzig in einer kleinen Seitenstraße in Harajuku aneinander vorbeigeführt hat. Bestimmt birgt es wohlige Geheimnisse, so wie eine alte Maschine aus friedlichen Zeiten.
Nachdem wir uns unterhalten hätten, würden wir irgendwo zu Mittag essen, einen Woody-Allen-Film sehen oder an einer Hotelbar einen Cocktail trinken.
Wenn alles gut ginge, würde ich später vielleicht mit ihr schlafen.
Die Chance pocht an die Tür meines Herzens.
Nur noch 15 Meter liegen zwischen ihr und mir.
Also, wie soll ich sie ansprechen?
„Guten Tag. Würdest du dich kurz mit mir unterhalten?
Nur eine halbe Stunde."
Das klingt ziemlich albern. Wie ein Versicherungsvertreter.
„Entschuldigung, gibt es hier in der Nähe eine 24-Stunden-Reinigung?"
Das ist genauso albern. Ich habe noch nicht einmal einen Wäschesack.
Wer würde mir so etwas abnehmen?
Vielleicht sollte ich sie ganz offen ansprechen:
„Hallo. Du bist für mich das 100%ige Mädchen."
Nein, Quatsch. Das wird sie bestimmt nicht glauben.
Und wenn, wird sie sich kaum mit mir unterhalten wollen.
Ich mag für dich das 100%ige Mädchen sein, wird sie vielleicht antworten, aber du bist für mich leider nicht der 100%ige Mann. Das ist ziemlich wahrscheinlich.
Und in einer solchen Situation käme ich bestimmt furchtbar durcheinander. Von einem solchen Schock würde ich mich vielleicht nie wieder erholen. Ich bin schon zweiunddreißig.
So also fühlt es sich an, alt zu werden.

Vor dem Blumenladen gehe ich an ihr vorbei. Ein warmer Luftzug streift meine Haut. Der Asphalt ist mit Wasser besprengt, und ringsum verbreitet sich Rosenduft. Ich kann sie nicht ansprechen. Sie trägt einen weißen Pullover und hält einen weißen Umschlag in der rechten Hand, noch ohne Briefmarken.
Sie hat jemandem einen Brief geschrieben. Ihre Augen wirken sehr müde, vielleicht hat sie die ganze Nacht geschrieben. Und vielleicht enthält dieser Umschlag alle ihre Geheimnisse. Als ich mich nach einigen Schritten umdrehe, ist ihre Gestalt bereits in der Menschenmenge verschwunden.
Jetzt weiß ich natürlich genau, wie ich sie damals hätte ansprechen müssen.
Es wäre bestimmt lang geworden, und ich hätte nicht die richtigen Worte gefunden. Mir fällt nie etwas Brauchbares ein.
Jedenfalls beginnt es mit „vor langer, langer Zeit" und endet mit „eine traurige Geschichte, findest du nicht?"
Vor langer, langer Zeit waren einmal ein Junge und ein Mädchen. Der Junge war achtzehn, das Mädchen sechzehn Jahre alt. Der Junge sieht nicht besonders gut aus, und auch das Mädchen ist nicht besonders hübsch.

Ein einsamer und gewöhnlicher Junge und ein einsames und gewöhnliches Mädchen, wie man sie überall findet. Doch glauben sie fest daran, dass es irgendwo auf dieser Welt ein Mädchen und einen Jungen gibt, der 100%ig zu ihnen passt. Ja, sie glaubten an ein Wunder. Und dieses Wunder geschah.
Eines Tages begegnen sich die beiden zufällig an einer Straßenecke.
„Unglaublich", sagt der Junge zu dem Mädchen, „ich habe dich schon die ganze Zeit gesucht! Ob du's glaubst oder nicht, du bist für mich das 100%ige Mädchen."
Und das Mädchen erwidert: „Und du bist für mich der 100%ige Junge. Genau wie ich ihn mir vorgestellt habe. Es ist wie im Traum."
Die beiden setzen sich auf eine Parkbank, halten sich an den Händen und reden in einem fort, ohne dass ihnen langweilig wird. Sie sind nicht mehr einsam. Sie haben ihren 100%igen Partner gefunden und sind von ihm gefunden worden. Seinen 100%igen Partner zu finden und von ihm gefunden zu werden, ist etwas ganz Außerordentliches. Ein Wunder des Kosmos.
Aber ihre Herzen durchfährt ein kleiner, ganz kleiner Zweifel. Durfte ihr Traum so einfach in Erfüllung gehen? Als das Gespräch einmal abbricht, sagt der Junge:
„Wir wollen uns nur einmal noch auf die Probe stellen. Wenn wir wirklich 100%ig füreinander geschaffen sind, werden wir uns bestimmt irgendwann irgendwo wiederbegegnen. Beim nächsten Mal wissen wir, dass wir 100%ig füreinander bestimmt sind, und wollen sofort heiraten. Einverstanden?"
„Einverstanden", antwortete das Mädchen.
Und so trennten sie sich. Nach Westen und nach Osten.
Doch es war in Wirklichkeit vollkommen unnötig, das Schicksal auf die Probe zu stellen. Sie hätten es nicht tun dürfen. Sie waren wirklich 100%ig füreinander bestimmt. Ihre Liebe war ein Wunder. Da sie aber noch zu jung waren, konnten sie es nicht wissen.
Und so wurden sie von der immerwährenden, unbarmherzigen Welle des Schicksals fortgerissen.
Eines Tages im Winter erkrankten beide an einer in jenem Jahr grassierenden schweren Grippe. Wochenlang schwebten sie zwischen Leben und Tod, und als sie wieder genesen waren, war ihr Gedächtnis an ihr früheres Leben ausgelöscht. Wie soll ich es sagen, als sie wieder aufwachten, waren ihre Köpfe so leergefegt wie die Spardose des jungen D. H. Lawrence.[1]
Aber da er ein intelligenter und ausdauernder Junge und sie ein intelligentes und ausdauerndes Mädchen war, scheuten sie keine Mühe, erwarben von neuem Bewusstsein und Gefühle und kehrten erfolgreich in die Gesellschaft zurück. Ja, bei Gott, sie waren richtig ordentliche Bürger. Sie wussten, wie man in der U-Bahn korrekt umsteigt und wie man bei der Post einen Eilbrief aufgibt. Sie liebten auch, mal 75 %, mal 85 %.
Der Junge war zweiunddreißig, das Mädchen war dreißig geworden. Die Zeit war im Fluge vergangen.

[1] D. H. Lawrence: englischer Schriftsteller (1885 – 1930)

Und eines schönen Morgens im April geht der Junge von Westen nach Osten durch eine kleine Seitenstraße in Harajuku, um einen Kaffee zu trinken, und das Mädchen geht, um Briefmarken für einen Eilbrief zu kaufen, die gleiche Straße von Osten nach Westen. In der Mitte der Straße kommen sie aneinander vorbei. Für einen Moment blitzt der schwache Schein verlorener Erinnerung in ihren Herzen auf. Es dröhnt in ihrer Brust. Und sie wissen.

Sie ist für mich das 100%ige Mädchen.

Er ist für mich der 100%ige Junge.

Aber der Schein ihrer Erinnerung ist zu schwach, ihre Sprache besitzt nicht mehr die Klarheit wie vor vierzehn Jahren. Beide gehen, ohne ein Wort zu sagen, aneinander vorbei und verschwinden in der Menge. Auf immer.

Eine traurige Geschichte, findest du nicht?

Ich weiß, so hätte ich sie ansprechen müssen.

2 Welchen Eindruck habt ihr von der Kurzgeschichte? Vergleicht euren Leseeindruck mit euren Vermutungen vor dem Lesen.

den Leseeindruck mit den Vermutungen vergleichen

Lies den ersten Teil der Kurzgeschichte (Z. 1–20) noch einmal genau.

3 Schreibe auf, was du über die Begegnung des Ich-Erzählers mit dem 100%igen Mädchen erfährst.

die Handlungsbausteine untersuchen

Handlungsbausteine ➤ S. 294

4 Gib mit eigenen Worten wieder, was ihn so an ihr fasziniert.

5 Wie verhält sich der Ich-Erzähler in der Situation? Beschreibe sein Verhalten und begründe deine Meinung.
Tipp: In der Randspalte findest du einige Vorschläge.

selbstsicher
zögernd
zweifelnd
optimistisch
unsicher
ängstlich
zurückhaltend

Die Kurzgeschichte besteht aus zwei Teilen. Im zweiten Teil erfindet der Ich-Erzähler eine Geschichte, mit der er seine besondere Beziehung zu dem Mädchen erklärt.

6 Welche Wörter verdeutlichen, dass es sich bei der Begegnung im zweiten Teil um etwas Besonderes handelt? Schreibe sie auf. Begründe deine Auswahl.

7 **a.** Vergleiche die erste Begegnung auf der Parkbank mit ihrem Leben als „ordentliche Bürger" (Z. 116–118).
b. Gib mit eigenen Worten wieder, was der Ich-Erzähler für wichtig im Leben hält.

8 Welche Botschaft könnte in der Kurzgeschichte stecken?
a. Tauscht euch darüber aus, welche Botschaft über die Liebe und die Begegnung mit der Liebe in dieser Kurzgeschichte stecken könnte.
b. Formuliert einen Satz, der diese Aussage zusammenfasst.

über die Botschaft der Kurzgeschichte sprechen

Eine Kurzgeschichte interpretieren

Die Kurzgeschichte untersuchen

Beim Schreiben einer Interpretation zu einer Kurzgeschichte gehst du schrittweise vor. Zuerst ist das Verstehen der Kurzgeschichte wichtig.

1 Lies den Text mit dem Textknacker.

die Kurzgeschichte mit dem Textknacker lesen

Textknacker ➤ **S. 294**

Streuselschnecke Julia Franck

Der Anruf kam, als ich vierzehn war. Ich wohnte seit einem Jahr nicht mehr bei meiner Mutter und meinen Schwestern, sondern bei Freunden in Berlin. Eine fremde Stimme meldete sich, der Mann nannte seinen Namen, sagte mir, er lebe in Berlin, und fragte, ob ich ihn kennen lernen wolle. Ich zögerte, ich war mir nicht sicher. Zwar hatte ich schon viel über solche Treffen gehört und mir oft vorgestellt, wie so etwas wäre, aber als es so weit war, empfand ich eher Unbehagen. Wir verabredeten uns. Er trug Jeans, Jacke und Hose. Ich hatte mich geschminkt.

Er führte mich ins Cafe Richter am Hindemithplatz und wir gingen ins Kino, ein Film von Rohmer. Unsympathisch war er nicht, eher schüchtern. Er nahm mich mit ins Restaurant und stellte mich seinen Freunden vor. Ein feines, ironisches Lächeln zog er zwischen sich und die anderen Menschen. Ich ahnte, was das Lächeln verriet.

Einige Male durfte ich ihn bei seiner Arbeit besuchen. Er schrieb Drehbücher und führte Regie bei Filmen. Ich fragte mich, ob er mir Geld geben würde, wenn wir uns treffen, aber er gab mir keins, und ich traute mich nicht, danach zu fragen.

Julia Franck (geb. 1970) ist eine deutsche Schriftstellerin, die hauptsächlich Romane und Erzählungen verfasst. In Ostberlin geboren, reiste sie mit ihrer Mutter und ihren Schwestern 1978 in den Westen aus. In ihrem literarischen Werk setzt sie sich insbesondere mit der deutschen Geschichte und mit ihrer eigenen Familiengeschichte auseinander.

Schlimm war das nicht, schließlich kannte ich ihn kaum, was sollte ich da schon verlangen? Außerdem konnte ich für mich selbst sorgen, ich ging zur Schule und putzen und arbeitete als Kindermädchen. Bald würde ich alt genug sein, um als Kellnerin zu arbeiten, und vielleicht wurde ja auch noch eines Tages etwas Richtiges aus mir. Zwei Jahre später, der Mann und ich waren uns noch immer etwas fremd, sagte er mir, er sei krank. Er starb ein Jahr lang, ich besuchte ihn im Krankenhaus und fragte, was er sich wünsche. Er sagte mir, er habe Angst vor dem Tod und wolle es so schnell wie möglich hinter sich bringen. Er fragte mich, ob ich ihm Morphium besorgen könne. Ich dachte nach, ich hatte einige Freunde, die Drogen nahmen, aber keinen, der sich mit Morphium auskannte. Auch war ich mir nicht sicher, ob die im Krankenhaus herausfinden wollten und würden, woher es kam. Ich vergaß seine Bitte. Manchmal brachte ich ihm Blumen. Er fragte nach dem Morphium, und ich fragte ihn, ob er sich Kuchen wünsche, schließlich wusste ich, wie gerne er Torte aß. Er sagte, die einfachen Dinge seien ihm jetzt die liebsten – er wolle nur Streuselschnecken, nichts sonst. Ich ging nach Hause und buk Streuselschnecken, zwei Bleche voll. Sie waren noch warm, als ich sie ins Krankenhaus brachte. Er sagte, er hätte gerne mit mir gelebt, es zumindest gern versucht, er habe immer gedacht, dafür sei noch Zeit, eines Tages – aber jetzt sei es zu spät. Kurz nach meinem siebzehnten Geburtstag war er tot. Meine kleine Schwester kam nach Berlin, wir gingen gemeinsam zur Beerdigung. Meine Mutter kam nicht. Ich nehme an, sie war mit anderem beschäftigt, außerdem hatte sie meinen Vater zu wenig gekannt und nicht geliebt.

Nach dem genauen Lesen kannst du erste Informationen notieren.

genau lesen

2 Schreibe den Titel, die Autorin und die Textsorte auf.

3 Schreibe in einem Satz auf, worum es in dem Text geht.

> **Starthilfe**
> Die Kurzgeschichte „Streuselschnecke" schrieb …
> In der Kurzgeschichte geht es um …

4 Welche Fragen hast du an den Text? Schreibe sie auf.

Fragen an den Text stellen

Die Handlungsbausteine helfen dir, den Inhalt zu verstehen.

5 Was erfährst du über die Hauptfigur und ihre Lebensumstände?

a. Schreibe passende Textstellen auf und ergänze die Zeilenangaben.

die Handlungsbausteine untersuchen

Handlungsbausteine ➤ S. 294

> **Starthilfe**
> – Z. 1: vierzehn, lebt nicht bei den Eltern, sondern bei Freunden in Berlin, …

b. Charakterisiere die Hauptfigur.

Figurencharakteristik ➤ S. 297

6 Untersuche den Anfang der Kurzgeschichte mithilfe der Fragen:
- Warum kommt es zu einem Treffen?
- Wie reagiert die Hauptfigur auf den Anruf?
- Warum treffen sich die beiden in einem Café?

Die Handlung in der Kurzgeschichte erstreckt sich über drei Jahre.

die Figurenkonstellation untersuchen

7 Wie entwickelt sich die Beziehung zwischen den beiden Figuren?
a. Teile die Kurzgeschichte in drei zeitliche Abschnitte und untersuche die Entwicklung der Beziehung. Schreibe auf, welche Bedeutung der jeweilige Zeitabschnitt für die Geschichte hat.
b. Vergleiche, wie der Vater am Anfang der Kurzgeschichte und am Ende benannt wird. Welche Gründe könnte es dafür geben?

Starthilfe

Die erste Begegnung:	– Die beiden lernen sich wieder neu kennen. – ...
Begegnungen:	...
Zwei Jahre später: Krankheit des Vaters	– Besuch im Krankenhaus – ...

8 Mit welchen Worten beschreibt die Hauptfigur ihren Vater?
a. Schreibe Textstellen mit den Zeilenangaben auf.
b. Sprecht darüber, warum die Hauptfigur diese Worte wählt und welche Gefühle dahinterstecken könnten.

Die Erzählperspektive spielt in dieser Kurzgeschichte eine große Rolle.

die Erzählperspektive untersuchen

9 Aus welcher Perspektive wird die Kurzgeschichte erzählt? Begründe deine Antwort mithilfe von Textstellen.

Der Titel trägt eine wichtige Bedeutung.

den Titel einbeziehen

10 Warum hat die Autorin sich deiner Meinung nach für das Wort „Streuselschnecke“ als Titel entschieden? Begründe deine Vermutung.

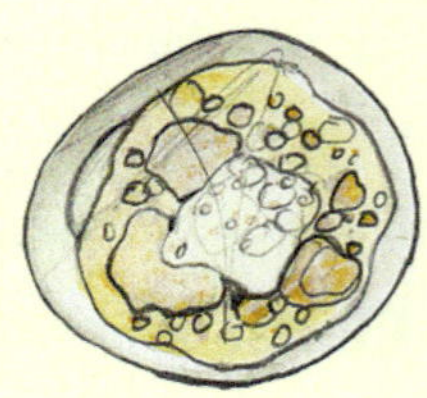

W **In dieser Kurzgeschichte gibt es einige Leerstellen. Das sind Stellen, die von der Erzählerin zusammengefasst, aber nicht erzählt werden. Wähle aus den Aufgaben eine aus.**

Leerstellen ausfüllen
Erzählplan ➤ S. 296

11 Erzähle die erste Begegnung zwischen Tochter und Vater im Café. Nutze dazu einen Erzählplan.

einen Brief schreiben

12 Schreibe einen Brief der Tochter, in dem sie der Mutter die Begegnung mit dem Vater schildert.

Eine Interpretation planen, schreiben, überarbeiten

Du hast die Kurzgeschichte ausführlich untersucht und kannst nun deine Erkenntnisse in einer Interpretation zusammenfassen. Du beginnst mit der Einleitung.

1 Schreibe eine Einleitung zu deiner Interpretation.

die Einleitung schreiben

Im Hauptteil legst du deine Ergebnisse aus der Texterschließung dar. Nutze Zitate, um deine Erkenntnisse am Text zu belegen.

2 Schreibe den Hauptteil.
- **a.** Fasse die Handlung anhand deiner Stichworte zusammen.
- **b.** Schließe eine Charakteristik der Hauptfigur an.
- **c.** Erkläre wichtige Merkmale der Kurzgeschichte an dem Text. Belege die Merkmale an dem Text.
- **d.** Ergänze, welche sprachlichen Besonderheiten dir aufgefallen sind.

den Hauptteil schreiben

Im Schlussteil fasst du die Ergebnisse deiner Textanalyse zusammen und schreibst deine eigene Meinung dazu auf.

3 Schreibe deine persönliche Meinung zu der Kurzgeschichte auf:
- Was bedeutet der Inhalt der Kurzgeschichte?
- Was hat dir gefallen? Was hat dir nicht gefallen?

den Schluss schreiben

4 **a.** Überprüft eure Interpretationen in einer Schreibkonferenz mithilfe der Arbeitstechnik.
b. Überarbeitet eure Interpretation.

die Interpretation überprüfen und überarbeiten

Schreibkonferenz
➤ S. 228–230

Arbeitstechnik

Die Interpretation einer Kurzgeschichte schreiben

Mit einer **Interpretation** weist du nach, dass du die Kurzgeschichte verstanden hast. Wichtig ist, dass du deine **Deutung am Text belegen** kannst. Du schreibst im **Präsens** und stellst die Handlung in der richtigen **zeitlichen Reihenfolge** dar. Gib nur die **wichtigsten Informationen** wieder. Eine Interpretation besteht aus einer **Einleitung**, einem **Hauptteil** und einem **Schluss**.

1. In der **Einleitung** nennst du den **Titel**, **die Autorin/den Autor**, die **Textsorte** und **fasst** den **Inhalt** knapp **zusammen**.
2. Im **Hauptteil analysierst** du die Kurzgeschichte **inhaltlich** und **sprachlich**. Die Handlungsbausteine helfen dir dabei.
   - Fasse die Handlung zuammen.
   - Charakterisiere die Hauptfigur.
   - Erkläre die Merkmale einer Kurzgeschichte am Text.
   - Erkläre sprachliche Besonderheiten und ihre Bedeutung.
3. Im **Schluss fasst** du die Ergebnisse **zusammen** und **bewertest** die Kurzgeschichte.

So eine Tragödie!

Friedrich Schiller in seiner Zeit

Friedrich Schillers erstes Drama wurde eine Tragödie.
Was in diesem Drama geschieht und warum es eine Tragödie ist, erfährst du in diesem Kapitel.

1 Lies den Text mithilfe des Textknackers.

Friedrich Schiller (1759 – 1805)

Vom unfreiwilligen Internatsschüler zum Dichter

Ein Herrscher bestimmt über die Zukunft seiner Landeskinder

Eigentlich wollte Friedrich Schiller von klein auf Theologie studieren und Pfarrer werden. Seine Eltern unterstützten diesen Plan. Doch Herzog Carl Eugen, der zu dieser Zeit im Herzogtum Württemberg herrschte, hatte im Schloss „Solitude" in der Nähe von Stuttgart ein Internat gegründet. Hier sollten die begabtesten Schüler seines Landes zu Staatsdienern herangezogen werden, die später wichtige Ämter ausübten und treu zum Herzog hielten. Der Herzog wurde auf den intelligenten Jungen aufmerksam und beschloss, ihn in seine Schule aufzunehmen. Vater Schiller wehrte sich lange gegen die Pläne des Herzogs. Doch dieser hatte die Macht und schließlich konnte Schiller sich dem Willen seines Landesherrn nicht länger widersetzen. Beide Eltern unterzeichneten eine Urkunde, mit der sie auf alle Rechte und Pflichten ihrem Sohn gegenüber verzichteten. Der Herzog versprach im Gegenzug, dass er dem Jungen nach erfolgreicher Ausbildung ein gut bezahltes Amt geben würde. Am 16. Januar 1773 musste sich der 13-jährige Friedrich Schiller endgültig von seinem Elternhaus verabschieden. Der Herzog betrachtete sich selbst als Vater seiner Schüler. Besuche der Eltern wurden äußerst selten genehmigt und fanden nur unter Aufsicht statt. Briefe nach Hause mussten vorgezeigt werden. Friedrich Schiller verbrachte acht Jahre in der Schule, ohne auch nur einen einzigen freien Tag.

Herzog Carl Eugen von Württemberg (1728 – 1793)

Schulalltag in der Carlsschule

Die Schule wurde sehr streng geführt. Der Tag begann mit dem Wecken, im Sommer um fünf, im Winter um sechs Uhr. Dann hatten die Schüler eine Stunde Zeit, um die Betten zu machen, sich zu waschen, anzuziehen und zu frisieren. Es wurde eine Uniform getragen. Dazu gehörte eine Zopfperücke, deren tadelloser Sitz genau wie die Uniform ständig überprüft wurde. Verstöße gegen die Vorschriften wurden streng bestraft. Es gab Schläge, Essensentzug und Arrest[1]. Nach dem Morgengebet und dem Frühstück begann der Unterricht,

[1] der Arrest: Freiheitsentzug, Strafe, bei der die Schüler eingesperrt wurden

der im Sommer von sieben bis achtzehn Uhr dauerte. Er wurde nur durch das Mittagessen und einen kurzen beaufsichtigten Spaziergang unterbrochen. Nach dem Unterricht hatten die Schüler eine Stunde Zeit, um sich zu erholen. Dann gab es Abendessen. Schlafenszeit war 21 Uhr.
Die Anforderungen in allen Fächern waren sehr hoch. Es gab Unterricht in Latein, Griechisch, Französisch, Philosophie[2], Rhetorik[3] und Poetik[4]. Aber auch Reiten, Tanzen und Fechten standen auf dem Stundenplan.

Schüler der Carlsschule in ihrer Schuluniform zeichnen das Bild des Herzogs und Schulgründers Carl Eugen von Württemberg

Das erste Theaterstück
Nach der Beendigung seiner schulischen Ausbildung musste Schiller auf Anweisung des Herzogs Medizin studieren und dann als Regimentsarzt[5] arbeiten. Für diese Anstellung bekam er nur eine sehr schlechte Bezahlung. Der Herzog brach damit das Versprechen, das er Schillers Vater gegeben hatte. Trotz der strengen Disziplin an der Carlsschule wurde aus Friedrich Schiller kein gehorsamer Diener des Herzogs. Er fand seine Freiheit in der Beschäftigung mit der Literatur. Er las viel und begann, eigene Gedichte und erste Entwürfe für Theaterstücke zu schreiben. Im strengen Lehrplan der Schule konnte er nicht dichten, deshalb schrieb Schiller heimlich, meistens nachts, beim Licht einer in den Schlafsaal geschummelten Kerze oder er meldete sich krank, denn im Krankensaal durfte nachts Licht brennen. Ab 1777 entstand so sein erstes Werk „Die Räuber“. Am 13. Januar 1782 wurde es in Mannheim im Theater uraufgeführt. Um dabei sein zu können, verließ Schiller Stuttgart ohne Genehmigung des Herzogs. Als dieser von einer weiteren heimlichen Reise nach Mannheim erfuhr, ließ er Schiller für 14 Tage eingesperren und verbot ihm das Schreiben. Schließlich desertierte[6] Schiller. Er floh aus Württemberg und begann ein neues Leben als freier Schriftsteller.

[2] die Philosophie: die Lehre vom Sein, vom Denken, vom Ursprung und Wesen der Dinge
[3] die Rhetorik: die Lehre von der Kunst, wirkungsvoll zu reden
[4] die Poetik: die Lehre von der Dichtkunst [5] der Regimentsarzt: ein Arzt beim Militär
[6] desertieren: heimlich seine Truppe beim Militär verlassen

2 Was erfährst du über die Erziehung im 18. Jahrhundert?
a. Vergleiche sie mit der Erziehung in heutiger Zeit.
b. Stelle Vermutungen dazu an, warum Schiller kein treuer Diener des Herzogs wurde.

einzelne Informationen entnehmen und einschätzen

3 „Schiller fand seine Freiheit in der Beschäftigung mit der Literatur.“
a. Erklärt diese Textaussage (Zeile 39–40).
b. Tauscht euch darüber aus, was euch selbst Literatur bedeutet.

Z **4** Gestaltet Plakate über die Zeit, in der Schiller lebte.
a. Recherchiert zu den Themen Absolutismus, Ideen der Aufklärung, Mode des 18. Jahrhunderts, Dichter des 18. Jahrhunderts.
b. Präsentiert eure Ergebnisse der Klasse.

Textinhalte mit weiteren Informationen verknüpfen

im Internet recherchieren ➤ S. 295
ein Plakat gestalten ➤ S. 299

Eine Räubergeschichte

Mit achtzehn Jahren begann Friedrich Schiller, erste Szenen für das Theaterstück „Die Räuber“ zu entwerfen. Folgende Figuren treten im Stück auf:

Graf Maximilian von Moor: Er ist alt und schwach. Seinen ersten Sohn Karl liebt er über alles. Das ließ er seinen zweiten Sohn Franz immer spüren.

Karl von Moor: Er sieht gut aus und ist überall beliebt. Er hat sein Elternhaus verlassen, um in Leipzig zu studieren. Das Studium nimmt er nicht sehr ernst, macht stattdessen Schulden und führt ein wildes Studentenleben. Er schickt seinem Vater einen Brief, in dem er sich bei ihm entschuldigt und schreibt, dass er gern nach Hause zurückkehren möchte.

Franz von Moor: Karls Bruder lebt im Hause seines Vaters. Er ist hässlich und berechnend. Er fühlt sich zurückgesetzt und möchte unbedingt Alleinerbe werden. Dafür ist er bereit, seinem Vater und seinem Bruder schweren Schaden zuzufügen. Außerdem ist er in Karls Verlobte Amalia verliebt.

Amalia von Edelreich: Sie ist die Nichte von Maximilian von Moor und lebt seit ihrer Kindheit in dessen Haus. Sie liebt Karl bedingungslos und hängt an ihrem Onkel. Sie ist von Franz abgestoßen, als dieser sich ebenfalls um sie bemüht.

Spiegelberg, Schweizer, Grimm, Razmann, Schufterle, Roller, Kosinsky, Schwarz: junge Männer, die mit Karl zusammen schon viel Unfug getrieben haben. Sie möchten gerne eine Räuberbande gründen.

Hermann: unehelicher Sohn eines Edelmannes, war auch in Amalia verliebt, wurde aber von ihr abgewiesen und von Karl die Treppe heruntergestoßen.

Daniel: Hausknecht des Grafen Moor, ist schon ziemlich alt.

die Figurenkonstellation verstehen

1 In welchem Verhältnis stehen die Figuren zueinander? Erstellt mithilfe der Informationen zu den Figuren eine Übersicht.

2 Wie stellt ihr euch die einzelnen Figuren vor?
- **a.** Lest die Informationen zu den einzelnen Figuren.
- **b.** Skizziert eine Figur eurer Wahl oder schreibt eine Rollenbiografie.
- **c.** Präsentiert eure Ergebnisse.

3 Welchen Handlungsverlauf erwartet ihr?
- **a.** Schreibt Stichworte dazu auf.
- **b.** Tauscht euch darüber aus, worin sich eure Erwartungen ähneln.

Info

Eine **Rollenbiografie** stellt eine literarische Figur in der Ichform vor. Sie macht Gefühle und innere Konflikte der Figur deutlich. Einzelheiten dürfen erfunden werden. Sie müssen aber aus den gegebenen Informationen zu begründen sein.

Mithilfe der vorgestellten Figuren könnt ihr euch selbst eine Räubergeschichte ausdenken.

4 Im Tandem!
Wer wäre der Held oder die Heldin eurer Geschichte?
Begründet eure Entscheidung.

Beim Entwurf des Handlungsgerüstes könnt ihr den Erzählplan verwenden.

5 Entwerft ein Handlungsgerüst mithilfe des Erzählplans.
Tipp: Ihr könnt eure Ideen aus Aufgabe 3 verwenden.
a. Schreibt Stichworte zu den einzelnen Handlungsbausteinen auf.
b. Stellt euer Handlungsgerüst in der Klasse vor.

ein Handlungsgerüst entwerfen
Erzählplan ➤ **S. 296**

Starthilfe

Hauptfigur/Situation, mit der sie unzufrieden ist	Wunsch	Hindernis	Reaktion (Hauptfigur macht dabei einen Fehler)	Ende
Amalia: hat Sehnsucht nach Karl	Sie möchte ...	Es geht nicht, weil ...	...	..

6 Schreibt mithilfe des Handlungsgerüsts eine Räubergeschichte.

eine Räubergeschichte schreiben

Schiller hat seine Räubergeschichte in Form eines Dramas geschrieben.

7 Tragt in einem Cluster zusammen, was ihr über Dramen wisst.

einen Cluster erstellen
Cluster ➤ **S. 296**

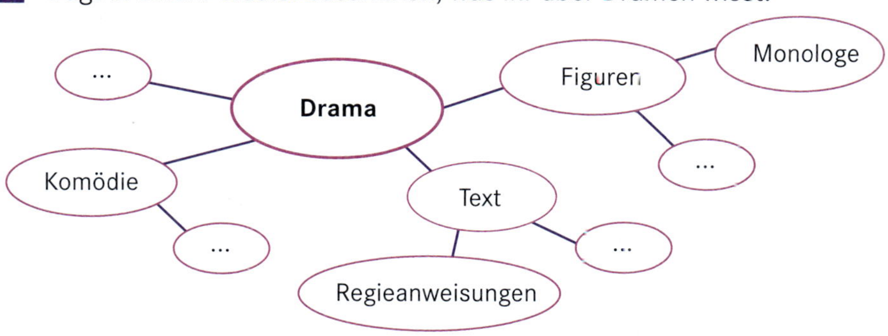

Z **8** Gruppenarbeit!
Gestaltet eine Theaterszene aus eurer Räubergeschichte und spielt sie in der Klasse vor.
a. Wählt einen Handlungsbaustein aus, der sich gut in einer Theaterszene umsetzen lässt.
b. Legt fest, welche Figuren auftreten, und schreibt auf, was sie sagen. Schreibt auch Regieanweisungen für die Szene auf.
c. Verteilt die Rollen.
d. Übt euren Text ein und probt das gemeinsame Spiel.
e. Spielt eure Szene in der Klasse vor.

eine Szene gestalten und spielen

Der Räuberhauptmann Karl

In der ersten Szene des Dramas „Die Räuber“ geschieht Folgendes:

Franz hat den Brief unterschlagen, in dem Karl seinen Vater um Verzeihung bittet. Stattdessen hat Franz einen selbst verfassten Brief vorgelesen, der angeblich von einem Freund aus Leipzig stammt. Der Brief berichtet, dass Karl nach mehreren Straftaten in Leipzig steckbrieflich gesucht wird. Vater Moor ist daraufhin so erschüttert, dass er sich von Karl abwenden will. Er beauftragt Franz, dies seinem Bruder in einem Brief mitzuteilen.

1 Wie verhält sich Franz? Beurteilt sein Verhalten.

die Vorgeschichte verstehen

Am Ende der zweiten Szene betritt Karl die Bühne, nachdem er den Brief von Franz gerade gelesen hat.

Die Räuber Friedrich Schiller

1. Akt, 2. Szene

Karl: Menschen – Menschen! Falsche, heuchlerische Krokodilsbrut! Ihre Augen sind Wasser! Ihre Herzen sind aus Erz[1]! Küsse auf den Lippen! – Schwerter im Busen! Löwen und Leoparden füttern ihre Jungen, Raben tischen ihren Jungen Aas auf! Und er, er – wenn Bruderliebe zur Verräterin, wenn Vaterliebe zur rasenden Wut wird: o so fange Feuer, männliche Gelassenheit! verwildere zum Tiger, sanftmütiges Lamm.

Roller: Höre, Moor! Was hältst du davon? Ein Räuberleben ist doch besser, als bei Wasser und Brot im untersten Gewölbe[2] eines Turmes gefangen zu sein?

Karl: Warum ist dieser Geist nicht in einen Tiger gefahren, der sein wütendes Gebiss in Menschenfleisch haut? Ist das Vatertreue? Ist das Liebe für Liebe? Ich möchte ein Bär sein, und die Bären gegen diese Mörder aufhetzen – Reue und keine Gnade! – O ich möchte den Ozean vergiften, dass sie den Tod aus allen Quellen saufen! Vertrauen, und kein Erbarmen!

Roller: So höre doch, Moor, was ich dir sage!

Karl: Es ist unglaublich, es ist ein Traum, eine Täuschung. – So eine rührende Bitte, so eine lebendige Schilderung des Elends und der zerfließenden Reue – die wilde Bestie hätte Mitleid gezeigt! Steine hätten Tränen vergossen [...]!

Grimm: Höre doch, höre! Vor Wut hörst du ja nicht zu.

Karl: Weg, weg von mir! Ist dein Name nicht Mensch? Hat dich nicht das Weib geboren? – Aus meinen Augen, du mit dem Menschengesicht! – Ich habe meinen Vater so unaussprechlich geliebt! So liebte kein Sohn; ich hätte tausend Leben für ihn gegeben – *(Wütend auf die Erde stampfend)* Ha! – wer mir jetzt ein Schwert in die Hand gäbe, um diesem Abschaum der Menschheit eine brennende Wunde zu versetzen! Wer mir sagte, wo ich das

[1] das Erz: Gestein, das Metalle enthält [2] das Gewölbe: Räume mit gebogener Decke

Herz ihres Lebens zermalmen, vernichten – Er sei mein Freund, mein Engel, mein Gott – ich will ihn anbeten!

Roller: Ebendiese Freunde wollen ja wir sein, höre doch zu!

Schwarz: Komm mit uns in die böhmischen Wälder! Wir wollen eine Räuberbande sammeln, und du … *(Karl stiert ihn an)*

Schweizer: … du sollst unser Hauptmann sein! Du musst unser Hauptmann sein!

Spiegelberg *(wirft sich wild in einen Sessel)*: Sklaven und Memmen[3]!

Karl: Wer hat dir das Wort gegeben? Höre, Kerl! *(Indem er Schwarz hart ergreift)* Das hast du nicht aus deiner kleinen Menschenseele hervorgeholt! – Ja, bei dem tausendarmigen Tod! Das wollen wir, das müssen wir! Der Gedanke ist göttlich! – Räuber und Mörder!! – So wahr meine Seele lebt, ich bin euer Hauptmann!

Alle *(mit lärmendem Geschrei)*: Es lebe der Hauptmann!

Spiegelberg *(aufspringend, zu sich selbst)*: – bis ich ihn aus dem Weg räume.

Karl: Sieh, da fällt's wie der graue Star[4] von meinen Augen! Was für ein Narr[5] ich war, dass ich in den Käfig[6] zurückwollte! – Mein Geist dürstet nach Taten, mein Atem nach Freiheit. – Mörder, Räuber!! – Weg mit Rücksicht und Schonung! – Ich habe keinen Vater mehr! Ich habe keine Liebe mehr! Und Blut und Tod soll mich vergessen lehren, dass mir jemals etwas teuer[7] war! Kommt, kommt! – Es bleibt dabei, ich bin euer Hauptmann! Es lebe derjenige unter euch, der am wildesten wütet, am grässlichsten mordet, denn ich sage euch, er soll königlich belohnt werden! Tretet her um mich ein jeder, und schwört mir Treu und Gehorsam bis in den Tod! – Schwört mir das mit der männlichen Rechten.

Alle *(geben ihm die Hand)*: Wir schwören dir Treu und Gehorsam bis in den Tod!

Karl: Nun, und mit dieser männlichen Rechten schwöre ich euch, treu und standhaft euer Hauptmann zu bleiben bis in den Tod! Den bringe ich um, der jemals zögert oder zweifelt oder zurücktritt! Ein Gleiches widerfahre mir von jedem unter euch, wenn ich meinen Schwur verletze! Seid ihr damit zufrieden? *Spiegelberg läuft wütend hin und her.*

Alle *(werfen ihre Hüte in die Luft)*: Wir sind zufrieden.

[3] die Memme: ein Feigling [4] wie der graue Star von den Augen fallen: etwas klar erkennen
[5] der Narr: ein Dummkopf [6] in den Käfig: in das Schloss der Familie Moor
[7] … dass mir jemals etwas teuer war: dass mir etwas wichtig war

2 Was wirft Karl seinem Vater vor? Welche Gefühle drückt er aus? Belegt eure Antworten mit passenden Textstellen.

3 Wie reagiert Karl auf den Brief?

a. Erklärt, welche folgenschwere Entscheidung Karl am Ende trifft.

b. Nennt Gründe, die er für seine Entscheidung anführt.

Z **4** Die Sprache der Figuren wirkte zu Schillers Lebzeiten anders als heute. Vergleicht die Wirkung auf das damalige Publikum und auf euch.

Info

Schiller verwendete in seinem Stück eine **Sprache**, die typisch ist für eine Literaturepoche, die man heute „Sturm und Drang" nennt. Diese sehr gefühlsbetonte Sprache mit vielen Kraftausdrücken war damals schockierend modern und aufständisch.

Figuren zum Leben erwecken – szenisch lesen

Theaterszenen wirken lebendig, wenn ihr die Gefühle und Stimmungen ausdrückt, die zu den Figuren und zur Handlung passen.
In der zweiten Szene kommt dieser Satz vor:
„Menschen – Menschen! Falsche, heuchlerische Krokodilsbrut!“ (Z. 1).

1 Wer spricht diesen Satz in welcher Situation?
- **a.** Lies auf der Seite 164 nach.
- **b.** Erkläre, in welchem Zusammenhang der Satz steht.

2 Sprich den Satz zu Aufgabe 1.
- **a.** Probiere dabei verschiedene Sprechweisen aus.
- **b.** Entscheide, welche Sprechweisen am besten zum Inhalt des Satzes und zu seinem Zusammenhang in der Handlung passen.
- **c.** Trage den Satz in der gewählten Sprechweise vor und begründe deine Entscheidung.

sachlich
amüsiert
begeistert
schluchzend
wütend

Durch die Betonung könnt ihr auch Aussagen der Figuren und damit auch ihre Wirkung beeinflussen.

Karl: Warum <u>ist</u> dieser Geist nicht in einen Tiger gefahren,
der sein wütendes Gebiss in Menschenfleisch haut?
Ist das <u>Vatertreue</u>? Ist das <u>Liebe für Liebe</u>?
Ich möchte ein Bär sein, und die Bären <u>gegen diese Mörder</u> aufhetzen.

Karl: Warum ist dieser Geist nicht in einen <u>Tiger</u> gefahren,
der sein <u>wütendes Gebiss</u> in <u>Menschenfleisch</u> haut?
Ist <u>das</u> Vatertreue? Ist <u>das</u> Liebe für Liebe?
<u>Ich möchte</u> ein Bär sein, und <u>die Bären</u> gegen diese Mörder <u>aufhetzen</u>.

Betonungen und ihre Wirkung erproben

3 Im Tandem!
- **a.** Lest die Textstelle mit verschiedenen Betonungen vor. Betont jeweils die unterstrichenen Wörter.
- **b.** Wie ändert sich die Aussage jeweils? Wie wirkt Karl von Moor? Tauscht euch darüber aus.
- **c.** Entscheidet, welche Betonung euch stärker überzeugt, und begründet eure Entscheidung.

Z **4** Gestalte eine weitere Textstelle aus der zweiten Szene.
- **a.** Wähle eine Textstelle aus dem Textausschnitt auf Seite 164–165 und schreibe sie ab.
- **b.** Unterstreiche Wörter, die du betonen möchtest.
- **c.** Lies die Textstelle mit den Betonungen und überprüfe, ob sie zur Figur und zur Handlung in der zweiten Szene passen.

Figuren ➤ **S. 162–163**
1. Akt, 2. Szene ➤ **S. 164–165**

Für einen lebendigen Vortrag ist es wichtig, zu verdeutlichen, wie eine Figur in der jeweiligen Situation spricht.

Karl: Ich habe keinen Vater mehr! Ich habe keine Liebe mehr! Und Blut und Tod soll mich vergessen lehren, dass mir jemals etwas teuer war! Kommt, kommt! – Es bleibt dabei, ich bin euer Hauptmann!

_: betonen
|: kurze Sprechpause
||: lange Sprechpause
→ schneller
← langsamer
○ leise
● laut

5 Lest auf Seite 165 nach, in welchem Zusammenhang Karl die Sätze sagt.

6 Wie könnte Karl die Sätze sprechen?
a. Schreibe die Textstelle ab oder lege eine Klarsichtfolie über das Buch.
b. Trage Vortragszeichen vom Rand an passenden Stellen ein.

7 Wie wirken eure Monologe?
a. Lest die Textstelle mithilfe eurer Vortragszeichen in der Klasse vor.
b. Vergleicht die Wirkung der verschiedenen Monologe.

die Wirkung verschiedener Vortragsweisen reflektieren

Nun könnt ihr den ganzen Szenenausschnitt auf den Seiten 164–165 szenisch lesen.

8 **a.** Verteilt die Rollen.
b. Legt eine Klarsichtfolie über die Buchseite und kennzeichnet darauf, wie ihr den Text für eure Rolle sprechen wollt.

9 Übt mithilfe der Arbeitstechnik den Szenenausschnitt ein.

szenisch lesen

Arbeitstechnik

Szenisch lesen

Beim szenischen Lesen wird der Text, in Rollen aufgeteilt, so gelesen, wie er in einer konkreten Szene gesprochen wird.
1. Übt, den Text eurer Rolle **gut** zu **lesen**. Beachtet dabei eure Vortragszeichen und die Regieanweisungen, die ihr mit eurer Stimme umsetzen könnt, z. B. *(mit lärmendem Geschrei)*.
2. Drückt mit eurer Stimme **Gefühle** aus, die zu eurer Figur und zur Handlung in der Szene passen. So könnt ihr eure **Stimme** einsetzen:
   - **Betont** wichtige Wörter.
   - Fügt **Sprechpausen** nach Sinneinheiten des Textes ein.
   - Verändert das **Sprechtempo** und die **Lautstärke** passend zur Figur.
3. **Lest** den Text aller Figuren **mit**. Achtet darauf, wann ihr dran seid.

10 Lest den eingeübten Szenenausschnitt in der Klasse vor und wertet gemeinsam aus. Wie wirkten die einzelnen Figuren?

Vom szenischen Lesen bis zum szenischen Spiel ist es ein kleiner Schritt.

11 Worauf müsst ihr beim Spielen der Szene zusätzlich achten? Bereitet den eingeübten Szenenausschnitt als Spielszene vor.

szenisches Spiel
➤ S. 302

Franz schmiedet einen Plan

Franz ist es im ersten Akt gelungen, Karl und seinen Vater gegeneinander aufzubringen. Nun will er ein weiteres Ziel erreichen.

2. Akt, 1. Szene

Franz von Moor nachdenklich in seinem Zimmer

Franz: Es dauert mir zu lange! – Das Leben des Alten dauert noch eine Ewigkeit! – Ich hätte freie Bahn – bis auf diesen ärgerlichen zähen Klumpen Fleisch, der mir den Weg zu meinen Zielen versperrt. – [...] Wer es verstünde, den Körper vom Geist her zu verderben – ha! Ein Werk ohnegleichen! Denk mal nach, Franz! [...] Welche Empfindungen können das Leben am meisten gefährden? *Zorn?* – dieser heißhungrige Wolf frisst sich zu schnell satt. – *Sorge?* – dieser Wurm nagt mir zu langsam. – *Gram?* – diese Natter schleicht mir zu träge. – Ist das schon alles? – *(Nachdenklich)* Wie? – Nun? – Was? – Nein! – Ha! *(Auffahrend) Schreck!* – Was kann der Schreck nicht? – Und doch? – Wenn der Körper auch diesem Sturm widersteht? – O so komme du mir zu Hilfe, *Jammer*, und du, *Reue*, ihre Schlangen, die ihren Fraß wiederkäuen und ihren eigenen Kot wieder fressen; und du, heulende *Selbstanklage*, wie du dein eigenes Haus verwüstest – Ich werde Schlag auf Schlag das zerbrechliche Leben des Alten angreifen, bis es in Verzweiflung zerbricht. [...]

Hermann, ein junger Mann aus der Nachbarschaft, tritt auf.

Hermann: Zu Ihren Diensten, gnädiger Junker[1]!

Franz *(gibt ihm die Hand)*: Ich habe dir etwas zu sagen, Hermann.

Hermann: Ich höre mit tausend Ohren.

Franz: Ich kenne dich, du bist ein entschlossener Kerl. – Mein Vater hat dich sehr beleidigt, Hermann!

Hermann: Der Teufel hole mich, wenn ich's vergesse!

Franz: Das ist der Ton eines Manns! Rache geziemt einer männlichen Brust. Du gefällst mir, Hermann. Nimm diesen Geldbeutel, Hermann. Er sollte schwerer sein, wenn ich erst *Herr* hier bin.

Hermann: Das ist ja mein ewiger Wunsch, gnädiger Junker, ich danke Ihnen.

Franz: Wirklich, Hermann? Wünschst du wirklich, ich wäre Herr? – Aber mein Vater hat das Mark eines Löwen und ich bin der jüngere Sohn.

Hermann: Ich wollte, Sie wären der ältere Sohn und Ihr Vater hätte das Mark eines schwindsüchtigen[2] Mädchens.

Franz: Ha! Wie ich dich *dann* belohnen würde! – [...] Aber ich vergesse, was ich dir sagen wollte – hast du das Fräulein Amalia schon vergessen, Hermann?

Hermann: Donnerwetter! Warum erinnern Sie mich an sie?

Franz: Mein Bruder hat sie dir weggefischt.

[1] gnädiger Junker: respektvolle Anrede für einen jungen Großgrundbesitzer zu Schillers Lebzeiten
[2] die Schwindsucht: eine Krankheit der Lunge

Hermann: Er soll dafür büßen!

Franz: Sie gab dir einen Korb. Ich glaube gar, mein Bruder hat dich damals die Treppen hinuntergestoßen.

Hermann: Ich will ihn dafür in die Hölle stoßen. – Sagen Sie mir! Was soll ich tun?

Franz: Höre denn, Hermann! […] – Geh – kleide dich um – mach dich ganz unkenntlich, lass dich beim Alten melden, gib vor, du kämest direkt aus Böhmen, hättest mit meinem Bruder an der Schlacht bei Prag[3] teilgenommen – hättest gesehen, dass er auf dem Schlachtfeld gefallen ist.

Hermann: Wird man mir das glauben?

Franz: Hoho! Dafür lass mich sorgen! Nimm dieses Paket. Hier findest du alle Einzelheiten für deinen Auftrag. […] – Das Weitere überlass mir!

Hermann: Und das wird sein: „Vivat[4] der neue Herr, Franziskus von Moor!"

Franz *(streichelt ihm die Wange)*: Wie schlau du bist! – Auf diese Weise erreichen wir beide unsere Ziele. Amalia gibt ihre Hoffnung auf meinen Bruder auf. Der Alte gibt sich die Schuld am Tod seines Sohnes – er kränkelt – […] er wird die Nachricht nicht überleben. Kurz, alles geht nach Wunsch – aber du darfst dein Wort nicht zurücknehmen.

Hermann: Was sagen Sie? *(Frohlockend)* Eher soll die Kugel in den Gewehrlauf zurückkehren. – Rechnen Sie fest mit mir! Lassen Sie mich nur machen – Adieu!

Franz *(ihm nachrufend)*: Die Ernte ist dein, lieber Hermann! – *(Zu sich selbst)* Wenn der Ochse den Kornwagen in die Scheune gezogen hat, muss er sich mit Heu begnügen. Dir eine Stallmagd[5] und keine Amalia! *(Geht weg.)*

[3] die Schlacht bei Prag (in Böhmen): 1757 Sieg der Preußen über die Österreicher
[4] Vivat: Er lebe hoch! [5] die Stallmagd: eine Bedienstete, die im Stall arbeitete

In dem Monolog (Z. 1–16) spricht Franz über seinen Vater.

1 Wie spricht Franz von seinem Vater? Beurteile Franz' Haltung.

2 **a.** Erkläre mit eigenen Worten, was Franz vorhat.
b. Schreibe auf, welche Gefühle er bei seinem Vater auslösen will, und erkläre die Metaphern, die er dazu verwendet.

Starthilfe
„Zorn? – dieser heißhungrige Wolf frisst sich zu schnell satt." (Z. 7): starkes Gefühl (Wut), das nicht lange anhält

In dem Dialog (Z. 17–60) mit Hermann entwickelt Franz seinen Plan.

3 **a.** Schreibe auf, was du über Hermann erfährst.
b. Erkläre, warum Hermann für Franz lügen will.

4 Welchen Figuren schadet Franz mit seiner Intrige? Beantworte die Frage mithilfe der Informationen am Rand.

Info
Die **Intrige** im Theater: Die Intrige ist ein geheimer Plan, den sich eine Figur ausdenkt und durchführt, um anderen Figuren des Dramas zu schaden. Meistens werden dabei absichtlich Missverständnisse erzeugt und es wird dafür gesorgt, dass Streit entsteht. Die Intrige führt dazu, dass sich die Handlung dramatisch entwickelt.

Ein Ende mit Schrecken: Die Katastrophe

Das Wort Katastrophe wird im alltäglichen Sprachgebrauch und als Fachwort verwendet.

1 Was verstehst du unter einer Katastrophe? Erkläre die Bedeutung des Wortes anhand von Beispielen.

2 Wie unterscheidet sich die Bedeutung von **Katastrophe** als Fachwort von der Bedeutung im alltäglichen Sprachgebrauch? Beantworte die Frage mithilfe der Informationen am Rand.

Info

Sehr viele Theaterstücke enden mit einer **Katastrophe**. In der Fachsprache bedeutet das in diesem Zusammenhang: Auflösung der Konflikte, die im Laufe des Stücks entstanden sind. In einigen (tragischen) Stücken ist die Katastrophe ein Ende mit Schrecken, das Leben der Heldin oder des Helden ist zerstört. Die Konflikte des Stücks werden damit aufgelöst.

So hat sich die Handlung der Tragödie weiterentwickelt:

Karl ist verkleidet auf das Schloss seines Vaters zurückgekehrt. Sein Vater, der bis dahin alle Bemühungen von Franz überlebt hat, ihn zu töten, stirbt, als Karl sich zu erkennen gibt. Franz bringt sich um, als die Räuber das Schloss stürmen. Amalia hält treu zu Karl und ist bereit, mit ihm ein neues Leben anzufangen.

3 Was wird Karl am Ende tun? Begründet eure Vermutungen.

5. Akt, 2. Szene

Karl *(aufblühend in schwärmerischer Wonne[1])*: Sie vergibt mir, sie liebt mich! – [...] Weinenden Dank dir, Erbarmer im Himmel! *(Er fällt auf die Knie und weint heftig.)* Der Friede meiner Seele ist wiedergekommen. *(Aufstehend, zu den Räubern)* So weint doch mit mir! – O Amalia! Amalia! Amalia!

Er hängt an ihrem Mund, sie bleiben in stummer Umarmung.

Ein Räuber *(grimmig hervortretend)*: Halt ein, Verräter! – Lass sofort diese Arme los [...]! *(Senkt das Schwert zwischen beide.)*

Ein alter Räuber: [...] Hast du damals nicht deine Hand gehoben zum heiligen Eid[2] und geschworen, uns nie zu verlassen? Wie auch wir dich nicht verlassen haben? – Ehrloser! Treuloser! Und du willst jetzt deinen Eid brechen, nur weil so ein Weibsbild[3] heult? [...]

Die Räuber *(durcheinander, reißen ihre Jacken auf)*: Schau her, schau! Kennst du diese Narben? Du bist *unser*! Mit unserem Herzblut haben wir dich zum Leibeigenen gekauft, du gehörst *uns*! – Marsch, komm mit uns, Opfer um Opfer!! Amalia für die Bande!!

Karl *(lässt ihre Hand fahren)*: Es ist aus! – Ich wollte umkehren, aber es kann nicht sein. *(Kalt)* [...] Ein großer Sünder kann nie umkehren, das hätte ich längst wissen müssen. – Kommt Kameraden!

Amalia *(reißt ihn zurück)*: Halt, halt! Einen Stoß! Einen Todesstoß! – Schon wieder verlassen! Zieh dein Schwert und erbarme dich!

Karl: Das Erbarmen ist zu den Bären geflohen – ich töte dich nicht!

[1] die Wonne: Freude, Zufriedenheit [2] der Eid: ein Schwur
[3] das Weibsbild: abwertende Bezeichnung für eine Frau

Amalia *(seine Knie umfassend)*: O um Gottes willen! Ich will ja keine Liebe mehr, Tod ist meine Bitte. – Verlassen, verlassen! Ich werde es nicht überleben. Du siehst ja, das kann kein Weib überleben. Tod ist meine Bitte nur! Ich habe das Herz nicht, selbst zuzustoßen. Mir bangt vor der blitzenden Schneide – dir ist's ja so leicht, […] bist ja Meister im Morden, zieh dein Schwert und ich bin glücklich!

Auf Amalias Flehen zielt einer der Räuber auf sie.

Karl: Halt! Moors Geliebte soll nur durch Moor sterben!
Er ermordet sie.

Die Räuber: Hauptmann, Hauptmann! Was machst du, bist du wahnsinnig geworden?

Karl: *(auf den Leichnam mit starrem Blick)*: Sie ist getroffen! Dies Zucken noch und dann wird's vorbei sein. – Nun, seht doch! Habt ihr noch was zu fordern? Ihr habt mir euer Leben geopfert, ein Leben voll Abscheulichkeit und Schande – ich hab euch einen Engel geschlachtet. Seid ihr nun zufrieden? […]

Schwarz: Sei ruhig, Hauptmann! Komm mit uns, dieser Anblick ist nichts für dich. Führe uns weiter!

Karl: Halt – noch ein Wort, eh wir weitergehen: Ich höre von heute an auf, euer Hauptmann zu sein. Mit Scham und Grauen lege ich dieses blutige Amt nieder. Was war ich doch für ein Narr, ich wollte die Welt durch Grausamkeiten verbessern und die Gesetze durch Gesetzlosigkeit aufrecht halten. – O eitle Kinderei! – Da stehe ich am Rand eines entsetzlichen Lebens und erfahre nun mit Zähneklappern und Heulen, dass zwei Menschen wie ich den ganzen Bau der sittlichen Welt zugrunde richten würden!! – […] Freilich steht's nicht in meiner Macht, die Vergangenheit ungeschehen zu machen. Aber noch bleibt mir etwas übrig, womit ich die beleidigten Gesetze versöhnen und die misshandelte Ordnung heilen kann. Sie bedarf eines Opfers – dieses Opfer bin *ich selbst.*

Räuber: Nehmt ihm den Degen weg. – Er will sich umbringen.

Karl: Narren ihr! Zu ewiger Blindheit verdammt! *(Wirft ihnen seine Waffen verächtlich vor die Füße.)* Ich werde mich aus freien Stücken der Justiz ausliefern. *(Nach einigem Nachsinnen)* Ich erinnere mich, einen armen Kerl gesprochen zu haben, der als Tagelöhner arbeitet und elf Kinder hat. – Man hat tausend Taler geboten, wer den großen Räuber lebendig ausliefert – dem Mann kann geholfen werden.
Er geht weg.

4 Worin besteht im Drama „Die Räuber“ die Katastrophe? Erkläre sie mithilfe der Informationen in der Randspalte auf Seite 170.

die Katastrophe verstehen

Z **5** Vergleicht die Wirkung des Endes im Gegensatz zu einem „Happyend“.

die Wirkung beurteilen

Die Räuber: Eine aktuelle Tragödie?

Ihr habt in diesem Kapitel das Drama „Die Räuber" kennen gelernt, das tragisch endet. Diese Form eines Dramas nennt man Tragödie.

1 Erklärt, was ihr unter den Begriffen **tragisch** und **Tragödie** versteht.

Bedeutungen klären

In der Fachliteratur ist die Tragödie ein feststehender Begriff. Zu Schillers Zeiten wiesen Tragödien häufig folgende Merkmale auf.

Merkwissen

Merkmale einer Tragödie
Es gibt eine Heldin oder einen Helden, die/der unverschuldet ins Unglück stürzt oder das Opfer eines hinterlistigen Plans (einer Intrige) wird. Die Heldin/der Held verstrickt sich in Schwierigkeiten. Am Ende kommt es zur Katastrophe, die ihr/sein Leben zerstört. Die Heldin/der Held erkennt die eigenen Irrtümer und scheitert.

2 Warum ist das Drama „Die Räuber" eine Tragödie?
Weist die Merkmale anhand der Informationen aus diesem Kapitel nach.

Merkmale nachweisen

Die Tragödie „Die Räuber" enthält viele Stellen, die als Kritik an den gesellschaftlichen Zuständen zu Schillers Lebzeiten gedeutet werden können. So beschreibt Razmann Karls Verhalten:

2. Akt, 3. Szene

Razmann: […] Er mordet nicht um des Raubes willen wie wir – nach dem Geld schien er nicht mehr zu fragen, seitdem er genug haben kann, und selbst sein Drittel der Beute, das ihm von Rechts wegen zusteht, verschenkt er an Waisenkinder oder lässt damit arme, hoffnungsvolle Jungen studieren. – Aber wenn er einen Landjunker[1] schröpfen[2] kann, der seine Bauern wie Vieh schindet, oder einen Gerichtsbeamten zu fassen kriegt, der die Gesetze falsch auslegt, weil er sich bestechen lässt, oder sonst ein Herrchen von diesem Gesindel – Kerl! da ist er in seinem Element und wütet wie ein Teufel.

Spiegelberg: Hm! hm!

Razmann: Neulich erfuhren wir im Wirtshaus, dass ein reicher Graf von Regensburg durchreisen würde, der einen Prozess um eine Million durch die Kniffe seines Advokaten[3] gewonnen hatte. Der Hauptmann saß eben am Tisch und spielte Schach. – „Wie viele sind wir?", fragte er mich, indem er hastig aufstand. – […] „Nicht mehr als fünf", sagte ich – „Es ist genug!", sagte er, […] ließ den Wein, den er bestellt hatte, unberührt stehen – wir haben uns auf den Weg gemacht. Die ganze Zeit über hat er

[1] der Landjunker: ein Edelmann, der viel Land besaß
[2] schröpfen: hier: jemanden viel Geld zahlen lassen [3] der Advokat: ein Rechtsanwalt

kein Wort gesprochen. Endlich kommt der Graf hergefahren, den Wagen schwer bepackt, der Advokat saß bei ihm drin, voraus ein Reiter, nebenher ritten zwei Knechte. – Da hättest du den Hauptmann sehen sollen, wie er, zwei Pistolen in der Hand, vor uns her auf den Wagen zugesprungen ist! Er rief: „Halt!“ – der Kutscher, der nicht halten wollte, musste vom Bock herabtanzen[4], der Graf schoss aus dem Wagen in den Wind, die Reiter flohen – „Dein Geld, Kanaille[5]!“, rief er donnernd, „du bist der Schurke, der die Gerechtigkeit bestochen macht?“ Der Advokat zitterte, dass ihm die Zähne klapperten – der Dolch steckte in seinem Bauch wie ein Pfahl im Weinberg. – „Ich habe das Meine getan!“, rief er, und wandte sich stolz von uns weg, „Das Plündern ist eure Sache.“ – Und verschwand im Wald –

[4] vom Bock herabtanzen: vom Kutschbock herabspringen [5] die Kanaille: ein Schuft, ein Halunke

3 **a.** Beschreibt, wie sich Karl als Räuberhauptmann verhält.
b. Tauscht euch darüber aus, welche Kritik in Karls Verhalten liegt.

die Figurengestaltung untersuchen

Die Tragödie „Die Räuber“ gilt immer noch als aktuell und so gibt es viele moderne Inszenierungen an den Theatern.

Salzburger Festspiele, 2008

Gemeinschaftszentrum Jungbusch, Mannheim 2005

4 Was könnten die Figuren heute kritisieren?
a. Beschreibt, wie die Räuber auf den Szenenfotos dargestellt werden.
b. Deutet ihre Gestik, ihre Mimik und ihre Kleidung.

Szenenfotos beschreiben und deuten

5 Entwerft selbst einen „modernen“ Karl.
Sucht Abbildungen davon, wie ihr ihn euch vorstellt, oder fertigt selbst eine Skizze von ihm an.

eine Figur modern gestalten

Z **6** Diskutiert, warum die Tragödie „Die Räuber“ bis heute aufgeführt wird und das Interesse der Zuschauer weckt.

über die Aktualität der Tragödie diskutieren

Ein Puzzlespiel: Jan de Leeuw und seine Bücher

Das Geheimnis des Großvaters

Der Autor Jan de Leeuw schreibt unterschiedliche Geschichten. Er führt die Leserinnen und Leser auf Spurensuche und regt sie an, sich ihr eigenes Bild von den Personen und Ereignissen zusammenzusetzen. In diesem Kapitel lernt ihr einige seiner Romane kennen.

In dem Jugendroman „Das Schweigen der Eulen" muss der dreizehnjährige Arnoud mit seinem Vater die Sommerferien in dem kleinen Dorf Deemstervelde verbringen. Unter dem Nachlass der verstorbenen Großmutter findet sich ein Nähkästchen, in dem Arnoud einen langen Brief entdeckt. Die Geschichte, die sie ihm darin erzählt, bringt ihn auf die Spur eines alten Verbrechens, das sich in den Tagen des Zweiten Weltkriegs im Dorf zugetragen hat.

Das Schweigen der Eulen Jan de Leeuw

Dein Großvater war übrigens keiner, den man leicht vergaß. Und das nicht nur deshalb, weil er so eine Erscheinung war. Denn das war er, eine außergewöhnliche Erscheinung.

Ich dachte an die tratschenden Frauen auf dem Friedhof. Die hatten meinen Großvater auch schon so ausnehmend gefunden.

Es war auch nicht, weil er stark war. Oder klug. Oder schnell. Das war er alles. Aber da war noch mehr. Dein Großvater war eigen. Er war besonders. Er war größer, schien gegenwärtiger als die anderen Männer, die ich kannte. Er war zu groß für unser Dorf. In seiner Nähe verkehren hieß vor einer heißen Ofentür zu stehen oder einem Platzregen oder einem Sturmwind trotzen zu müssen. Er war kein Mann, eher eine Naturgewalt.
Ich erinnere mich noch gut an das erste Mal, als ich ihn sah. Ich war acht Jahre alt, aber der Tag hat sich mir ins Gedächtnis gegraben.
Es war ein strenger Winter. Die Tongruben in der Umgebung froren zu und verwandelten sich in Schlittschuhparadiese. Alle Kinder des Dorfes waren auf dem Eis zu finden. Manche hatten Schlittschuhe, andere versuchten, auf ihren Holzschuhen zu schlittern. Wie es schon seit Tausenden von Jahren war und wahrscheinlich auch noch in Tausenden von Jahren sein wird, falls sich

die Welt nicht völlig verändert, taten die Jungs mutig und taten die Mädchen, als würden sie das nicht bemerken.

In die Mitte von einer der Eisflächen hatten die Jungs ein Loch gehackt und versuchten, wie Eskimos darin zu angeln. Das klappte natürlich nicht, weil es, wie sie selbst wussten, in den Tongruben keine Fische gab. Sie wurden es schnell leid und versuchten, sich stattdessen gegenseitig in das Loch zu stoßen. Als ihnen auch das zu langweilig wurde, rief Jules Schoonjans, sie könnten doch besser eines der Mädchen als Köder benutzen. Natürlich stoben wir alle lachend und kreischend davon. Nur Louisa de Rekel rutschte aus. Die Jungs fassten sie an einem Bein und schleiften sie johlend zu dem Eisloch. Sie schrie und schrie, aber wir alle blieben in sicherer Entfernung. Wir dachten nicht, dass die Jungs es so weit treiben würden.

Louisa hatte Todesangst. Sie wehrte sich, biss und trat so wild um sich, dass sie sie zuletzt losließen. Leider verlor sie das Gleichgewicht, und wir alle sahen sie in Zeitlupe schreiend über das Eis rutschen und mit einem Plumps im Wasser landen. Sie ging unter und tauchte nicht mehr auf.

Die Mädchen schrien. Die Jungs schauten sich gegenseitig an. Sie hatten noch mehr Angst als wir. Was hatten sie getan? Sie wichen zurück, drehten sich um, rannten in alle Richtungen, bloß weg von dem Loch.

Louisa hatte es gegeben.

Aber dann kam wie ein Romanheld dein Großvater zu Pferd aufs Eis geritten. Er war zwölf, aber groß für sein Alter. Er kam von der Baronie, wo er und sein Bruder in den Ställen arbeiteten. Pferde dürfen nicht den ganzen Winter im Stall stehen, und Arnoud[1] *war gerade dabei, eines der Tiere in der frischen Luft zu bewegen, als er den Lärm bemerkte.*

Beim Eisloch stieg er ab, band ein Seil an die Zügel seines Pferdes, wickelte sich das andere Ende ums Handgelenk und tauchte ins Wasser.

Wir hielten den Atem an.

Wie lange konnte man in dem kalten Wasser herumschwimmen?

Endlich tauchte er auf. Mit Louisa. Wir standen da und gafften ihn an, während er versuchte, aus dem Eisloch zu kommen. Wir wurden erst wieder lebendig, als er schon tropfnass auf dem Eis stand.

Die Mädchen begleiteten Louisa nach Hause. Sie lebte noch, aber ihre Zähne klapperten wie Kastagnetten. Ich blieb stehen und sah, wie Arnoud zu den Jungs lief. Ich weiß nicht, was er zu ihnen sagte, aber plötzlich lag Jules Schoonjans auf dem Eis. Arnoud hatte ihn niedergeschlagen und zerrte ihn am Kragen zu dem Loch. Jules rief und flehte, aber keiner trat zwischen die beiden. Einen Meter vor dem Loch blieb Arnoud stehen. Er rief Jules etwas zu. Der nickte und stand auf. Er begann sich auszuziehen. Arnoud zog ebenfalls seine nassen Sachen aus.

[1] Der Enkel Arnoud wurde nach seinem Großvater benannt.

Und da standen sie, zwei nackte Jungs auf dem Eis. Dein Großvater, der nackte Held. Nur kurz. Dann zog er sich Jules' Sachen an und ritt fort. Der nackte Jules ließ Arnouds nasse Sachen wohlweislich liegen und wickelte sich stattdessen in die Westen und Schals der anderen Jungs. Ich weiß nicht, was es war, was von ihm ausging, eine Art Spannung, Willenskraft oder Elektrizität, aber er sprühte nur so davon. Alle Mädchen träumten von ihm. Aber nicht eine von ihnen dachte daran, etwas mit ihm anzufangen. Man fängt auch nichts mit dem Blitz an oder mit einem wilden Stier. Du starrst, der Mund klappt dir auf, du bist vorübergehend nicht von dieser Welt, aber dann nimmst du deinen Korb oder dein Fahrrad und scherst dich weiter. [...]

Die Großmutter beschreibt den Großvater als eine „außergewöhnliche Erscheinung" (Z. 3).

eine Hauptfigur charakterisieren

Figurencharakteristik
➤ S. 297

1 Charakterisiert die Figur des Großvaters.
- **a.** Sammelt zunächst, was ihr in diesem Textauszug an Fakten erfahrt.
- **b.** Sammelt Vergleiche und Bilder im Text, mit denen die Großmutter den Großvater beschreibt. Erklärt sie mit eigenen Worten.
- **c.** Schreibt eine Charakterisierung des Großvaters.

das Verhalten der Hauptfigur bewerten

2 Wie bewertet ihr das Verhalten des Großvaters?
- **a.** Gebt mit eigenen Worten das Ereignis am Eisloch wieder, das die Großmutter in ihrem Brief schildert.
- **b.** Tauscht euch über die Reaktion des Großvaters aus und bewertet sein Verhalten.

Der Brief der Großmutter hat Arnoud neugierig gemacht; leider bricht er mitten in der Erzählung ab und die fehlenden Seiten sind nicht aufzufinden. Arnoud weiß nur, dass während des Zweiten Weltkriegs, zur Zeit der deutschen Besatzung in Belgien, etwas geschehen sein muss, was mit dem Großvater und seinem Tod zu tun hat. Also fragt er seinen Vater, was er über die damaligen Ereignisse weiß.

„Pa, wie ist Großvater gestorben?"

„Wie er gestorben ist? Habe ich dir das nie erzählt?"

Nein, das hatte er mir nie erzählt. Er war ein Deemstervelder, wie sehr er sich auch bemühen mochte, das zu vergessen, und spontane Bekenntnisse waren nicht seine stärkste Seite.

Er setzte sich auf einen Teppich und drehte sich seine zweite Zigarette. Er gönnte sich fünf pro Tag. Und meistens drehte, zupfte und leckte er in äußerster Konzentration, so als würde das Rauchen dadurch länger dauern.

„Es ist keine schöne Geschichte. Aber du bist kein Kind mehr."

Er warf mir einen kurzen Blick zu.

„Besser, du setzt dich ebenfalls hin."
Er klopfte auf den Teppich, und der Staub brachte uns beide zum Husten. Die fertig gedrehte Zigarette legte er neben sich. Die war zu gut, um sie während des Erzählens zu rauchen.
„Ich habe mir die Bruchstücke selbst zusammenpuzzeln müssen, denn ich war noch nicht geboren, als es passiert ist, und deine Großmutter wollte nie darüber reden, genauso wenig wie die Leute im Dorf. Es war Juni 1940, mitten im Krieg. Die Deutschen hatten das Land besetzt. Es wurde auch noch an anderen Orten gekämpft: in Afrika, in Russland, im Mittelmeergebiet. Aber Belgien war deutsch. Nicht alle waren mit der Besatzung einverstanden. Es gab bewaffneten Widerstand, besonders in den Städten. Auf dem Land protestierte man auch, allerdings anders. Man warf keine Bomben und schmuggelte keine Flugblätter. Dafür war man fauler und schlampiger, als die Deutschen es sich erhofft hatten. Pferde, die abgegeben werden mussten, verschwanden auf geheimnisvolle Weise. Kühe brachen aus den Ställen aus und wurden nie mehr wiedergefunden. Scheunen von deutschfreundlichen Bauern standen plötzlich in Flammen. Derartige Dinge, Zufälle, denen wohlmeinende Bauernhände ein wenig nachgeholfen hatten. Und das Land war in diesen Kriegsjahren reicher als die Stadt. Hier fand man noch Fleisch und Eier und Kartoffeln. Manchmal kamen die Städter zu Fuß hierher und bettelten um ein paar Erdäpfel. Keine Bettler, sondern ganz normale Leute, die kein Essen mehr bezahlen konnten. Im Juni 42, vor auf den Tag genau vierundfünfzig Jahren, fuhr abends ein deutscher Konvoi durchs Dorf. Kein großer Konvoi, sondern nur ein einziger Laster, begleitet von einem Personenwagen. Zum Übernachten legten die Deutschen einen Halt im Schloss des Barons ein, nicht weit vom Dorf entfernt."

Das Schloss!
„Der Baron hielt es mit den Deutschen. Er und seine Familie waren für die Besetzung Belgiens. Die Deutschen konnten sich eines guten Empfangs sicher sein, mit schmackhaftem Essen, Musik und weichen Betten. Das war besser als eine frostige Kaserne. Wahrscheinlich sind sie deshalb über Deemstervelde gefahren. Was sonst hatten sie in dieser Gegend verloren? Ich hoffe, sie haben gut geschlafen, denn für einige von ihnen war es das letzte Mal. Frühmorgens wurde der Transport ein Stück weiter im Wald überfallen. Ein paar Deutsche wurden erschossen, und der Lastwagen wurde gestohlen.
Deutsche zu töten, war unvernünftig. Die Repressalien folgten schnell. Schon am selben Morgen kam die Wehrmacht ins Dorf gefahren. Sie brachten die ersten zehn Männer, die ihnen über den Weg liefen, zum Platz vor der Kirche. Diese Leute hatten nichts mit dem Überfall zu schaffen gehabt. Aber das war den Deutschen gleich. Die tatsächlichen Schuldigen, also diejenigen, die den Überfall begangen hatten, bekamen bis um zwölf Uhr mittags Zeit, sich zu melden.

Anderenfalls würden diese zehn Männer erschossen. Einer der zehn war dein Großvater. Versuch dir mal vorzustellen, wie es gewesen sein muss, da auf dem Platz zu stehen und die Blicke des ganzen Dorfes auf dich gerichtet zu sehen. Deine Frau, deine Kinder und deine Eltern stehen da und schauen dich an und können nichts tun.

Und es wird zehn Uhr. Und es wird elf Uhr. Und niemand taucht auf und meldet sich. Du folgst den Zeigern der Kirchturmuhr. Und es wird immer später. Und das ist das Ende deines Lebens. Um Viertel vor zwölf, als immer noch keiner aufgetaucht war, tritt dein Großvater aus der Reihe. [...]"

3 Gebt mit eigenen Worten wieder, wie der Vater die Situation der Leute während des 2. Weltkriegs in Belgien beschreibt.

die historische Situation wiedergeben

Der Vorfall im Juni 1942 spielt im Roman eine wichtige Rolle.

4 **a.** Gebt wieder, was sich damals ereignet hat.
b. Sprecht darüber, warum dieser Überfall stattgefunden haben könnte.
c. Tauscht euch darüber aus, warum der Großvater aus der Reihe getreten ist.

die Handlung wiedergeben

5 Tauscht euch darüber aus, ob Arnoud nach dem Gespräch mit dem Vater ein anderes Bild von seinem Großvater hat als vorher.

die Charakterisierung ergänzen

Arnoud lernt Titus kennen, der über Eulen forscht und bei seiner Arbeit die Leute im Dorf näher kennen gelernt hat. Beide sprechen über die Ereignisse während des Krieges.

„Weißt du, wie dein Großvater gestorben ist?"

„Die Deutschen haben ihn im Krieg erschossen, ihn und noch ein paar andere Leute aus dem Dorf. Jedenfalls sagt das mein Vater."

„Und weißt du auch, weshalb sie das getan haben?"

„Als Reaktion auf einen Überfall, sagt er. Er sagt, sie hätten die ersten zehn Mann, denen sie begegnet sind, aufgegriffen und auf den Platz gebracht."

„Das stimmt so ungefähr. Aber nicht ganz. Ich bin letzte Woche wegen des Nistkastens beim Pastor gewesen, und von ihm weiß ich, dass in dem Turm immer eine Schleiereule gehaust hat. Aber eines Tages war sie verschwunden, und nie wieder hat man eine Eule im Turm gesehen. Natürlich hat man in Deemstervelde eine abergläubische Erklärung dafür. Und seltsamerweise schien auch der Herr Pastor dafür anfällig zu sein. Ich solle mir nicht zu viel von dem Kasten versprechen, meinte er. Es sei vergebliche Mühe. Ihm zufolge ist die Eule am selben Tag weggeflogen, als dein Großvater füsiliert[2] wurde. Man hat die Männer hier auf dem Platz erschossen, und der Lärm soll die Eule im Turm aufgeschreckt haben,

[2] füsiliert: standrechtlich erschießen

und sie soll davongeflogen sein. Glaubt man den Leuten in Deemstervelde, dann wird erst wieder eine Eule zurückkehren, wenn der letzte Schuldige an den Morden gestorben ist. Für die Leute im Dorf ist auch klar, wer das ist: die Baroness."

„Aber wieso?"

„Die Deutschen haben zehn Leute gefasst, aber sie haben es nicht willkürlich getan. Die ersten neun Männer, die das Unglück hatten, den Deutschen zu begegnen, wurden tatsächlich einfach so vom Acker oder von der Straße geholt. Aber dein Großvater lief nicht draußen herum. Der unterrichtete zu diesem Zeitpunkt in seiner kleinen Schule. Und doch fuhren die Deutschen durch das ganze Dorf, bis sie dort waren. Sie sind in die Schule eingefallen und haben ihn vor den erschrockenen Augen seiner Schüler aus der Klasse gezerrt."

Davon hatte mein Vater mir nichts erzählt.

„Die Deutschen sind aus der Stadt gekommen. Die kannten hier niemanden. Deemstervelde ist ein Dörfchen von der Größe einer Briefmarke, das brachte sie nicht um den Schlaf. Und doch kannten sie deinen Großvater beim Namen."

[...]

„Wieso gerade ihn, Titus?"

„Wer kann das wissen? Arnoud de Vriendt gehörte nicht zum Widerstand, jedenfalls wurde nach dem Krieg nichts Entsprechendes festgestellt. Mit dem Überfall auf den Konvoi hatte er nichts zu tun. Man glaubt, dass es einen persönlichen Grund gegeben hat, ihn festzunehmen. Dass jemand ihn lieber tot als lebend gesehen hat. Und dieser Jemand war der Baron. So jedenfalls denkt man im Dorf darüber."

„Und wieso?"

„Das weiß ich nicht genau. Es hat mit der Tochter des Barons zu tun, die immer noch dort im Schloss wohnt. Aber wenn man hier über die Baroness redet, wird es dermaßen verwirrend, dass ich den Erzählungen kaum mehr folgen kann. Irgendetwas muss zwischen der Baroness und deinem Großvater gewesen sein. Das ist alles, was ich mit Sicherheit weiß."

Mein Großvater und die Baroness. Was muss man tun, um jemanden so zu hassen, dass man seinen Tod wünscht?

6 Schreibt auf, welche neuen „Puzzleteile" Arnoud von Titus für das Bild erhält, das er sich von seinem Großvater macht.

die Charakterisierung ergänzen

7 Tauscht euch darüber aus, was damals vorgefallen sein könnte, und haltet eure Ideen fest.

Vermutungen anstellen

Wenn ihr wissen wollt, wie es weitergeht, dann lest das Buch. So könnt ihr eure Vorstellungen mit dem vergleichen, was im Buch tatsächlich geschieht.

Eine märchenhafte Atmosphäre

Der zweite Roman „Nachtland“ beginnt wie ein Fantasyroman. Diesen Eindruck erweckt auch der Klappentext des Buches.

Eine Blutspur führt Niels über den zugefrorenen See in das märchenhafte Katatonien. Er ist auf der Suche nach seinem Vater, der vor vielen Jahren einfach verschwunden ist. Doch das Land wird zerrieben in einem erbarmungslosen Kampf um die Macht. Und ihm, dem Fremden aus dem Land jenseits des Sees, werden magische Kräfte zugeschrieben, die jeder für sich einzusetzen hofft. Einzig Maja, allein wie er, scheint ihm aufrichtig helfen zu wollen. Seine Suche, die zugleich eine Flucht ist, führt ihn quer durch das ganze Land. Bis er schließlich allein in der Todeswüste strandet …

1 Sammelt Ideen, wie ihr euch nach diesem Klappentext die Geschichte vorstellt.

Ideen zur Geschichte entwickeln

Die Hauptfigur Niels fällt nach einem Unfall auf einem zugefrorenen See in ein Koma. Die fantastischen Ereignisse spielen sich in seinem Unterbewusstsein ab. Nach und nach wird deutlich, dass sie mit einem lang verborgenen Geheimnis seiner Familie zu tun haben. Der folgende Auszug beschreibt Niels' Ankunft in Katatonien.

Nachtland Jan de Leeuw

Dann sah er die Lichter.

Nacheinander tauchten Flammen in der Dunkelheit auf. Sie bildeten eine Lichterkette am Himmel. Es waren Leuchtfeuer. Und Leuchtfeuer befanden sich an Land. Er brauchte die Hasenspuren nicht mehr.

Mit neuer Kraft ging er auf die Lichter zu, bis er ans Ufer stieß. An Gestrüpp und Nesseln zog er sich die Böschung hinauf. Die Schmerzen an seinen Händen spürte er erst später. Fast hätte er den gefrorenen Schnee geküsst, so erleichtert war er, wieder auf festem Boden zu stehen.

Aber als er endlich ans Ufer gekraxelt war, verhinderten Bäume die Sicht auf die Feuer. Ruhig bleiben. Nicht wieder in Panik geraten. Er durfte sich jetzt nicht verirren. Er würde sich nach einem der Feuer richten und es nicht mehr aus den Augen lassen.

Zweige verhakten sich an seiner Kleidung, aber das war ihm gleich. Auch der plötzliche Lärm nächtlicher Tiere im Wald, nach der Stille auf dem See eine Explosion von Geräuschen, brachte ihn nicht aus dem Konzept.

Nicht mehr lange, und er würde wieder unter Menschen sein.

Er musste wachsam bleiben. Das hier war ein fremdes, grausames Land.

Wer wusste, was sie mit ungebetenen Gästen wie ihm machten? Aber ein wenig Wärme und Essen würde man ihm doch gönnen? Mit etwas Brot und Käse wäre er schon zufrieden. Sein Magen knurrte bei dem Gedanken daran.

Er ging weiter.

Und blieb stehen. Es war nicht sein Magen, den er hörte, und ebenso wenig das Murmeln unschuldiger Nachttiere. Das hier war das Knurren eines Fleischfressers.

Zum ersten Mal, seit er am Ufer lief, spürte er, wie die Dunkelheit auf ihm lastete. Die Leuchtzeichen waren plötzlich weit weg, und ihm wurde bewusst, dass er ganz allein durch einen dunklen Wald irrte und keine Ahnung hatte, was ihm da im Schutz der Nacht auflauerte.

Sollte er es riskieren und losrennen? Das wäre unvernünftig. Das Tier, oder was immer es war, hätte ihn sofort eingeholt. Zu rufen wagte er auch nicht. Wer sollte ihn hören? Nur das Tier, das dann sofort wusste, wo er war. Die anderen Tiere waren davongerannt, und es war totenstill unter den Bäumen. Aber das bedeutete nicht, dass die Gefahr verschwunden war.

Er fühlte in seinen Hosentaschen, fand das Messer, klappte es auf und horchte. So wie er hier stand, in der Hand sein zittriges Messer, war er eine leichte Beute. Er musste Deckung suchen. Als nach einer Ewigkeit die Mondsichel hinter einer Wolke hervorkam, sah er direkt vor sich eine alte Eiche. Mit dem Baum im Rücken wäre er etwas besser geschützt. Er wollte gerade zu ihm schleichen, als er das Knurren abermals hörte.

Er hob den Kopf.

Dort, in der Baumkrone, sah er sie. Sieben Wölfe, weiß wie Schnee. Sie hockten reglos in den Ästen. Nur ihre grünen Augen leuchteten im Dunkeln.

Einen Moment lang blieb er stehen, Unglaube und Angst hielten ihn fest. Dann schrie er aus voller Kehle und rannte davon.

2 Beschreibt die Atmosphäre, die in diesem Textauszug erzeugt wird, und führt Textstellen dazu an.

die Atmosphäre beschreiben

3 Der Auszug enthält märchenhafte Elemente. Sucht sie heraus und schreibt sie auf.

die märchenhaften Elemente heraussuchen

W **Wählt aus den Aufgaben aus.**

4 Schreibt die Geschichte weiter. Überlegt, was Niels in den nächsten zehn Minuten passieren könnte.

die Geschichte weitererzählen

5 Beschreibt, wie ihr euch die Bewohner des märchenhaften Katatonien vorstellt.

die Bewohner beschreiben

Symbole in der Literatur

Der Wolf hat Menschen schon immer fasziniert. Er spielt in vielen Büchern und Filmen eine wichtige Rolle, so auch in dem Roman „Nachtland".

1 Was wisst ihr über den Wolf und seine Rolle in der Kunst?
a. Haltet fest, welche Eigenschaften ihr dem Wolf zuordnet, und überlegt, warum ihr ihn so seht.
b. Sammelt Titel von Büchern und Filmen, in denen der Wolf eine wichtige Rolle spielt.

über die Bedeutung des Wolfs in der Kunst sprechen

1

„Der Wolf war in meiner Vorstellung vor allem anderen da. Der Kern des Romans war ein Bild, ein Traum fast, von einem Jungen, der von einem unbekannten Wesen (ein Tier? ein Mann?) in einer verlassenen Buchhandlung gehetzt wird. [...] Dass das Wesen ein Wolf war, schien dann logisch, weil ich etwas mit Märchen machen wollte; (dass in ihnen alles entweder schwarz oder weiß ist, fasziniert mich). Also musste der Wolf im Mittelpunkt stehen: der Böse in den meisten Märchen, die dunkle Macht, die Zähne in der Nacht, die Kreatur, die dich jagt, wenn der Mond scheint. [...] Der Wolf, der Katatonien heimsucht, ist der furchterregendste von allen."
(Jan de Leeuw über „Nachtland")

2

Info

Wolf (*Canis lupus*), größte Art der → Hunde, in der Fabel *Meister Isegrim* genannt.
Die Körpergröße wechselt sehr innerhalb seines weiten Verbreitungsgebietes. Die größten W. leben in der polnahen Arktis: Sie erreichen eine Schulterhöhe von 1 m und dazu 75 kg Gewicht; südindische W. werden nur 60 cm hoch und 20 kg schwer. Auch die Färbung wechselt je nach Gegend außerordentlich; neben den europäisch-russischen *Grauwölfen* gibt es den weißen *Polarwolf* sowie rötliche und braune Formen in verschiedenen Tönungen.

3

Wolf: Der reißende, alles verschlingende Wolf erscheint in der germanischen Mythologie als gefährlicher Dämon, der u. a. durch sein Geheul den Weltuntergang ankündigt. Der mittelalterliche Volksglaube sah den Wolf als bedrohliches dämonisches Tier; Zauberer, Hexen oder der Teufel erschienen in Wolfsgestalt. In anderen Kulturen wird der Wolf verehrt.
Auszug aus *Lexikon der Symbole*

4

Rufus ist der Name von Niels' Vater aus dem Roman „Nachtland".

5

Rotwolf: wissenschaftlicher Name: Canis rufus

2 Lest euch die Informationen durch und vergleicht sie miteinander.

Informationen auswerten

3 Sammelt weitere Informationen über den Wolf und die unterschiedlichen Bedeutungen. Gestaltet ein Plakat dazu.

4 **a.** Informiert über andere Tiere und Gegenstände und deren Bedeutung.
b. Tauscht euch über die Ergebnisse aus.

Taube
Löwe
Schlüssel

Die Quellen des Jan de Leeuw

Jan de Leeuw bezieht seine Ideen aus ganz unterschiedlichen Quellen. Sein Roman „Roter Schnee auf Thorsteinhalla“ geht zum Beispiel auf einen Zeitungsartikel zurück.

Freitag, 2. September 2005, The Guardian

Beute von Jugendlichen erweist sich als Wikingerschatz

Gwladys Fouché in Oslo:
Die Familie Kruze dachte zunächst, es sei Spielzeug, was ihre Kinder da gefunden hatten. Unter dem normalen Krimskrams, wie ihn kleine Jungs gerne sammeln, befanden sich ein eigentümliches Medaillon sowie ein ungewöhnlicher Armreif mit einem Schlangenmotiv.

Aber erst als eine antik aussehende Brustspange in der Spielkiste auftauchte, beschlossen die Kruzes, die Sache etwas eingehender zu untersuchen.

Wie sich herausstellte, hatten die fünfjährigen Zwillinge Arthur und Teodor und ihr kleiner Cousin Jesper nicht mit irgendwelchem Krimskrams gespielt, sondern mit einem zwölfhundert Jahre alten Wikingerschatz, den sie hinten im Garten ausgegraben hatten.

„Nachdem wir im Internet nachgeschaut hatten, wurde uns klar, dass es nicht irgendwelches Zeugs von H & M war“, sagte Maria Kruze, die Mutter der Zwillinge.

Die Kinder fanden den Schatz am Fuß eines Baums im Garten, direkt unter ihrem Baumhaus. Der Fund in Tromsø, einer Stadt 250 Meilen nördlich des Polarkreises, ist eine aufregende Neuigkeit für Archäologen, die meinen, er könne ein neues Licht auf die Wanderungen und Siedlungen der Wikinger werfen.

„Noch nie wurden derartige Wikingerschätze im Norden Norwegens gefunden“, sagte die ortsansässige Archäologin Inger Storli. „Besonders der Armreif mit dem Schlangenkopf und das Medaillon sind außergewöhnlich“, berichtete sie der Zeitung Nordlys.

Archäologen sind noch auf weitere Artefakte gestoßen: ein silbernes Kreuz, einen Ring in Form eines Wolfskopfs sowie Schrauben und Nägel.

1 Welche Geschichte könnte hinter dem Schatz stecken? Entwirf mithilfe der Handlungsbausteine eine Handlung für die Geschichte und schreibe sie auf.

eine Geschichte schreiben
Erzählplan ➤ S. 296

Für einen Roman, der in einer längst vergangenen Zeit spielt, muss gründlich recherchiert werden, wie es zu dieser Zeit ausgesehen hat, damit er authentisch wirkt.

2 Halte fest, was alles überprüft werden sollte. Suche im Internet oder in Büchern nach Informationen und präsentiere sie der Klasse.

recherchieren
im Internet recherchieren ➤ S. 295

Starthilfe
Orts- und Personennamen, Lebensgewohnheiten, …

Der Autor im Gespräch

Der belgische Autor Jan de Leeuw (geb. 1967) wollte schon immer Schriftsteller werden. Er ergriff jedoch zunächst einen Beruf und wurde Psychologe, bevor er 2004 seinen ersten Roman herausbrachte. Mit „Das Schweigen der Eulen" war er sofort erfolgreich. Sein Buch „Schrödinger, Dr. Linda und eine Leiche im Kühlhaus" wurde 2011 für den Deutschen Jugendliteraturpreis nominiert. In seinen Büchern lässt Jan de Leeuw seine Leser gerne selbst nach Antworten suchen. Auch zu seiner Person gibt er nicht viele Informationen preis. Aber ein bisschen verrät er dann doch:

Ihre Bücher unterscheiden sich sehr stark voneinander. Gibt es trotzdem etwas, was sie verbindet?

Eine schwierige Frage. Ich denke nie darüber nach, was kommerziell erfolgreich wäre, sondern ich schreibe über das, was mich interessiert. In diesem Sinne sind sie alle ein Teil von mir.

In den meisten Romanen verlässt ein Kind seine vertraute Umgebung, indem es zum Beispiel davonläuft („Nachtland") oder umzieht („Das Schweigen der Eulen"). Also geht es in allen Büchern um die Suche nach etwas. Das ist nicht weiter überraschend, denn wenn man 12–15 Jahre alt ist, ist das Leben eine Suche. Du erwachst aus der Kindheit, findest dich in einer fremden Welt wieder, in der neue Regeln gelten; plötzlich entdeckst du neue Dimensionen in dieser Welt, von der du doch eigentlich dachtest, dass du sie kennst: die Vorstellung, dass alles vergänglich ist, die Begegnung mit der Sexualität, die veränderte Wahrnehmung, die du von dir selbst hast – all dies führt dazu, dass du die Dinge anders siehst. Es geht also in allen Büchern um die Suche nach Selbsterkenntnis: Wer bin ich, und wo ist mein Platz in der Welt?

Sie schreiben für junge Leser. Gibt es in Ihren Romanen etwas Wichtiges, das Sie ihnen zeigen oder erzählen wollen?

Ich hasse Geschichten mit einer Moral. Aber ich versuche sie trotzdem hineinzuschmuggeln. Bleib dir selber treu. Sei kein Dummkopf.
Mache Fehler – wie willst du sonst lernen? Habe keine Angst.
In anderen Worten: Traue dich zu leben.

Familiengeheimnisse spielen in Ihren Romanen oft eine wichtige Rolle. Glauben Sie, dass es wichtig ist, sich mit der eigenen Familiengeschichte auseinanderzusetzen?

Das hängt von jedem selber ab. Ich finde nicht, dass wir ständig in der Vergangenheit herumwühlen sollten, um alte Geheimnisse zu enthüllen. Manchmal hat es einen Grund, dass es Geheimnisse gibt. Manchmal ist es besser weiterzuleben, als still zu stehen oder gar umzukehren. Aber für manche ist es die einzige Möglichkeit, zu ihren Wurzeln zurückzukehren, um die Dinge zu verstehen. Auch wenn die Vergangenheit – wie in „Das Schweigen der

Eulen" – ein fremdes Land ist; wir wissen nicht genau, wie es dort war, weil wir nicht dort gelebt haben. Man kann seiner Familie nicht entkommen, egal, wie sehr man es versucht. Also sollte man besser lernen, mit ihr klarzukommen.

Woher nehmen Sie die Ideen für Ihre Bücher?
Träume. Andere Bücher. Bilder. Songs. Fast vergessene Geschichten, die tief in meiner Erinnerung vergraben sind. Manchmal beginne ich mit einer vagen Idee und bin selber gespannt, wohin das Schreiben mich führt. Das ist nicht besonders ökonomisch, aber dadurch bleibt es interessant.

Eine letzte Frage: Es ist sehr schwierig, persönliche Informationen über Sie im Internet zu finden. Andere Schriftsteller suchen die Öffentlichkeit, Sie offensichtlich nicht. Gibt es dafür einen Grund?
Ich mag es überhaupt nicht, auf etwas festgelegt zu werden. Ich mag keine Interviews. Auch diese Fragen über meine Arbeit lassen mich Dinge sagen, über die ich morgen wieder anders reden würde. Ich möchte beweglich bleiben, und Worte legen dich fest. Ein Schriftsteller sollte beobachten, ohne selbst beobachtet zu werden. Schriftsteller haben schon ein Medium, um sich auszudrücken. Von anderen Bühnen sollten sie sich fernhalten. Es ist ein dummer Standpunkt, denn es ist wichtiger, die Verpackung zu verkaufen (dich selbst, eine Story über dich), als den Inhalt. Das sollte ich inzwischen wissen.

1 Welchen Eindruck habt ihr von dem Autor Jan de Leeuw? Tauscht euch darüber aus, was euch an den Antworten besonders gefallen oder überrascht hat.

sich über den Autor austauschen

2 Haltet in Stichworten fest, welche Inhalte und welche Absichten Jan de Leeuw mit seinen Büchern vermitteln will.

die Absicht des Autors erkunden

Z **3** Wählt jeweils einen der Buchauszüge aus, die vorgestellt worden sind. Untersucht, ob ihr darin Ideen wiederfindet, die Jan de Leeuw im Interview formuliert hat.

den Zusammenhang zwischen Autor und Werk ergründen

Sachen zum Lachen

Witziges in Wort und Bild

Witze und Cartoons gibt es in vielen Sprachen.

1

Anna und Bernd sind im Zirkus.
Ein Artist wirbelt seine Partnerin herum,
wirft sie in die Luft
und fängt sie wieder auf.
Anna: „Die Arme."
Bernd: „Hm, aber erst die Beine."

2

3

– Na, wie lief das Geschäft heute?
– Nicht so gut: vormittags kein einziger Kunde.
– Und nachmittags?
– Noch ein wenig schlechter.

4

El señor Morán, al bajarse del avión,
oye una voz proveniente de
los altavoces que le dice:
„Señor Morán, señor Morán
por favor, súbase a la primera planta."
Después de algunos minutos,
la misma voz repite algo indignada:
„Señor Morán, por favor, bájese
del ficus."

Als er das Flugzeug verlässt,
hört Herr Morán aus dem
Lautsprecher: Herr Morán,
Herr Morán, bitte kommen Sie in
die erste Etage hinauf.
Einige Minuten später hört er
dieselbe Stimme in ärgerlichem Ton:
„Herr Morán, bitte steigen Sie vom
Gummibaum!"

Info

primera (spanisch) kann erste oder nächstbeste bedeuten.
planta (spanisch) kann Etage oder Pflanze bedeuten.

5

Klein-Erna soll in der Schule ein Gedicht aufsagen:
„Ein Fischer saß am Elbestrand
Und hielt 'ne Angel in der Hand.
Er wollte fangen einen Barsch,
das Wasser ging ihm bis zum Knie."
Der Lehrer meint: „Aber das reimt sich doch gar nicht."
„Na", meint Klein-Erna,
„dann warten Sie mal, bis die Flut kommt."

6a

Was ist braun und knusprig und will
die Großmutter besuchen? Brotkäppchen.

6b

Was liegt am Strand und spricht
undeutlich? Eine Nuschel.

1 Was bringt euch zum Lachen?
a. Lest die Witze und den Cartoon auf Seite 186.
b. Tauscht euch darüber aus, welche/welchen ihr witzig findet.

Info
Ein **Cartoon** ist eine Grafik, in der eine komische Geschichte oder Szene in einem Bild erzählt wird. Cartoons erscheinen häufig in Zeitschriften oder Zeitungen.

2 Welche Witze und Cartoons in anderen Sprachen kennt ihr? Erzählt sie.

In jedem Witz gibt es eine überraschende Wendung: die Pointe, die zum Lachen reizt.

den Aufbau erkennen

3 Wo steht die Pointe in den Witzen auf Seite 186? Nennt die Textstellen.

die Wirkungsweisen verstehen

4 Eine Pointe, die man erklären muss, verliert ihren Reiz.
Belegt oder widerlegt diese Aussage an einem Beispiel.

Witze können aus verschiedenen Gründen komisch wirken.

Witz mit doppelter Wortbedeutung
Redewendungen werden im wörtlichen Sinn verstanden
Wortspiel – Veränderung oder Neubildung eines oder mehrerer Wörter
Übertreibung oder Untertreibung
Auslassung oder Anspielung auf etwas, das nicht gesagt wird

5 Worauf beruht die Wirkung der Witze und des Cartoons auf Seite 186?
a. Ordnet den Witzen und dem Cartoon jeweils eine Wirkungsweise zu.
b. Begründet eure Zuordnung.

Wirkungsweisen erproben

6 Im Tandem!
a. Schreibt einen Witz oder gestaltet einen Cartoon.
Wendet eine der Wirkungsweisen aus Aufgabe 5 an.
b. Stellt einander euren Witz oder Cartoon vor.
c. Untersucht gegenseitig, worauf die Wirkung der Witze beruht.

W **Wählt eine der folgenden Aufgaben aus.**

über Humor nachdenken

7 Warum reagieren Menschen unterschiedlich auf dieselben Witze?
Tauscht euch darüber aus.

Witze wirkungsvoll erzählen

8 Veranstaltet eine Witzrunde.
a. Lernt einen Witz auswendig und übt, ihn wirkungsvoll zu erzählen.
b. Erzählt euren Witz.
c. Wie wirken Witze, die ihr für euch lest? Wie, wenn ihr sie euch erzählt?
Tauscht euch darüber aus.

Ironisches

Ganz im Gegenteil!

Manchmal wirken die Texte erst dann auf die Leser oder die Zuhörer, wenn sie gestaltend vorgetragen werden.

einen Text erschließen und vorlesen

Textknacker ➤ **S. 294**

1 Wie verstehst du den folgenden Text?
- **a.** Lies den folgenden Text mithilfe des Textknackers.
- **b.** Lies den Text nach deinem Verständnis wirkungsvoll vor.

Mein schöner Schulalltag   Matthias Kalusch

Wenn morgens der Wecker klingelt, ist die Freude auf die Schule kaum noch auszuhalten. Man springt schnell aus dem Bett und macht sich für das Frühstück fertig. Es werden ein paar Bissen heruntergeschlungen und dann rennt man so schnell wie möglich zur Bushaltestelle, wo man ungeduldig wartet. Man hört überall Stimmen: „Ich will in die Schule." Und endlich kommt der Bus. Er wird samt Fahrer gestürmt. Im Bus sitzt jeder auf seinem gut gepolsterten Schlafsessel und ist auf das heutige Programm gespannt. Wenn man aber die Schule vor Augen hat und in den modern ausgebauten Bahnhof einfährt, ist die Spannung an einem Höhepunkt angelangt. Man stürmt die Kasse, aber glücklicherweise ist der Eintritt frei. Dafür muss man jedoch noch eine halbe Stunde im Vorraum auf die Stars warten. Die Stars haben einen eigenen Parkplatz und kommen durch den Hintereingang in ihre Garderoben, um sich vor ihren Fans zu retten. Es gibt zwar auch einen Zugang vom Vorraum zu den Garderoben, doch dieser wird von zwei Mitgliedern des Veranstaltungsteams bewacht. Sie haben ein Wachhäuschen, das leider fast nur aus Glas besteht, aber ab und zu lassen die beiden auch mal jemanden in die Garderoben. Wenn sie Glück haben, können sie sogar ein Autogramm erhaschen. Die Stars schicken vor ihren Auftritten einen Kollegen in den Vorraum, der soll sich einen Eindruck über die Stimmung der Fans machen. Er geht im Vorraum auf und ab, dabei sieht er sich die wartenden Fans an. Dann werden die Veranstaltungsräume aufgeschlossen. Alle strömen hinein und setzen sich auf die reservierten Plätze. Nach fünfminütigem Warten kommt der erste längst erwartete Star. Tosende Fans – ein Riesendurcheinander. Nach weiteren fünf Minuten wird es wieder ruhiger. Hier und da noch ein Zwischenruf. Viele, aber nicht alle haben ihrem Star ein Geschenk in Form von schriftlichen Arbeiten mitgebracht.

Ein Auftritt dauert 45 Minuten, aber manchmal bleibt ein Star infolge der vielen „Zugabe“-Rufe noch fünf bis zehn Minuten länger. Zwischen den Auftritten sind Pausen, in denen man sich mit Erfrischungen versorgen kann. An einem Tag finden sechs bis sieben Auftritte statt. Vor einiger Zeit hat ein Veranstalter die Veranstaltung […] frühzeitig abgebrochen […]

2 Wie wirkt der vorgelesene Text auf dich?
- **a.** Nenne Textstellen, die dir in ihrer Wirkung aufgefallen sind.
- **b.** Beschreibe, wie diese Textstellen vorgelesen wurden.

die Wirkung untersuchen

Der Text enthält viele ironisch gemeinte Wörter und Wortgruppen.

3 Lies die Informationen in der Randspalte.
Erkläre mit eigenen Worten an einem Beispiel, was Ironie ist.

Info

Ironie kommt aus dem Griechischen und bedeutet „Verstellung“ oder „Vortäuschung“. Der Sprecher oder Autor verstellt sich oder täuscht etwas vor. Er drückt Ironie z. B. dadurch aus, dass er etwas ganz anderes oder sogar das Gegenteil von dem sagt oder schreibt, was er eigentlich meint.

4 Was bedeuten die einzelnen Textstellen?
- **a.** Schreibe Textstellen auf, die ironisch gemeint sind.
- **b.** Stelle ihnen in einer Tabelle gegenüber, was sie eigentlich bedeuten.

Starthilfe

ironisch gemeint	bedeutet eigentlich
„ist die Freude auf die Schule kaum noch auszuhalten“ (Z. 1-2)	…
…	die Lehrerinnen und Lehrer

5 Was bewirkt die Ironie in dem Text?
- **a.** Schreibt in Gruppen je einen Absatz um und ersetzt dabei ironische Textstellen durch Wörter/Wortgruppen in ihrer eigentlichen Bedeutung.
- **b.** Vergleicht den Originaltext mit dem umgeschriebenen Text.

6
- **a.** Schreibe ein ironisches Ende des Textes.
- **b.** Lies es so vor, dass deutlich wird, wann du etwas ironisch meinst.
  Tipp: Verwende dazu Betonungen und Körpersprache.

einen ironischen Text weiterschreiben

Erzählplan ➤ S. 296

Manchmal wird Ironie auch durch Zeichen verdeutlicht.

7
- **a.** Sprecht darüber, wozu die Zeichen am Rand verwendet werden.
- **b.** Warum ist es in manchen Texten notwendig, schriftlich anzuzeigen, was ironisch oder nicht ganz ernst gemeint ist?
  Tauscht euch darüber aus.

<ironie> … <ironie>
^^
grins, *zwinker*
;-)

8 Verdeutliche in deinem Textende (Aufgabe 6 a) mithilfe von Zeichen, welche Textstellen du ironisch meinst.

Satirisches

Leicht übertrieben?

Der Textausschnitt handelt von Geräten, die in vielen Haushalten eingesetzt werden.

Intelligente Haushaltsgeräte Horst Evers

„Die nächste Stufe der technologischen Revolution findet im Haushalt statt." Sitze morgens in der Küche und habe das Gefühl, meine Zeitung ist wohl nicht so richtig wach. Zumindest redet sie wieder so ein wirres Zeug zusammen. Die Marketing-Wurst irgendeines Elektronikkonzerns droht im Interview offen damit, mein Leben in Kürze noch mal schöner, lebenswerter und unkomplizierter zu machen. „Intelligente Haushaltsgeräte werden in Zukunft unser Leben bereichern", bröselt es mir aus der schlaftrunkenen Zeitung entgegen. [...] Intelligente Haushaltsgeräte. Warum? Wer will denn so was? Ich nicht. Haushaltsgeräte sollen doof sein und gefälligst ihre Arbeit tun. Stupide Malocher, die tun, was man ihnen sagt, und keine blöden Fragen stellen. Ich hab weiß Gott schon genug Geräte, die mir Fragen stellen. Fragen wie: Das Printcenter kann keinen Drucker finden. Haben Sie sichergestellt, dass eine Verbindung zum Drucker hergestellt ist? „Du kleine Ratte. Ich gaffer dir gleich einen Drucker auf den Monitor, dann wirst du ihn ja wohl sehen können!"

Gaffer-Klebeband, die letzte Erfindung, die der Menschheit wirklich etwas gebracht hat. Doof, aber stark, komplett analog, klebt wie Sau und für ewig. Dagegen: intelligente Haushaltsgeräte. Was soll ich zum Beispiel mit einem Wasserkocher, der jedes Mal, wenn ich ihn einschalte, erst mal anfängt nachzudenken. Mir womöglich auch noch blöde Fragen stellt, wie:

– Ach willste Wasser heiß machen?
– Ja.
– Na, wie heiß soll's denn werden?
– Kochen.
– Kochen? Uijuijuijuijui ... Na, kochen ist ein weiter Begriff. Mehr so jetzt nur leicht sieden oder richtig blubbern und so?
– 100 Grad.
– 100 Grad? Ja dit is kochen. Hm. Was willst'n mit dem Wasser?
– Was? [...]

Intelligente Haushaltsgeräte. Was denn noch? Schon meine jetzigen Geräte haben erstaunliche Fähigkeiten. Können unglaublich viel. Auch Sachen, die man ihnen beim besten Willen nicht zugetraut hätte. Meine Waschmaschine zum Beispiel hat neben vielem anderen auch ein Programm, das heißt: „Handwäsche". Also, bei aller Liebe, aber ich denke, da überschätzt sie sich jetzt doch. Ich glaube einer Waschmaschine einfach nicht, dass sie Handwäsche kann. Genauso gut könnte man dann ja auch bei einem Taschenrechner oder sogar einem Computer ein Programm „Kopfrechnen" entwickeln. Ein Programm, das eben sehr, sehr langsam läuft und letztlich mehr so zu

Überschlagsergebnissen kommt. Technisch ist das womöglich schon machbar. Habe mich natürlich nie getraut, bei einer Waschmaschine dieses Programm „Handwäsche“ auszuwählen, denn wenn diese Maschine auch nur einen Moment logisch denken würde, müsste die Anwahl des Programms Handwäsche ja bedeuten, dass sie sofort kaputtgeht und ich dann die Wäsche von Hand mache. [...]
Gehe zu meinem Kühlschrank und streichele ihm sanft über die Abdeckung. Er brummt wohlig. Das gefällt ihm. Ich öffne zärtlich seine Tür, und [...]

den Inhalt erschließen

1 **a.** Schreibe auf, um welche Haushaltsgeräte es geht.
b. Schreibe auch auf, was diese Geräte können und tun.

2 Welche Bedeutung haben die Geräte für den Erzähler? Belege deine Antwort mit Textstellen.

die Wirkung erproben

ausdrucksvoll vorlesen
➤ S. 301

3 Lest die Textstelle in den Zeilen 20–28 mit verteilten Rollen.
a. Tauscht euch darüber aus, wie die Textstelle auf euch wirkt.
b. Erklärt, worin die Übertreibung/Verzerrung besteht.

4 Mit welchen Absichten könnte der Text „Intelligente Haushaltsgeräte“ in satirischer Schreibweise verfasst worden sein? Beantworte die Frage mithilfe der Informationen am Rand.

Info

In einer **Satire** werden häufig Übertreibungen verwendet. Sachverhalte werden verzerrt dargestellt und verspottet. In humorvoller Weise können satirische Texte die Leser oder Hörer unterhalten, etwas kritisieren, belehren oder überzeugen.

5 Wie könnte der Textausschnitt fortgesetzt werden?
a. Schreibe einen eigenen Schluss in satirischer Schreibweise.
b. Lest die unterschiedlichen Fassungen vor und beurteilt ihre Wirkung.

Auch Karikaturen übertreiben bzw. überzeichnen – nur ohne Worte.

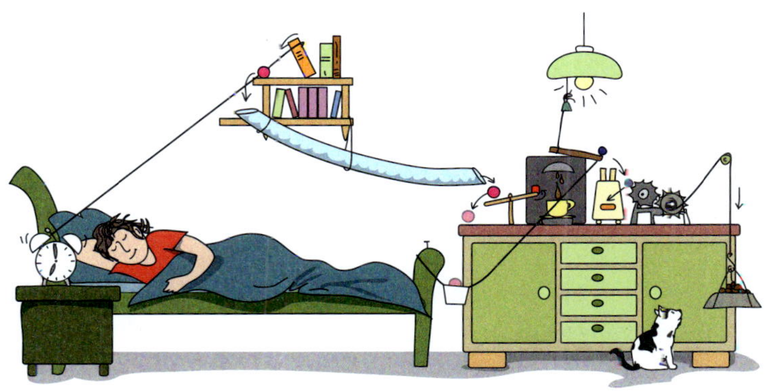

Z **6** Sieh dir die Karikatur genau an.
a. Beschreibe, wie dieses <ironie> moderne <ironie> Gerät funktioniert.
b. Schreibe einen Werbetext für dieses großartige *zwinker* Gerät, das in keinem Haushalt fehlen darf^^. Spare nicht mit Übertreibungen.

Parodien

Das kenn ich doch ...

In diesen drei Textanfängen wird ein bekannter Text nachgeahmt.

Info

In einer **Parodie** wird ein bekanntes Werk (oder eine Person) nachgeahmt. Dabei wird die Form oder der Inhalt des nachgeahmten Werkes beibehalten. Aus dieser Abweichung zwischen Werk und Parodie ergibt sich ein komischer Effekt.

Die Wahrheit über

Im Kinderanfall unserer Stadtgemeinde ist eine hierorts wohnhafte, noch unbeschulte Minderjährige aktenkundig, welche durch ihre unübliche Kopfbedeckung gewohnheitsrechtlich Rotkäppchen genannt zu werden pflegt. Der Mutter besagter R. wurde seitens ihrer Mutter ein Schreiben zustellig gemacht, in welchem dieselbe Mitteilung ihrer Krankheit und Pflegebedürftigkeit machte, worauf die Mutter der R. dieser die Auflage machte, der Großmutter eine Sendung von Nahrungs- und Genussmitteln zu Genesungszwecken zuzustellen. [...]

In good old Germany lebte ein smartes Covergirl, das sich just for fun mit Make-up vollschmierte, weshalb es nur noch Rotmäulchen genannt wurde.
One day sollte Rotmäulchen der kranken Granny ein paar Snacks und Chips und eine Flasche Brandy vorbeibringen.
„Okay, das manage ich", maulte Rotmäulchen und joggte in Shorts und City-Shirt ganz relaxed durch den Wald.
Da kam ohne Tempolimit ein fittes Wolfskid des Wegs [...]

Es war ein ander Mal ein Wolf, der war in einen Brunnen gefallen und litt an schrecklichen Schmerzen, weil man ihm während seines Mittagsschläfchens den Bauch mit Wackersteinen gefüllt hatte. Zufällig ging gerade ein Jäger an dem Brunnen vorbei und hörte das Wehklagen des Wolfes. Den braven Mann dauerte das arme Tier; so hievte er den Wolf kurzentschlossen aus dem Brunnen heraus, befreite ihn mithilfe seiner Jagdschere von den bösen Wackersteinen und schied bedankt von dannen. [...]

Vorlage und Parodie vergleichen

1 Welcher Originaltext diente diesen Parodien als Vorlage?
- **a.** Tauscht euch darüber aus, welche Hinweise auf den Originaltext es in den einzelnen Fassungen gibt.
- **b.** Sprecht darüber, was in den einzelnen Parodien vom Original abweicht.
- **c.** Findet eine witzige Überschrift für die drei Parodien.

Parodien weiterschreiben

2 Schreibe eine der Parodien weiter und zu Ende.

Viele Textsorten und Gattungen lassen sich gut parodieren. Dies ist der Anfang eines Textes, den du mithilfe der Seiten 140–142 untersuchen und interpretieren kannst.

Du musst das Leben nicht verstehen — Rainer Maria Rilke

Du musst das Leben nicht verstehen,
dann wird es werden wie ein Fest.
Und lass dir jeden Tag geschehen
so wie ein Kind im Weitergehen
von jedem Wehen
sich viele Blüten schenken lässt.

[...]

3 Um welche Textsorte handelt es sich?
a. Begründe deine Antwort.
b. Lies deine Ergebnisse der Aufgaben auf den Seiten 140–142.

die Textsorte und ihre Merkmale erkennen

Nun kannst du den Text selbst parodieren, z. B. wenn du die Form beibehältst und den Inhalt veränderst.

Du musst ______ nicht verstehen,
dann ______ wie ein ______.

4 Schreibe die ersten beiden Zeilen ab und ergänze Wörter und Wortgruppen, die den Inhalt des Originals verändern.

Starthilfe
> Du musst die Mädchen/die Jungen/die Lehrer/die Witze nicht verstehen, ...

inhaltliche und formale Besonderheiten verändern

5 Schreibe auch andere Textstellen verändert auf.

Starthilfe
> Er wird's im Leben nie verstehen, ...

6 Welche weiteren Besonderheiten des Originals kannst du verändern, wenn das Original noch erkennbar bleiben soll? Probiere weitere Möglichkeiten aus.

Jugendsprache
Werbeslogans
Dialog

7 **a.** Parodiere den ganzen Text in der Form deiner Wahl.
b. Lies deine Parodie in der Klasse vor.

8 Wodurch wirken eure Parodien witzig? Begründet eure Antwort.

die Wirkung untersuchen

Z **9** Welche Parodien aus anderen Bereichen (Bilder, Musik, Film) kennt ihr? Bringt Beispiele mit und vergleicht sie mit ihrem Original.

Parodien vergleichen
Internetrecherche ➤ S. 295

Z Weiterführendes: Über sich selbst lachen

Da ist etwas Wahres dran

In satirischen Erzählungen von Ephraim Kishon werden häufig alltägliche und familiäre Ereignisse humorvoll dargestellt.

Ringelspiel Ephraim Kishon

Alles ist eine Frage der Organisation. Deshalb bewahren wir in einem zweckmäßig nach Fächern eingeteilten Kasten unbrauchbare Geschenke zur künftigen Wiederverwendung auf. Wann immer so ein Geschenk kommt, und es kommt oft, wird es registriert, klassifiziert und eingeordnet. Babysachen kommen automatisch in ein Extrafach, Bücher von größerem Format als 20 x 25 cm werden in der „Bar-Mizwah"[1]-Abteilung abgelegt, Vasen und talmisilberne Platten unter „Hochzeit", besonders scheußliche Aschenbecher unter „Neue Wohnung", und so weiter.
Eines Tages ist Purim[2], das Fest der Geschenke, plötzlich wieder da, und plötzlich geschieht Folgendes:
Es läutet an der Tür. Draußen steht Benzion Ziegler mit einer Bonbonniere unterm Arm. Benzion Ziegler tritt ein und schenkt uns die Schachtel zu Purim. Sie ist in Cellophanpapier verpackt. Auf dem Deckel sieht man eine betörend schöne Jungfrau, umringt von allegorischen Figuren in Technicolor. Wir sind tief gerührt und Benzion Ziegler schmunzelt selbstgefällig.
So weit, so gut. Die Bonbonniere war uns hochwillkommen, denn Bonbonnieren sind sehr verwendbare Geschenke. Sie eignen sich für vielerlei Anlässe, für den Unabhängigkeitstag so gut wie für silberne Hochzeiten. Wir legten sie sofort in die Abteilung „Diverser Pofel[3]". Aber das Schicksal wollte es anders. Mit einem Mal befiel uns beide, meine Frau und mich, ein unwiderstehliches Verlangen nach Schokolade, das nur durch Schokolade zu befriedigen war. Zitternd vor Gier, rissen wir die Cellophanhülle von der Bonbonniere, öffneten die Schachtel – und prallten zurück.
Die Schachtel enthielt ein paar bräunliche Kieselsteine mit leichtem Moosbelag. „Ein Rekord", sagte meine Gattin tonlos. „Die älteste Schokolade, die wir jemals gesehen haben."
Mit einem Wutschrei stürzten wir uns auf Benzion Ziegler und schüttelten ihn so lange, bis er uns bleich und bebend gestand, dass er die Bonbonniere voriges Jahr von einem guten Freund geschenkt bekommen hatte. Wir riefen den guten Freund an und zogen ihn derb zur Verantwortung. Der gute Freund begann zu stottern: Bonbonniere ... Bonbonniere ... ach ja.
Ein Geschenk von Ingenieur Glück, aus Freude über den israelischen Sieg an der Sinai-Front ... Wir forschten weiter.

[1] Bar-Mizwah: eine Feier des Zeitpunktes, ab dem jüdische Jungen für die Einhaltung der religiösen Gebote selbst verantwortlich sind
[2] Purim: ein jüdisches Fest
[3] der Pofel: untaugliche Ware, Ausschuss, etwas, das nicht viel wert ist oder wenig Nutzen hat

Ingenieur Glück hatte die Schachtel vor vier Jahren von seiner Schwägerin bekommen, als ihm Zwillinge geboren wurden. Die Schwägerin ihrerseits erinnerte sich noch ganz deutlich an den Namen des Spenders: Goldstein, 1953. Goldstein hatte sie von Glaser bekommen, Glaser von Steiner, und Steiner – man glaubt es nicht – von meiner guten Tante Ilka, 1950. Ich wusste sofort Bescheid: Tante Ilka hatte damals ihre neue Wohnung eingeweiht, und da das betreffende Fach unseres Geschenkkastens gerade leer war, mussten wir blutenden Herzens die Bonbonniere opfern. Jetzt hielten wir die historische[4] Schachtel wieder in Händen. Ein Gefühl der Ehrfurcht[5] durchrieselte uns. Was hatte diese Bonbonniere nicht alles erlebt! Geburtstagsfeiern, Siegesfeiern, Grundsteinlegungen, neue Wohnungen, Zwillinge … wahrhaftig ein Stück Geschichte, diese Bonbonniere.

Hiermit geben wir der Öffentlichkeit bekannt, dass die Geschenkbonbonniere des Staates Israel aus dem Verkehr gezogen ist. Irgendjemand wird eine neue kaufen müssen.

[4] historisch: geschichtlich bedeutend [5] die Ehrfurcht: Respekt, Wertschätzung

Der Titel der Erzählung ist „Ringelspiel“.

1 Um was für ein „Ringelspiel“ handelt es sich?

a. Schreibe der Reihe nach auf, wer die Schokolade wann und zu welchem Anlass erhält.

Starthilfe

1. Geschenk an den Erzähler von Benzion Ziegler; Anlass: Purim, Zeitpunkt: Gegenwart

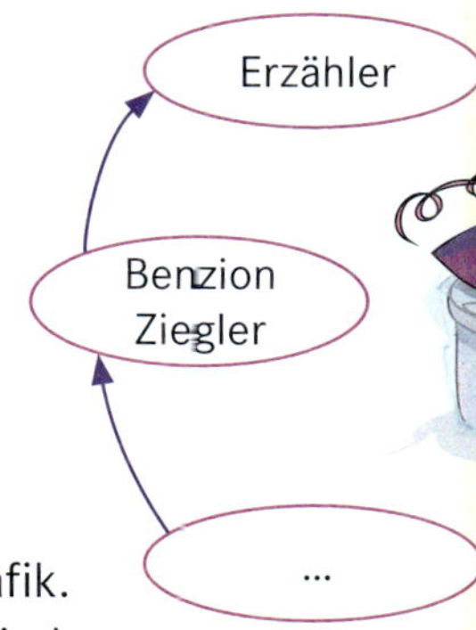

b. Veranschauliche das „Ringelspiel“ in einer Kreisgrafik.

c. Gib den Inhalt der Erzählung mit eigenen Worten wieder.

Die Ereignisse werden ironisch und satirisch dargestellt.

2 Verdeutliche die Wirkung anhand der Zeilen 24–26.

Textstellen untersuchen

a. Untersuche, was übertrieben und was ironisch gemeint sein könnte.

b. Lies die Textstelle so vor, dass deine Annahmen deutlich werden.

3 Untersuche weitere Textstellen auf ihre Wirkung. Gehe dabei vor wie in Aufgabe 2.

„Wenn ich über eine Satire lache und mich damit identifiziere, dann ist ein Kern von Wahrheit darin“, sagte Ephraim Kishon in einem Interview.

4 Sprecht darüber, was in der Satire „Ringelspiel“ verspottet wird.

5 Könnt ihr über euch selbst lachen? Begründet eure Einschätzung.

Szenen aus dem Leben

Medien und ihre Funktion verstehen

Viele Menschen nutzen täglich verschiedene Medien. In diesem Kapitel untersucht ihr Medien und gestaltet in einem Projekt einen Kurzfilm.

1

2

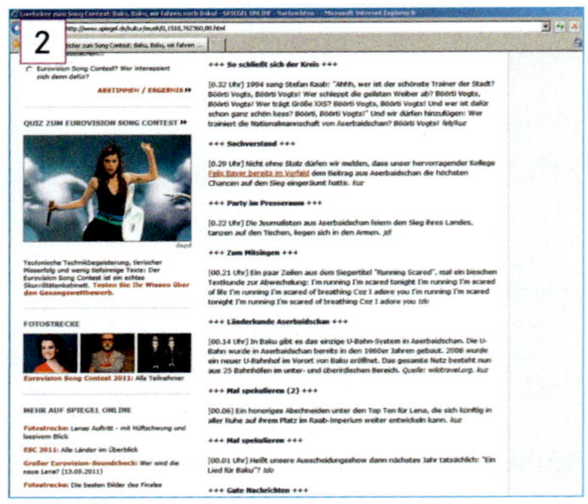

3

4

1 **a.** Schreibe auf, welche der abgebildeten Medien du nutzt.
b. Ergänze, wie oft und wie lange du sie nutzt.
c. Erkläre, wozu du diese Medien überwiegend nutzt.

die eigene Mediennutzung reflektieren

Je nach Interesse der Nutzer werden Themen unterschiedlich aufbereitet.

2 Welche Funktion haben die Medien für die Nutzer?
a. Sprecht darüber, was die Nutzer auf den Fotos 1–4 lesen, sehen oder hören.
b. Tauscht euch darüber aus, was die Nutzer vermutlich erwarten.

die Funktionen verschiedener Medien kennen

Einige Medienprodukte werden gezielt auf die unterschiedlichen Bedürfnisse und Wünsche der Nutzer zugeschnitten.

Infotainment

Information wird in den Medien (Zeitung, TV, Radio, Internet) oft mit Unterhaltung angereichert. In solchen Fällen spricht man von Infotainment, einer Wortschöpfung aus den englischen Begriffen „Information“ und „Entertainment“ (Unterhaltung).

Information und Unterhaltung sind im Grunde zwei gegensätzliche Begriffe, die sich nicht besonders gut vertragen. Mit „Information“ verbindet man Adjektive wie *sachlich, objektiv, seriös, ernsthaft* oder *glaubwürdig*. Mit dem Wort „Unterhaltung“ verbindet man dagegen eher Adjektive wie *entspannend, spielerisch, fröhlich, witzig*.

So gesehen haben Informationen und Unterhaltung eigentlich nichts Gemeinsames. Trotzdem ist Information ohne Anteile von Unterhaltung kaum denkbar.

Infotainment will die Information nicht ganz durch Unterhaltung ersetzen, sondern dem Publikum „trockene“ Informationen interessant präsentieren.

So werden heutzutage Nachrichten oft nicht einfach vorgelesen, sondern mit Bildern oder Interviews aufgelockert. Damit die Zuschauerinnen und Zuschauer aufmerksam bleiben, werden Informationen in persönliche Geschichten eingebaut oder Bilder eingefügt. Auf diese Weise sollen auch Nachrichten unterhaltend wirken.

Nur wenn beim Zuschauen oder beim Lesen Gefühle geweckt werden, sind die für die Quoten zuständigen Medienverantwortlichen zufrieden. Sie setzen unterschiedliche Mittel ein, um dieses Ziel zu erreichen [...]

3 Welche Medienprodukte, die Infotainment anbieten, kennt ihr?

a. Beschreibt, um was für ein Medienprodukt es sich handelt.

Starthilfe

Wissenspodcast im Internet: z.B. Geschichten zu großen Entdeckungen und Erfindungen

Wissenspodcast (Internet)
O-Ton-Bericht (Radio)
Sportreportage (TV)
Interview (Zeitung)

b. Erklärt, wie darin Information mit Unterhaltung verbunden wird.

Infotainment will Gefühle bei den Zuschauern erwecken.

4 Wie gelingt es Medien, Gefühle zu wecken?

a. Beschreibe das Bild am Rand.

b. Untersuche die Wirkung mithilfe folgender Fragen:
- Um welche Sendung könnte es sich handeln?
- Wozu dienen eingeblendete Bilder und Interviews?
- Welche Gefühle können durch die Art der Berichterstattung ausgelöst werden?

Das Thema und ein Sendeformat auswählen

An jeder Schule gibt es interessante Ereignisse oder Veranstaltungen. An der Peter-August-Böckstiegel-Gesamtschule in Werther werden sie von Schülerinnen und Schülern gefilmt und im Schulfernsehen gezeigt. In diesem Kapitel erhaltet ihr Anregungen dazu, wie ihr in einem Projekt selbst Sendungen interessant und lebendig gestalten könnt.

1

2

3

4

1 Was zeigen die Fotos?
Stellt Vermutungen dazu an, um welche Ereignisse, Veranstaltungen oder Projekte es sich handeln könnte.

über Schulveranstaltungen sprechen

2 Was gibt es Interessantes an eurer Schule?
Sammelt Stichworte.

Die besonderen Momente im Schulleben könnt ihr mit einer Kamera aufnehmen.

3 Welche Vor- und Nachteile haben Filmaufnahmen gegenüber anderen Medien? Tauscht euch darüber aus.

die Medienwahl diskutieren

diskutieren ➤ S. 299

Eure Projektarbeit

Bevor ihr mit eurer Projektarbeit beginnt, einigt ihr euch auf die Themen und Sendeformate.

1 Wir sollten einen Werbespot für unseren Spendenlauf drehen. Dann laufen vielleicht noch mehr Leute für einen guten Zweck mit.

2 Ich schlage vor, dass wir in einer Reportage über das Basketball-Turnier berichten. Viele Schüler wissen gar nicht, dass wir jetzt sogar Landesmeister werden können.

3 Ich finde es besser, wenn sich die Zuschauer in eine Geschichte hineinversetzen können. Wie wär's, wenn ...

4 Die Theater-AG hat nächste Woche Premiere mit dem neuen Stück ...

Vorschläge sammeln und begründen

1 Wertet die Vorschläge in den Sprechblasen aus.
- **a.** Tragt in eine Tabelle ein, welche Themen und Sendeformate vorgeschlagen und welche Begründungen genannt werden.
- **b.** Ergänzt einen passenden Vorschlag für die Sprechblasen 3 und 4.
- **c.** Sprecht darüber, welche der Vorschläge euch am meisten interessieren.
- **d.** Ergänzt eigene Vorschläge und begründet sie.

Starthilfe

Thema	Sendeformate	Begründung
Spendenlauf	Werbespot	...

2 Wertet die Tabelle gemeinsam aus.
- **a.** Schreibt drei Vorschläge aus der Tabelle von Aufgabe 1 auf.
- **b.** Zählt aus, wie oft jeder Vorschlag ausgewählt wurde.

Sendeformat / Thema
Reportage: Basketball-Turnier 卌
Werbespot: Spendenlauf |||
Kurzfilm: ||||
...

Verschafft euch auch einen Überblick darüber, welche Beiträge Schülerinnen und Schüler aus anderen Klassen ansprechen.

eine Umfrage durchführen

3 Welche Themen und Sendeformate werden von euren Mitschülerinnen und Mitschülern bevorzugt?
- **a.** Erstellt einen Fragebogen und führt eine Umfrage durch.
- **b.** Wertet die Antworten eurer Mitschüler aus.

Lebendig berichten

In der Klasse 9c haben sich einige Schülerinnen und Schüler für eine Reportage entschieden.

1 Was erwartet ihr von einer guten Reportage?
- **a.** Tragt die Merkmale einer Reportage zusammen.
- **b.** Ergänzt, mit welchen Mitteln dies z. B. in Zeitungsreportagen gelingt.
- **c.** Schreibt dazu, wie sie in Filmaufnahmen umgesetzt werden könnten.

Merkmale einer Reportage kennen
Reportage ➤ S. 292

Starthilfe

Merkmal	im Text durch	im Film durch
Lebendigkeit	wörtliche Rede	Interview

Denis, Merve, Luca Daria und Bünyamin wollen über das Basketball-Turnier berichten.

Hier habe ich alle Spielergebnisse. Dass unser Team gewonnen hat, ist die Nachricht der Woche!!

Ja, aber das weiß inzwischen jeder! Interessant ist doch, wie die das geschafft haben. Vor allem nach dem hohen Rückstand ...

Und wie die Fans für gute Stimmung gesorgt haben.

Wir könnten auch die Trainerin fragen, wie sie die Leistung der Spieler fand.

2 Wertet die Vorschläge der Schülerinnen und Schüler aus.
- **a.** Sprecht darüber, worüber sie informieren und wie sie die Informationen vermitteln wollen.
- **b.** Beurteilt die einzelnen Vorschläge.
- **c.** Ergänzt eigene Vorschläge.

Vorschläge auswerten

Denis, Merve, Luca Daria und Bünyamin entscheiden sich gegen einen Bericht mit Zahlen und Fakten.

3 Was wollen sie mit ihrer Berichterstattung in Form einer Reportage erreichen? Tauscht euch darüber aus.

die Wirkung reflektieren

Eure Projektarbeit

So könnt ihr eure Projektarbeit planen und vorbereiten.

1 Bildet Projektgruppen nach euren Interessen.

Projektgruppen bilden

2 Welches Wissen und welches Interesse für euer Thema könnt ihr bei euren Zuschauerinnen und Zuschauern voraussetzen? Tauscht euch darüber aus.

Adressaten berücksichtigen

3 Wodurch kann euer Beitrag lebendig werden und Interesse wecken?
a. Schreibt eure Ideen auf.
b. Schreibt auch auf, wie ihr eure Ideen umsetzen könnt.

Vorschläge zur Umsetzung entwickeln

4 Welche Aufgaben müssen verteilt werden?
a. Schreibt sie auf.
b. Erstellt einen Organisationsplan für eure Projektgruppe.

einen Organisationsplan erstellen

Starthilfe

Projekt „Schulfernsehen“ Beitrag: ...		Organisationsplan		Gruppe 1
Aufgaben	Wer?	...	Material	Erledigt?
1. Schüler befragen	...	bis zum ...	...	

Wenn eure Planung feststeht, solltet ihr die Schulleitung über euer Vorhaben informieren und um die Erlaubnis zum Filmen bitten.

5 Formuliert mithilfe der folgenden Fragen einen Brief an die Schulleitung:
- Zu welchem Zweck/zu welchem Anlass plant ihr euren Beitrag?
- Worum geht es in eurem Beitrag?
- Wer soll daran beteiligt sein?
- Welche Zeitplanung habt ihr vorgesehen?
- Welche Mittel/Materialien aus der Schule benötigt ihr?

das Projekt beschreiben und vorstellen

6 Begründet die Form der Präsentation.
a. Schreibt die Tabelle ab und ergänzt weitere Möglichkeiten.
b. Tragt Vor- und Nachteile der Präsentationsformen in Stichworten ein.
c. Entscheidet euch für eine Form und begründet eure Entscheidung im Brief zu Aufgabe 5.

die Form der Präsentation begründen

Starthilfe

Präsentationsart	Vorteile	Nachteile
Filmvorführung für alle (Aula)	...	große Leinwand nötig
auf die Schulhomepage stellen	Werbung für ...	...
...	...	...

Der Ton macht die Musik

Auch wenn ein Film vor allem mit den Augen wahrgenommen wird, spielt der Ton eine wichtige Rolle.

A Kommentar:

Sprecherstimme: „Dies waren die entscheidenden Punkte für unser Team.“

B Geräusche:

Original-Ton: Geräusche auf dem Sportplatz.

C Musik:

Song: „We are the champions, my friend ...“ ♪ ♫.

1 Beschreibt den Filmausschnitt aus einer Sportreportage.

einen Filmausschnitt beschreiben

Denis, Merve, Luca Daria und Bünyamin haben verschiedene Ideen entwickelt, wie sie den Filmausschnitt unterlegen könnten:

2 Was kann durch den Ton beeinflusst werden?

a. Beschreibe jeweils die Wirkung des Filmausschnitts mit den Vertonungsvorschlägen A, B und C.

b. Begründet, für welchen Vorschlag ihr euch entscheiden würdet.

die Wirkung des Tons untersuchen

W Wählt einen der folgenden Filmausschnitte aus:

1

2

3 Was könnte zu diesen Filmausschnitten eingespielt werden? Sammelt Ideen für eine wirkungsvolle Vertonung.

wirkungsvoll vertonen

Eure Projektarbeit

In eurem Filmbeitrag könnt ihr den Ton für verschiedene Ziele einsetzen.

- Das Publikum soll sich etwas merken, einprägen.
- Das Publikum soll eine Zusammenfassung von Ereignissen/Ergebnissen/Meinungen bekommen.
- Das Publikum soll bestimmte Gefühle oder Stimmungen mitfühlen können.
- Das Publikum soll Zeit und Ort des Filmausschnitts einordnen können.
- Das Publikum soll verstehen, dass der Filmbeitrag aus verschiedenen Teilen besteht.
- Das Publikum soll erkennen, um was für einen Filmbeitrag es sich handelt.

1 Welche Sprechtexte, Geräusche oder Musik eignen sich, um die Ziele zu erreichen?
a. Schreibe verschiedene Möglichkeiten auf.
b. Veranschauliche die Funktion des Tons an einem Beispiel.

die Funktion von Sprechertexten, Geräuschen und Musik verstehen

Starthilfe

Funktion	Ton	Beispiel
merken, einprägen	Sprechtext, Musik	Werbeslogan, Werbejingle

Die Tonauswahl für euren Filmbeitrag könnt ihr in einem Szenenplan festlegen.

2 Welche Funktionen soll der Ton in eurem Filmbeitrag erfüllen?
a. Erstellt einen Szenenplan für euren Beitrag.
b. Tragt die Funktionen des Tons in jeder Szene ein.
c. Diskutiert in eurer Projektgruppe verschiedene Tonvorschläge.
d. Entscheidet, welche Sprechtexte, Geräusche oder Musik sich am besten eignen, und ergänzt sie in eurem Szenenplan.

die Tonauswahl in einem Szenenplan festlegen

Starthilfe

Szene	Funktion	Tonauswahl
Vorspann	Einstimmung der Zuschauer auf ...	...

Originaltöne könnt ihr gleich beim Filmen aufnehmen. Von Geräuschen und Musik, die ihr Filmszenen unterlegen wollt, braucht ihr Aufnahmen.

3 Bringt Aufnahmen von Geräuschen oder Musik mit, die ihr einsetzen wollt, oder nehmt selbst auf, was ihr als Ton benötigt.

Tonaufnahmen machen und besorgen

4 Vertont die einzelnen Szenen mithilfe des Szenenplans. Unterlegt sie mit den ausgewählten Tonaufnahmen.

Die richtige Einstellung finden

Merve, Denis und Bünyamin haben für ihre Sportreportage dieselbe Szene mit verschiedenen Kameraeinstellungen gefilmt.

Merve: Detailaufnahme

Denis: Großaufnahme

Bünyamin: Totale

die Funktion der Kameraeinstellung untersuchen

1 Was haben die Schülerinnen und Schüler aufgenommen?

a. Beschreibt, was die Kameraeinstellungen zeigen.

b. Führt auch Beispiele dafür an, was nicht zu sehen ist.

c. Tauscht euch darüber aus, was die Einstellungen verdeutlichen können.

Starthilfe

Detailaufnahme: Kleiner Ausschnitt ...
zeigt, welche Einzelheiten des Geschehens besonders wichtig sind.

Die Bilder von Merve, Denis und Bünyamin zeigen den Moment, in dem ihr Team das Spiel für sich entscheiden konnte.

Kameraeinstellungen auswählen

2 Welche der Einstellungen würdet ihr den Schülerinnen und Schülern für diese Situation empfehlen? Begründet eure Empfehlung.

Auch für diese Situationen im Spiel gibt es mehrere Aufnahmen.

Anpfiff   Aufregung der Trainerin   Aufwärmen der Ersatzspieler   Einwurf

3 Wählt für jede Situation eine Einstellung und begründet euren Vorschlag.

Starthilfe

Situation	Einstellung	Begründung
Anpfiff	Totale	Zuschauer sollen ... erkennen.

Eure Projektarbeit

Mit ein wenig Übung könnt ihr die Kamera nach euren Vorstellungen einstellen und während eurer Filmaufnahmen verändern.

Kameraeinstellungen erproben

1 Macht euch mit der Kamera, die ihr benutzen wollt, vertraut.
- **a.** Probiert aus, wie ihr das Zoomobjektiv einstellen müsst, um verschiedene Kameraeinstellungen zu erhalten.
- **b.** Macht kurze Probeaufnahmen mit verschiedenen Einstellungen.
- **c.** Präsentiert sie in der Klasse und sprecht über ihre Wirkung.

Auch in eurem Filmbeitrag könnt ihr mit der Wahl der Kameraeinstellung die Wirkung eurer Aufnahmen beeinflussen.

Kameraeinstellungen in einem Szenenplan festlegen

2 Welche Funktion sollen die Kameraeinstellungen in eurem Filmbeitrag erfüllen?
- **a.** Tragt in einen Szenenplan ein, welche Szenen ihr aufnehmen wollt.
- **b.** Ergänzt die Funktion der Kameraeinstellung für jede Szene.
- **c.** Diskutiert in eurer Projektgruppe die verschiedenen Vorschläge.
- **d.** Legt die Kameraeinstellung für jede Szene fest.

Starthilfe

Szene	Funktion	Kameraeinstellung
Erster Auftritt der Hauptfigur	Charakterisierung durch einen typischen Gesichtsausdruck	Großaufnahme

Nun könnt ihr die Aufnahmen für euren Filmbeitrag machen.

Filmszenen aufnehmen

3 Nehmt die Szenen nacheinander auf.
Verwendet dazu euren Szenenplan aus Aufgabe 2.
Tipp: Wenn ihr mehrere Kameras habt, könnt ihr mit verschiedenen Einstellungen aufnehmen und euch später entscheiden, welche geeigneter oder wirkungsvoller ist.

Bevor ihr eure Aufnahmen präsentiert, solltet ihr sie auswerten.

die Filmaufnahmen auswerten

4 Überprüft eure Aufnahmen.
- **a.** Beantwortet folgende Fragen:
  - Ist alles Wichtige gut zu erkennen?
  - Habt ihr zu wenige/ausreichend/zu viele verschiedene Einstellungen verwendet?
  - Wirken die Kameraeinstellungen, wie ihr es beabsichtigt habt?
- **b.** Wiederholt die Aufnahmen falls möglich oder ergänzt fehlende Informationen durch die Tonaufnahmen.
  Tipp: Achtet auf die Persönlichkeitsrechte der abgebildeten Personen und auf das Urheberrecht bei der Verwendung der Musik.

Info
Das Persönlichkeitsrecht ist ein gesetzlich festgelegtes Recht auf Selbstbestimmung jeder einzelnen Person. Dazu gehört die Einverständniserklärung von abgebildeten Personen in Fotos und Filmen.

Lesen erforschen, lesen trainieren

Sich auf einen Text einlassen

Einen Text lesen ist wie ein Gespräch führen. Manchmal ist dir dein Gegenüber vertraut, dann läuft das Gespräch leicht und entspannt. Andere Gespräche sind ungewohnt und deshalb schwierig. In diesem Kapitel lernst du einen ungewohnten Code knacken. Der Textknacker hilft dir dabei. Zum Schluss sollst du an einem Beispiel überprüfen, ob du den Code verstanden hast.

Bearbeitet die folgenden Aufgaben in kleinen Gruppen.

Textknacker
Schritt 1:
Vor dem Lesen

1 Betrachtet zunächst die Textauszüge auf dieser Seite: Titelzeilen, Überschriften, die Form, besondere Zeichen.

Aus dem Leben eines Taugenichts *J. v. Eichendorff*

Das Rad an meines Vaters Mühle brauste und rauschte schon wieder recht lustig, der Schnee tröpfelte emsig vom Dache, die Sperlinge zwitscherten und tummelten sich dazwischen; ich saß auf der Türschwelle und wischte mir den Schlaf aus den Augen, mir war so recht wohl in dem warmen Sonnenscheine. Da trat der Vater aus dem Hause; er hatte schon seit Tagesanbruch in der Mühle rumort 1 und die Schlafmütze schief auf dem Kopf, der sagte zu mir: „Du Taugenichts! Da sonnst du dich schon wieder und dehnst und reckst dir die Knochen müde, und lässt mich alle Arbeit allein tun. Ich kann dich hier nicht länger füttern. [...]

Klöpplerinnen *Louise Otto-Peters*

Seht Ihr sie sitzen am Klöppelkissen,
Die Wangen bleich und die Augen rot!
Sie mühen sich ab für einen Bissen,
Für einen Bissen schwarzes Brot!

Großmutter hat sich die Augen erblindet,
Sie wartet, bis sie der Tod befreit –
Im stillen Gebet sie die Hände windet:
Gott schütz' uns in der schweren Zeit.

[...]

Teil I
Jugendschutzgesetz (JuSchG)

vom 23. Juli 2002 (BGBl. I S. 2730, S. 476)

geändert durch Artikel 7 Abs. 2 des Gesetzes vom 27. Dezember 2003 (BGBl. I S. 3007),
geändert durch Artikel 3 des Gesetzes vom 29. Dezember 2003 (BGBl. I S. 3076),
[...].
Abschnitt 1: Allgemeines

§ 1 Begriffsbestimmungen
(1) Im Sinne dieses Gesetzes
1. sind Kinder Personen, die noch nicht 14 Jahre alt sind,
2. sind Jugendliche Personen, die 14, aber noch nicht 18 Jahre alt sind,
3. ist personensorgeberechtigte Person, wem allein oder gemeinsam [...]

„Das Recht ist eine riesige Maschine“

Seit wann gibt es überhaupt Regeln? Was ist gerecht? Bei unserem Thema muss man ziemlich früh anfangen. Sagt zumindest der Rechtsprofessor Uwe Wesel.

Interview: Oliver Gehrs

„Um das Recht zu verstehen, muss man meine Bücher lesen“, hatte Uwe Wesel am Ende unseres Gesprächs noch gesagt – natürlich im Scherz. Aber so ganz unrecht hat er ja nicht. Mit „Geschichte des Rechts“ hat Wesel einen echten Klassiker geschrieben und neulich mit dem Werk „Geschichte des Rechts in Europa“ noch mal nachgelegt. Genau der Richtige für ein paar erste Fragen.

fluter: Menschen gibt es seit rund zwei Millionen Jahren, gibt es auch das Recht schon so lange?

Wesel: Seit die Menschen existieren, gibt es Regeln. Menschliches Leben ohne Regeln, ohne Ordnungsfunktion und auch ohne gewisse Organisationsformen kann nicht funktionieren. [...]

2 Was fällt euch beim Betrachten der Textauszüge auf? Notiert Stichworte zu Textformen, auffälligen Zeichen und Wörtern.

die Form betrachten

3 **a.** Auf welche Textsorten schließt ihr? Sprecht darüber.
b. Sammelt zu jeder Textsorte mindestens zwei Aussagen an der Tafel.

Ungewohnten Texten begegnest du in deinem Leben zunehmend, dazu gehören auch Gesetzestexte, zum Beispiel das Jugendschutzgesetz. Du näherst dich dem ungewohnten Text schrittweise, zuerst über dein Vorwissen. Was weißt du zu dem Thema schon, was erwartest du?

Textknacker
Schritt 1:
Vor dem Lesen

4 Was wisst ihr schon zum Thema „Jugendschutzgesetz“? Tragt es zusammen.

a. Stellt euch in der Gruppe Fragen und notiert die Antworten.

Vorwissen aktivieren

Erwartungen formulieren

Starthilfe

Wovor sollen Jugendliche geschützt werden?
Zum Beispiel vor Genussmitteln.
Warum ...?
Wer ...?
...

b. Welche Information findet ihr am wichtigsten? Schreibt sie auf.

c. Stellt diese Information in der Klasse vor. Begründet, warum sie für euch wichtig ist.

d. Wie werden Regelungen zum Schutz der Jugend in einem Gesetz formuliert sein? Notiert eure Erwartungen.

Das Bundesministerium für Familien, Senioren, Frauen und Jugend hat die Kernpunkte des Jugendschutzgesetzes zusammengefasst.

5 Lest die folgende Einleitung zur Zusammenfassung des Gesetzes.

„Das Jugendschutzgesetz dient dem Schutz der Jugend in der Öffentlichkeit. Es regelt den Verkauf, die Abgabe und den Konsum von Tabak und Alkohol, die Abgabe, zum Beispiel Verkauf und Verleih, von Filmen und Computerspielen sowie den Aufenthalt in Gaststätten und bei Tanzveranstaltungen (zum Beispiel in Diskotheken).“

6 Worum geht es in dem Gesetz? Notiert, wozu es dient und was es regelt.

7 Welche sprachlichen Besonderheiten sind euch aufgefallen? Notiert zum Beispiel, welche Wortarten gehäuft vorkommen.

8 Welche eurer inhaltlichen und sprachlichen Erwartungen werden in dem Gesetz vermutlich erfüllt, welche eher nicht? Notiert dazu Stichpunkte.

Den Textcode entschlüsseln: Wortbedeutungen

Jedes Gespräch hat seine eigene Sprache, jeder Text hat seinen eigenen Code. Vielleicht hast du schon einmal mit Freunden ein Zeichensystem oder eine Geheimsprache verabredet – die Regeln müssen den Anwendern bekannt sein, sonst ist der Code nicht zu knacken.
Auch für offizielle, allen zugängliche Gesetzestexte gibt es Codes.

1 Überfliege den folgenden Textauszug aus dem Jugendschutzgesetz. Notiere deinen ersten Leseeindruck. Worum geht es?

Textknacker
Schritt 2:
Den Text überfliegen

den ersten Leseeindruck formulieren

§ 1 Begriffsbestimmungen

(1) Im Sinne dieses Gesetzes

1. sind Kinder Personen, die noch nicht 14 Jahre alt sind,
2. sind Jugendliche Personen, die 14, aber noch nicht 18 Jahre alt sind,
3. ist personensorgeberechtigte Person, wem allein oder gemeinsam mit einer anderen Person nach den Vorschriften des Bürgerlichen Gesetzbuchs die Personensorge zusteht,
4. ist erziehungsbeauftragte Person, jede Person über 18 Jahren, soweit sie auf Dauer oder zeitweise aufgrund einer Vereinbarung mit der personensorgeberechtigten Person Erziehungsaufgaben wahrnimmt oder soweit sie ein Kind oder eine jugendliche Person im Rahmen der Ausbildung oder der Jugendhilfe betreut.

Um diesen ungewohnten Code zu knacken, müsst ihr genau lesen und schrittweise vorgehen. Bearbeitet die folgenden Aufgaben im Tandem.

Textknacker
Schritt 3:
Beim genauen Lesen

2 **a.** Welche „Begriffe" sollen bestimmt werden? Schreibt die zu bestimmenden Begriffe nach folgendem Muster auf:

Starthilfe
Kinder sind Personen, die ...

b. Ergänzt zu den Begriffen „Kinder" und „Jugendliche" die richtigen Angaben mit eigenen Worten.

Wortbedeutungen klären

3 Was ist im Sinne des Gesetzes eine „personensorgeberechtigte Person"?

a. Schreibt zum besseren Leseverständnis auf, aus welchen Wörtern das zusammengesetzte Wort „personensorgeberechtigt" besteht.

b. Schreibt Fragen an den Text auf:

Starthilfe
Wie wird diese Person näher bestimmt?

Ich verstehe:
Eine Person sorgt sich um eine andere.

Tipp: Sucht im Nebensatz nach dem konjugierten Verb und schaut euch die Satzverknüpfer an: Worauf bezieht sich das Wort „wem"?

Um genau zu erklären, was eine „personensorgeberechtigte Person“ von einer „erziehungsbeauftragten Person“ unterscheidet, müsst ihr einen weiteren Begriff verstehen. Er wird in einem anderen Gesetzbuch erläutert.

Info

Bürgerliches Gesetzbuch (BGB)

Buch 4 – Familienrecht

§ 1631
Inhalt und Grenzen der Personensorge

(1) Die Personensorge umfasst insbesondere die Pflicht und das Recht, das Kind zu pflegen, zu erziehen, zu beaufsichtigen und seinen Aufenthalt zu bestimmen.

4 Welcher Begriff aus welchem Gesetzbuch muss geklärt werden? Schreibt eine Erklärung zu dem gesuchten Begriff mit eigenen Worten auf. Nutzt die Info vom Rand dazu.

5 Was ist im Sinne des Gesetzes eine „erziehungsbeauftragte Person“? Probiert einen eigenen Weg zum Knacken dieses Teilabschnittes aus oder geht so vor wie in Aufgabe 3 auf Seite 208.

a. Stellt Fragen.

Starthilfe
Welche näheren Angaben werden zu der Person gemacht?
Trifft der Begriff auf alle Personen eines bestimmten Alters zu?

b. Sucht Verben, die etwas darüber sagen, was diese Person tut.

c. Untersucht die mit „soweit“ eingeleiteten Nebensätze. Welche Einschränkungen werden gemacht?

d. Formuliert mit eigenen Worten eine Erklärung zu dem Begriff.

Zum Code von Gesetzestexten gehören viele Fachwörter, denen man im Alltag selten begegnet und die in einem allgemeinen Wörterbuch nicht einmal vorkommen, wie zum Beispiel das Wort „personensorgeberechtigt“.

Textknacker
Schritt 3:
Beim genauen Lesen

die Verwendung von Fachwörtern untersuchen

6 Welchem Zweck dienen wohl die Begriffsbestimmungen? Warum stehen sie am Anfang des Jugendschutzgesetzes? Sprecht darüber.

7 Warum werden die Begriffe „personensorgeberechtigte Person“ und „erziehungsbeauftragte Person“ verwendet?

a. Schreibt zunächst mindestens fünf Verben mit ähnlicher Bedeutung wie „erziehen“ und „beaufsichtigen“ auf.

b. Welche Personen aus welchen Bereichen können „erziehungsbeauftragte Personen“ sein? Erstellt dazu eine Übersicht.

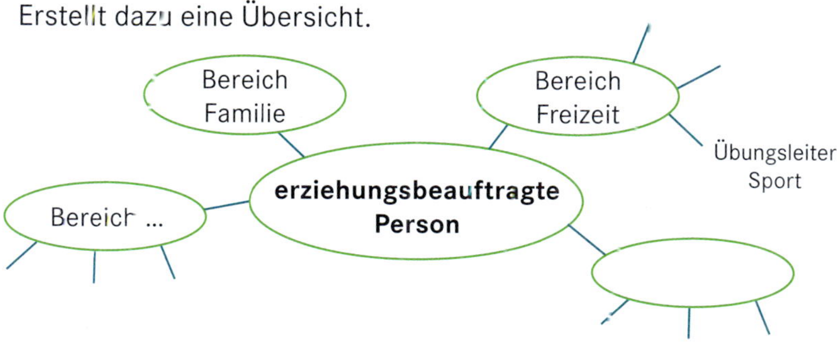

Mein Bruder macht Praktikum in einer Kita. Ist er dann eine erziehungsbeauftragte Person?

c. Welchen Vorteil hat der Gebrauch solcher Begriffe für einen Gesetzestext? Sprecht in der Klasse darüber.

Textstruktur und Textverknüpfer untersuchen

Die folgenden ausgewählten Paragraphen (§§ 9 und 10) des Jugendschutzgesetzes (JuSchG) beschäftigen sich mit öffentlichen Bereichen, in denen der Schutz von Kindern und Jugendlichen geregelt wird. In diesen Texten erkennt ihr weitere Codes von Gesetzestexten.

1 Lies die Überschrift des Paragraphen 9. Worum geht es vermutlich? Was weißt du schon zu dem Thema? Schreibe Stichworte auf.

Textknacker
Schritt 1:
Vor dem Lesen

2 Überfliege den Text. Schreibe alles auf, was dir auffällt.

Textknacker
Schritt 2:
Den Text überfliegen

§ 9 Alkoholische Getränke

(1) In Gaststätten, Verkaufsstellen oder sonst in der Öffentlichkeit dürfen
1. Branntwein, branntweinhaltige Getränke oder Lebensmittel, die Branntwein in nicht nur geringfügiger Menge enthalten, an Kinder und Jugendliche,
2. andere alkoholische Getränke an Kinder und Jugendliche unter 16 Jahren

weder abgegeben werden noch darf ihnen der Verzehr gestattet werden.

(2) Absatz 1 Nr. 2 gilt nicht, wenn Jugendliche von einer personensorgeberechtigten Person begleitet werden.

(3) In der Öffentlichkeit dürfen alkoholische Getränke nicht in Automaten angeboten werden. Dies gilt nicht, wenn ein Automat
1. an einem für Kinder und Jugendliche unzugänglichen Ort aufgestellt ist oder
2. in einem gewerblich genutzten Raum aufgestellt und durch technische Vorrichtungen oder durch ständige Aufsicht sichergestellt ist, dass Kinder und Jugendliche alkoholische Getränke nicht entnehmen können.

§ 20 Nr. 1 des Gaststättengesetzes bleibt unberührt.

(4) Alkoholhaltige Süßgetränke im Sinne des § 1 Abs. 2 und 3 des Alkopopsteuergesetzes dürfen gewerbsmäßig nur mit dem Hinweis „Abgabe an Personen unter 18 Jahren verboten, § 9 Jugendschutzgesetz" in den Verkehr gebracht werden. Dieser Hinweis ist auf der Fertigpackung in der gleichen Schriftart und in der gleichen Größe und Farbe wie die Marken- oder Phantasienamen oder, soweit nicht vorhanden, wie die Verkehrsbezeichnung zu halten und bei Flaschen auf dem Frontetikett anzubringen.

Bearbeitet die folgenden Aufgaben im Tandem.

3 **a.** Worum geht es? Schreibt es jeder in nur einem Satz auf.
b. Tauscht eure Sätze aus. Welcher Satz formuliert das Thema genauer?
c. Welche Besonderheiten habt ihr zu Aufgabe 2 notiert? Tauscht euch darüber aus.

4 Lest den Text nun jeder für sich genau.
Klärt danach gemeinsam unklare Begriffe und Fachwörter.

Textknacker
Schritt 3:
Beim genauen Lesen

Wörter klären
Fragen stellen
den Text grafisch darstellen

5 Für welche Personen ist was wie geregelt?
a. Beantwortet diese W-Fragen.
b. Stellt den Text grafisch dar: Zeichnet eine Tabelle.

Starthilfe

Personen	branntweinartige Getränke	andere alkoholische Getränke	…
unter 16 Jahren			

Zum Textcode von Gesetzestexten gehört eine besondere Textstruktur.

6 Wie ist der Text gegliedert? Beschreibt die äußere Gliederung.
a. Lest euch den Abschnitt (1) des § 9 gegenseitig laut vor.
Welche Zeilen sind zu wiederholen, damit der Text verständlich wird?
Tipp: Lest den ersten Satz zunächst ohne die Aufzählungen zu Ende.
b. Schreibt den Abschnitt so auf, dass ihr ihn verständlich vorlesen könnt. Ergänzt dazu jeweils den einleitenden Satzanfang.

die innere Struktur und die Textverknüpfer untersuchen

Das Auffinden der Textverknüpfer hilft beim Knacken der Textstruktur.

7 **a.** Welche Wortgruppen kündigen eine Aufzählung von mehreren Unterpunkten an? Schreibt sie auf.
b. Durch welche Wörter werden die Aufzählungen verbunden?
Notiert die Wörter. Ergänzt mögliche andere.

Das Wissen über Textstrukturen hilft beim Lesen ähnlicher Texte.
Du festigst dein Wissen, wenn du es selbst anwendest.

8 Lies den folgenden Text.

§ 10 Rauchen in der Öffentlichkeit, Tabakwaren

(1) In Gaststätten, Verkaufsstellen oder sonst in der Öffentlichkeit dürfen Tabakwaren an Kinder oder Jugendliche weder abgegeben noch darf ihnen das Rauchen gestattet werden. (2) In der Öffentlichkeit dürfen Tabakwaren nicht in Automaten angeboten werden. Dies gilt nicht, wenn 1. ein Automat an einem von Kindern und Jugendlichen unzugänglichen Ort aufgestellt ist oder 2. durch technische Vorrichtungen oder durch ständige Aufsicht sichergestellt ist, dass Kinder und Jugendliche Tabakwaren nicht entnehmen können.

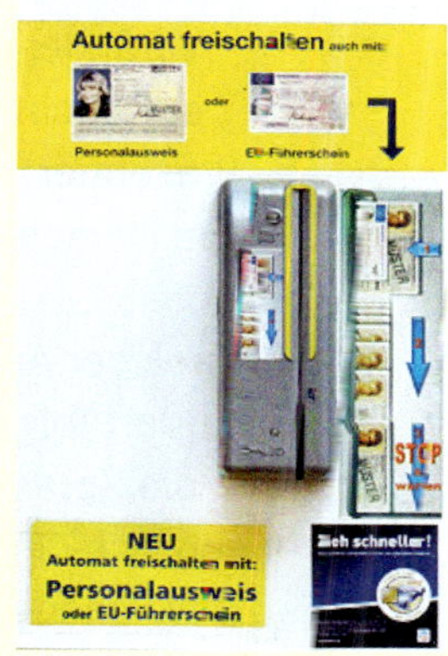

9 Schreibe den Text so auf, dass er wie ein Gesetzestext gegliedert ist.
Orientiere dich am Text zu Paragraph 9.

Die Aussageabsicht erkennen und bewerten

Einen Textcode knacken, das heißt auch herauszufinden, wer mit wem und mit welcher Absicht den Textcode so „verabredet“ hat.

Textknacker
Schritt 3:
Beim genauen Lesen

Bearbeitet die folgenden Aufgaben in kleinen Gruppen.

1 **a.** Lest den folgenden Abschnitt des Jugendschutzgesetzes.
b. Fasst in einem Satz zusammen, was in § 4 geregelt wird.

den Inhalt in einem Satz zusammenfassen

§ 4 Gaststätten

(1) Der Aufenthalt in Gaststätten darf Kindern und Jugendlichen unter 16 Jahren nur gestattet werden, wenn eine personenberechtigte oder erziehungsbeauftragte Person sie begleitet oder wenn sie in der Zeit zwischen 5 Uhr und 23 Uhr eine Mahlzeit oder ein Getränk einnehmen. Jugendlichen ab 16 Jahren darf der Aufenthalt in Gaststätten ohne Begleitung einer personensorgeberechtigten oder erziehungsbeauftragten Person in der Zeit von 24 Uhr und 5 Uhr morgens nicht gestattet werden.

(2) Absatz 1 gilt nicht, wenn Kinder oder Jugendliche an einer Veranstaltung eines anerkannten Trägers der Jugendhilfe teilnehmen oder sich auf Reisen befinden.

(3) Der Aufenthalt in Gaststätten, die als Nachtbar oder Nachtclub geführt werden, und in vergleichbaren Vergnügungsbetrieben darf Kindern und Jugendlichen nicht gestattet werden.

(4) Die zuständige Behörde kann Ausnahmen von Absatz 1 genehmigen.

Mithilfe der folgenden Aufgabe kannst du überprüfen, ob du den Code verstanden hast.

Situation: Ein 14-jähriger Schüler hat nach einer Abendveranstaltung in der Schule um 20 Uhr die Regionalbahn verpasst. Der nächste Zug fährt um 21:15 Uhr. Es regnet. In der Nähe des Bahnhofes gibt es ein Hotel mit einer Hotelbar.

das Textverständnis überprüfen

2 **a.** Wendet den Gesetzestext auf die beschriebene Situation an:
- Darf sich der 14-jährige Schüler in dieser Gaststätte aufhalten?
- Verändert sich die Situation, wenn ein 18-jähriger Freund auftaucht?

b. Präsentiert eure Lösungen in der Klasse, erläutert auch, wie ihr zu eurem Ergebnis gelangt seid.

3 Mit welcher Aussageabsicht wurde der Gesetzestext so formuliert? Diskutiert folgende Fragen:
- Ist die Sprache eindeutig?
- Ließ sich der konkrete Fall von Aufgabe 2 eindeutig lösen?
- Zu welchen Begriffen hättet ihr eventuell eine Erläuterung benötigt?
- Kann jede konkrete Situation vorausgesehen werden?

Textknacker
Schritt 4:
Nach dem Lesen

die Aussageabsicht erkennen

4 An wen richtet sich das Gesetz? Bestimmt die Adressaten.
   a. Werden Personen, die für die Einhaltung des Gesetzes zuständig sind, direkt benannt? Lest in den abgedruckten Gesetzestexten nach.
   b. Welche Personen sind eurer Meinung nach für die Durchsetzung und Einhaltung des Jugendschutzgesetzes zuständig? Sammelt eure Ergebnisse an der Tafel. Diskutiert darüber.

den Adressaten bestimmen

Das Jugendschutzgesetz betrifft dich ganz konkret. Du hast seinen Code geknackt und kannst dazu eine Meinung entwickeln.

5 Notiere Pro- und Kontra-Argumente zu folgenden Fragen.
   a. Findest du das Jugendschutzgesetz sinnvoll?
   b. Können mit dem Gesetz der Missbrauch von Alkohol und Tabak verhindert oder erschwert werden?

zum Thema der Texte Stellung nehmen

Der folgende Song provoziert zur kritischen Auseinandersetzung.

Jugendschutzgesetz Bizzy Montana

Ich geh durch meine Straße, ja und es ist dunkel und regnet
ich habe gerade kein Gras mit, und fühl mich stumpf und so elend
ich humpel beim Gehen und rede mir den Kummer von der Seele
keiner der mir zuhört, nicht mal meine Jungs sind in der Nähe
so betrunken und benebelt, is normal hier zu versinken
du kannst fragen, wen du willst, die Kinder strahlen, wenn sie trinken
wenn sie rausgehen und sich treffen, um zu rauchen und zu zechen
und sie glauben nicht den Großen, dass sie draufgehen und zerbrechen
und sie kaufen sich in Dosen Whisky-Cola schon mit vierzehn.
Ich weiß, das ist kein Geheimnis, den Verkäufer interessiert es nicht
wie alt sie sind, solang die Kasse stimmt, legt er den Alk auch hin
und wenn es mal nicht klappt, schicken die Kinder einen Alki hin
unnormal verdammt und was, wenn sich ein Junge dann ins Dunkle setzt,
sich einen Schuss verpasst, wo is dann euer Jugendschutzgesetz? […]

W **Setzt euch mit dem Song schreibend auseinander. Wählt eine der folgenden Aufgaben aus. Arbeitet allein oder mit einem Partner.**

6 Was hältst du von diesem Song? Schreibe eine Kritik für eine Schülerzeitung.

sich mit einem Text schreibend auseinandersetzen

7 Schreibe einen Leserbrief zum Jugendschutzgesetz aus der Perspektive
- eines Kneipenwirts, dessen Lokal viele Jugendliche besuchen, oder
- eines Notarztes, der einen betrunkenen Jugendlichen vor einer Diskothek versorgt.

Das Lesen in der Lesemappe auswerten

Nach dem Lesen, Entschlüsseln und Bewerten einiger Abschnitte aus dem Jugendschutzgesetz wertest du deine Arbeitsergebnisse aus. Deine Auswertung legst du in deiner Lesemappe ab.

die Lesemappe verwenden: die Arbeit mit den Texten auswerten

Beantworte die folgenden Fragen schriftlich.

1 Vor dem Lesen:
- **a.** Wie hat dir dein Vorwissen beim Lesen des Jugendschutzgesetzes geholfen?
- **b.** Welche Informationen haben dir vor dem Lesen gefehlt?
- **c.** Welche Vorstellung von einem Gesetzestext hattest du?

2 Beim Überfliegen:
- **a.** Was hast du beim ersten Lesen vom Inhalt des Textes verstanden?
- **b.** Was kam dir völlig unverständlich vor?

3 Beim genauen Lesen:
- **a.** Was ist dir beim genauen Lesen der Gesetzestexte schon gut gelungen?
- **b.** Was hat dir die meisten Schwierigkeiten bereitet?
- **c.** Wie konntest du die Schwierigkeiten überwinden?
- **d.** Wie würdest du wieder vorgehen?

4 Gemeinsam einen Code knacken?
- **a.** Bist du in der Partnerarbeit mit den Texten besser oder schlechter zurechtgekommen?
- **b.** Welche Arbeitsschritte musstest du für dich allein durchführen?
- **c.** Bei welchen Leseschritten hat dir der Austausch mit einer Partnerin oder einem Partner geholfen?

Mithilfe deiner persönlichen Checkliste kannst du das Lesen von Gesetzestexten trainieren.

eine persönliche Checkliste erstellen

5 Fertige deine persönliche Checkliste zum Lesen von Gesetzestexten an. Beziehe die Textknackerschritte und deine Antworten auf die Aufgaben 1 bis 4 mit ein.

Checkliste: Einen Gesetzestext lesen	*Ja*	*Nein*
– Habe ich mich mit meinem Vorwissen auf den Inhalt des Gesetzes eingestellt?		
– Habe ich beim Überfliegen auf Auffälliges geachtet?		
– Habe ich beim genauen Lesen die Bedeutung der Schlüsselbegriffe geknackt?		

Das kann ich! Einen Textcode selbstständig knacken

Du erschließt die folgenden Paragraphen des Jugendschutzgesetzes mithilfe des Textknackers und mit deiner persönlichen Checkliste. Am Schluss überprüfst du an einer Aufgabe zu einer Situation, ob du den Code geknackt hast.

selbstständig einen Gesetzestext entschlüsseln

§ 5 Tanzveranstaltungen

(1) Die Anwesenheit bei öffentlichen Tanzveranstaltungen ohne Begleitung einer personensorgeberechtigten oder erziehungsbeauftragten Person darf Kindern und Jugendlichen unter 16 Jahren nicht und Jugendlichen ab 16 Jahren längstens bis 24 Uhr gestattet werden.

(2) Abweichend von Absatz 1 darf die Anwesenheit Kindern bis 22 Uhr und Jugendlichen unter 16 Jahren bis 24 Uhr gestattet werden, wenn die Tanzveranstaltung von einem anerkannten Träger der Jugendhilfe durchgeführt wird oder der künstlerischen Betätigung oder der Brauchtumspflege dient.

(3) Die zuständige Behörde kann Ausnahmen genehmigen.

§ 6 Spielhallen, Glücksspiele

(1) Die Anwesenheit in öffentlichen Spielhallen oder ähnlichen vorwiegend dem Spielbetrieb dienenden Räumen darf Kindern und Jugendlichen nicht gestattet werden.

(2) Die Teilnahme an Spielen mit Gewinnmöglichkeit in der Öffentlichkeit darf Kindern und Jugendlichen nur auf Volksfesten, Schützenfesten, Jahrmärkten, Spezialmärkten oder ähnlichen Veranstaltungen und nur unter der Voraussetzung gestattet werden, dass der Gewinn in Waren von geringem Wert besteht.

W Überprüfe, ob du den Code des Gesetzestextes knacken konntest. Wähle eine der beiden Situationen aus.

Situation 1: Zwei Jugendliche im Alter von 17 Jahren haben an einer Diskothek zwei Stunden nach Eintrittskarten angestanden. Es ist inzwischen 22:30 Uhr. Damit sich das Geld gelohnt hat, beschließen sie, mindestens drei Stunden zu bleiben. Wann müssen die beiden Jugendlichen die Tanzveranstaltung verlassen?

Situation 2: Ein Jugendlicher im Alter von 15 Jahren besucht mit seinen Eltern ein Schützenfest. Während der Veranstaltung findet auch ein Gewinnspiel statt. Der Hauptgewinn ist eine Wochenendreise für zwei Personen in eine Berghütte. Darf der 15-jährige Jugendliche an diesem Gewinnspiel teilnehmen?

1 Wende den Gesetzestext auf die Situation an und löse die am Ende der Situation formulierte Aufgabe.

2 Präsentiere deine Lösung in der Klasse. Begründe sie mithilfe der entsprechenden Textstellen aus dem Jugendschutzgesetz.

die Lösung der Aufgabe präsentieren

Einen informativen Text schreiben

Texte lesen und auswählen

Rigoberta Menchú ist eine Widerstandkämpferin aus Guatemala.
Du erfährst durch die folgenden Texte und Abbildungen mehr über sie.

1

Was ich am Leben am meisten schätze, ist die Fähigkeit zu träumen. In den schwierigsten Momenten und verzwicktesten Situationen hatte ich die Fähigkeit, von einer besseren Zukunft zu träumen.

2

Dienstag, 13. Januar 2009, Hamburger Abendblatt

Die vergessene Nobelpreisträgerin

Internationale Auftritte der Frau aus Guatemala sind selten. Ihren Kampf um die Rechte der Mayas führt sie vor allem in der Heimat.

Guatemala-Stadt: Einen Augenblick nur, nicht länger als einen Wimpernschlag der Geschichte, stand Rigoberta Menchú im Rampenlicht der Weltgemeinschaft. Für den Kampf um die Rechte der „Indígenas", die indigene[1] Urbevölkerung der Mayas in Guatemala, wurde sie 1992 mit dem Friedensnobelpreis ausgezeichnet. Damals war sie erst 33, die jüngste Person, der diese hohe Ehre je zuteil wurde. Doch anders als Willy Brandt, Michail Gorbatschow oder Al Gore ist ihr Name außerhalb ihrer Heimat längst verblasst. [...]

Wie sieht der Alltag einer Friedensnobelpreisträgerin aus – 16 Jahre danach? „Ich gehe in den Supermarkt einkaufen und freue mich, wenn mich die Menschen erkennen und mir die Hand schütteln. Einige wollen sich mit mir fotografieren lassen und bitten um ein Autogramm." Ihren Garten beackert sie eigenhändig. „Alle Blumen habe ich selbst angepflanzt", sagt sie stolz. Und: „Ich koche gern für meine Familie, und ich nähe viel", verrät sie. Ihre eigenen Trachten entwirft sie selbst.

„Mein Leben", resümiert Rigoberta Menchú, „hat sich nach der Preisverleihung komplett verändert. Ich habe viel mehr Termine und reise viel." Sie ist Ehrengast bei Empfängen von Botschaftern oder Stiftungen, hält Vorträge über Frieden, Bürgerrechte und das Schicksal der Indígenas. Die Vereinten Nationen ernannten sie zur Unesco-Sonderbotschafterin für die „Förderung einer Kultur des Friedens und der Rechte indigener Menschen". Im Jahr 2004 bat der damalige Präsident Guatemalas, Oscar Berger, sie, als „Botschafterin des Guten Willens" über die Einhaltung des Friedensvertrags in Guatemala mit zu wachen – sie nahm den Job an.

„Das Wichtigste für mich ist nicht der Friedensnobelpreis an sich", sagt Señora Rigoberta, „sondern das, was man daraus macht, die Aufgabe, das Herzblut, das man hineinsteckt." Vor allem im eigenen Land ist sie aktiv: etwa indem sie Schulen finanziell unterstützt, auch mit Mitteln ihrer Stiftung, in die sie damals das Preisgeld von

[1] indigen: einheimisch, eingeboren

umgerechnet 900 000 Euro investierte. Sie versteht sich als Kämpferin für ein besseres Leben mit mehr Bildung und Gleichberechtigung für jene Bevölkerungsgruppe, die in dem lange Zeit von Diktaturen und Bürgerkriegen gebeutelten Land die Mehrheit bildet – und dennoch verfolgt und unterdrückt wurde von den „Ladinos“[2].

Die Situation in Guatemala, das vor allem vom Export von Kaffee, Zucker und Bananen lebt, ist auch zwölf Jahre nach Ende des 36 Jahre dauernden Bürgerkriegs mit 200 000 Toten nicht gerade rosig. „Ein Volk, das liest, macht Fortschritte“, verkünden übergroße Werbeplakate von Bibliotheken und Banken in Dörfern. Nicht ohne Grund: Die Quote der Analphabeten liegt offiziell bei rund 30 Prozent, auf dem Land bei den Indígenas indes bisweilen bei 60 Prozent und mehr. Zwar herrscht Schulpflicht vom sechsten Lebensjahr an, aber vielen Familien fehlt das Geld für die staatlichen Schulen, für Schulgebühren, Uniform und Bücher.

Ähnlich ist die Kluft zwischen Anspruch und Wirklichkeit bei der Sozialversicherung: Es gibt eine Pflicht dazu, aber gerade auf dem Land können sich viele die Beiträge nicht leisten. Außerdem fehlt es dort an Gesundheitsdiensten, sauberem Trinkwasser und Latrinen. Vor allem Kinder sind durch Krankheiten wie Durchfall bedroht. Durchschnittlich 77 von 1000 Kindern erreichen nicht das fünfte Lebensjahr.

Rigoberta Menchú stammt selbst aus einer der mehr als 20 indigenen Volksgruppen in Guatemala, die mehr als 50 Prozent der Bevölkerung ausmachen. Sie sprechen unterschiedliche Maya-Sprachen, aber bisweilen können sie kein Spanisch, die offizielle Landessprache. […]

Rigoberta Menchú kommt selbst aus kleinen Verhältnissen. Sie wurde in dem Bergdorf Chimel im Norden Guatemalas geboren. Das kleine Stück Land, das der Familie gehörte, reichte nicht aus, um alle zu ernähren. Ihre Familie musste in den Kaffee- oder Baumwollplantagen arbeiten.

Die Arbeiterinnen hatten praktisch keine Rechte, mussten bis zu 15 Stunden täglich schuften und erhielten einen Hungerlohn. 1979 wurde der 16-jährige Bruder Petrocinio von Soldaten entführt, gefoltert und vor den Augen seiner Familie bei lebendigem Leib verbrannt. 1980 starb ihr Vater Vincente zusammen mit 38 anderen Indianerführern in einem Feuer in der spanischen Botschaft, wo er gegen Menschenrechtsverletzungen an Indianern protestiert hatte. Auch ihre Mutter wurde entführt, vergewaltigt, gefoltert und umgebracht.

Menchú flüchtete nach Mexiko. Sie agierte aus dem Exil, kehrte aber unter Todesdrohungen später nach Guatemala zurück. 1996 wurde der Bürgerkrieg mit dem Friedensvertrag zwischen Regierung und Guerillas beendet, Menchú als Bürgerrechtlerin gefeiert. Doch als die Friedensnobelpreisträgerin 2007 für das Amt des Präsidenten kandidierte, scheiterte sie. Nur knapp drei Prozent der Stimmen bekam sie. […]

Rigoberta Menchú, die vor wenigen Tagen 50 wurde, kämpft weiter, für mehr Demokratie. „Ich bin stolz, eine Maya zu sein“, sagt sie. Und kündigt an: „Wenn meine Basis es will, dann werde ich auch im Jahr 2011/2012 wieder für das Amt des Präsidenten kandidieren, ich bin bereit.“ Sie versprüht Optimismus. „Mayas an die Macht“, sagt sie euphorisch.

Ralf Nehmzow

[2] der Ladino: eine Person sowohl indigener als auch spanischer Herkunft

3

Menschenrechte sind grundlegende Rechte, die jedem Einzelnen zustehen – unabhängig von seiner Volkszugehörigkeit, seinem Glauben und seinem Geschlecht –, weil sie in seiner Menschenwürde wurzeln. Sie gelten als angeboren und unantastbar und dürfen vom Staat nicht genommen oder eingeschränkt werden. Zu ihnen zählen das Recht auf Leben und körperliche Unversehrtheit, auf Gleichheit vor dem Gesetz, Meinungs- und Glaubensfreiheit, Schutz vor willkürlicher Verhaftung, Folter und Sklaverei sowie vor Diskriminierung und Verfolgung wegen ethnischer[1], religiöser und geschlechtlicher Zugehörigkeit.

[1] ethnisch: zu einem Volk gehörend

4 Auszug aus der Rede von Rigoberta Menchú anlässlich der Verleihung des Friedensnobelpreises 1992:

Ich betrachte diesen Preis nicht als eine persönliche Auszeichnung, sondern als einen großen Sieg im Kampf um Frieden, um Menschenrechte und um die Rechte der eingeborenen Völker, die die ganzen 500 Jahre lang vertrieben und zu Opfern von Genozid[1], Unterdrückung und Diskriminierung wurden […] Der Nobelpreis […] ermutigt uns, damit fortzufahren, auf die Menschrechtsverletzungen hinzuweisen, die gegen das Volk in Guatemala verübt werden, in Amerika und in der Welt, und eine positive Rolle zu spielen hinsichtlich der dringendsten Aufgaben in meinem Land, nämlich Frieden und soziale Gerechtigkeit zu schaffen. […]

Ich möchte ein paar Worte im Namen all derer sagen, deren Stimmen man nicht hören kann oder die unterdrückt wurden, weil sie ihre Meinung geäußert haben, im Namen all derer, die an den Rand gedrängt, diskriminiert wurden, die in Armut leben, im Namen all derer, die Opfer von Unterdrückung und Menschenrechtsverletzungen sind. […]

[1] der Genozid: der Völkermord

5 Aus dem Leben von Rigoberta Menchú

1959 in Chimel, Guatemala, als Tochter indianischer Landarbeiter geboren
- muss schon als Kind arbeiten und besucht keine Schule

1967 die Familie und andere Landarbeiter werden vertrieben

1977 gründet ihr Vater mit anderen das Comité de Unidad Campesinal (CUC)[1]

1979 Gefangenschaft, Folter und Tod ihres Bruders
- sie beginnt, sich politisch für die Landarbeiter einzusetzen

1980 als Gewerkschaftsführerin des CUC klagt sie Menschenrechtsverletzungen ein
- ihr Vater stirbt bei einer politischen Demonstration
- ihre Mutter erleidet Verhaftung, Folter und Tod
- Rigoberta Menchú wird verfolgt und flieht 1981 nach Mexiko

1992 erhält sie den Friedensnobelpreis für ihren politischen Kampf

1995 Rückkehr nach Guatemala
- Heirat, Geburt ihres Sohnes

2005 gewinnt sie den Prozess gegen rassistische Parlamentarier[2], die sie persönlich beleidigt haben

2007 kandidiert sie für das Amt der Präsidentin Guatemalas

[1] CUC: Vereinigung, die die Rechte der Landarbeiter vertritt
[2] der Parlamentarier: ein Mitglied des Parlamentes, ein Abgeordneter

Einen informativen Text schreiben

Obwohl Rigoberta Menchú den Friedensnobelpreis erhalten hat, ist sie in Deutschland nicht sehr bekannt. Mit einem informativen Text kannst du andere über Rigoberta Menchú informieren. Dabei gehst du in vier Schritten vor.

1. Schritt: Die Informationen ordnen

die Informationen ordnen

1 **a.** Lies die Texte mithilfe des Textknackers.
b. Sammle und gliedere die Informationen in einer sinnvollen Reihenfolge.

2. Schritt: Die Einleitung schreiben

die Einleitung schreiben

2 Schreibe die Einleitung. Beantworte dazu die Fragen:
- Wer ist die Persönlichkeit, die du in deinem Text vorstellst? (Name, Alter, Herkunft, besondere Leistungen, ...)
- Welche Texte hast du für den informativen Text gelesen?

3. Schritt: Den Hauptteil gliedern und schreiben

den Hauptteil gliedern und schreiben

3 Beantworte im Hauptteil die folgenden Einzelfragen:
- Wer ist Rigoberta Menchú? Schreibe über ihre Familie und wichtige Stationen ihres Lebens.
- Woher kommt Rigoberta Menchú? Schreibe über ihr Volk und ihr Land.
- Welche Rolle spielt der Friedensnobelpreis im Leben Rigoberta Menchús? Schreibe auf, wofür sie mit dem Friedensnobelpreis ausgezeichnet wurde. Erwähne auch, wie sie darauf reagierte.

4. Schritt: Den Schluss und die Stellungnahme formulieren

den Schluss formulieren

4 Nimm im Schlussteil Stellung. Schreibe deine persönliche Meinung zu Rigoberta Menchú, ihrem Leben und ihren besonderen Leistungen auf.

Arbeitstechnik

Einen informativen Text schreiben

- **Sammle Informationen** aus Sachtexten und Grafiken zu deinem Thema.
- **Plane deinen Text**. Gliedere dazu die Informationen in einer sinnvollen Reihenfolge.
- Formuliere in der **Einleitung** das Thema deines Textes.
- Schreibe den **Hauptteil** sachlich und verständlich. Schreibe möglichst im **Präsens**.
- **Vermeide wörtliche Rede** oder ersetze sie durch indirekte Rede mit dem Konjunktiv.
- Gib die **Quellen** deiner Informationen an.
- Zum **Schluss** kannst du deine eigenen Meinung zum Thema äußern.

Ein Portfolio anlegen

Die Merkmale eines Portfolios

Die Klasse 9 a möchte in diesem Schuljahr mit Portfolios arbeiten. Sie informiert sich zunächst darüber.

Das Portfolio

Das Wort Portfolio stammt aus dem Italienischen und wird zusammengesetzt aus den Wörtern portare – tragen und foglio – Blatt. Gemeint ist damit eine Mappe, in der verschiedene Produkte (z. B. Texte und Bilder) zu einem Thema oder zu einer Aufgabe enthalten sind. In vielen Ländern der Erde gehören Portfolios bereits zum Schulalltag und gelten teilweise als Ersatz für eine Klassenarbeit.
Man unterscheidet zwei Arten von Portfolios:
Im Produktportfolio werden die gelungensten und aussagekräftigsten Arbeiten zusammengestellt. In einem Entwicklungsportfolio wird der Lernweg gezeigt. Die Schüler zeigen den Weg, wie sie gelernt haben.

das Portfolio erklären

1 **a.** Was ist ein Portfolio? Erklärt es mit eigenen Worten.
b. Welche Arten von Portfolios gibt es? Nennt Gemeinsamkeiten und Unterschiede.

Die Jugendlichen notieren Vorschläge, was sie in ihren Portfolios sammeln könnten.

Inhaltsangaben zu Texten aus dem Schulbuch

meine Referate und Fragen, die andere dazu gestellt haben

alles zum Lesen erforschen und trainieren

alles, was mit Praktikum und Beruf zu tun hat

alles zum Thema „Glück“

alles zum Thema „Kommunikation“

Vorschläge sammeln

2 Was möchtet ihr in euren Portfolios sammeln?
a. Sprecht über die Vorschläge der Klasse 9 a.
b. Sammelt eigene Vorschläge.

Der Aufbau und der Inhalt eines Portfolios

Ein Portfolio kann man zu einem bestimmten Thema anlegen, zum Beispiel zum Thema **Kunststoffe**.

Aufbau und Inhalt eines Themenportfolios

1. Das Deckblatt enthält Name Titel des Portfolios, Fach und Datum.
2. Im Inhaltsverzeichnis werden alle Texte und Materialien des Portfolios in der richtigen Reihenfolge angegeben. Jede Seite des Portfolios bekommt eine Seitenzahl.
3. Die Zusammenstellung der verschiedenen Produkte ist das Wesentliche eines Portfolios. Die Zusammenstellung unterteilt sich nach frei wählbaren Arbeiten und Pflichtarbeiten bzw. -aufgaben. Nicht alle freiwilligen Produkte müssen zum Schluss in das Portfolio gelegt werden. Vor der Abgabe oder Präsentation der Mappe können unnötige oder nicht gelungene Arbeiten aussortiert werden.
4. Das Portfolio wird mit der Reflexion abgeschlossen. Bei der Reflexion werden zum Beispiel diese Fragen von Schülern beantwortet:
   - Welches Produkt gefällt mir persönlich am besten?
   - Was ist mir nicht so gut gelungen?
   - Welche Arbeiten haben mir persönlich Spaß gemacht und welche nicht?
   - An welchen Stellen gab es Schwierigkeiten?
5. In einem Portfolio müssen bei der Verwendung von Fremdtexten die Quellen in einem Quellenverzeichnis angegeben werden.

1 **a.** Wie ist ein Portfolio aufgebaut? Welche Inhalte hat ein Portfolio? Schreibt eine Liste.
b. Vergleicht eure Listen in der Klasse.

Starthilfe
Aufbau und Inhalt eines Portfolios
– Deckblatt

über den Aufbau und den Inhalt sprechen

2 Überarbeite dein Portfolio mithilfe der Checkliste.

ein Portfolio überprüfen und überarbeiten

Checkliste: Ein Portfolio anlegen	*Ja*	*Nein*
– Habe ich alle Seiten nummeriert?		
– Habe ich alle Pflichtaufgaben bearbeitet?		
– Habe ich genügend freiwillige Arbeiten entwickelt?		
– Habe ich auch Bilder, Collagen und Tabellen eingelegt?		
– Habe ich meine Reflexion erarbeitet?		
– Habe ich unnötige Seiten aussortiert?		

Vorstellungsgespräche trainieren und auswerten

Fragen und Antworten im Vorstellungsgespräch

In einem Vorstellungsgespräch verfolgen die Gesprächspartner verschiedene Absichten. Fragen, die sie sich möglicherweise stellen, kannst du den folgenden Denkblasen entnehmen.

1 Was könnte Ausbildungsleiter besonders interessieren? Was den Bewerber?
a. Ordne die Fragen in den Denkblasen den Personen zu.
b. Ergänze weitere Fragen für beide Personen.

sich in eine Situation und in Personen hineinversetzen

2 Im Tandem!
Worauf könnte ein Ausbildungsleiter achten, um Antworten auf seine Fragen zu erhalten? Worauf könnte ein Bewerber achten?
a. Versetzt euch in einen Ausbildungsleiter und in einen Auszubildenden.
b. Tauscht euch darüber aus, worauf sie jeweils achten.

Einige Fragen werden Bewerbern in Vorstellungsgesprächen besonders häufig gestellt.

A Welche Stärken zeichnen Sie aus?

B Welche Schwächen können Sie bei sich feststellen?

C Warum haben Sie sich für diese Ausbildung entschieden?

D Warum möchten Sie die Ausbildung in unserem Betrieb antreten?

E Wieso sollten wir gerade Ihnen die Stelle geben?

F Welche Fragen haben Sie an uns?

3 Wie würdest du in einem Vorstellungsgespräch für die Ausbildungsstelle deiner Wahl antworten? Schreibe deine Antworten auf.

häufige Fragen kennen und beantworten

Hinter den Fragen stehen verschiedene Überlegungen.

Ausbildungsleiter/-innen wollen herausfinden:
- ob du dich realistisch einschätzen kannst
- ob deine Stärken und Schwächen wichtig für die gewählte Ausbildung sind
- was dich an der Ausbildung besonders motiviert/interessiert
- welche Arbeitsleistung von dir zu erwarten ist
- wie gut du über den Betrieb Bescheid weißt
- ob die Bewerbung dein Wunsch oder eine Notlösung ist
- welche Vorstellung du von dem Beruf/von dem Betrieb hast
- ob du überzeugend erklären kannst, dass du gut zum Betrieb passt
- wie du unter Stress reagierst

4 Worauf solltest du bei deinen Antworten achten?
a. Ordne die Überlegungen den Fragen zu Aufgabe 3 zu.
b. Beurteile, wie deine Antworten zu Aufgabe 3 auf Ausbildungsleiter wirken könnten.
c. Überarbeite deine Antworten so, dass ein möglichst positiver Eindruck von dir entsteht.

die Antworten reflektieren

Wenn du selbst Fragen stellst, zeigst du, dass die Ausbildung und der Betrieb dich interessieren.

5 Welche Fragen würdest du in einem Vorstellungsgespräch gern stellen? Schreibe sie auf.

eigene Fragen stellen

Starthilfe

Welche Aufgaben übernehme ich zu Beginn der Ausbildung?

Z **6** Wie könnten die Fragen auf Ausbildungsleiter wirken? Beurteilt die einzelnen Fragen zu Aufgabe 5 aus deren Sicht.

die Wirkung der Fragen reflektieren

Ein Vorstellungsgespräch aus zwei Blickwinkeln

Ein Vorstellungsgespräch kann von den Gesprächspartnern unterschiedlich wahrgenommen werden.

„Es war, als hätte er mich nicht richtig verstanden."

Donnerstag, 15.00 Uhr, 3. Stock eines Handelsbetriebes:
Tim kommt aus dem Vorstellungsgespräch mit Ausbildungsleiter Thomas Müller. Tim schildert, wie es aus seiner Sicht gelaufen ist, und der Ausbildungsleiter sagt, welchen Eindruck er von Tims Auftreten hat.

Tim: Wie ich das Vorstellungsgespräch fand? Hm, nicht so toll. Es war ganz anders, als ich es erwartet hatte. Ich habe z. B. gedacht, dass wir in Ruhe über den Ausbildungsplatz und die Firma sprechen werden, aber am Anfang ist er ständig von einem Thema zum anderen gesprungen: zuerst Hobbys, danach Politik und dann Musik. Erst war ich total verwirrt. Außerdem hat er ganz hektisch gesprochen und mich gar nicht ausreden lassen. Ich hätte ihm noch viel mehr über unsere Handballmannschaft erzählen können.

Herr Müller: Ich beginne ein Vorstellungsgespräch gern mit persönlichen Fragen zu verschiedenen Themenbereichen, denn ich möchte den Bewerber kennen lernen und ein umfassendes Bild von ihm erhalten. In einem Bewerbungsgespräch erwarte ich von dem Bewerber, dass er die Grundregeln gegenseitiger Verständigung kennt. Ich erwarte, dass der Bewerber freundlich und offen auf verschiedene Themen eingehen kann, dass er auch mal einen Standpunkt einnimmt sowie seine Meinung begründet. Zuerst war Tim ganz still und schüchtern, er antwortete nur zögerlich in halben Sätzen und wollte mich nicht direkt ansehen. Erst nachdem ich ihn auf seine Hobbys angesprochen hatte, wurde er offener und wollte gar nicht mehr aufhören, von Handballturnieren zu erzählen. Warum ich ihn unterbrochen habe? Nun, ich suche ja keinen hauptberuflichen Handballer, außerdem wollte ich sehen, wie Tim mit meinem Verhalten umgeht. Denn zu solchen Situationen kommt es in der Ausbildung immer wieder.

Tim: Irgendwann hat mich Herr Müller direkt gefragt, warum ich Kaufmann im Groß- und Einzelhandel werden will. Darauf war ich vorbereitet. Ich konnte ihm ganz genau erzählen, worum es in diesem Beruf geht und was man können muss. Aber irgendwie war er mit meiner Antwort nicht zufrieden. Es war, als hätte er mich nicht richtig verstanden.

Herr Müller: Es stimmt schon, Tim hatte sich fleißig informiert. Er hat wirklich umfassend geschildert, wie die Arbeit von Kaufleuten im Groß- und Außenhandel aussieht. Nur eines ist mir nicht klar geworden. Was hat dieser Beruf mit ihm, seinen Interessen und seinen Fähigkeiten zu tun? Später habe ich ihn noch einmal mit anderen Worten darauf angesprochen – und da kam ja dann auch etwas …

Tim: Also, ich fand das Vorstellungsgespräch viel zu lang. Eine ganze Stunde genau zuhören und überlegen, was du sagen könntest – das schlaucht total.

Herr Müller: Wir führen unsere Gespräche ganz bewusst über so eine lange Zeit, weil wir hinter die Fassade der Bewerber schauen wollen. Die wenigsten jungen Leute können über eine ganze Stunde hinweg nur ihre Schokoladenseite präsentieren. Das ist kein böser Wille von uns: Wir wollen nur ihre wahre Persönlichkeit kennen lernen.

Tim: Zum Schluss stellte mir Herr Müller noch eine merkwürdige Aufgabe: Ich sollte noch einmal in zwei bis drei Sätzen erklären, warum gerade ich der Richtige für diesen Beruf wäre. Weil sowieso nicht mehr viel schiefgehen konnte, habe ich einfach gesagt, was ich mir mit Dogan, meinem besten Freund, mal überlegt hatte. Wir hatten uns ausgedacht, dass Berufe wie Töpfe sind. Und jeder von uns ist ein Deckel, der auf manche Berufe gar nicht und auf andere perfekt draufpasst. Genau das Gefühl hätte ich bei dem Beruf Kaufmann im Groß- und Außenhandel. Das habe ich wirklich gesagt. Herr Müller hat dann anerkennend gelächelt.

Herr Müller: In meinen Augen war das der überzeugendste Moment von Tim. Seine Worte waren „echt". Sie zeigten, dass er sich mit der Berufswahl wirklich auseinandergesetzt hat. Nicht nur, um irgendeinen Beruf zu erlernen. Sondern er hat sich ernsthaft Gedanken darüber gemacht, wie man eigentlich merkt, ob ein Beruf zu einem selbst passt. Ich erlebe Ähnliches oft: Manche Bewerber brauchen eine Anlaufzeit, bis sie Hemmungen abstreifen und sich sicherer fühlen. Dann erst sind sie in der Lage, einen echten Dialog zu beginnen: eine eigene Meinung auszudrücken, anderen zuzuhören, ein Gespräch voranzubringen. Leider ist es im Berufsleben oft nicht möglich, jedem Einzelnen die Zeit zu geben, die er braucht. Deshalb ist so ein Vorstellungsgespräch wie eine Art Wettbewerb. Die Teilnehmer müssen direkt nach dem Start zeigen, was in ihnen steckt. Übrigens: Tim habe ich auf meine Warteliste gesetzt. Wenn jemand absagt, ist er der erste Kandidat.

verschiedene Blickwinkel verstehen

1 Welchen Eindruck hat Tim vom Vorstellungsgespräch?
- **a.** Belege deine Antwort durch passende Textstellen.
- **b.** Erkläre, was Tim im Verlauf des Gesprächs verunsichert.

2 Welchen Eindruck hat Herr Müller von Tim?
- **a.** Belege deine Antwort mit passenden Textstellen.
- **b.** Erkläre, wodurch der Eindruck entsteht.

Anforderungen verstehen

3 Welche Anforderungen hat Herr Müller an die Bewerber?
- **a.** Schreibe die Anforderungen in Stichworten auf.
- **b.** Unterstreiche die Anforderungen, die Tim erfüllt hat, grün und, die er nicht erfüllt hat, rot.
- **c.** Schreibe Tipps für Tims nächstes Vorstellungsgespräch auf.

ein Vorstellungsgespräch als Rollenspiel durchführen und auswerten

Z **4**
- **a.** Führt ein Vorstellungsgespräch als Rollenspiel durch.
- **b.** Beschreibt eure Eindrücke aus dem Blickwinkel der beiden Gesprächspartner.

Formulare ausfüllen

Ein Online-Formular

Hatice möchte mit der Kletter-AG am Wochenende in die Pfalz fahren.
Sie übernimmt die Suche nach einer Unterkunft auf einem Campingplatz.
Dafür muss sie im Internet ein Formular ausfüllen.

Allgemeines	
Anfrage- Art:*	
Vorname:*	
Nachname:*	
Straße/Nr.:*	
Land:*	
Postleitzahl:*	
Ort:*	
E-Mail-Adresse:*	
Telefonnummer:	
Faxnummer:	
Mobiltelefon:	
Die mit * gekennzeichneten Felder sind Pflichtfelder.	

Reisedaten*	
Ankunft:	
Abreise:	
Anzahl Stellplätze:	
Stellplatz-Art:	☐ Zelt
	☐ Wohnwagen
Personenzahl*	
Erwachsene:	
Kinder bis 7 Jahre:	
Kinder 8 – 13 Jahre:	
Jugendliche 14 – 17 Jahre:	

Auf Formularen gibt es unterschiedliche Felder: Pflichtfelder müssen ausgefüllt werden. Sie sind oft besonders gekennzeichnet.
Die anderen Felder muss man nicht ausfüllen. Die Daten sind freiwillig.

1 **a.** Besprecht, welche Felder man unbedingt ausfüllen muss.
b. Wieso ist die Angabe einiger Daten verpflichtend?

den Aufbau eines Online-Formulars besprechen

Als Hatice den Button **Anfrage-Art** anklickt, öffnen sich die Möglichkeiten **unverbindliche Anfrage** und **feste Reservierung**.

2 **a.** Klärt die Bedeutung der beiden Begriffe.
b. Welchen Button sollte Hatice anklicken?
Begründet eure Entscheidung.

Ein Beobachtungsbogen

Die Klasse 9 a führt im Rahmen einer Projektwoche ein Kommunikationstraining durch. Nach Gruppenarbeiten werten die Jugendlichen mithilfe eines Beobachtungsbogens ihre Kommunikation aus.

Beobachtungsbogen: Kommunikation während der Gruppenarbeit		
1 = trifft voll zu 2 = trifft eher zu 3 = trifft eher nicht zu 4 = trifft überhaupt nicht zu		
	Selbsteinschätzung	**Fremdeinschätzung**
1. lässt andere ausreden		
2. bleibt beim Thema		
3. kommentiert Beiträge anderer positiv		
4. verwendet Fachsprache		
5. spricht in vollständigen Sätzen		
6. verwendet die Zielsprache		
7. erklärt Lösungswege		
8. Das möchte ich an meiner Kommunikation noch verbessern:		

1 Lest den Beobachtungsbogen und klärt unbekannte Wörter.

einen Beobachtungsbogen untersuchen

2 Untersucht den Beobachtungsbogen. Begründet eure Antworten.
- Welche Felder muss man selbst ausfüllen?
- Welche Felder müssen die Arbeitspartner ausfüllen?
- Welche Felder muss man mit Zahlen ausfüllen?
- Welches Feld muss man mit eigenen Worten ausfüllen?

3 Besprecht gemeinsam:
- Welche Vor- und Nachteile hat es, wenn man nur eine Zahl in ein Formular eintragen muss?
- Welche Vor- und Nachteile hat es, wenn man eigene Worte formulieren muss?

Z **4** Im Tandem!
Entwerft einen Beobachtungsbogen, mit dem ihr das Verhalten bei der Gruppenarbeit überprüfen könnt. Der Beobachtungsbogen soll Felder zum Ankreuzen und zum freien Formulieren haben.

einen Beobachtungsbogen entwerfen

Texte in einer Schreibkonferenz überarbeiten

Eine Interpretation überarbeiten

Ersin hat eine Interpretation zu der Kurzgeschichte „Streuselschnecke" von Julia Franck geschrieben. In der Schreibkonferenz überarbeitet er gemeinsam mit Alina, Kirsten und Dennis seine Interpretation.

In der Kurzgeschichte von Julia Franck geht es um ein junges Mädchen, das erst mit vierzehn Jahren ihren Vater kennen lernt, der am Ende stirbt. Die Hauptfigur, die keine Beziehung zu ihrer Mutter und ihrer Schwester hat, wohnt schon seit einem Jahr bei Freunden in Berlin. Plötzlich meldet sich ihr Vater, weil er sie kennen lernen will, und sie lässt sich auf ein Treffen ein. Sie versucht, eine Beziehung zu ihm aufzubauen, und hofft auf Unterstützung, doch nichts dergleichen geschieht und selbst nach zwei Jahren sind sich die beiden immer noch fremd. Als der Vater dann krank wurde und im Sterben lag, besuchte sie ihn oft und brachte ihm das, was er sich besonders wünschte: Streuselschnecken. Als er kurz nach ihrem 17. Geburtstag stirbt, geht sie ohne ihre Mutter, aber gemeinsam mit ihrer Schwester zur Beerdigung.
Die Kurzgeschichte gliedert sich in drei Abschnitte. Der erste Abschnitt beginnt mit einem direkten Einstieg in das Geschehen ohne Einleitung. Der erste Abschnitt beschreibt die Zeit ohne ihren Vater und zeigt die Beziehungslosigkeit der Hauptfigur zu ihrer Mutter. Die Geschichte wird aus der Sicht des Mädchens erzählt, der Erzählstil ist sehr nüchtern und distanziert. Viele Sätze sind in indirekter Rede geschrieben.
Die Geschichte hat mich überrascht, weil ich nicht damit gerechnet habe, dass der Mann der Vater des Mädchens ist. Ich konnte mich gut in das lyrische Ich hineinversetzen, weil ich auch keine so tolle Beziehung zu meinem Vater habe. Deshalb finde ich es sehr verantwortungsbewusst, dass sich das Mädchen kurz vor dem Tod des Vaters trotzdem um ihn kümmert und ihn besucht.

1 Gruppenarbeit!
- **a.** Bildet Gruppen von drei oder vier Schülerinnen und Schülern.
- **b.** Kopiert Ersins Interpretation für alle in der Gruppe.
- **c.** Wählt jemanden aus, der die Interpretation laut vorliest. Die anderen hören zu.

die Interpretation vorlesen und zuhören

2 Besprecht euren ersten Eindruck vom Text.
a. Benennt, was gut gelungen ist. Begründet.
b. Besprecht, was noch überarbeitet werden muss.

über den ersten Leseeindruck sprechen

3 **a.** Besprecht, was in der Einleitung wichtig ist.
b. Überarbeitet die Einleitung der Interpretation.

die Einleitung überprüfen und überarbeiten

4 Schreibt eine Checkliste, die euch beim Überarbeiten des Hauptteils hilft.
a. Überlegt euch, welche Informationen eine Interpretation enthalten sollte.
Tipp: Die Arbeitstechnik auf Seite 159 kann euch dabei helfen.
b. Schreibt eine Checkliste.

eine Checkliste schreiben

die Interpretation einer Kurzgeschichte ➤ S. 159

Checkliste: Den Hauptteil einer Interpretation überprüfen	*Ja*	*Nein*
– Ist die Handlung verständlich und zeitlich richtig dargestellt?		
– Ist die Interpretation im Präsens geschrieben worden?		
– Wird auf die Sprache und die sprachlichen Mittel eingegangen?		
– Ist die Erzählperspektive berücksichtigt worden?		
– Sind die Sätze lesbar und verständlich formuliert worden?		
– …		

5 Überarbeitet den Hauptteil von Ersins Interpretation mithilfe der Checkliste.

den Hauptteil überarbeiten

6 Überprüft und überarbeitet den Schluss der Interpretation:
- Was ist gelungen?
- Was fehlt?

den Schluss überprüfen und überarbeiten

7 Vergleicht eure Ergebnisse und besprecht, an welchen Stellen Ersins Interpretation verbessert und ergänzt werden sollte.

Ergebnisse vergleichen

8 Schreibt die verbesserte Interpretation in euer Heft.

9 Überprüft zum Schluss die Rechtschreibung. Verbessert die Fehler.

die Interpretation schreiben und überprüfen

Den eigenen Text überarbeiten

Es ist nicht immer einfach, seinen eigenen Text zu lesen und Fehler zu finden. Die Zusammenarbeit in einer Schreibkonferenz hilft euch dabei, eure Texte zu überarbeiten. Geht dabei schrittweise vor.

1. Schritt: Lesen und erstes Besprechen der Texte

Texte lesen und besprechen

1 Bildet zunächst Gruppen von drei und vier Schülerinnen und Schülern.

2 Tauscht die Texte untereinander aus und lest sie zunächst für einen ersten Lerneindruck still für euch.

3 Lest nacheinander eure Texte vor und tauscht euch über den ersten Eindruck aus:
Geht dabei so vor:
- Eine Autorin oder ein Autor liest ihren/seinen Text laut vor.
- Die anderen äußern ihren Eindruck dazu. Sie können auch zum Textverständnis Fragen stellen.
- Die Autorin oder der Autor markiert diese Stellen im Text.

Tipp: Beachtet die Regeln zur Kritik.

Arbeitstechnik

Kritik üben und annehmen

So kritisierst du richtig:
- Beginne mit dem **Positiven**.
- Bleibe **höflich** und **sachlich**.
- Finde zu jedem negativen Kritikpunkt mindestens zwei positive.
- **Formuliere Ich-Botschaften.**
- Kritisiere nicht nur, sondern äußere auch **Verbesserungsvorschläge**.

So kannst du Kritik annehmen:
- **Entschuldige dich nicht** oder rechtfertige dich.
- **Frage nach**, wenn du einen Kritikpunkt nicht verstehst.
- **Nimm** Kritik als Hilfe **an**.

2. Schritt: Überarbeitung und Kommentierung der fremden Interpretationen

Texte überarbeiten und kommentieren

4 **a.** Kopiert die Texte und klebt sie auf einen großen DIN-A3-Bogen.
b. Lest die Texte und überlegt, welche Merkmale für die Textsorte wichtig sind und ob diese in dem Text berücksichtigt wurden.
c. Schreibt eure Anmerkungen an den Rand bzw. markiert Worte und Sätze, die euch auffallen.

Tipp: Achtet auf die Sprache und den Stil, den Satzbau und den Aufbau des Textes.

5 Fasst eure Anmerkungen und Kommentare in einem kurzen Brief an die Autorin oder den Autor zusammen.
Tipps: – Beginnt positiv.
– Helft durch Verbesserungsvorschläge.

einen Kommentar schreiben

Starthilfe
Liebe ...,
deine Stellungnahme hat mir gut gefallen.
Du hast eine interessante Argumentation ...
Besonders ... Wenn du ...

3. Schritt: Lesen und Besprechen der Kommentare

6 Lest nun die einzelnen Kommentare zu euren Texten.
Notiert euch Fragen oder Hinweise.

die Kommentare lesen und besprechen

7 Besprecht die Kommentare in der Gruppe.

Wie hast du das in deinem Brief gemeint? Du schreibst, dass ich zu wenige Adjektive verwendet hätte.

Kannst du mir bitte erklären, wie ich das anders ausdrücken kann?

4. Schritt: Überarbeitung der eigenen Texte

8 **a.** Überarbeitet mithilfe der Kommentare eure Texte.
Tipp: Entscheidet selbst, welche Hinweise ihr als hilfreich empfindet und in der Überarbeitung berücksichtigt.
b. Überprüft zum Schluss die Rechtschreibung.

den Text überarbeiten

5. Schritt: Vorlesen der überarbeiteten Interpretation

9 Lest nacheinander eure Überarbeitungen vor. Besprecht, welche Anmerkungen euch geholfen und welche euch behindert haben.

die Überarbeitung auswerten

Arbeitstechnik

Texte in der Schreibkonferenz überarbeiten

- **Tauscht** die Texte **aus** und **lest** sie still.
- Lest nacheinander die Texte vor.
  Formuliert einen ersten **Leseeindruck**.
- Kopiert die Texte auf einen großen Bogen.
- Gebt die Texte reihum weiter und **kommentiert** sie jeweils.
  Tipp: Ihr verwendet am besten verschiedene Farben für eure Kommentare.
- **Fasst** eure Anmerkungen in einem Brief **zusammen**.
- **Lest die Kommentare** zu euren Texten.
- **Besprecht** die Kommentare.
- **Überarbeitet** eure Texte.

Rechtschreiben: Die Trainingseinheiten

1. Trainingseinheit: Zusammen- und Getrenntschreibung

Für mich werben

Wenn du dich um einen Ausbildungsplatz bewirbst, musst du für dich werben. Du musst dem Arbeitgeber klarmachen bzw. ihn davon überzeugen, dass du sehr gut zu ihm und zu dem Betrieb passt. Das bedeutet zuallererst, dass du selbst daran glaubst. Wer überzeugt ist, dass er etwas Bestimmtes erreichen bzw. bekommen kann, der hat auch eine positive Ausstrahlung und er erweckt Vertrauen. Das kann manchmal schwerfallen. Doch hier heißt es: Mut, nicht aufgeben! Und dann bist du deinem Ziel beim Bewerben schon ein Stück näher gekommen. Mit der richtigen Einstellung wird dir das sicher leichtfallen.

mehr über Vorstellungsgespräche ➤ S. 49–69

1 Beantworte die Fragen schriftlich:
- Wovon musst du den Arbeitgeber bei der Bewerbung um einen Ausbildungsplatz überzeugen?
- Wie erreicht man eine positive Ausstrahlung?

Im Text sind drei Zusammenschreibungen von Adjektiv + Verb hervorgehoben.

Merkwissen

Wortgruppen aus **Adjektiv + Verb** werden **zusammengeschrieben**, wenn eine **neue (übertragene) Bedeutung** gemeint ist.

Zusammenschreibung: Wir konnten nicht alle Probleme lösen, einige Fragen mussten **offenbleiben**.
→ übertragene Bedeutung: Einige Fragen konnten nicht gelöst werden.

Getrenntschreibung: Das Fenster soll **offen bleiben**.
→ direkte Bedeutung: Das Fenster soll nicht geschlossen werden.

2 Schreibe die Sätze mit den Zusammenschreibungen aus dem Text ab.

Zusammenschreibung von Adjektiv und Verb

3 Im Tandem!
Welche übertragenen Bedeutungen haben die Zusammenschreibungen? Erklärt jede Zusammenschreibung mit eigenen Worten.

Diese Zusammenschreibungen von Adjektiv + Verb haben eine übertragene Bedeutung.

kaltlassen	sich immer wieder an etwas erinnern
wachhalten	etwas Schlechtes über jemanden verbreiten
schlechtmachen	ohne Unterstützung/ohne Partner sein
schiefgehen	misslingen/danebengehen
alleinstehen	keine Gefühle hervorrufen
klarsehen	den Durchblick haben

4 **a.** Schreibe die Zusammenschreibungen ab.
b. Ordne den Zusammenschreibungen die richtige Bedeutung zu.

5 Im Tandem!
a. Entscheidet, ob getrennt oder zusammengeschrieben werden muss.
b. Schreibt die folgenden Sätze richtig auf.
Tipp: Dreimal wird zusammen- und dreimal getrennt geschrieben.

Einige Fragen werden wohl (offen bleiben/offenbleiben), wir müssen ein weiteres Gespräch führen.

Die Fenster müssen (offen bleiben/offenbleiben), wir brauchen frische Luft.

Es verletzt mich sehr, dass meine Gefühle dich völlig (kalt lassen/kaltlassen).

Ich hoffe, dass die Sache diesmal nicht (schief gehen/schiefgehen) wird.

Seine Rückenschmerzen waren so stark, dass er nur noch (schief gehen/schiefgehen) konnte.

Vor lauter Müdigkeit konnte er sich nicht mehr (wach halten/wachhalten).

Die folgenden Verbindungen aus Adjektiv + Verb kommen nur in der übertragenen Bedeutung vor. Sie werden immer zusammengeschrieben.

hochrechnen	schwarzärgern	totlachen
wohltun	wichtigmachen	krankschreiben

6 **a.** Übertrage die Tabelle.
b. Schreibe die Zusammenschreibungen in die erste Spalte der Tabelle.
c. Ordne die Verbformen aus der Randspalte in die Tabelle ein.

Starthilfe

Verbindung aus Adjektiv + Verb	Infinitiv mit zu	Partizip II
hochrechnen	hochzurechnen	hochgerechnet

hochzurechnen
wichtiggemacht
totgelacht
krankgeschrieben
schwarzzuärgern
wohlzutun
schwarzgeärgert
totzulachen
wohlgetan
hochgerechnet
wichtigzumachen
krankzuschreiben

7 **a.** Schreibe den Text „Für mich werben“ ab.
b. Unterstreiche die drei Zusammenschreibungen von Adjektiv + Verb.

2. Trainingseinheit: Fremdwörter

Gestörte Kommunikation

„Jetzt verstehe ich gar nichts mehr!", stöhnte mein Nachbar Jan mitten im Unterricht. Offensichtlich gab es eine Kommunikationsstörung, die zu diesem Ausruf geführt hatte. Gutes Lernen funktioniert unter anderem dann, wenn die Kommunikation zwischen Schülern und Lehrern möglichst perfekt klappt. Welche Kommunikationsstörungen können vorkommen? Auf Schülerseite sind es oft die permanenten Störungen, die entweder generell durch mangelnde Konzentration oder durch innere Unruhe verursacht werden. Der Lerngegenstand wird nur flüchtig wahrgenommen, sodass er im weiteren Verlauf des Unterrichts mehr und mehr diffus erscheint und scheinbar diffizil geworden ist. Selbstverständlich kann die Ursache für eine Kommunikationsstörung auch im Lerngegenstand selbst liegen. Das ist der Fall, wenn der Lerngegenstand zu abstrakt oder kompliziert ist. Auch durch den Lehrer kann es zu Kommunikationsstörungen kommen. Der Lehrer verwendet bei der Präsentation des Lerngegenstands zu viele Fachtermini oder er benutzt eine zu intellektuelle Sprache. Wichtig ist, dass sowohl Schüler als auch Lehrer sensibel werden, um solche Störungen möglichst rechtzeitig zu bemerken. So wird Unterricht effektiver und Jans verzweifelter Hilferuf findet immer seltener statt.

mehr über Kommunikation
➤ S. 11–24

1 Welche Gründe können für Kommunikationsstörungen im Unterricht verantwortlich sein? Schreibe die drei Gründe mit eigenen Worten auf.

Im Text sind Fremdwörter hervorgehoben.
Zu jedem Fremdwort gibt es ein deutsches Wort.

vollkommen ständig allgemein verwickelt/umständlich
feinfühlig wirksam unklar/verschwommen
die Vorstellung die Fachausdrücke verstandesmäßig
schwierig nur gedacht die Verständigung untereinander

2 Was bedeuten die Fremdwörter?

a. Schreibe die hervorgehobenen Fremdwörter aus dem Text in eine Tabelle.

b. Schreibe zu jedem Fremdwort das passende deutsche Wort dazu.
Tipp: Wenn du Zweifel hast, kannst du auch in einem Fremdwörterbuch nachschlagen.

häufige Fremdwörter schreiben

Starthilfe

Fremdwörter	deutsches Wort
die Kommunikation	die Verständigung untereinander

3 Im Tandem!

a. Entscheidet, welche Fremdwörter im Text eurer Meinung nach besser durch deutsche Wörter ersetzt werden sollten.

b. Vergleicht eure Ergebnisse in der Klasse und sprecht darüber.

4 Übertrage die Tabelle und ergänze fehlende Nomen, Adjektive bzw. Partizipien.

Wortarten ➤ S. 307–309

Starthilfe

Nomen	**Verben**	**Adjektive/Partizipien**
...	...	kommunikativ
die Konzentration	...	konzentriert
die Komplikation	komplizieren	...
...	sensibilisieren	...
die Präsentation	..	präsentiert
...	orientieren	orientiert
...	abstrahieren	...
die Funktion	funktionieren	...
die Demonstration	...	demonstrativ
...	produzieren	produktiv

5 Schreibe die Sätze ab und ergänze passende Fremdwörter aus der Tabelle von Aufgabe 4.

Die Betriebsanleitung war leider so ______, sodass wir fachmännische Hilfe brauchten.

Die enorme ______ von Plastikartikeln ist für unsere Umwelt ein großes Problem.

Unser Navi ______ nicht mehr. Die Folge war, dass wir in der fremden Stadt vollkommen die ______ verloren hatten.

Am Ende der Klassenarbeit spürte ich, dass meine ______ mehr und mehr nachließ.

Auf der Automesse ______ die Hersteller ihre neuesten Modelle.

6 **a.** Schreibe den Text „Gestörte Kommunikation“ ab.

b. Füge zu den Fremdwörtern in Klammern die deutschen Wörter hinzu.

Abschreiben von Texten ➤ S. 258

3. Trainingseinheit: Zeichensetzung in Bewerbungsschreiben

Bei einem Bewerbungsschreiben ist es wichtig, die Rechtschreibung und die Zeichensetzung genau zu überprüfen.

mehr zum Thema Bewerbung ➤ S. 49–68

Bewerbung um einen Ausbildungsplatz als Industriekauffrau [1]

Sehr geehrte Damen und Herren, [2]

bei der Agentur für Arbeit in Köln habe ich erfahren, [3] dass ...

Zurzeit besuche ich die Heinrich-Böll-Schule in Schwerte [4], die ich voraussichtlich im Juli 2012 verlassen werde.

Vor dem Praktikum hatte ich mich schon bei der Berufsberatung im Berufsinformationszentrum über die Ausbildung zur Industriekauffrau informiert. [5]

Ich habe erfahren, dass Ihre Firma ...

Ich bewerbe mich deshalb bei Ihnen um ...

Ich würde mich freuen, wenn Sie [6] mich ...

Mit freundlichen Grüßen [7]

Rechtschreibung und Zeichensetzung in Bewerbungsschreiben:

[A] **Nach** der **Anrede** steht ein **Komma** und man schreibt **klein weiter**.

[B] Die Schreibung von **Namen kontrollieren**.

[C] Die Schreibung von **Fachwörtern kontrollieren**.

[D] **Nach** der **Grußformel** steht **kein Punkt**.

[E] Die Anrede **Sie/Ihre/Ihnen** unbedingt großschreiben.

[F] Die **Betreffzeile** ist sozusagen die Überschrift des Bewerbungsschreibens. Nach einer Überschrift steht **kein Punkt**.

[G] Das **Komma** trennt einen **Hauptsatz** von einem **Nebensatz**.

1 **a.** Lies die Sätze und Wortgruppen.
b. Ordne die Regeln und Tipps den Ziffern zu.

Regeln zuordnen

Hier könnt ihr schwierige Wörter und Wortgruppen üben, die häufig in Bewerbungsschreiben vorkommen.

geehrte   die Firma   in diesem Jahr   die/der Auszubildende   deshalb
zurzeit   voraussichtlich   verlassen   interessieren   das Interesse
Ich denke, dass ...   Ich weiß, dass ...   Ich glaube auch, dass ...
außerdem   mitarbeiten   angestrebter Beruf   weitere Einblicke
zum Beispiel   informieren   informiert   die Einladung

2 Im Tandem!
a. Diktiert euch die Wörter und Wortgruppen gegenseitig.
b. Markiert fehlerhafte Stellen und korrigiert sie.

Partnerdiktat ➤ S. 259

Das Bewerbungsschreiben enthält fünf Rechtschreibfehler und einen Zeichensetzungsfehler.

Martina Müller
Bahnhofstraße 7
42117 Wuppertal
Tel.: (0202) 13 578

Wuppertal, 15. 3. 2011

Achtung: Fehler!

.
.

Eisenreich Metallbau GmbH
– Personalabteilung –
Frau Heidger
Industriestraße 3
42117 Wuppertal

.
.

Bewerbung um einen Ausbildungsplatz als Industriekauffrau

.
.

Sehr geerte Frau Heidger,

.

Bei der Agentur für Arbeit in Wuppertal habe ich erfahren, dass ihre Firma auch in diesem Jahr Auszubildende einstellt. Ich bewerbe mich deshalb bei Ihnen um einen Ausbildungsplatz als Industriekauffrau.
Zurzeit besuche ich die Heinrich-Böll-Schule in Wuppertal, die ich voraussichtlich im Juli 2012 mit dem mittleren Schulabschluss verlassen werde.
Bei der Berufsberatung im Berufsinformationszentrum habe ich mich über die Ausbildung zur Industriekauffrau informirt.
Im Februar dieses Jahres habe ich ein Berufspraktikum bei der Firma Heinemann in Wuppertal gemacht. Ich weiß nun das Industriekaufleute zum Beispiel Kosten kalkulieren und Aufträge bearbeiten. Dadurch ist mein Interese an diesem Beruf noch größer geworden.
Über eine Einladung zu einem Vorstellungsgespräch würde ich mich sehr freuen.

.

Mit freundlichen Grüßen

.

Martina Müller

.

Anlagen:
Lebenslauf mit Lichtbild, Kopie des letzten Schulzeugnisses, Praktikumsbescheinigung

3 **a.** Finde die fünf Rechtschreibfehler und den Zeichensetzungsfehler.
b. Schreibe die korrigierten Wörter und Wortgruppen richtig auf.

Fehler korrigieren

4 Schreibe das Bewerbungsschreiben ab.
Korrigiere dabei die sechs Fehler.
Tipp: Nutze dazu die Wörterliste und die Regeln von Seite 236.

Abschreiben von Texten
➤ S. 258

4. Trainingseinheit: Untrennbare und trennbare Verben, Wörter mit Qu/qu

Das Superorgan

Fasziniert hörten die Schüler dem Gast zu, der über neueste Entwicklungen in der Naturwissenschaft referierte. „Ich möchte euch nicht langweilen“, so hatte er seinen Vortrag begonnen. Nun, das Gegenteil war der Fall. Nach dem Referat wollten mehrere Schüler gern noch weiter mit dem Gast fachsimpeln. „Gut, ich beschreibe ein biologisches Phänomen, das zeigt: Wir können uns noch so sehr anstrengen, kopfstehen, um es bildlich zu sagen, aber die größten Wunder vollbringt immer noch die Natur. Welches Organ ist das größte unseres Körpers? Es ist bis zu zwei Quadratmeter groß, ist das schwerste und funktionell vielseitigste Organ. Es erneuert sich alle vier Wochen und es kann künstlich verändert werden durch Bemalung oder Tätowierung.“ Jan reagierte vor allen anderen: „Ich schlussfolgere“, sagte er, „das beschriebene Organ ist die menschliche Haut.“ „Richtig. Ob es uns irgendwann einmal gelingen wird, einen Kunststoff mit ähnlich vielfältigen Eigenschaften zu entwickeln?“ Das glaubten die Schüler nicht, aber sie waren sich einig: „Solch ein Gastvortrag könnte häufiger stattfinden.“

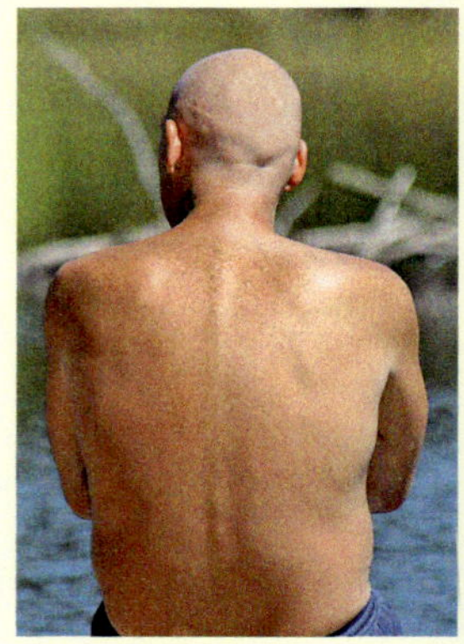

1 Beantworte die Fragen schriftlich:
- Mit welchem Satz beginnt der Referent seinen Vortrag?
- Worin waren sich die Schüler am Ende dieser Stunde einig?

Im Text sind vier Verben blau hervorgehoben. Sie sind untrennbar. Diese Verben werden immer zusammengeschrieben.

2 Schreibe die vier Verben ab.

untrennbare Verben

kopfrechnen	bergsteigen	notlanden	bausparen	handhaben
wettrennen	liebkosen	frohlocken	sonnenbaden	nachtwandeln

3 **a.** Schreibe diese untrennbaren Verben zu den vier Verben.
b. Ordne die Verben nach dem Alphabet.

4 Schreibe die Sätze ab und ergänze Verben von Aufgabe 2 und 3.
Tipp: Zweimal wird das Verb großgeschrieben.

Wegen eines technischen Problems musste das Flugzeug ______ .

In den Ferien werde ich zum ______ in die Alpen fahren.

Man sollte seine Freizeit gut planen, um sich nicht unnötig zu ______ .

Beim ______ zahlt man jeden Monat eine feste Geldsumme auf ein Bausparkonto ein.

Im Text sind zwei Verben rot hervorgehoben. Es sind trennbare Verben.

trennbare Verben

5 Schreibe die zwei Verben ab.

leidtun nottun eislaufen teilnehmen standhalten stattgeben

6 **a.** Schreibe diese trennbaren Verben dazu.
b. Ordne die Verben nach dem Alphabet.

7 Schreibe die Sätze ab und ergänze passende Verben von Aufgabe 5 und 6.

An der morgigen Sportveranstaltung werde ich bestimmt … .

Das Dach wird dem Druck der schweren Schneelast nicht mehr lange … .

Die Abschlussfeier wird am Dienstagmorgen … .

Wenn der See im Freizeitpark im Winter zugefroren ist, werde ich bestimmt dort … .

Im Satz können die trennbaren Verben auch getrennt stehen.

8 Schreibe die Sätze ab und ergänze jeweils die passenden Verben aus Aufgabe 5 und 6.

Ich … an der morgigen Sportveranstaltung bestimmt … .

Das Dach … dem Druck der schweren Schneelast nicht mehr … .

Die Abschlussfeier … am Dienstagmorgen … .

Wenn der See im Freizeitpark im Winter zugefroren ist, … ich dort bestimmt … .

Häufige Wörter mit **Qu/qu**

Wörter mit **Qu/qu**

der Quadratmeter quälen die Qualifikation die Qualität
der Qualm die Quantität das Quartal die Quelle quer
quietschen die Quittung das Quiz quaken

9 Übertrage die Tabelle und ordne die Wörter ein.

Starthilfe

1 Silbe	2 Silben	3 Silben	4 Silben	5 Silben
der Qualm	…	…	…	…

10 **a.** Schreibe den Text „Das Superorgan“ ab.
b. Unterstreiche die untrennbaren und trennbaren Verben.

Abschreiben von Texten
➤ S. 258

5. Trainingseinheit: Relativsätze und Nominalisierungen

Das Auslaufmodell

Heftig diskutierten die Teilnehmer, die in dem Tagungsgebäude versammelt waren, die provozierende These des Psychologen, der gesagt hatte: „Der Mann ist ein Auslaufmodell, denn es gibt nur noch wenige Lebensbereiche, die ausschließlich Männern vorbehalten sind." Im sportlichen Bereich zum Beispiel hatten Frauen beim Fußball lange Zeit keine Rolle gespielt. Doch dann gab es auf einmal auch eine Bundesliga für Frauen. Und jetzt gibt es sogar eine Schiedsrichterin, die sowohl in der Bundesliga der Frauen als auch der Männer pfeifen darf. Sie hatte trotz großer Widerstände die letzte Männerdomäne im Fußball erobert, wie in der Boulevardpresse zu lesen war. Frauen und Männer loben jetzt den Mut der Schiri, die beim Pfeifen eine konsequente Haltung zeigt. „Auf dem Platz gibt es kein Männlich und Weiblich, es gibt nur Regeln, die zu befolgen sind. Da zählt nur Leistung", hatte sie in Interviews klargestellt. Das ist eine gute Einstellung, die auch die anfangs beschriebene Diskussion weiterbringen kann.

1 Beantworte die Fragen schriftlich:
- Welche provozierende These stellt der Psychologe zur Diskussion?
- Was stellte die erste Bundesligaschiedsrichterin in Interviews klar?

Im Text sind sechs Nebensätze blau hervorgehoben. Es sind Relativsätze.

Relativsätze erkennen

2 **a.** Schreibe alle Sätze mit einem Relativsatz aus dem Text ab.
b. Kreise das Relativpronomen ein und unterstreiche die gebeugte Verbform.
c. Zeichne einen Pfeil zum Nomen, auf das sich der Relativsatz bezieht.

Merkwissen

Relativsätze sind **Nebensätze**, die sich meist **auf ein vorangehendes Nomen beziehen**. Sie werden immer durch ein Komma abgetrennt und durch ein Relativpronomen (z. B. **der, die, das**) eingeleitet. Sie enden immer mit einer gebeugten Verbform.

Es gibt eine Schiedsrichterin, die auch Spiele in der Bundesliga der Männer pfeift.

Ist der Relativsatz in den Hauptsatz **eingebettet**, wird er durch **zwei Kommas** abgetrennt.

Der Psychologe, der auf der Tagung einen Vortrag hielt, stellt eine provozierende These auf.

3 Schreibe die folgenden Sätze ab und setze die Kommas.

Kommasetzung bei Relativsätzen

Achtung: Fehler!

Die Mittelstürmerin die lange Zeit schwer verletzt war lief heute wieder mit der Startelf auf den Platz.

Die Schiedsrichterin pfiff ein übles Foul das knapp vor der Strafraumgrenze passierte.

Den Protest einiger Spielerinnen die in dieser Aktion keinen Regelverstoß erkennen konnten wehrte sie souverän ab.

Der folgende Freistoß führte zum Siegtor das später zum Tor des Monats gewählt wurde.

Merkwissen

Zusammengesetzte Nomen werden groß geschrieben.
Die Wörter **das, beim, zum** machen's!

Nomen + Verb:	Fußball spielen	→	beim Fußballspielen
Verb + Verb:	spazieren gehen	→	das Spazierengehen
Adjektiv + Verb:	auswendig lernen	→	zum Auswendiglernen

schreiben lernen   Auto fahren   baden gehen   gesund werden   lesen üben
fertig sein   Rad fahren   laufen lernen   krank sein   einkaufen gehen
falsch machen   geheim halten   Alarm schlagen   lieben lernen

4 Bilde aus den Wortgruppen zusammengesetzte Nomen.

zusammengesetzte Nomen

5 Schreibe die Sätze richtig auf.

Mit vier Jahren konnte ich bereits (Rad/fahren).

Das (Rad/fahren) macht mir immer noch viel Spaß und Freude.

Heute Nachmittag werde ich mit meiner Freundin (spazieren/gehen).

Wir werden beim (spazieren/gehen) auch über einige Probleme reden.

Wir müssen ein langes Gedicht (auswendig/lernen).

Das (auswendig/lernen) ist mir schwergefallen.

Ich werde am Samstag mit meiner Freundin (einkaufen/gehen).

Das (einkaufen/gehen) gefällt uns beiden sehr.

6 **a.** Schreibe den Text „Das Auslaufmodell“ ab.
b. Unterstreiche die Relativsätze.
c. Kreise die Relativpronomen ein.

Abschreiben von Texten
➤ S. 258

6. Trainingseinheit: Nominalisierte Verben, Ableitung von Eigennamen

Carl Benz

Die rasante Weiterentwicklung der Wirtschaft in der 2. Hälfte des 19. Jahrhunderts erfuhr einen entscheidenden Impuls im Jahre 1886, als Carl Benz ein Fahrzeug mit Gasmotorenbetrieb zum Patent anmeldete. In der Patenturkunde hieß es: „Das Ingangsetzen, das Stillhalten und das Bremsen geschieht durch den Hebel 9." Das Fahren von Ort zu Ort bekam einen neuen Rhythmus. Ungläubiges Staunen begleitete die erste Fahrt des dreirädrigen Fahrzeugs, das durch lautes Knattern überall die Aufmerksamkeit auf sich zog.
Das schnelle Fahren auf deutschen Straßen stieß vielfach auf Ablehnung. Das Ministerium erlaubte zunächst nur ein Tempolimit von sechs Stundenkilometern innerhalb einer Stadt und zwölf außerhalb. Eingeladene Ministerialräte, die die Erfindung begutachten sollten, genossen „das behagliche Dahinfahren des pferdelosen Wagens", wie sein Erfinder Carl Benz es später beschrieb. Aber es fanden sich auch nach der Münchener Kraft- und Arbeitsmaschinenausstellung im Jahre 1888 keine Käufer für sein inzwischen weiterentwickeltes Fahrzeug. Unbeirrt unterstützt wurde er von seiner Ehefrau Bertha. Pforzheimer Bürger erlebten 1888 Berthas erste erfolgreiche Fernfahrt von Mannheim nach Pforzheim. Ihr Festhalten an dem „Stinkkasten" verhalf der Entwicklung zum Durchbruch.

1 Beantworte die Fragen schriftlich:
- In welchem Jahr meldete Carl Benz sein Fahrzeug zum Patent an?
- Wer unternahm mit dem Fahrzeug eine erfolgreiche Fernfahrt von Mannheim nach Pforzheim?

Im Text sind Großschreibungen von Verben hervorgehoben.

nominalisierte Verben

2 **a.** Übertrage die Tabelle.
b. Ordne die hervorgehobenen Wortgruppen in die richtigen Spalten ein.

Starthilfe

Regel 1	Regel 2	Regel 3	Regel 4
das Singen	riskantes Fahren	das laute Reden	mein Schreiben
...	...	...	...

3 Im Tandem!
a. Sprecht darüber, welche Gründe jeweils die Großschreibung der Verben verursacht haben.
Tipp: Achtet darauf, was vor der Großschreibung der Verben steht.
Z **b.** Schreibt eure Erkenntnisse zu den vier Regeln auf.

4 In den folgenden Sätzen stehen einige Verben in Großbuchstaben. Schreibe die Sätze in der richtigen Schreibung ab.

Das WIEDERHOLEN der Vokabeln vor einer Englischarbeit ist wichtig.
Darum werde ich für die Klassenarbeit die Vokabeln WIEDERHOLEN.

Zu schnelles FAHREN bei Eis und Schnee ist gefährlich.
Weil wir morgen in den Winterurlaub FAHREN, werden wir daran denken.

Das stille SITZEN im Unterricht fällt mir manchmal sehr schwer.
Wir SITZEN bereits im Klassenraum und warten auf unsere Deutschlehrerin.

Ich muss für die nächste Klassenarbeit unbedingt mehr ÜBEN.
Nur intensives ÜBEN garantiert langfristig, dass ich den Abschluss erreiche.

Im Text gibt es auch Ableitungen von geografischen Namen.

Merkwissen

Die von **geografischen Eigennamen** abgeleiteten Wörter auf **-er** schreibt man immer **groß**: **Pforzheimer Bürger.**

Ableitungen von geografischen Eigennamen auf **-er**

Brandenburg Hamburg Schweiz
Schwarzwald Köln Berlin Wien

+ -er

Käse Würstchen Dom Bär
Kirschtorte Hafen Tor

5 Bilde Wortgruppen und schreibe sie auf.

Merkwissen

Adjektive auf **-isch**, die von **geografischen Eigennamen** abgeleitet sind, werden **kleingeschrieben**: **italienische Oliven.**

Ableitungen von geografischen Eigennamen auf **-isch**

Afrika Italien Rom
Rhein Westfalen Spanien

+ -ische/er

Zahlen Fröhlichkeit Salat
Schinken Elefant Orangen

6 Bilde Wortgruppen und schreibe sie auf.

Die Wortfamilie Rhythmus

die Wortfamilie **Rhythmus**

die Rhythmen rhythmisch das Rhythmusgefühl der Arbeitsrhythmus

7 **a.** Schlage die Bedeutung des Wortes **Rhythmus** im Fremdwörterbuch nach und schreibe sie auf.
b. Schreibe die Wörter der Wortfamilie **Rhythmus** zweimal auf.
Z **c.** Schreibe vier Sätze mit Wörtern der Wortfamilie auf.

8 Schreibe den Text „Carl Benz“ ab.

Abschreiben von Texten
➤ S. 258

7. Trainingseinheit: Infinitivsätze und Kleinschreibung

Die Tanzstunde

Die vier Jungen sitzen vor dem Gebäude, in dem heute ihre erste Tanzstunde stattfinden wird. „Das ist klasse! Mensch, haben wir ein Glück, dass Evi und ihre Freundinnen bei uns im Tanzkurs sind. Mir war schon angst und bange bei dem Gedanken an die Mädchen", gesteht Tim. „Ich hoffe nur, dass ich ein paar Schritte machen kann, ohne meiner Partnerin gleich auf die Füße zu treten." „Oder dass ich Anne auffordern kann, ohne einen roten Kopf zu bekommen", fügt Max hinzu. Er findet schon seit längerem, wie seine Freunde wissen, dass Anne wirklich spitze ist.
„Hey, bleibt cool", meint Tom. „Anstatt hier herumzuquatschen, lasst uns reingehen, um gute Plätze zu bekommen. Immer die Übersicht behalten, das ist meine Devise." Seine Freunde grinsen. Sie wissen, dass auch ihm mulmig ist. Aber anstatt das einzugestehen, klopft Tom gerne Sprüche.

1 Welche Sätze stehen so nicht im Text? Schreibe sie auf.
- Er findet, wie seine Freunde wissen, Anne schon seit längerem spitze.
- Die vier Jungen sitzen vor dem Gebäude, in dem heute ihre erste Tanzstunde stattfinden wird.
- „Ich hoffe nur, dass ich ein paar Schritte machen kann, ohne meiner Partnerin in die Arme zu stolpern."

Der Text enthält fünf Sätze mit einem Infinitiv + zu (Infinitivsatz). Sie sind blau hervorgehoben.

Merkwissen

Sätze mit einem Infinitiv + zu (Infinitivsatz) **beginnen** häufig **mit** den Signalwörtern **um, ohne, anstatt** und **enden** immer mit einem **Infinitiv + zu**. Diese Sätze können vor oder nach dem Hauptsatz stehen. Sie werden mit Komma abgetrennt.

Um frische Luft zu bekommen, öffnete er das Fenster.

Er öffnete das Fenster, um frische Luft zu bekommen.

Kommasetzung bei Infinitivsätzen

2 **a.** Schreibe aus dem Text die Sätze mit den Infinitivsätzen ab.
b. Kreise das Signalwort ein und unterstreiche den Infinitiv + zu.
c. Markiere das Komma mit einem Pfeil.
Tipp: Manchmal steht das Wort **zu** in zusammengesetzten Verben. In diesen Fällen wird zusammengeschrieben.

3 **a.** Schreibe die Sätze ab und ergänze zusammengesetzte Infinitive + zu.
b. Kreise die Signalwörter ein.
c. Markiere das Komma mit einem Pfeil.

Anstatt dem Vortrag ______, unterhält er sich mit seinem Nachbarn.

Er packte seine Sachen, ohne das Pausenzeichen ______.

Um das Experiment ______, brauchen wir noch viel Zeit.

Sie setzten den Streit fort, anstatt das Kompromissangebot ______.

Ich werde diesen Kurs besuchen, um mich ______.

zuzuhören
vorzubereiten
abzuwarten
anzunehmen
fortzubilden

4 **a.** Finde zu den Hauptsätzen die passenden Infinitivsätze.
b. Schreibe die vollständigen Sätze zweimal auf.
Einmal soll der Hauptsatz vorne stehen, einmal der Infinitivsatz.

Hauptsätze	Infinitivsätze
Er musste laufen.	... anstatt die Abkürzung zu nehmen.
Sie machte einen großen Umweg.	... ohne sie jedoch zu erreichen.
Immer wieder rief er sie an.	... um noch vor Unterrichtsbeginn anzukommen.
Wir brauchen bestimmt viel Zeit.	... um das Klassenfest gut vorzubereiten.
Sie kaufte die schicke Hose.	... anstatt den Bus zu nehmen.
Er ging zu Fuß.	... ohne sie vorher anzuprobieren.

Im Text „Die Tanzstunde" gibt es drei Kleinschreibungen in Verbindung mit **sein**.

Merkwissen

Die Wörter **angst**, **bange**, **klasse**, **leid**, **schuld**, **spitze** und **pleite** werden in Verbindung **mit** einer Verbform von **sein** immer **kleingeschrieben**.

Kleinschreibung in Verbindung mit sein

5 **a.** Suche die Sätze heraus und schreibe sie ab.
b. Unterstreiche die Verbformen von **sein** und die Kleinschreibung.

6 Schreibe die Sätze ab und ergänze passende Kleinschreibungen.

Dies ist mein letzter Euro, nun bin ich ______.

Du bist ______ daran, dass ich zu spät zur Schule komme.

Als ich sie zum ersten Mal sah, wusste ich sofort: „Die ist ______."

7 **a.** Schreibe den Text „Die Tanzstunde" ab.
b. Unterstreiche die Infinitivsätze.

Abschreiben von Texten
➤ S. 258

8. Trainingseinheit: Das kann ich!

Am Ende dieser Trainingseinheit steht ein Text mit Fehlern.
Bearbeite alle Aufgaben und du bist fit für die Fehlersuche.

Großschreibung von Verben durch Adjektive mit der Endung -es

Verben werden zu Nomen

schnelles Fahren   gründliches Nachdenken   sinnvolles Lernen
lautes Reden   ungläubiges Staunen   leises Flüstern

1 **a.** Schreibe die Wortgruppen ab.
b. Unterstreiche die Endung **-es**.
c. Schreibe vier weitere Beispiele dazu.

Wortgruppen aus Adjektiv + Verb schreibst du zusammen, wenn eine neue (übertragene) Bedeutung gemeint ist.

Zusammenschreibung von Adjektiv und Verb

freimachen	etwas Schlechtes über jemanden verbreiten
schwerfallen	den Durchblick haben
klarsehen	eine Aufgabe, eine Tätigkeit macht Mühe
schlechtmachen	einen Brief mit einer Briefmarke versehen

2 **a.** Schreibe die Verbindungen aus Adjektiv + Verb ab.
b. Ordne den Zusammenschreibungen die richtige Bedeutung zu.

Die Wörter leid, schuld, spitze, klasse und pleite schreibst du klein, wenn sie in Verbindung mit einer Verbform von sein stehen.

Kleinschreibung in Verbindung mit **sein**

3 Schreibe die Sätze ab und ergänze passende Kleinschreibungen.

Ich bin es ______, immer der Schuldige zu sein.

Begeistert meinte Alex: „Unsere neue Klassenlehrerin ist wirklich ______."

Das ist mein letzter Euro, nun bin ich ______.

Du bist ______ daran, dass ich zu spät zur Schule kam.

Infinitivsätze trennst du mit einem Komma vom Hauptsatz ab.

Kommasetzung bei Infinitivsätzen

4 **a.** Schreibe die Sätze ab und setze die Kommas.
b. Kreise das Signalwort ein und unterstreiche den Infinitiv + zu.

Achtung: Fehler!

Ich fahre heute mit dem Fahrrad um pünktlich zur Schule zu kommen.
Der Autofahrer öffnete die Tür ohne auf den Radfahrer zu achten.
Anstatt die notwendigen Einkäufe zu erledigen spielte er am Computer.
Um keinen Ärger zu bekommen werde ich die ausgeliehenen Bücher heute noch zurückbringen.

Kommasetzung bei Relativsätzen

Einen Relativsatz trennst du durch ein Komma vom Hauptsatz ab.

5 **a.** Schreibe die Sätze ab.
b. Kreise das Relativpronomen ein und unterstreiche die gebeugte Verbform.
c. Setze das Komma zwischen Hauptsatz und Relativsatz.

Achtung: Fehler!

Picasso malte die weiße Taube die zu einem Friedenssymbol geworden ist.

Ich gebe dir bestimmt das Geld zurück das du mir freundlicherweise geliehen hast.

Mit großem Aufwand sucht die Polizei den Mörder der mit einem Auto geflüchtet ist.

Ich habe die schwere Prüfung bestanden die circa drei Stunden dauerte.

Nachdem du alle Aufgaben bearbeitet hast, kannst du den Text „Ein erfolgreiches Fernsehformat" korrigieren. Der Text enthält drei Rechtschreibfehler und drei Zeichensetzungsfehler.

Ein erfolgreiches Fernsehformat

Achtung: Fehler!

Uns allen ist klar: Es gibt viel zu lernen. Aber oft macht das Lernen und das Problemlösen nicht wirklich Spaß. Wie aber genau das möglich ist, erklärt uns das WDR-Team das die „Sendung mit der Maus" macht. Die Maus nimmt jede Frage ernst um sie auf Augenhöhe mit dem Fragenden zu lösen. Sie quatscht nicht, ist keine besserwissende Expertin und es gibt immer etwas zum Lachen. 40 Jahre ist die Sendung nun schon alt und für Kinder, Eltern und Großeltern ist sie immer noch Spitze. Die Maus und ihre Freunde ermutigen Lernende jeden Alters, immer neugierig zu bleiben.
Vorschnelle Erklärungen ohne gründliches nachdenken ist nicht ihre Art. Die Maus findet Lösungen die Menschen jeden Alters verstehen. Es gibt in der Sendung keine Fragen, die offen bleiben. Auch bei schwierigen Fragen findet die Maus eine Antwort, die einleuchtend ist. Die orangefarbene pfiffige Maus mit dem markanten Augenklimpern und dem aufklappbaren Bauch kennen heute 95 Prozent aller Deutschen.
In fast 100 Ländern weltweit konnte der WDR die „Sendung mit der Maus" bereits verkaufen. Angesichts dieses Erfolges wird es nicht schwerfallen zu glauben, dass auch noch der 50. Geburtstag der Maus gefeiert werden kann.

6 **a.** Lies den Text genau.
b. Schreibe die Fehlerwörter richtig auf. Markiere die Fehlerstellen.
c. Schreibe den Text fehlerfrei auf. Setze die fehlenden Kommas.

Abschreiben von Texten
➤ S. 258

Die Rechtschreibhilfen

Persönliche Fehlerschwerpunkte finden

Im Tandem! Hier kannst du mit einem Partner oder einer Partnerin testen, wie sicher deine Rechtschreibung ist, und dabei deine Fehlerschwerpunkte finden.

1

ehrlich	gewöhnlich	Wahrheit
strahlen	allmählich	berühmt
spüren	während	sparen
ziemlich	der Kran	hören
fühlen	nämlich	er kam
Höhle	belohnen	er fiel
wahrscheinlich	Verkehr	schwer

2

Schenke mir etwas Schönes.
Sag mir nichts Falsches.
Es gab wenig Neues.
Etwas Schlimmes ist passiert.
Wenig Angenehmes ist zu berichten.
Im Fernsehen gab es nichts Interessantes.
Viel Gutes erlebte ich nicht.
Wir entdeckten allerlei Schönes.
Wir hatten Spaß beim Tanzen.

3

Fieber	Dienstag	frieren
Knie	dir	er gibt
ihr	Brief	ihre
quietschen	Krieg	erwidern
ihn	viele Menschen	Apfelsine
Klima	Tiger	Kaninchen
ausgiebig	fliegen	Spiegel
Papier	Kino	sie fielen
Biene	schieben	sie liefen
Medizin	Maschine	verlieren

4

Geschwindigkeit	Erlaubnis	Erfüllung
Überraschung	Fröhlichkeit	Tapferkeit
Besonderheit	Aufregung	Müdigkeit
Geheimnis	Krankheit	Erkältung
Süßigkeit	Hindernis	Mehrheit
Achtung	Ereignis	Ärgernis
Gelegenheit	Wahrheit	Freiheit

5

Sei ruhig beim Schreiben.
Schnelles Fahren kann gefährlich sein.
Das Fliegen ist schön.
Komm bitte zum Essen.
Freundliches Grüßen kommt immer an.
Das laute Reden stört uns.
Mein Üben brachte Erfolg.
Leises Flüstern ist erlaubt.
Pass auf beim Springen.
Dein Singen gefällt mir.
Das genaue Kontrollieren eines Textes ist wichtig.

6

schrecklich	wirklich	bemerken
danken	schmecken	trocken
Brücke	links	Rücken
senkrecht	packen	Markt

7

entschuldigen	endlos	entfernen
entdecken	enthalten	Endspiel
endlich	entscheiden	Ende
entzünden	endgültig	unendlich

8
morgens am Dienstag gestern Abend am Sonntagabend sonntags am Donnerstagmorgen ein guter Morgen heute Morgen der Vormittag vormittags am Mittwochabend am Samstag gestern Vormittag Freitagnachmittag mittags Sonntagmorgen abends heute Mittag

9		
Geräusch	enttäuscht	durch Wälder
ich wäre	träumen	die Sätze
quälen	häufig	lächeln
kräftig	äußern	du hältst
gefährlich	käuflich	sägen
häuslich	Räuber	zählen
Gebäude	gebräuchlich	mächtig

10			
messen	misst	maß	gemessen
reißen	reißt	riss	gerissen
fressen	frisst	fraß	gefressen
lassen	lässt	ließ	gelassen
essen	isst	aß	gegessen
wissen	weiß	wusste	gewusst
vergessen	vergisst	vergaß	vergessen
verlassen	verlässt	verließ	verlassen
beißen	beißt	biss	gebissen

11		
trotzdem	verletzen	stürzen
verschmutzen	Kreuz	Kranz
kratzen	spazieren	blitzen
Arzt	spritzen	Wurzel

1 Schreibt die Wörterlisten als Partnerdiktat.

- Diktiert euch gegenseitig die Wörter, Wortgruppen oder Sätze aus jedem der Kästen. Lasst nach jedem Wort, jeder Wortgruppe oder jedem Satz eine Zeile frei.
- Schreibt die Nummern der entsprechenden Kästen dazu.
- Das macht ihr so lange, bis jeder von euch alle Wörter, Wortgruppen und Sätze in den Kästen 1 – 11 geordnet aufgeschrieben hat.

diktieren und schreiben

Starthilfe

1	ehrlich, gewöhnlich, Wahrheit
2	Schenke mir etwas Schönes.

2 **a.** Überprüft eure Rechtschreibung mithilfe der Wörterlisten.
b. Streicht die fehlerhaften Wörter, Wortgruppen und Sätze durch und schreibt sie richtig darüber.

überprüfen und überarbeiten

3 Jeder Kasten auf den Seiten 248 – 249 enthält Trainingswörter zu einem Fehlerschwerpunkt.
a. Wie viele Wörter in jedem Kasten hast du falsch geschrieben? Zähle zusammen und notiere die Anzahl.
b. In welchem Kasten hast du mehr als zwei Wörter falsch geschrieben? Notiere dir die Nummern dieser Kästen. Sie enthalten deine Fehlerschwerpunkte.

Fehlerschwerpunkte finden

Lisa und Jonas haben eine Liste mit Regeln und Hinweisen zu möglichen Fehlerschwerpunkten aufgeschrieben.

1 *Mit **h** / ohne **h** – pass auf!*

2 *Nomen aus Adjektiven: Großschreibung überprüfen!*

3 *Wörter mit **langem i** überprüfen!*

4 *Nomen mit den Endungen **-ung**, **-keit**, **-heit**, **-nis** beachten!*

5 *Nomen aus Verben: Großschreibung checken!*

6 *Wörter mit **ck** / **k** besonders kontrollieren!*

7 *Wörter mit **ent-** / **end-** unter die Lupe nehmen!*

8 *Schreibung der Tageszeiten unter die Lupe nehmen!*

9 *Wörter mit **äu** / **ä** kontrollieren!*

10 *Wechsel von **ss** / **ß** bei Verben beachten!*

11 *Wörter mit **tz** / **z** genau ansehen!*

Fehlerschwerpunkte erfassen

4 Die Nummern entsprechen den Nummern der Kästen von den Seiten 248–249.

a. Wähle aus den Regeln und Hinweisen diejenigen aus, die deine persönlichen Fehlerschwerpunkte beschreiben.

b. Schreibe sie mit der Nummer auf.

c. Schreibe die korrigierten Wörter, Wortgruppen und Sätze von Aufgabe 2 dazu.

Tipp: Du kannst deine Merksätze auch in einer Rechtschreibkartei sammeln.

Starthilfe

8 Schreibung der Tageszeiten unter die Lupe nehmen! morgens, ...

Fehlerschwerpunkte auswerten

5 Welches sind die Fehlerschwerpunkte eurer Klasse?

a. Sammelt die Fehlerschwerpunkte der einzelnen Schülerinnen und Schüler.

b. Wählt die am häufigsten genannten Merksätze aus.

c. Schreibt sie auf ein Plakat.

Fehler finden

Wenn du deine Texte kontrollierst, solltest du dich gut konzentrieren. Schau genau auf den Wortanfang, das Wortinnere und das Wortende.

Zweifel zulassen

Achtung: Fehler!

Dieser Text enthält sieben Fehler. Du findest sie nur, wenn du sehr konzentriert bist und jeden Zweifel, den du beim lesen eines Wortes hast, sofort ausreumst. Du darfst dabei nicht oberflächlich vorgehen, sondern du solltest richtig pingelich dabei sein. Es kommt eben nicht auf schnelligkeit an. Schau genau auf den Wortanfang, das Wortinnere und das Wortende. Die Regeln und Tipps helfen dir bestimt, die Fehler entgültig zu finden.

1 **a.** Finde die sieben Fehler im Text „Zweifel zulassen“ mithilfe der Arbeitstechnik.
b. Schreibe die fehlerhaften Wörter und Wortgruppen richtig auf.
c. Schreibe den Text ab. Korrigiere dabei die sieben Fehler.

Fehler korrigieren

Arbeitstechnik

Rechtschreibfehler finden

Beachte den Wortanfang (groß oder klein?):
- Die Wörter **das**, **zum**, **beim** machen Verben und Adjektive zu Nomen.
- Wörter mit den Endungen **-ung**, **-keit**, **-heit** und **-nis** sind Nomen. Schreibe Nomen immer groß.

Achte auf die Wortmitte:
- **h:** Nur in wenigen Wörtern folgt nach einem langen Vokal ein h. In den meisten Wörtern mit langem Vokal folgt kein h.
- **ie/i/ih/ieh:** Nur in wenigen Wörtern folgt nach dem langen i kein e. In vielen Wörtern steht ie. Nur in den Wörtern ihr, ihm, ihn folgt nach dem langen i ein h.
- Wörter mit **zwei aufeinanderfolgenden Konsonanten** kannst du in Silben trennen, z. B. **ren nen → also: nn**.
- **ent-** oder **end-**? Wörter mit end- kommen von Ende. Die meisten Wörter beginnen mit ent-/Ent-.
- **ä/äu:** Leite ab: z. B. **Geräusch kommt von rauschen.**

Beachte das Wortende:
- **d** oder **t**? Verlängere die Wörter, dann hörst du den Unterschied. z. B. **Fahrrad → Fahrräder**
- **-ig** oder **-lich**? Verlängere die Adjektive, dann hörst du den Unterschied. z. B. **neblig → das neblige Feld**

... Und wenn der Zweifel bleibt?
Schreibe die beiden Schreibweisen nebeneinander **auf** und **entscheide**. Nutze ein Wörterbuch zur Beseitigung der letzten Zweifel.

Wichtige Rechtschreibregeln

Vier Schritte zum richtigen Komma

Merkwissen

In einem **Satzgefüge** wird ein **Nebensatz** (NS) durch Komma vom **Hauptsatz** (HS) abgetrennt.

Die Satzanalyse in vier Schritten hilft dir, um die richtige Stelle für das Komma zu finden.

Arbeitstechnik

Die Satzanalyse

Schritt 1: Finde die **Konjunktion**.
Oft beginnen Nebensätze mit einer Konjunktion, z. B. **als, dass, weil, nachdem, wenn, obwohl, damit**.
Schritt 2: Finde die **konjugierte Verbform**.
Am Ende eines Nebensatzes steht immer eine konjugierte Verbform.
Schritt 3: Erkenne den **Hauptsatz**.
Ein Hauptsatz kann allein ohne Nebensatz stehen.
Schritt 4: Setze das **Komma** zwischen Nebensatz und Hauptsatz.

↓ Schritt 4
Als ich sie sah, schlug mein Herz deutlich schneller.
Schritt 1 Schritt 2 Schritt 3

Kommasetzung in Satzgefügen

1 **a.** Schreibe die folgenden Sätze ab und bearbeite sie nach den Schritten der Satzanalyse.
b. Umkreise die Konjunktion.
c. Unterstreiche die konjugierte Verbform einmal und den Hauptsatz zweimal.

Achtung: Fehler!

Weil ich Hunger habe koche ich etwas.

Obwohl der Schulbus Verspätung hatte kamen wir pünktlich an.

Als ich den Zebrastreifen erreichte sprang die Ampel gerade auf Rot.

Nachdem ich meine Hausaufgaben erledigt hatte ging ich ins Kino.

Starthilfe

↓ Schritt 4
Weil ich Hunger habe, koche ich etwas.
Schritt 1 Schritt 2 konjugierte Verbform Schritt 3 HS

Der Nebensatz kann auch nach dem Hauptsatz stehen.

2 **a.** Schreibe die folgenden Sätze ab und bearbeite sie nach den Schritten der Satzanalyse.
b. Kennzeichne die Konjunktion, die konjugierte Verbform und den Hauptsatz.

Achtung: Fehler!

Ich hoffe sehr dass du mich heute Nachmittag besuchst.

Meine Mannschaft musste ohne mich spielen weil ich krank im Bett lag.

Ich werde bestimmt in die nächste Klasse versetzt wenn ich in der letzten Klassenarbeit eine gute Note erreiche.

Wir mussten in der Pause auf dem Schulhof bleiben obwohl es regnete.

Die Kasse wurde gerade geschlossen als wir endlich den Freizeitpark erreichten.

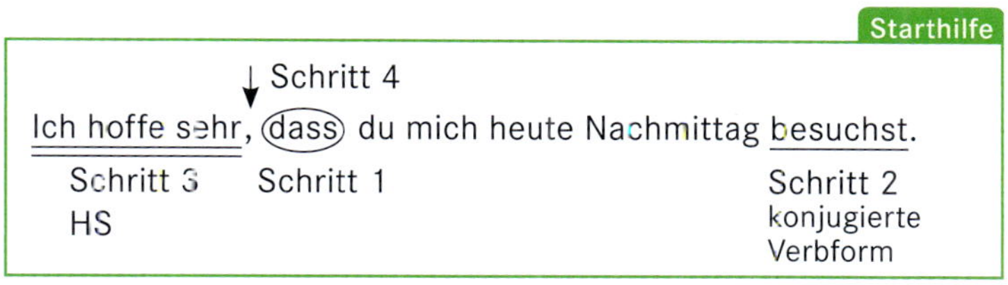

Der Nebensatz kann auch in dem Hauptsatz eingebettet sein.

3 **a.** Schreibe die folgenden Sätze ab und bearbeite sie nach den Schritten der Satzanalyse.
b. Kennzeichne die Konjunktion, die konjugierte Verbform und den Hauptsatz.

Achtung: Fehler!

Ich kaufe mir weil ich großen Hunger habe eine Portion Pommes frites.

Sie gab den Fragebogen nachdem sie ihre Antworten noch einmal gründlich gelesen hatte bei der Projektleiterin ab.

Ich werde die Praktikumsstelle wenn sich nichts ändert am 3. März antreten.

Ich werde wohl nach der 10. Klasse obwohl ich noch einige Bedenken habe eine weiterführende Schule besuchen.

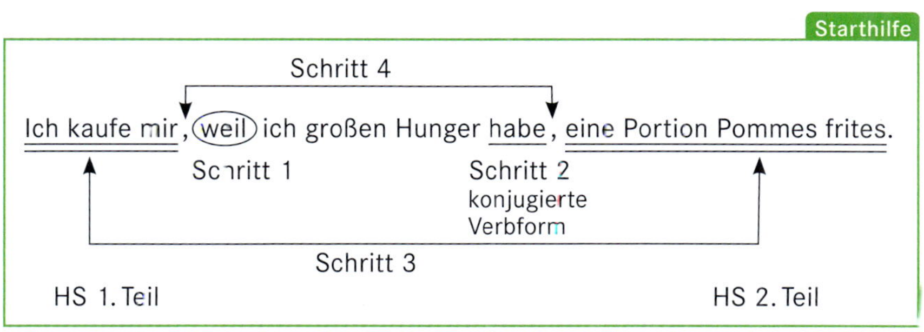

Mit Wortbausteinen üben

Mit Präfixen (Vorsilben) entstehen neue Adjektive und Nomen.

Merkwissen

Das Präfix **Ur-/ur-**

Präfix + Adjektiv	= neues Adjektiv	Präfix + Nomen	= neues Nomen
ur- + komisch	**= urkomisch**	**Ur- + der Knall**	**= der Urknall**

ur- + gemütlich alt zeitlich menschlich plötzlich deutsch eigen komisch

Ur- + die Bevölkerung die Angst das Gestein die Aufführung die Geschichte der Instinkt die Großeltern der Knall

Adjektive und Nomen mit dem Präfix **Ur-/ur-**

1 **a.** Bilde neue Adjektive mit dem Präfix **ur-** und neue Nomen mit dem Präfix **Ur-** und schreibe sie auf.

Z **b.** Sprecht darüber, welche Bedeutungsänderungen die Adjektive und Nomen durch das Präfix **Ur-/ur-** erfahren.

2 Schreibe die Sätze ab und ergänze Adjektive und Nomen von Aufgabe 1.

Der Unfall geschah, weil ein Auto ______ aus der Einfahrt herausschoss.

Für die ______ im Stadttheater habe ich noch zwei Eintrittskarten bekommen.

Eine Erklärung, wie das Universum entstand, ist die Theorie vom ______.

Merkwissen

Das Präfix **Un-/un-**

Präfix + Adjektiv = neues Adjektiv

un- + angenehm = unangenehm

un- + anständig appetitlich auffällig aufmerksam glaubwürdig ehrlich einsichtig empfindlich gesetzlich gültig

Adjektive und Nomen mit dem Präfix **Un-/un-**

3 **a.** Bilde neue Adjektive mit dem Präfix **un-** und schreibe sie auf.
b. Bilde Nomen mit dem Suffix **-keit**.

Starthilfe

un- + anständig = unanständig → die Unanständigkeit

4 **a.** Sprecht darüber, welche Bedeutungsänderung die Adjektive durch das Präfix **un-** erfahren.

Z **b.** Findet fünf weitere Beispiele.

Merkwissen

Das Präfix **re-** (lat. wieder/zurück)
Präfix + Verb = neues Verb
re- + vitalisieren = revitalisieren (wieder kräftigen/erholen)

re-	+	organisieren	etwas erneut/wieder ordnen/einrichten
		kultivieren	den alten Zustand wiederherstellen
		aktivieren	zerstörten Boden wieder als Kulturland nutzen
		konstruieren	wieder in Dienst nehmen
		agieren	auf etwas antworten

Verben mit dem Präfix **re-**

5 **a.** Bilde neue Verben mit dem Präfix **re-**.
b. Ordne jedem neuen Verb die passende Bedeutung zu.

Starthilfe

re- + organisieren = reorganisieren → etwas erneut/wieder ordnen/...

6 Schreibe die Sätze ab und ergänze Verben von Aufgabe 5.

Nach dem Abbau der Braunkohle im Tagebau wurden Maßnahmen eingeleitet, um die zerstörte Landschaft zu ______ .

Die im Krieg zerstörte Kirche ist nach 10-jähriger Bauzeit originalgetreu ______ worden.

Weil das Angebot so verlockend war, ließ sich der pensionierte Ingenieur ______ .

In diesen Fällen sorgt das Präfix re- dafür, dass das neue Verb eine ganz neue (andere) Bedeutung bekommt:

signieren – unterschreiben
kapitulieren – sich ergeben
flektieren – ein Wort beugen
zitieren – eine Textstelle wörtlich anführen
formieren – bilden/gestalten

neue Bedeutung
aufgeben
noch einmal zusammenfassen
zurückstrahlen/nachdenken
etwas künstlerisch vortragen
etwas verbessern/erneuern

7 **a.** Schreibe die Fremdwörter mit den Erklärungen untereinander auf.
b. Bilde neue Verben mit dem Präfix **re-**.
c. Ordne jedem neuen Verb die passende neue Bedeutung aus der Randspalte zu.
Z **d.** Verwende die Fremdwörter mit dem Präfix **re-** in Sätzen.

Starthilfe

signieren – unterschreiben resignieren – aufgeben
...

5-Minuten-Übungen

Das Geheimnis des Erfolgs ist die Wiederholung. Die folgenden Übungen eignen sich für das tägliche Trainieren – in fünf Minuten.

Fehlerwörter

In jeder Wörterreihe gibt es ein Fehlerwort.

Achtung: Fehler!

spät – schräg – sägen – Lerm – rückwärts – fähig
todmüde – todkrank – todsicher – toternst – tödlich – todelend
es brennt – es klappt – es knallt – es stimmt – es schwimmt – es kipt
Saal – Beere – Boot – Staat – Wage – Meer
groß – Fuß – Gruß – Strasse – Spaß – draußen

1 **a.** Lies jeweils eine Reihe, bis du das Fehlerwort entdeckt hast.
b. Schreibe die Reihe auf.
c. Lerne die Reihe auswendig und schreibe sie auswendig auf.

Pluralbildung

Besondere Pluralbildungen
die Schülerin – die Schülerinnen
das Geheimnis – die Geheimnisse

das Hindernis   die Ärztin   die Kenntnis   die Lehrerin   das Ereignis
die Gärtnerin   die Verkäuferin   das Zeugnis

2 Schreibe die Nomen ab und bilde den Plural.

Wörter mit **ss**

Die Doppelkonsonanten ss in Verben

müssen:	ich muss	ich musste	ich habe gemusst
fassen:	ich fasse	ich fasste	ich habe gefasst
küssen:	ich küsse	ich küsste	ich habe geküsst
hassen:	ich hasse	ich hasste	ich habe gehasst

3 Schreibe die Wörterreihen auswendig auf.

Großschreibung von Verben

Es gibt verschiedene Gründe für die Großschreibung von Verben.

sinnvolles LERNEN   das BUCHSTABIEREN   mein ZUHÖREN
das laute SCHREIEN   ein Bild BESCHREIBEN   sehr schnelles FAHREN
eine Prüfung BESTEHEN   dein REDEN   das leise FLÜSTERN

4 Schreibe die Wortgruppen ab und entscheide, ob diese Verben groß- oder kleingeschrieben werden.

Wörterreihen

Wörterreihen

Wer war Neil Armstrong?

Der amerikanische Astronaut Neil Armstrong betrat am 20. Juli 1969 als erster Mensch den Mond. Er nahm Mondgestein mit zur Erde. Den Mann im Mond traf er aber nicht.

betreten:	er betritt – er betrat – er hat betreten – er hatte betreten – er wird betreten
nehmen:	er nimmt – er nahm – er hat genommen – er hatte genommen – er wird nehmen
treffen:	er trifft – er traf – er hat getroffen – er hatte getroffen – er wird treffen

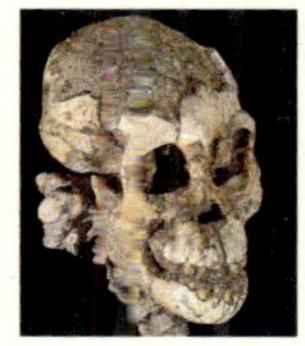

Wer war Lucy?

1974 fand man in Äthiopien das Skelett eines Menschen, der vor etwa drei Millionen Jahren gelebt hat. Man nannte den Menschen Lucy. Lucy war nur wenig über ein Meter groß.

finden:	man findet – man fand – man hat gefunden – man hatte gefunden – man wird finden
nennen:	man nennt – man nannte – man hat genannt – man hatte genannt – man wird nennen
sein:	sie ist – sie war – sie ist gewesen – sie war gewesen – sie wird sein

5 **a.** Schreibe die Wörterreihen auswendig auf.
b. Schreibe Wörterreihen mit den Infinitiven **helfen, fahren, halten**.
c. Schreibe die Texte ab.

Infinitivsätze

Infinitivsätze

Sie öffnete die Tür.	... um die Meisterschaft zu gewinnen
Ich habe meinen Text noch einmal kontrolliert.	... ohne vorher anzuklopfen
Wir werden intensiv trainieren.	... um weitere Fehlerwörter zu vermeiden

6 **a.** Schreibe die Hauptsätze mit den passenden Infinitivsätzen auf und setze die Kommas.
b. Kreise das Signalwort ein und unterstreiche den **Infinitiv mit zu**.
c. Markiere das Komma mit einem Pfeil.

Relativsätze

Relativsätze

Eine Schlagzeile ist eine große Überschrift.	... das in der Öffentlichkeit umstritten ist
Ein Interview ist eine Befragung.	... die mit einer oder mehreren Personen durchgeführt wird
Ein Kommentar ist eine Stellungnahme zu einem aktuellen Thema.	... die als Blickfang dient

7 **a.** Schreibe die Hauptsätze mit passenden Relativsätzen auf und setze die Kommas.
b. Kreise das Relativpronomen ein. Markiere die gebeugte Verbform.
c. Zeichne einen Pfeil zum Nomen, auf das sich der Relativsatz bezieht.

Die Arbeitstechniken

Das Abschreiben – das Partnerdiktat – die Rechtschreibkartei

Das Abschreiben

Richtiges Schreiben lernt man durch Schreiben, insbesondere durch Abschreiben. Richtiges Abschreiben will gelernt sein. Auf den Seiten 260 bis 261 findest du Übungen dazu.

Übungen zu den Arbeitstechniken ➤ S. 260–261

Arbeitstechnik

Das Abschreiben von Texten

Die sieben Schritte zum Abschreiben von Texten:
1. Lies den Abschreibtext langsam und sorgfältig.
2. Gliedere den Text in Sinnabschnitte.
3. Präge dir die Wörter einer Sinneinheit genau ein.
4. Schreibe die Wörter auswendig auf.
5. Kontrolliere Wort für Wort.
6. Streiche die Fehlerwörter durch und korrigiere sie.
7. Ordne die Fehlerwörter in die Rechtschreibkartei ein.

Arbeitstechnik

Das Abschreiben von Wörterlisten

Die fünf Schritte zum Abschreiben von Wörterlisten:
1. Lies Wort für Wort sorgfältig.
2. Decke die Wörterliste zu – nur das erste Wort bleibt sichtbar.
3. Präge dir das Wort ein und schreibe es auswendig auf.
4. Kontrolliere die Schreibung.
5. Decke das nächste Wort auf usw.

Arbeitstechnik

Das Abschreiben von Wörterreihen

Die fünf Schritte zum Abschreiben von Wörterreihen:
1. Lies die Wörterreihen sorgfältig.
2. Lerne die erste Wörterreihe auswendig.
3. Decke die Wörterreihe zu und schreibe sie auf.
4. Kontrolliere die Wörterreihe Wort für Wort.
5. Decke die nächste Wörterreihe auf usw.

Das Partnerdiktat

In einem Partnerdiktat könnt ihr mithilfe eines Partners oder einer Partnerin einen Text fehlerfrei aufschreiben.

Texte, Wörterlisten, Wörterreihen für das Partnerdiktat
➤ S. 260–261

Arbeitstechnik

Partnerdiktat

Ein Partner diktiert.	Der andere Partner schreibt.
– Lies bei **Texten** den ganzen Satz vor. Diktiere dann die Sinnabschnitte.	– Höre dir den ganzen Satz in Ruhe an. Schreibe die einzelnen Sinnabschnitte auf.
– Lies bei **Wörterlisten** die ganze Liste vor. Diktiere dann Wort für Wort.	– Höre dir die Wörter in Ruhe an. Schreibe Wort für Wort.
– Lies bei **Wörterreihen** die ganze Reihe. Diktiere die einzelnen Teile der Reihe.	– Höre dir die ganze Wörterreihe in Ruhe an. Schreibe nacheinander die einzelnen Teile der Wörterreihe auf.
– Bei einem Fehler sage sofort: „Stopp!“. Lass dem Partner Zeit, den Fehler zu finden. – Gib Hilfen oder zeige den Text, die Liste oder die Reihe.	– Kontrolliere das zuletzt Geschriebene ruhig und konzentriert mithilfe der Rechtschreibhilfen, um den Fehler zu finden. – Streiche das Fehlerwort durch. Schreibe das Wort richtig darüber.

Die Rechtschreibkartei

Eine Rechtschreibkartei besteht aus Lernkärtchen.
Auf jedem Lernkärtchen steht ein Fehlerwort mit zusätzlichen Informationen.

Arbeitstechnik

Eine Rechtschreibkartei anlegen

1. Schreibe das **Fehlerwort in die Mitte** der ersten Zeile.
2. **Unterstreiche** die Fehlerstelle.
3. **Ergänze** Wörter und Wortgruppen:
   - Füge bei den Verbformen das Personalpronomen und den Infinitiv hinzu.
   - Füge bei den Nomen den Artikel, den Plural bzw. den Singular hinzu.
   - Verlängere die Adjektive durch eine Wortgruppe.
   - Schreibe auch ganze Wortgruppen auf.
4. Wenn möglich füge einen **Rechtschreibtipp** hinzu.

3. er rennt
Infinitiv: rennen

4. der Abend
die Abende (Plural)

5. herzlich
herzliche Grüße

6. ein paar Mitschüler

7. die Besichtigung
Erdsilbe ***-ung***
= Großschreibung

So übst du mit Lernkärtchen:
Lernkärtchen einprägen – Kärtchen umdrehen – auswendig aufschreiben – kontrollieren
Wichtig! Erweitere ständig deine Rechtschreibkartei.
Ordne die Kärtchen nach Fehlerschwerpunkten.

Übungen zu den Arbeitstechniken

Die folgenden Texte, Wörterlisten und Wörterreihen kannst du durch Abschreiben oder als Partnerdiktat üben.

Abschreiben von Texten ➤ S. 258
Partnerdiktat ➤ S. 259

Abschreibtexte

Cyber Hug

Am 21. Januar bekam Marie eine außergewöhnliche E-Mail. Ihr Vorname stand in fünf Klammern gesetzt: (((((Marie))))). Sie stutzte, doch als sie den Namen des Absenders las, wusste sie, dass ihr Freund mal wieder etwas Neues entdeckt hatte. Später las sie in der Tageszeitung, was es war.
„Hugging Day – umarmt einander weltweit“ stand auf der Titelseite. „In vielen Familien geht es zu unpersönlich zu“, wurde der Pastor aus Michigan, USA, zitiert, der im Jahre 1986 die Idee zu dem Weltknuddeltag hatte. Mittlerweile gibt es auch in Deutschland viele Menschen, die am Hugging Day sogar Wildfremden in die Arme fallen und dann fröhlich weitergehen. Nach Aussage einiger Ärzte soll das sogar gesund sein. „Stress legt sich, Atmung und Blutdruck werden besser“, heißt es in dem Zeitungsartikel. Nun, vielleicht nicht immer. Es hängt sicher davon ab, wer mich umarmt, auch im Internet.

Poetry Slam[1]

Beim täglichen Pendeln zwischen Schule und Zuhause vertreibe ich mir ganz oft die Zeit mit dem Schreiben von kleinen Geschichten oder Gedichten. Meine Freundinnen sagen, dass sie klasse sind. Sie schlugen vor, dass ich am monatlichen Poetry Slam im örtlichen Kulturzentrum teilnehmen soll. Darum sind wir gestern auch als Zuschauer dort hingegangen, um zu sehen, was da so passiert. Es hat Spaß gemacht. Wir haben viel gelacht. Aber ob ich selbst den Mut haben würde, eigene Texte vorzulesen? Oder wäre meine Angst vor dem Publikum doch größer?

[1] der Poetry Slam: der Dichterwettstreit

Farbenfrohe Falter

Seid ihr gut in Biologie? Würde es euch schwerfallen, die verschiedenen Schmetterlingsarten in der Natur zu erkennen? Bietet den farbenfrohen Faltern einen verlockenden Rast- und Nistplatz. Holt Pfauenauge, Zitronenfalter und Kaisermantel in euren Garten, indem ihr ihnen einen ökologisch einwandfrei geschützten Raum zum Eierlegen, Nisten und als Futterstelle anbietet: ein Schmetterlingshäuschen. Wenn ihr dann auch noch ihre Lieblingspflanze, den Schmetterlingsstrauch, anpflanzt, tut ihr Gutes für den Fortbestand der Artenvielfalt. Und ihr selbst könnt euch im Sommer Tag für Tag an dem bunten Treiben erfreuen.

Wörterlisten

Abschreiben von Wörterlisten
➤ S. 258

häufige Fehlerwörter	Großschreibung von Verben	Wörter mit V
vielleicht	schnelles Fahren	das Veilchen
ein bisschen	das Fliegen	der Vulkan
aus Versehen	zum Essen	das Ventil
abends	freundliches Grüßen	die Visite
auf einmal	das laute Rufen	das Volumen
interessant	mein Üben	der Vampir
die beiden	leises Flüstern	die Vitamine
schwierig	beim Tanzen	die Variante
endgültig	dein Singen	der Ventilator
zu Hause	das Lernen	das Volk

Merkwörter mit h	Merkwörter mit langem i	Tages- und Wochenzeiten
ehrlich	das Klima	morgens
berühmt	die Medizin	am Sonntagabend
die Wahrheit	die Margarine	vormittags
der Verkehr	die Maschine	gestern Nachmittag
belohnen	erwidern	am Dienstag
während	die Apfelsine	Sonntagmorgen
allmählich	die Disziplin	mittags
gewöhnlich	die Lawine	der Donnerstagmorgen
wahrscheinlich	es gibt	abends

Wörterreihen

Abschreiben von Wörterreihen
➤ S. 258

Verbreihen

wissen:	ich weiß – ich wusste – ich habe gewusst – ich hatte gewusst
lassen:	ich lasse – ich ließ – ich habe gelassen – ich hatte gelassen
reißen:	ich reiße – ich riss – ich habe gerissen – ich hatte gerissen
essen:	ich esse – ich aß – ich habe gegessen – ich hatte gegessen
vergessen:	ich vergesse – ich vergaß – ich habe vergessen – ich hatte vergessen
fressen:	ich fresse – ich fraß – ich habe gefressen – ich hatte gefressen
genießen:	ich genieße – ich genoss – ich habe genossen – ich hatte genossen
gießen:	ich gieße – ich goss – ich habe gegossen – ich hatte gegossen
schließen:	ich schließe – ich schloss – ich habe geschlossen – ich hatte geschlossen

Fremdwörterreihen

Programm – Produkt – Projekt – Kontakt – Konkurrenz – Konflikt
Synthese – Symmetrie – Symbol
Präsident – Korrespondent – Patient
offiziell – speziell – funktionell
negativ – relativ – positiv

Sprache und Sprachen

Englische Wörter in der Alltagssprache

In vielen Bereichen des Lebens werden englische Wörter verwendet, so wie in diesem Cartoon.

1 Was ist „Kjuräbgäib"?
Erklärt die Pointe des Cartoons.

Merkwissen

Es werden folgende **Anglizismen** unterschieden:
1. Englische Wörter, die eingedeutscht sind und deshalb auch im Duden stehen, z. B. Jeans, Mountainbike, Dancefloor.
2. Englische Wörter, die viele verstehen, aber nicht im Duden zu finden sind, z. B. Das ist der Must-Have-Artikel!
3. Englisch scheinende Wörter, die man im Englischen so nicht kennt. Sie wurden für Deutsche erfunden, z. B. Handy, Public Viewing.

Info

Wörter aus dem Englischen werden **Anglizismen** genannt.

Oil Express Store Super Wash Quick Service Blitz Snack
Payback-Punkte Express-Shopping Service Point

Anglizismen unterscheiden und einordnen

2 Tauscht euch darüber aus, wo diese Wörter zu finden sind.

3 Welche Wörter sind englische Wörter, welche Wörter sind eingedeutscht? Ordnet die Wörter in eine Tabelle ein.

4 Wie lassen sich diese Wörter besser und überzeugender ausdrücken? Schreibe die Tabelle ab und ergänze die Spalten.
Tipp: Du kannst auch ein englisch-deutsches Wörterbuch verwenden.

Starthilfe

englisches Wort	wörtliche Übersetzung	Bedeutung	überzeugende Formulierung
Oil Express	Öl-Eile	schneller Ölwechsel	Öl-Blitz, Blitzölwechsel
Super Wash	...	...	...

5 **a.** Sucht in eurer Umgebung nach weiteren Anglizismen.
b. Stellt sie in der Klasse vor.
c. Sprecht darüber, ob das deutsche oder das englische Wort besser passt.

Beispiele suchen

6 Diskutiert, in welchen Bereichen am häufigsten Anglizismen zu finden sind. Welche Gründe könnte es dafür geben?

über den Gebrauch diskutieren

Manchmal werden Anglizismen auch so verwendet:

7 Was stimmt an dieser Werbetafel nicht?
Schreibe sie um.

8 Diskutiert über die folgenden Fragen.
Begründet eure Antworten.
- Warum verwendet eine Tankstelle den Begriff Super Wash statt Schnellwäsche?
- Warum heißt es an Tankstellen statt Ausfahrt nicht auch Exit oder statt Einfahrt nicht Entry, wie in England oder in den USA?
- Warum schreibt man bei frischer Farbe im Allgemeinen nicht wet paint, sondern frisch gestrichen?
- Welche Wirkungen versprechen sich die Unternehmen von der Verwendung englischer Wörter?
- Wann ist es sinnvoll, Anglizismen zu verwenden?
- Wirkt die Mischung aus den verschiedenen Sprachen anregend oder verwirrend?

blackout break brainstorming flatrate newsletter
online Pay-TV spam website

9 Können diese englischen Wörter durch deutsche Wörter ersetzt werden?
a. Schreibe die englischen Wörter in die Tabelle.
Schreibe die deutschen Entsprechungen dazu.
b. Englisch oder deutsch – welches Wort findest du besser?
Entscheide dich für ein Wort. Begründe deine Entscheidung.

deutsche und englische Wörter vergleichen

Starthilfe

englisches Wort	Vorschläge für deutsches Wort	Entscheidung
blackout	Gedächtnislücke	...
...	...	...

Z **10** Erstelle ein Alphabet der Anglizismen.
Ergänze bei den Nomen die Artikel.

Starthilfe

der Account, das Blackout, chillen, ...

W **Auf den Seiten 264–265 findet ihr Arbeitsanregungen. Wählt aus den Aufgaben 11–14 aus und präsentiert anschließend eure Ergebnisse in der Klasse.**

11 Fast Food oder Schnellimbiss? Dort findet ihr häufig Anglizismen.

a. Ordnet die Wörter auf dem Plakat in die Tabelle ein.

b. Überprüft die Wörter mit einem Wörterbuch.

c. Addiert die Wörter in jeder Spalte.
Tipp: Wörter mit Bindestrichen zählen als ein Wort.

d. Rechnet aus, wie viel Prozent der Wörter deutsch und englisch sind.
Tipp: Prozentwert = $\frac{\text{Anzahl} \cdot 100}{\text{Gesamtzahl}}$

Z **e.** Untersucht die Speisekarte von einem Schnellimbiss nach dem gleichen Muster.

Starthilfe

Sprache	Deutsch	Englisch	Deutsch und Englisch
Wörter	Montag …	Funtaste …	Milchshake
Anzahl	…	…	1
in Prozent	…	…	4 %

Indoor-Masters erstmals in allen Jugendklassen

Zimmertüren *im neuen Look*

Neues Factory-Outlet-Center eröffnet

Jobabbau in EADS-Zentralen

Es gab ein Happy End, das alle zu Tränen rührte

Drogendealer festgenommen

12 In Schlagzeilen von Zeitungen und Zeitschriften findet ihr Anglizismen.

a. Schreibt die englischen Wörter aus den Schlagzeilen heraus.

b. Ergänzt passende deutsche Wörter für die englischen Wörter.

c. Welche Wörter passen besser? Diskutiert darüber.

den Gebrauch von Anglizismen in Zeitungen und Zeitschriften untersuchen

13 Vergleicht die Verwendung von englischen Wörtern in einer Lokalzeitung, einer Illustrierten und einer Jugendzeitschrift.

den Gebrauch von Anglizismen vergleichen

a. Notiert alle Überschriften mit englischen Wörtern aus den drei Medien.
b. Unterstreicht die englischen Wörter.
c. Sucht nach deutschen Entsprechungen.
d. Besprecht folgende Fragen:
- Welche Zeitung oder Zeitschrift benutzt am häufigsten englische Wörter?
- Welche Ursachen könnte es dafür geben?

Die Vermischung von deutschen und englischen Wörtern und das Erfinden von Wörtern, die englisch klingen, werden als „Denglisch" bezeichnet. In dem Song der Wise Guys findet ihr einige Beispiele.

Denglisch Wise Guys

Ich bin zum Bahnhof gerannt und war a little bit too late:
Auf meiner neuen Swatch war's schon kurz vor after eight.
Ich suchte die Toilette, doch ich fand nur ein „McClean",
ich brauchte noch Connection und ein Ticket nach Berlin.

Draußen saßen Kids und hatten Fun mit einem Joint.
Ich suchte eine Auskunft, doch es gab nur 'n Service Point.
Mein Zug war leider abgefahrn – das Traveln konnt' ich knicken.
Da wollt' ich Hähnchen essen, doch man gab mir nur McChicken. [...]

Oh Lord, please gib mir meine Language back,
ich krieg hier bald die crisis, man, it has doch keinen Zweck.
Let us noch a word verstehn, it goes me on the Geist,
und gib, dass „Microsoft" bald wieder „Kleinweich" heißt.

14 Welche Absicht verfolgt die Gruppe mit ihrem Song?

die Absicht eines Songs erschließen

a. Schreibt alle englischen Wörter und Wortgruppen heraus und ergänzt die deutschen Entsprechungen.
b. Diskutiert, welche Absicht hinter diesem Song stehen könnte. Begründet eure Meinung.

Z **15** **a.** Sucht weitere Beispiele für Denglisch.

eigene Beispiele finden

b. Erfindet nach dem Vorbild der Wise Guys eine weitere Strophe und tragt sie vor.

Z **16** Schreibt einen Kommentar zu der Frage: Anglizismen – eine Chance oder eine Bedrohung der deutschen Sprache?

einen Kommentar schreiben
➤ S. 48

Sprache kritisch betrachten: „Mann“ und „Frau“

In den Wörtern der heutigen Sprache spiegeln sich oft frühere Zeiten wider, in denen die Frauen nicht gleichberechtigt waren.

Nicht ganz ernst gemeint

Das Wetter am letzten Wochenende war einfach fraulich. Im wunderschönen Strandstädtchen ging jedefrau spazieren. „Frau sieht sich“, verabschiedeten sich zwei Männer voneinander.
„Meine Damschaften, kommen Sie näher, hier gibt es das beste Eis der Welt“, tönte eine Stimme aus der Strandlautsprecherin. Zwei Frauschaften mit jungen Männern spielten unten am Strand mit viel Gejohle Volleyball.

1 Einige der Wörter kommen so nicht in der deutschen Sprache vor. Schreibe den Text ab und ersetze die Wörter durch andere, gebräuchliche Wörter.

Wörter ersetzen

Starthilfe

Das Wetter am letzten Wochenende war einfach herrlich ...

In Redensarten findest du häufig männliche Formen.

mannshohes Gras	Menschen aus aller Herren Länder
seinen Mann stehen	bemannte Raumfahrt
Ein Mann, ein Wort.	Das macht man nicht.
Freiheit, Gleichheit, Brüderlichkeit!	Selbst ist der Mann.

2 Tausche die männlichen Formen durch weibliche Formen aus. Schreibe sie auf.

3 Besprecht, wie diese Redewendungen entstanden sein könnten.

Es gibt Möglichkeiten, Frauen in der Sprache besser zu berücksichtigen.

der Meister die Sprecher die Ärzte die Studenten
die Soldaten die Feuerwehrmänner die Zuschauer

4 Schreibt die Pluralformen auf, die Frauen berücksichtigen.

Pluralformen aufschreiben

5 Welche sprachlichen Einseitigkeiten entdeckt ihr bei den Wörtern in der Randspalte? Diskutiert diese Wörter und schlagt Verbesserungen vor.

ein großer Staatsmann
der Herr im Hause sein
ein Mann von Welt sein
Vater Staat

Z **6** Schreibt einen Text, in dem ihr die männlichen Formen durch weibliche ersetzt.

Beschönigungen in der Sprache erkennen

Die Sprache wird oft auch verwendet, um Dinge besser darzustellen, als sie sind, so wie in dieser Stellenanzeige.

1 Welche Arbeit wird hier tatsächlich angeboten?
a. Sprecht darüber.
b. Schreibt die Anzeige um.
Tipp: Ihr könnt die Wörter in der Randspalte dazu verwenden.

Spitzenunternehmen
des Handwerks
in der Lederbranche
bietet Raumpflegerinnen
eine Qualitätsbeschäftigung
auf Leistungsbasis.

Gerberei
unangenehm
Akkordarbeit
Putzfrau
hart
Putzdienst

1 Hilfskraft, Fließbandarbeit
schlechte Bezahlung
monoton, anstrengend
Schichtdienst

2 Hausmeistertätigkeit
dreckige Arbeiten
alter Stall mit Wohnhaus
feste Zeiten 5:30 – 18:00

2 Wähle ein Stellenangebot aus und schreibe eine beschönigende Stellenanzeige.

Stellenanzeigen umschreiben

Starthilfe
Aushilfskraft für eine interessante Tätigkeit und angemessene Bezahlung ...

Beschönigungen findest du häufig in der Werbung und in der Politik.

Nullwachstum Hairstylistin freisetzen Preise anpassen vollschlank
Mundpflege Restrisiko kostenintensiv Klimaenergie

3 Welche Bedeutung haben diese Wörter?
a. Schreibt sie auf und erklärt sie.
b. Ergänzt, von wem und wo sie verwendet werden könnten.

beschönigende Wörter untersuchen

Starthilfe
Nullwachstum: Stillstand,
z. B. Arbeitgeber bei stagnierenden Löhnen ...

Im Betrieb meines Onkels wurden über 500 Mitarbeiter freigesetzt.

4 Diskutiert, wozu Beschönigungen benutzt werden.

über Beschönigungen diskutieren

Z **5** **a.** Sucht nach Beschönigungen für Unangenehmes aus dem Alltag.

eigene Beschönigungen suchen und verwenden

Starthilfe
schlechte Note – noch kein optimales Ergebnis
vergessene Hausaufgaben – ...

b. Verwendet diese Beschönigungen in einem Dialog, z. B. zwischen Vater und Tochter oder Lehrperson und Schüler.

Info
Für die Beschönigung eines Sachverhaltes wird auch der Begriff **Euphemismus** verwendet.

Sprachliche Bilder in verschiedenen Sprachen

**In den Sprachen findest du viele sprachliche Bilder.
Oft sind sie in verschiedenen Sprachen gleich oder ähnlich.**

as ... as = wie
arrow = der Pfeil
feather = die Feder

as strong as a horse
as straight as an arrow
as light as a feather
(englisch)

kuş gibi hafif
aslan gibi güçlü
ok gibi dıız
(türkisch)

... gibi ... = wie
kuş = leicht
hafif = der Vogel
aslan = der Löwe
güçlü = stark
ok = gerade
dıız = die Kerze

... como ... = wie
fuerte = stark
toro = der Stier
recto = gerade
vela = die Kerze
ligero = leicht
pluma = die Feder

fuerte como un toro
recto como una vela
ligero como una pluma
(spanisch)

prjamoi kak palka
silnyi kak medwed
ljochkii kak puch
(russisch)

... kak ... = wie
prjamoi = gerade
palka = der Stab
silnyi = stark
medwed = der Bär
ljochkii = leicht
puch = der Flaum, die Daune

1 Was bedeuten diese sprachlichen Bilder?
a. Übersetze die sprachlichen Bilder und schreibe sie auf.
b. Unterstreiche das Wort, das in allen Ausdrücken vorkommt.

Starthilfe
as strong as a horse – so stark wie ein Pferd
aslan gibi güçlü – ...

sprachliche Bilder übersetzen und vergleichen

2 Welche sprachlichen Bilder sind gleich oder ähnlich?
a. Ordne die Übersetzungen aus Aufgabe 1 in eine Tabelle ein.
b. Vergleiche die sprachlichen Bilder. Welche Gemeinsamkeiten und welche Unterschiede findest du heraus?

Starthilfe

	englisch	türkisch	spanisch	russisch	deutscher Ausdruck
stark wie	ein Pferd	...	...	...	bärenstark

c. Welche deutschen Adjektive passen zu den sprachlichen Bildern? Bilde zusammengesetzte Adjektive und schreibe sie in die letzte Spalte der Tabelle. Lassen sich aus allen sprachlichen Bildern zusammengesetzte Adjektive bilden?

zusammengesetzte Adjektive bilden
Adjektive ➤ S. 307

3 Sprecht darüber, wo und warum solche sprachlichen Bilder verwendet werden.

über die Verwendung sprechen

Z **4** Welche sprachlichen Bilder kennst du?
a. Finde eigene sprachliche Bilder.
b. Bilde Sätze damit.

eigene sprachliche Bilder in Sätzen verwenden

Sprachliche Bilder in der Literatur

Nicht immer sind sprachliche Bilder leicht verständlich. In der folgenden Szene aus dem Drama „Die Räuber“ von Friedrich Schiller überlegt Franz im Selbstgespräch seine Hinterlist gegen den Vater und den Bruder.

2. Akt, 1. Szene

„Die Räuber“ ➤ S. 160–173

Franz von Moor nachdenklich in seinem Zimmer.

Franz: Es dauert mir zu lange! – Das Leben des Alten dauert noch eine Ewigkeit! – Ich hätte freie Bahn – bis auf diesen ärgerlichen zähen Klumpen Fleisch, der mir den Weg zu meinen Zielen versperrt. – [...] Wer es verstünde, den Körper vom Geist her zu verderben – ha! Ein Werk ohnegleichen! Denk mal nach, Franz! [...] Welche Empfindungen können das Leben am meisten gefährden? *Zorn?* – dieser heißhungrige Wolf frisst sich zu schnell satt. – *Sorge?* – dieser Wurm nagt mir zu langsam. – *Gram?* – diese Natter schleicht mir zu träge. – Ist das schon alles? – *(nachdenklich)* Wie? – Nun? – Was? – Nein! – Ha! *(auffahrend) Schreck!* – Was kann der Schreck nicht? – Und doch? – Wenn der Körper auch diesem Sturm widersteht? – O so komme du mir zu Hilfe, *Jammer*, und du, *Reue*, ihre Schlangen, die ihren Fraß wiederkäuen und ihren eigenen Kot wieder fressen; und du, heulende *Selbstanklage*, wie du dein eigenes Haus verwüstet – Ich werde Schlag auf Schlag das zerbrechliche Leben des Alten angreifen, bis es in Verzweiflung zerbricht. [...]

Szene aus der Aufführung im Landestheater Altenburg (2008)

1 Sprecht darüber, was Franz vorhat.

die Szene verstehen

2 Wofür könnten diese sprachlichen Bilder stehen:
- Wen meint Franz mit dem „ärgerlichen zähen Klumpen Fleisch“ (Z. 2)?
- Was meint Franz mit dem heißhungrigen Wolf (Z. 7)?
- Was meint er mit dem Wurm, der zu langsam nagt (Z. 8)?

die sprachlichen Bilder untersuchen

sprachliche Bilder ➤ S. 290

3 Tauscht euch darüber aus, welche Wirkung diese sprachlichen Bilder beim Zuhörer und Leser auslösen.

Einige sprachliche Bilder werden auch heute noch verwendet.

4 Schreibe sie auf und erkläre sie.

Starthilfe
dauert eine Ewigkeit – sehr lange dauern;
freie Bahn haben – ...

Z **5** Verwende diese sprachlichen Bilder in eigenen Sätzen.

sprachliche Bilder verwenden

6 Sprecht darüber, warum der Dichter sprachliche Bilder verwendet. Überlegt auch, wann und warum ihr sprachliche Bilder verwendet.

Wortfamilien

Wörter mit der gleichen Herkunft gehören zu einer Wortfamilie.
Mit einem Stammbaum kannst du darstellen, wie sie zusammengehören.

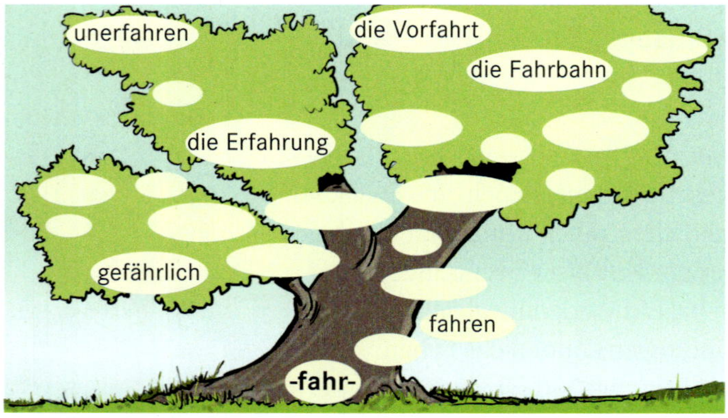

ungefährlich
die Auffahrt
anfahren
die Fahrt
unbefahrbar
gefahrlos
abfahren
das Fahrzeug
die Einfahrt
erfahren
die Gefährdung
einfahren
überfahren
die Vorfahren
die Nachfahren
verfahren
die Fähre

1 Schreibe einen Stammbaum zur Wortfamilie **-fahr-**.
a. Zeichne den Stammbaum ab.
b. Trage die fehlenden Wörter vom Rand an passenden Stellen ein.

Fahrt – gefährlich – Gefahr sind Wörter, die häufig in Buch- und Filmtiteln vorkommen.

Z **2** Finde in einer Bücherei oder im Internet zehn Buch- oder Filmtitel, in denen diese Wörter vorkommen.
a. Schreibe die Titel auf.
b. Unterstreiche den gemeinsamen Wortstamm.

3 Schreibe eigene Fantasietitel für Bücher oder Filme auf, in denen Wörter mit dem Wortstamm **-fahr-** vorkommen.

Ortsnamen haben auch eine Geschichte, so zum Beispiel der Ortsname Frankfurt.

Als **Furt** bezeichnet man eine Untiefe in einem Bach- oder Flusslauf, an der das Gewässer zu Fuß oder mit Fahrzeugen gefahrlos durchquert werden kann.
Das Durchqueren eines Gewässers durch eine Furt wird auch (durch)furten genannt.

Z **4** Erkläre mithilfe des Lexikonartikels und der Karte, wie der Ortsname **Frankfurt am Main** entstanden sein könnte.
Tipp: **frank** ist ein altes Wort für **frei**.

Wenn du genau hinschaust, kannst du in der Alltagssprache interessante Wortverwandtschaften entdecken.

zwei   entzweien   das Zwiegespräch   beweisen
die Zwillinge   der Bericht   die Einheit   unterrichten
eins   der Weise   abschirmen   die Hauptsache
die Einigkeit   der Häuptling   der Mützenschirm
einsam   der Richter   hauptsächlich
der Sonnenschirm   der Wegweiser   der Lampenschirm
richtig   weisen   die Hauptstraße

5 Jeweils vier Wörter sind in Schreibung und Bedeutung verwandt.

Wortfamilien herausfinden

a. Schreibe die verwandten Wörter nebeneinander auf.
b. Unterstreiche den gemeinsamen Wortstamm.
Tipp: Manchmal ist der Wortstamm leicht verändert.
c. Schreibe dazu, welche gemeinsame Bedeutung die Wörter haben.
Z **d.** Ergänze weitere Wörter zu den Gruppen.

Starthilfe
zwei, entzweien, das Zwiegespräch ... – Es geht immer um die Zahl zwei.
beweisen, ...

das Vorbild   die Erkundung   die Vorstellung
das Gesetz   erzählen

6 **a.** Finde Wortfamilien und schreibe sie auf.

Wortfamilien aufschreiben

b. Unterstreiche jeweils den Wortstamm.
c. Erkläre das Wort.

Starthilfe
das Vorbild = jemand, dem man nacheifert
die Einbildung = ...

7 **Spielidee: Wortfamilien-Wettspiel**
Wer findet die meisten Wörter zu den Wortfamilien **fressen**, **Ferien** und **frei**?
Ihr könnt in Gruppen, im Tandem oder allein spielen.
Legt eine Zeit fest.
Schreibt die verwandten Wörter auf.

Z **8** Sprecht darüber, welche Vorteile es hat, die Verwandtschaft von Wortfamilien zu erkennen?

Fehler verstehen und vermeiden

Die Verbstellung in Nebensätzen

Achtung: Fehler!

In den beiden Beispielen findest du einen häufigen Fehler.

Aus einem Bewerbungsschreiben:

[...]

Im Mai absolvierte ich einen Kurs zur Gestaltung von Textprogrammen.
Ich habe mich dieser Prüfung gestellt, weil ich habe sehr großes Interesse am Programmieren.

[...]

Fehler berichtigen

1 Testet euer Sprachgefühl: Welche Sätze sind fehlerhaft?

a. Schreibt die Sätze richtig auf. Unterstreicht, was ihr geändert habt.

b. Besprecht, in welcher Situation der Fehler negative Folgen haben könnte. Begründet.

Bei dem Fehler handelt es sich um einen Fehler im Satzbau.

einen Merksatz zum Satzbau formulieren

2 Formuliert einen Merksatz zur Stellung des Verbs im Nebensatz.

3 Diskutiert folgende Fragen:
- Welche Ursachen könnte der Satzbaufehler haben?
- Warum ist die Wirkung in der mündlichen und schriftlichen Anwendung unterschiedlich?

Der kleine Friedrich durfte während seiner Schulzeit kaum nach Hause. Friedrich floh aus der Militärschule. Er schrieb oft Tag und Nacht. Friedrich wurde weltberühmt.	Seine Eltern wohnten ganz in der Nähe der Schule. Er musste mit strenger Bestrafung rechnen. Er war lungenkrank. Er kam aus einfachen Verhältnissen.

Sätze verbinden

Konjunktionen ➤ S. 309

4 **a.** Verbinde die Sätze mit einer passenden Konjunktion und schreibe sie auf.

b. Finde heraus, um welchen Schriftsteller es sich handelt.

Der Genitiv

In diesem Entschuldigungsbrief steckt ein grammatischer Fehler, der keiner ist.

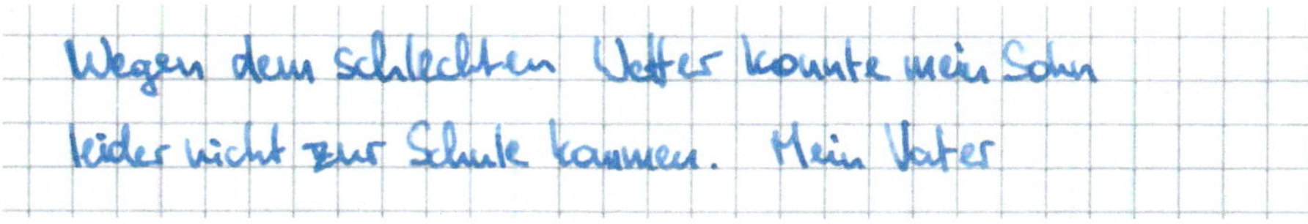

1 **a.** Sprecht darüber, wer den Brief geschrieben haben könnte.
b. Findet den Fehler und formuliert neu.

Fehler berichtigen

Weil ich im Schwimmtraining beharrlich war, ...
Da ich gute Noten im Halbjahreszeugnis vorweisen konnte, ...
Da mein Kunstportfolio sehr gut ist, ...
Weil mein Bewerbungsschreiben einige Fehler enthielt, ...
Da ich mich bei drei Firmen zugleich beworben hatte, ...

2 Was sind Gründe für Erfolge oder Misserfolge?
a. Beende die Sätze. Bilde aus den Nebensätzen adverbiale Bestimmungen. Verwende **dank**, **kraft**, **wegen**, **angesichts** oder **aufgrund**.

Sätze beenden
adverbiale Bestimmungen
➤ S. 310

Starthilfe
Wegen meines beharrlichen Trainings konnte ich eine Medaille erringen.
Aufgrund der ...

b. Bilde eigene Sätze mit den adverbialen Bestimmungen.

Merkwissen

Adverbiale Bestimmungen mit **kraft**, **dank**, **wegen**, **aufgrund** und **angesichts** werden mit dem Genitiv gebildet. Der Duden lässt bei **wegen** auch den Dativ zu. In der Schriftsprache solltest du eher den Genitiv wählen, z. B. wegen des Platzregens.
Auf adverbiale Bestimmungen, die einen Widerspruch zeigen, folgt immer der Genitiv, z. B. trotz des schlechten Wetters.

kraft ihres Amtes	dank seines guten Rufes
wegen seiner Krankheit	aufgrund des dichten Verkehrs
trotz der Einladung	angesichts der Auszeichnung

3 Verwende den Genitiv.
a. Bilde Sätze und schreibe sie auf.
b. Unterstreiche die Genitivformen.

den Genitiv verwenden
Genitiv ➤ S. 307

Der Dativ und der Akkusativ

Der Dativ und der Akkusativ werden oft falsch verwendet.

„Mir“ und „mich“ verwechsle ich nicht,
das kommt bei mich nicht vor.
Ich hab 'nen kleinen Mann im Ohr,
der sagt mich alles vor.

1 Welche absichtlichen Fehler entdeckt ihr in dem Reim?

a. Wie müsste es richtig heißen? Schreibt den Reim richtig auf.

b. Sprecht darüber, welche Absicht hinter dem Reim stecken könnte?

Fehler berichtigen

Auf einer Grußkarte ist Folgendes zu lesen.

Ik segg **di** wat.
Ik segg **di** dat:
Ohn **di** maakt allens gor keen' Spaß.
Laat **di** fix werrer bi mi sehn …

2 **a.** Übertragt den regionalsprachlichen Text ins Hochdeutsche.

b. Tauscht euch über folgende Fragen aus:
- Was fällt euch bei den markierten Wörtern auf?
- Um welche Regionalsprache geht es?
- Kennt ihr Dialekte, Regionalsprachen oder Fremdsprachen, in denen der Dativ und Akkusativ kaum unterschieden werden?

das Sprichwort übertragen

3 Woran ist der Dativ zu erkennen? Woran erkennst du den Akkusativ? Formuliere die Regel für die Verwendung von Dativ und Akkusativ.

die Regel formulieren

Dativ, Akkusativ ➤ S. 307

Die kleine Firma	brauchen	ein Posterdrucker
Der Drucker	soll nützen	der ganze Betrieb
Die Chefin selbst	besorgen	der neue Superdrucker
Der neue Drucker	besonders gefallen	der Grafiker
Er	zeichnen	der erste Entwurf
Er	helfen	der Chefin beim Aufbau
Sie	machen	der erste Posterdruck
Die Chefin	bewundern	der erste Posterdruck
Das Poster	gelungen sein	der Grafiker

4 **a.** Schreibe die vollständigen Sätze auf.

b. Notiere nach jedem Objekt den Fall.

Z **5** Welche Verben verlangen den Dativ, welche den Akkusativ?

a. Ordne die Verben aus der Randspalte dem richtigen Fall zu.

b. Finde weitere Verben, die du zuordnest.

verstehen
hören
zustimmen
widersprechen
treffen
vergessen
vertrauen

Fehler im deutschen Sprachgebrauch – Zwiebelfische

Als Zwiebelfische wurden früher falsch gedruckte Buchstaben bezeichnet. Heute versteht man darunter Fehler im Sprachgebrauch.

Teste dein Sprachwissen!
1. Warum gibt es nicht mehr als **maximal** und keine Steigerung von **optimal**?
2. Warum kann **einzig** nicht gesteigert werden?
3. **Eben**, gerade eben ist es passiert. Eben, warum hängen viele da ein „d“ ran?
4. Du brauchst nicht zu helfen, heißt es. Warum lassen viele **zu** weg?
5. Warum werden viele Nebensätze mit den Konjunktionen **weil** und **obwohl** wie Hauptsätze behandelt?
6. Wann sagt man **das Gleiche** und wann **dasselbe**?
7. Warum werden **der Dativ** und **der Akkusativ** in vielen Gegenden verwechselt?

Info

In der Druckersprache bezeichnete man heruntergefallene oder falsch zurücksortierte Bleilettern, die durcheinander zu liegen kamen wie ein Haufen Fische, als **Zwiebelfische.**

1 **a.** Beantworte die Fragen.
b. Tausche deine Antworten in der Klasse aus.

das Sprachwissen testen

2 Schreibe den folgenden Text vollständig und richtig auf.
Verwende die Wörter aus Aufgabe 1.

den Text vervollständigen und häufige Fehler vermeiden

Gerade ______ war es wieder geschehen. Obwohl (sie passte doch immer auf), hatte sie sich erneut verfahren. Genau ______ war ihr heute schon dreimal passiert. Sie war auf dem Weg zu einem Freund, der aufs Land gezogen war, weil (er hatte genug vom hektischen Stadtleben). Sie würde im nächsten Ort anhalten und ______ (jemand) fragen müssen, wie sie nach Korbach kam. An der ______ Kneipe im Dorf hielt sie an und bat ______ (der Wirt) um Auskunft. Er zeichnete ______ (sie) genau auf, wie sie fahren sollte. Sie dankte ______ (er) für die ______ Lösung und stieg erleichtert in das Auto. Dieses Mal würde sie aufpassen!

Z **3** Übersetze diesen Text korrekt.

einen Text übersetzen

She knew very well that this was the only place in town to stay overnight – the only hotel. She had just missed the only train back home. This same thing had also happened two weeks ago. Both times it was because she had paid for the taxi by credit card. Her suitcase was more than heavy. It was the same suitcase she always had with her on the trips. The porter held the hotel door open for her. He tried to take the suitcase for her. „No thank you,“ she said as she went to the front desk.

Die Wortarten wiederholen

Tipps zum Wiederholen und Lernen

Nomen, Verben, Adjektive, Adverbien, Präpositionen, Pronomen, Konjunktionen – sind wichtige Wortarten. Wie kannst du sie am besten lernen? Die folgenden Tipps helfen dir.

Tipp 1: Finde Gründe zum Lernen.

das Lernen begründen

1 Entscheide dich für einen oder mehrere Gründe, warum du die Wortarten nachhaltig lernen willst.

Ich brauche sie, damit ich weniger Fehler beim Schreiben mache.

Auch in Einstellungstests kann es Übungen zur Grammatik geben.

Dadurch kann ich auch Fremdsprachen besser lernen.

Allein wegen der Groß- und Kleinschreibung sind die Wortarten wichtig.

Tipp 2: Mache dir Lernblockaden bewusst.

sich Lernblockaden bewusst machen

2 Solche Sätze erschweren das Lernen. Mache dir deine Blockaden bewusst.

Grammatik hat mich nie interessiert.

Sprechen reicht doch, was soll ich da noch Wortarten kennen?

Ich lerne das sowieso nie ordentlich.

Grammatik ist was für bessere Schüler!

Tipp 3: Verschaffe dir einen Überblick über den Lernstoff.

sich einen Überblick verschaffen

Wortarten ➤ S. 307–309

3 Welche wichtigen Wortarten gibt es?
Fertige zu jeder Wortart drei Karteikarten an.

a. Auf der ersten Karteikarte notierst du die Wortart.
b. Auf die zweite Karteikarte schreibst du je drei Beispiele für die jeweilige Wortart.
c. Auf der dritten Karteikarte notierst du, welche Funktion die jeweilige Wortart hat.

Konjunktionen

obwohl
weil
als

Mit Konjunktionen lassen sich Hauptsätze und Nebensätze verbinden.

Tipp 4: Zu zweit üben hilft und macht mehr Spaß!

zu zweit lernen

4 **Spielidee: Worttrio**

Für das Spiel benötigt ihr die Karteikarten aus Aufgabe 3 von Seite 276.
Und so geht es:
- Alle Karteikarten werden offen auf den Tisch gelegt.
- Ihr sucht abwechselnd die drei zusammengehörigen Karten.
  Wer einen Fehler macht, muss seine Karten zurücklegen.
  Wer die drei Richtigen hat, darf sie behalten.
- Es wird gespielt, bis alle Karten aufgenommen wurden.
  Wer die meisten Kartentrios hat, der hat gewonnen.

Tipp: Schwieriger wird es, wenn die Karten verdeckt liegen und ihr so nach den richtigen Trios sucht.

Tipp 5: Festige das Wissen auf verschiedenen Wegen.

unterschiedliche Methoden anwenden

aber – blau – denn – sondern
herstellen – entdecken – lange – bekommen
unentbehrlich – hart – erhalten – formbar
Plastikspielzeug – Weichplastik – schmelzbar – Gift
aus – und – mit – zu
unser – dein – kleinen – ihre
teilweise – kaum – hier – weiß

5 Die Wortartketten enthalten Beispiele für jede Wortart.
Ein Wort in jeder Kette ist jedoch ein „Eindringling“.
Schreibe die richtigen drei Wörter je Wortartkette auf.
Schreibe die Wortart dazu.

6 Im Tandem!
a. Bildet eigene Wortartketten.
b. Tauscht sie untereinander aus und schreibt sie richtig auf.

Z **7** Bilde Akrostichen zu den einzelnen Wortarten zum Thema **Kunststoff**.
Schreibe jeweils ein Akrostichon zu Nomen, Adjektiven und Verben.
Tipp: In den Texten im Kapitel „Alles aus Kunststoff“ (Seite 27–48) findest du Anregungen.

Starthilfe

PET
L ...
A ...
S ...
T ...
Industrie
K ...

ein feuerempfindliches Material
eine glatte Oberfläche
buntes Plastikspielzeug überprüfen
die transparente Plastikflasche
unser großer Plastikplanet
wir testen das Material

8 Aus welchen Wortarten bestehen diese Wortgruppen?
a. Schreibe die Wortgruppen untereinander auf.
b. Schreibe die Bezeichnungen für die Wortarten in der richtigen Folge daneben.

Starthilfe

ein feuerempfindliches Material = unbestimmter Artikel + ...

Tipp 6: Lernen durch Lehren

durch Lehren lernen

Habt ihr schon einmal Nachhilfe gegeben? So lernt ihr besonders gut. Denn bevor ihr anderen etwas beibringen könnt, müsst ihr selbst fit sein.

9 Erstellt ein Arbeitsblatt mit Übungsaufgaben. Nutzt dafür den Computer. Schreibt auch einen Lösungsteil.
Tipp: Anregungen für die Übungen findet ihr in den Aufgaben 5, 7 und 8 auf Seite 277.

Tipp 7: Überprüfe dein Wissen.

das Wissen anwenden und überprüfen

______ **Absturz** Walter Otto	(Artikel)
Computer ist ______ Steckenpferd.	(Possessivpronomen)
Gern ______ ich den ganzen Tag.	(Verb)
Wenn es mich nicht zu ______ macht,	(Adjektiv)
dann reit ______ auch noch in der Nacht.	(Personalpronomen)
Durch Suchmaschinen ______ Art	(Zahlwort)
geht die rasante ______ Fahrt.	(Adjektiv)
So ______ es „googelt“ und es kracht:	(Konjunktion)
Yahoo, ______ Herz, das lacht	(Possessivpronomen)
______ Chatrooms der Unendlichkeit!	(Präposition)
Ach, wie ist doch die ______ so weit …	(Nomen)
Doch da, der Virus „love“, er ______ ins System!	(Verb)
Jetzt bleibt auch noch ______ Browser stehn!	(Artikel)
„______ tun?“, stöhnt der Computerfreak.	(Fragepronomen)
Oh www.das_ ______ de.	(Nomen)
DAS ______ davon den Sieg.	(Verb)

10 In dem Gedicht fehlen Wörter verschiedener Wortarten. Schreibe das Gedicht ab und setze passende Wörter ein.
Tipp: Vergleiche dein Gedicht mit dem Originalgedicht.

Lösung ➤ **S. 311**

11 Gruppenarbeit!
Spielidee: Von der Wortart zum Satz
- Bildet zwei Mannschaften.
- Ein Mitglied aus der einen Mannschaft nennt eine Wortart und bestimmt jemanden aus der anderen Mannschaft.
- Diejenige oder derjenige nennt einen Satz, der mit einem Wort dieser Wortart beginnt. Ist das Beispiel richtig, erhält die Mannschaft einen Punkt.
- Welche Mannschaft die meisten Punkte hat, nachdem jeder einmal an der Reihe war, hat gewonnen.

Präposition

Äh, … **In** der Schule ist es interessant.

Das kann ich!
Wortarten einordnen und bestimmen

Janis hat sich um einen Ausbildungsplatz bei einer Firma beworben. Er wird zum Einstellungstest eingeladen. Zur Vorbereitung hat er sich ein Beispiel für einen Test besorgt. Darin wird auch das grammatikalische Wissen überprüft. Wie fit seid ihr im Umgang mit den Wortarten?

unter – über	spannend – interessant
schmelzen – brennen	ich – wir
und – dann	morgens – abends

1 Schreibe zu jedem Wortpaar zwei weitere Wörter der gleichen Wortart auf.

Beispiele finden

Starthilfe
unter, über – vor, hinter
...

elastisch – Chemie – hitzeempfindlich – flexibel – biegsam
Plastik – formbar – Karosserie – Acrylglas – Form
biegen – dehnen – schmelzen – formbar – brennen
ihre – euer – dein – Meinung – mein

2 Jeweils vier Wörter gehören zur gleichen Wortart. Ein fünftes gehört nicht dazu.
a. Schreibe jeweils die vier zusammengehörigen Wörter richtig auf.
b. Ergänze die Wortart.

Wortarten ordnen und richtig schreiben

Starthilfe
elastisch, hitzeempfindlich, ...

Kunststoff biegen brennbar vor ihre synthetisch
formen Plastikwelt über unsere

3 Welche zwei Wörter gehören jeweils zur gleichen Wortart? Schreibe die Wortpaare mit der Wortart auf.

Wortpaare bilden

Artikel + Adjektiv + Nomen =
Personalpronomen + Verb + Adjektiv =
Präposition + Artikel + Nomen =
Präposition + Possessivpronomen + Nomen + Verb + Artikel + Nomen =

4 Bilde sinnvolle Wortgruppen zum Thema **Kunststoff**.

Wortgruppen bilden

Starthilfe
Artikel + Adjektiv + Nomen = der gefährliche Kunststoff ...

Die Formen des Verbs wiederholen

Tipps zum Wiederholen und Lernen

Präsens, Perfekt, Präteritum, Plusquamperfekt und Futur sind wichtige Zeitformen der Verben. Wie kannst du sie am besten lernen?

das Lernen begründen

Zeitformen ➤ S. 308

Tipp 1: Verschaffe dir einen Überblick über den Lernstoff.

> Die Zeitformen des Verbs:
> Wenn du über die Gegenwart sprichst, verwendest du ...
> Wenn du über die Zukunft sprichst, kannst du ...
> Wenn du Vergangenes mündlich erzählst, verwendest du meist ...
> Wenn du ausdrücken willst, dass ein Vorgang in der Vergangenheit beendet wurde, bevor ein anderer begann, verwendest du ...

1 **a.** Ergänze die Definitionen zu den Zeitformen.
b. Überprüfe deine Definitionen im Abschnitt Wissenswertes auf Seite 307.

2 Ordne den Lernstoff.
a. Schreibe jede Zeitform auf eine Karteikarte.
b. Ergänze die fünf Definitionen der Zeitformen und schreibe sie auf jeweils eine Karteikarte.
c. Schreibe für jede Zeitform zwei Beispielsätze auf jeweils eine Karteikarte.

Das Plusquamperfekt

Diese Zeitform drückt aus, dass ein Vorgang vollendet war, bevor ein anderer begann.

Es war ihm gelungen.
Er hatte darauf gehofft.

Tipp 2: Zu zweit üben hilft und macht mehr Spaß.

3 **Spielidee: Zeitformentrio**
Für das Spiel benötigt ihr die Karteikarten aus der Aufgabe 2.
Und so geht es:
- Alle Karten werden zunächst offen auf den Tisch gelegt.
- Ihr sucht abwechselnd die drei zusammengehörigen Karten. Wer einen Fehler macht, muss seine Karten zurücklegen. Wer die drei Richtigen hat, darf sie behalten.
- Ihr spielt so lange, bis alle Karten aufgenommen sind. Wer die meisten hat, der hat gewonnen.
- Nach einem Durchgang dreht ihr die Karteikarten um und spielt mit verdeckten Karteikarten.

Tipp 3: Das Lernen intensivieren, das Wissen festigen

Wissen festigen

Wenn du den Inhalt eines Textes wiedergibst, verwendest du das Präsens. Der Notizzettel enthält Stichworte aus dem Theaterstück „Die Räuber“, das eine Klasse in einer neuen Fassung aufgeführt hat.

Klasse 9 b, Stück: „Die Räuber“, frei nach Drama von Friedrich Schiller
Hauptfiguren Franz und Bruder Karl
Franz, eher hässlich, einsam und verbittert, eifersüchtig auf seinen Bruder Karl;
Karl, ein Draufgänger, überall beliebt, Auslandsjahr in den USA
Franz – Hinterlist: Mails seines Bruders an den kranken Vater fälschen,
Karls Freundin Amalia erobern
Schluss in dieser Aufführung, keine Tragödie, Amalia reist zu Karl
Karl – vorzeitig nach Haus, heftige Aussprache,
Franz sieht seine Schuld ein, Franz und Karl – Versöhnung
Amalia heiratet Karl

„Die Räuber“ ➤ S. 160–173

4 **a.** Schreibe die Inhaltsangabe dieser Schüleraufführung in vollständigen Sätzen auf. Verwende das Präsens.
b. Unterstreiche die Verben im Präsens.

das Präsens verwenden
Präsens ➤ S. 308

> **Starthilfe**
> Das Drama „Die Räuber“ von Friedrich Schiller handelt von …

Wenn du etwas mündlich erzählst, was schon vergangen ist, verwendest du meist das Perfekt. Nach der Schüleraufführung von „Die Räuber“ wird Sina, eine Darstellerin, von der Tageszeitung interviewt.

Reporter: Ihr ___ mehrere Szenen von Schillers „Die Räuber“ neu ___. Wie seid ihr darauf gekommen?
Sina: Wir ___ das Original vor fünf Wochen im Theater ___. Es ___ uns gut ___. Einiges ___ wir aber nicht so gut ___. Der Schluss ___ uns zu heftig ___. Da ___ wir einige Szenen ___, gerade auch sprachlich.
Reporter: Wie ___ ihr das ___?
Sina: Wir ___ uns ___, dass die Handlung in der heutigen Zeit spielt. Wir ___ die ganzen Toten ___. Trotzdem ___ das Stück noch spannend ___. Die Zuschauer ___ es toll ___.

schreiben
sehen
gefallen
verstanden
sein
verändern
machen
vorstellen
weglassen
bleiben
finden

5 Was erzählt Sina über die Idee der modernen Fassung?
a. Schreibe das Interview ab und ergänze die Verbformen aus der Randspalte im Perfekt.
Tipp: Achte darauf, dass das Perfekt mit **haben** oder mit **sein** gebildet wird.
b. Unterstreiche in jedem Satz die zwei Verbformen des Perfekts.

das Perfekt verwenden
Perfekt ➤ S. 308

Im Horoskop geht es – meist nicht ganz ernst gemeint – um die Zukunft. Deshalb wird das Futur verwendet.

In der nächsten Woche ♥ dir das große Glück ♥: dein Romeo.
Du ♥ allein wegen ihm die Straße ♥.
Er ♥ auf dich ♥ und er ♥ dich ♥.
Das ♥ der Auslöser für dich ♥:
Du ♥ dich rettungslos ♥. ♥ du seine Julia ♥ ?
Nur ein Problem ♥ euch im Wege ♥.

6 Wie lautet das Horoskop für den Widder?
a. Schreibe das Horoskop auf. Setze dazu die Verben ins Futur.
b. Was könnte nach der Begegnung geschehen? Beende das Horoskop.

das Futur verwenden
Futur ➤ S. 308

Starthilfe
In der nächsten Woche wird dir das große Glück begegnen ...

7 In welchen Sätzen könnte auch das Präsens verwendet werden? Probiere es aus.

Z **8** Erfinde ein Horoskop für ein Sternzeichen und schreibe es auf.

Über den Dichter Friedrich Schiller ist heute recht viel bekannt. Was geschah zuerst, was später in Schillers Leben?

hat mit Pfarrer Moser einen guten Hauslehrer kennen gelernt	nachdem	will unbedingt auch Pfarrer werden
wehrt sich erfolglos gegen seinen Vater	als	Friedrich muss acht Jahre eine strenge Militärschule in Stuttgart besuchen
Schiller beendet die Schule	weil	muss gegen seinen Willen Militärarzt werden
flieht heimlich aus Stuttgart	da	will in Mannheim sein Drama „Die Räuber“ im Theater sehen
der Herzog erfährt davon		Schiller wird mit 14 Tagen Gefängnis und Schreibverbot bestraft
flieht für immer aus Württemberg		beginnt ein Leben als freier Schriftsteller

9 Schreibe die Sätze als Satzgefüge auf.
- Wähle die passende Konjunktion aus.
- Verwende passende Verbformen im Plusquamperfekt und Präteritum.

das Präteritum und das Plusquamperfekt verwenden
Zeitformen ➤ S. 308

Starthilfe
Nachdem Schiller mit Pfarrer Moser einen guten Hauslehrer kennen gelernt hatte, wollte ...

Es ist wichtig, die richtigen Zeitformen anzuwenden, sonst kann einiges durcheinandergeraten. In diesem Wetterbericht werden verschiedene Zeitformen verwendet.

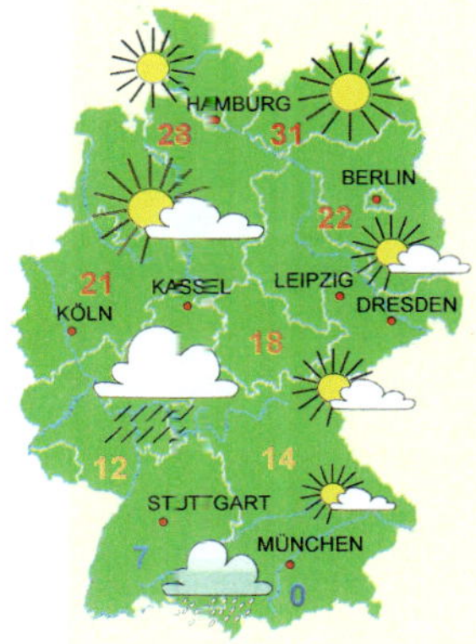

Bis gestern Morgen (regnen) es in Süddeutschland. Gestern (kommen) es im Tagesverlauf zu sonnigen Abschnitten. Bis zum heutigen Morgen (hageln) es noch stellenweise. Für den Tagesverlauf (voraussagen) die Meteorologen schönes Wetter. Am Nachmittag (steigen) die Temperaturen bis auf 23 Grad.

10 Schreibe den Wetterbericht mit den passenden Zeitformen auf.

Z **11** Schreibe einen eigenen idealen Wetterbericht für das Wochenende auf.

Lisa stellt Adelbert von Chamisso vor.

Adelbert von Chamisso ___ von 1781 bis 1838. Er ___ von Geburt aus Franzose, ___ mit seiner Familie während der Französischen Revolution nach Deutschland ___. Nachdem er zunächst beim preußischen Militär ___, ___ er mit dem Schreiben von Geschichten und Gedichten. „Peter Schemihls wundersame Geschichte“ ___ zu seinen bekanntesten Werken. Chamisso ___ auch als Naturforscher. In den Jahren 1815 bis 1818 ___ Chamisso auf einem russischen Expeditionsschiff rund um die Welt. Mit dem Chamisso-Preis ___ jedes Jahr Autorinnen und Autoren nichtdeutscher Sprachherkunft ___. Die Bekanntgabe ___ jedes Jahr auf der Frankfurter Buchmesse. Und wer ___ nächstes Jahr den Preis ___? Oder ___ es eine Preisträgerin ___?

leben
sein
muss fliehen
dienen
beginnen
gehören
arbeiten
reisen
auszeichnen
erfolgen
erhalten
geben

12 Schreibe die Biografie ab und ergänze die Verben in der richtigen Zeitform.

13 Stelle deinen Lieblingsschriftsteller oder deine Lieblingsschriftstellerin in einem informierenden Text vor.

a. Recherchiere zur Biografie und notiere Stichworte.

b. Schreibe vollständige Sätze auf.

Tipp: Gestalte den Text mit Fotos und Buchcovern.

Tipp 4: Lernen durch Lehren

durch Lehren lernen

Bevor du anderen etwas beibringen kannst, musst du selbst fit sein. So kannst du besonders gut lernen.

14 Erstellt ein Arbeitsblatt mit Übungsaufgaben:
- Formuliert genaue Arbeitsanweisungen.
- Probiert die Aufgaben aus. Es dürfen keine Fehler vorkommen.
- Schreibt sauber oder tippt und kopiert dann die Aufgabenbögen.
- Bereitet auch Lösungsbögen vor.

Das Passiv verwenden

Manche Dinge im Leben kannst du nicht beeinflussen. Nicht nur als Baby ist das so.

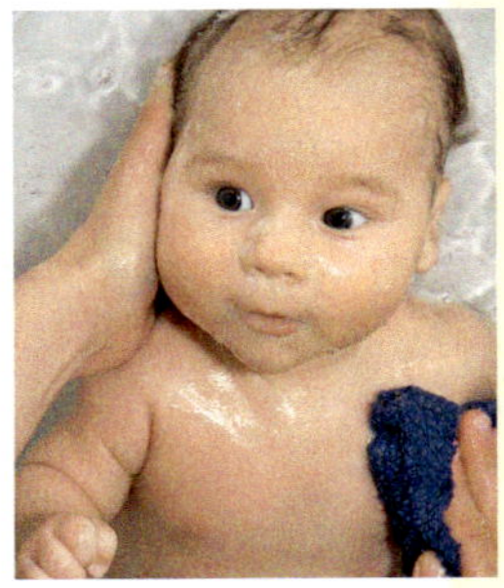

Ich wurde geboren: Aua, aua – Licht.
Ich wurde gewickelt: Gefängnis, oder was?
Ich wurde gebadet: Plantsch, ...
Ich wurde gestillt und gefüttert: ...
Ich wurde getragen: ...
Ich wurde in den Schlaf gewiegt: ...

1 Schreibe den Text auf und ergänze die Äußerungen.

Äußerungen ergänzen

Auch wenn du schon zur Schule gehst, musst du noch einiges „erleiden".

Eine neue Zeit beginnt:
Ich wurde eingeschult: Endlich.
Ich wurde unter ...
Ich ...

2 Und wie geht es in der Schule weiter?
- **a.** Schreibe auf, was mit dir als Schülerin oder Schüler weiter geschieht. Verwende das Passiv. **Tipp:** Die Verben in der Randspalte helfen dir beim Formulieren.
- **b.** Ergänze Kommentare.
- **c.** Unterstreiche die Passivformen.

das Passiv verwenden

einschulen
unterrichten
benoten
loben
tadeln
testen
versetzen

Und was geschieht mit dir jetzt oder demnächst?

Ich werde geprüft: Ächz.
Und endlich werde ich aus der Schule ...
Ich werde freundlich ...
Aber dann geht es los: Ich ...

3
- **a.** Schreibe deinen weiteren Werdegang auf. Verwende dabei das Passiv. **Tipp:** Du kannst die Wörter aus der Randspalte verwenden.
- **b.** Finde einen passenden Abschluss.

prüfen
entlassen
verabschieden
einstellen
begrüßen
anlernen
trainieren
befördern

Starthilfe

Ich werde ... geprüft. Und endlich werde ich aus der Schule entlassen ...

Zwischen Aktiv und Passiv unterscheiden

Im Leben gibt es Dinge, die mit einem geschehen,
und Dinge, die man selbst beeinflussen kann.
Das betrifft auch das Leben des Friedrich Schiller.

- am 10. November 1759 in Marbach am Neckar geboren
- auf eigenen Wunsch früh in der lateinischen Sprache unterrichtet
- 1773 zum Besuch einer Militärschule gezwungen
- 1782 sein Werk „Die Räuber" in Mannheim uraufgeführt
- 1782 vom Herzog Carl Eugen 14 Tage wegen seiner heimlichen Teilnahme an der Aufführung unter Arrest gestellt

1 Diese Ereignisse im Leben Schillers sind in Stichworten formuliert.
a. Schreibe sie in vollständigen Sätzen auf. Verwende dabei das Passiv.
b. Unterstreiche die Passivformen.

Sätze im Passiv formulieren
Passiv ► S. 308

Starthilfe
Friedrich Schiller wurde am 10. November 1759 in Marbach geboren ...

Es geschahen auch Dinge, bei denen Friedrich selbst aktiv wurde.

- heimlich in der Militärschule Gedichte und Dramen schreiben
- heimlich aus der Militärschule fliehen, um sein erstes Stück im Theater zu sehen
- nach der erfolgreichen Aufführung des Theaterstücks desertieren

2 **a.** Schreibe in vollständigen Sätzen auf, was Friedrich Schiller selbst getan hatte.
b. Unterstreiche die Verbform in jedem Satz.

Sätze im Aktiv formulieren
Aktiv ► S. 308

Starthilfe
Friedrich Schiller schrieb heimlich ...

1790: Hochzeit mit Charlotte von Langenfeld
1802: Beginn der Freundschaft mit Goethe
1802: aufgrund seines dichterischen Werks in den Adelsstand erhoben
1805: Tod nach langer Krankheit

3 **a.** Beschreibe weitere Ereignisse in Schillers Leben.
Tipp: Verwende das Aktiv, wenn Schiller selbst aktiv wurde, verwende das Passiv, wenn mit ihm etwas geschah.
b. Unterstreiche die Passivformen und die Aktivformen mit verschiedenen Farben.

zwischen Aktiv und Passiv unterscheiden

Z **4** Besprecht, warum das Sterben nicht in der Passivform ausgedrückt wird? Wie müsste es in der Passivform heißen?

Das Passiv in den Medien

Schlagzeilen in den Medien stehen oft in unvollständigen Sätzen.

Hollywoodstar beim Ladendiebstahl erwischt

Gast im Hotel eingemauert

Polizeikommissar als Gangsterboss enttarnt

Fußballspiel vorzeitig abgebrochen

Fußballspieler beim Finalspiel gebissen

Minister verhaftet

Hochzeit des englischen Prinzen weltweit übertragen

Schlagzeilen untersuchen

1 Untersuche die Schlagzeilen.
In welchen Schlagzeilen wird über die Person berichtet, mit der etwas passiert? Schreibe sie auf.

2 Besprecht, warum Schlagzeilen oft nur kurz und unvollständig geschrieben werden.

3 **a.** Formuliere jede Schlagzeile als vollständigen Satz.
b. Ergänze einen Satz, der die Person beschreibt, die das Geschehen verursacht hat.
Tipp: Du kannst auch eine Geschichte dazu erfinden.

Starthilfe
Ein Gast wurde in einem Hotel eingemauert.
Ein betrunkener Maurermeister hatte …

c. Unterstreiche jeweils die Passivformen.

Für die Schülerzeitung sind diese Schlagzeilen zu lang geraten.

Der Karneval wurde in unserer Schule ausgiebig gefeiert.
Der Schulleiter wurde von einer Karnevalsgruppe aus 20 Schülerinnen und Schülern verhaftet.
Ein als Gespenst verkleideter Lehrer wurde von dem Hund des Hausmeisters gebissen.
Die Krawatte des Chemielehrers wurde von der Vorsitzenden des Karnevalclubs abgeschnitten.
Piraten, Außerirdische und Bankräuber wurden auf dem Schulgelände gesichtet.

Schlagzeilen formulieren

4 Verkürze die Passivsätze zu Schlagzeilen.
Schreibe die Schlagzeilen auf.

Starthilfe
Ausgiebige Karnevalsfeier …

eigene Schlagzeilen schreiben

Z **5** Schreibt eigene Schlagzeilen auf.
a. Schreibt zunächst Passivsätze auf.
b. Formuliert aus den Sätzen Schlagzeilen.

Im folgenden Zeitungsartikel werden viele Passivformen verwendet.

Angesehener Bürger wird des Diebstahls verdächtigt

Gestern wurde ein angesehener Bürger der Stadt beim Ladendiebstahl ertappt. Es wird vermutet, dass es sich um einen Wiederholungstäter handelt. Von einer bekannten Ladenkette in der Innenstadt wurden hohe Verluste beklagt. Es wurde der Verdacht geäußert, dass über Monate Waren im Wert von mehr als 5000 Euro in der Medienabteilung entwendet wurden. Eine Hausdurchsuchung beim Täter wurde von der Staatsanwaltschaft angeordnet. Zur Identität des Täters wollte man in Polizeikreisen noch keine Angaben machen. Wie von der Ladenkette bekannt gegeben wurde, verzichtet man bei Schadensersatz auf eine Strafanzeige.

6 Beantwortet die Fragen schriftlich:
- Wer wurde beim Ladendiebstahl ertappt?
- Was wurde von der Staatsanwaltschaft angeordnet?
- Was wurde bekannt gegeben?

die Passivformen in einem Zeitungsartikel untersuchen

7 Warum werden Passivformen in dem Artikel verwendet?
a. Schreibt alle Passivformen aus dem Artikel auf.
b. Besprecht, welche Absicht die Passivformen haben. Überlegt auch, wie sie auf die Leser wirken.

die Absicht untersuchen

Das Ereignis wird von den anderen Medien aufgegriffen. So ist in den Zeitungen und im Internet Folgendes zu lesen.

Schaden wird beglichen.
Die Staatsanwaltschaft berichtete, dass von einer Strafanzeige abgesehen wird.
Wie vom Besitzer des Kaufhauses berichtet wurde, wird der Schaden beglichen.
Wie aus gut unterrichteten Kreisen berichtet wurde, soll der Bürgermeister selbst der Täter sein.

8 **a.** Schreibt die Sätze auf und unterstreicht die Passivformen.
b. Besprecht, warum hier Passivformen verwendet wurden.

die Verwendung des Passivs besprechen

Diese Schlagzeilen behandeln dasselbe Thema.

Bürgermeister stiehlt im Supermarkt

Elektrogeräte im Kaufhaus gestohlen

Z **9** Welche Absicht hat die Verwendung von Aktiv und Passiv?
a. Bestimmt, welcher Satz im Aktiv und welcher Satz im Passiv steht.
b. Was betont die eine Schlagzeile? Was betont die andere? Tauscht euch über die Wirkung der beiden Schlagzeilen aus.
c. Formuliere weitere Schlagzeilen im Aktiv und im Passiv.

Schlagzeilen im Aktiv und Passiv untersuchen und formulieren

Texte adressatengerecht schreiben

Kundeninformationen

Anna und Keno absolvieren ihr Praktikum in einem Kaufhaus. Der Verkaufsleiter zeigt den beiden einen Entwurf eines Kundenbriefes, den sie überarbeiten sollen.

Liebe Kundin, lieber Kunde,

wir gewähren beim Kauf von mindestens drei Artikeln, wenn sie einen Gesamtwert von über 100 Euro haben, einen einmaligen Rabatt von 10 Prozent, wobei wir nur auf Artikel Rabatt gewähren, wenn sie nicht bereits herabgesetzt sind und wenn sie bei demselben Einkauf in dieser Filiale erworben werden. Wir bitten um Verständnis, dass wir keine weiteren Rabatte gewähren, und weisen Sie darauf hin, dass Sie sich die 10 Prozent auf Ihrer Kundenkarte gutschreiben lassen können, mit der wir Sie immer über aktuelle Angebote und Sonderaktionen auf dem Laufenden halten.

Ihr DK-Markt

1 Im Tandem!
Sprecht darüber, warum der Kundenbrief schwer verständlich ist.

einen Kundenbrief untersuchen

2 Was sollte ein guter Kundenbrief leisten?
Besprecht die Funktion eines Kundenbriefes.

über die Funktion des Briefes sprechen

3 Überarbeitet den Kundenbrief und schreibt ihn neu auf.
Tipps:
- Formuliert Hauptsätze und kurze Nebensätze.
- Nehmt nur die wichtigsten Informationen auf.
- Überprüft die Reihenfolge der Informationen.

den Kundenbrief überarbeiten

Der Verkaufsstellenleiter ist sehr zufrieden mit dem überarbeiteten Kundenbrief und bittet die beiden Praktikanten, eine Werbetafel mit den Informationen zu gestalten.

4 **a.** Besprecht, welche Merkmale eine Werbetafel haben sollte.
b. Einigt euch auf die wichtigsten Informationen.

Merkmale einer Werbetafel besprechen

5 **a.** Schreibt einen Text für die Werbetafel.
b. Überprüft, ob alle wichtigen Informationen darin enthalten sind.
c. Vergleicht eure Ergebnisse in der Klasse.

einen Text für eine Werbetafel schreiben

Allgemeine Geschäftsbedingungen (AGB)

Hanno will sich in einem Netzwerk anmelden und liest vorher die AGB (Allgemeinen Geschäftsbedingungen). Nach den ersten Absätzen ist er verwirrt.

1 Lest den Textauszug mithilfe des Textknackers.

einen Gesetzestext lesen

mehr zu Gesetzestexten
➤ S. 206–215

Allgemeine Geschäftsbedingungen für die Nutzung von studiVZ

1. Allgemeines – Was über die Geltung dieser AGB zu wissen ist.
1.1 studiVZ ermöglicht den Zugang zum studiVZ-Netzwerk und dessen Nutzung auf der Grundlage dieser Allgemeinen Geschäftsbedingungen (AGB); sie regeln das Verhältnis zwischen studiVZ als Betreiberin des studiVZ-Netzwerkes und dem sich registrierenden Nutzer, aber auch das Verhältnis der Nutzer des studiVZ-Netzwerkes untereinander.
1.2 Die AGB gelten für sämtliche Inhalte, Funktionen und sonstige Dienste (im Folgenden nur: „Anwendungen"), welche studiVZ für das studiVZ-Netzwerk zur Verfügung stellt. Für bestimmte Anwendungen können mit dem Nutzer gegebenenfalls zusätzliche Bedingungen vereinbart werden (nachfolgend: „Zusatzbedingungen"); studiVZ wird den Nutzer rechtzeitig vor der Nutzung einer solchen Anwendung auf etwaig bestehende Zusatzbedingungen hinweisen.
[...]
2.1 Zur Immatrikulation zugelassen sind natürliche Personen, die das 16. Lebensjahr vollendet haben. Allen anderen ist die Teilnahme am studiVZ-Netzwerk untersagt.
2.2 Jeder Nutzer darf sich nur ein Mal für das studiVZ-Netzwerk immatrikulieren und versichert mit der Anmeldung, dass er noch kein Mitglied des studiVZ-Netzwerkes ist bzw. einen früher bestehenden Account gelöscht hat (siehe hierzu auch Ziffer 3.1).

2 Worum geht es in dem Textauszug?
Fasst den Inhalt mithilfe der Fragen zusammen:
- An wen richtet sich das Angebot?
- Was regeln die AGB?
- Wer darf studiVZ nutzen?
- Wie oft kann man sich dafür anmelden?

den Textauszug zusammenfassen

3 Tauscht euch darüber aus, welche Probleme entstehen können, wenn die AGB schwer verständlich geschrieben sind.

sich über die Lesbarkeit von AGB austauschen

4 Formuliert den Text um.

den Text umschreiben

a. Untersucht den Textauszug. Achtet auf die Länge der Sätze, den Satzbau und die Wortwahl.
- Was fällt euch auf?
- Wie könnte der Text verständlich sein?

b. Notiert Stichworte zu den wichtigsten Informationen.

c. Schreibt den Text um, sodass er verständlich ist.

Tipp: Ihr könnt auch die Person direkt ansprechen.

Starthilfe

Du darfst dich in dem Netzwerk anmelden, wenn ...

Wissenswertes auf einen Blick

Texte – Literatur – Medien

Literarische Gattungen

In der Literatur gibt es **drei Gattungen** – die **Lyrik** (Gedichte), die **Epik** (erzählende Literatur) und die **Dramatik** (Bühnendichtung).

Lyrik

Gedichte ➤ S. 22, 82, 108, 118, 124, 128–143

Gedichte bilden die Gattung Lyrik. Sie haben mindestens eine **Strophe** und sind in **Versen** (Gedichtzeilen) geschrieben. Sie reimen sich häufig.

- Der **Reim** ist der möglichst genaue Gleichklang von Wörtern.
  - Paarreim: Reime am Ende von Gedichtzeilen (a a b b)
  - Kreuzreim: Reime der übernächsten Zeilen (a b a b)
  - Umarmender Reim: ein Reim, der einen Paarreim umschließt (a b b a)
- Eine **Strophe** verbindet eine bestimmte Anzahl von Versen (Gedichtzeilen) zu einer Einheit und gliedert das Gedicht oder Lied.
- Die **Verse** (Zeilen) eines Gedichts sind häufig nach einem Sprechrhythmus gegliedert, dies wird **Metrum** oder **Versmaß** genannt. Das bedeutet, dass die betonten (x́) und unbetonten (x) Silben einer bestimmten Ordnung folgen. Wichtige Metren/Versmaße sind:

Metrum ➤ S. 133, 141

Jambus – unbetonte und betonte Silben wechseln sich ab, z. B.:

x x́ x x́ x x́ x x́ x
Du musst das Leben nicht verstehen

Trochäus – betonte und unbetonte Silben wechseln sich ab, z. B.:

x́ x x́ x x́ x x́ x
Ach, was soll der Mensch verlangen

Daktylus – einer betonten Silbe folgen zwei unbetonte, z. B.:

x́ x x x́ x x x́
Heimkehren will ich zum Meer

Dichter verwenden in ihren Gedichten einen **Sprecher**. Wird die Ich-Form verwendet, dann spricht man vom **lyrischen Ich**, das jedoch nicht mit dem Dichter gleichzusetzen ist.

lyrischer Sprecher/ lyrisches Ich ➤ S. 83, 109, 125, 129, 132, 135, 140

Sprachliche Bilder

sprachliche Bilder ➤ S. 83, 117, 119, 125, 129, 131, 135

sprachlicher Vergleich ➤ S. 130, 141

Sprachliche Bilder sind Wörter oder Wortgruppen, die nicht in ihrer eigentlichen, sondern in einer **übertragenen Bedeutung** verwendet werden. Texte wirken durch sprachliche Bilder anschaulicher. In der Fantasie der Leser oder der Hörer können so Bilder von den beschriebenen Lebewesen, Gegenständen, Stimmungen oder Gefühlen entstehen.

Metaphern sind sprachliche Bilder, bei denen ein Wort oder eine Wortgruppe aus einem bekannten Zusammenhang herausgenommen und auf etwas anderes übertragen wird, z. B.: **ein Wohnhaus grimmer Schmerzen**.

Metapher ➤ S. 109, 137, 141, 169, 269

Die **Personifikation**: Ein Gegenstand, ein Tier oder eine Pflanze wird als Person dargestellt, vermenschlicht, z. B.: **Das Elend schließt sie in seine Arme**.

Personifikation ➤ S. 125, 139

Epik

Sagen, Märchen, Fabeln, Kurzgeschichten, Novellen, Kriminalgeschichten, Erzählungen und Romane gehören zur Gattung **Epik**. Ein **Erzähler** präsentiert das Geschehen. Er darf nicht mit dem Autor gleichgesetzt werden.
Der Erzähler und die Erzählweise können durch verschiedene Merkmale unterschieden werden:

- **Ich-Erzähler:** Der Ich-Erzähler erzählt in der Ich-Form. Er erscheint gleichzeitig als erlebende und als erzählende Figur.
- **Er-/Sie-Erzähler:** Der Er-/Sie-Erzähler vermittelt das Geschehen. Er gibt das Geschehen aus der Sicht einer oder mehrerer Personen wieder und verwendet die Er- oder Sie-Form.
- **Auktorialer Erzähler:** Der Er-/Sie-Erzähler steht außerhalb der Handlung. Er kennt die Gedanken und Gefühle aller Figuren und hat die Übersicht über alle Einzelheiten der Handlung. Er kann sich direkt an die Leser wenden und sie durch Vorausdeutungen, Kommentare und Urteile leiten.
- **Innerer Monolog:** Die Gedanken, Gefühle und Wahrnehmungen der handelnden Figur werden als gesprochene, direkte Gedankenrede in der Ich-Form wiedergegeben, z. B.: **Das Leben kann so schön sein. Mir geht es gut. Wenn ich dann in Wien ankomme, werde ich den schönen Damen noch einmal tief in die Augen schauen.**

Merkmale des Erzählens
➤ S. 145–147, 150, 157–159

Ich-Erzähler
➤ S. 72–73, 78–79, 144–146, 152–157

auktorialer Erzähler
➤ S. 148–151

innerer Monolog
➤ S. 85, 147, 151

Als **Roman** bezeichnet man verschiedene **umfangreiche Formen des Erzählens**. Romane können ihrem Inhalt nach ganz unterschiedlich sein, z. B. gibt es Abenteuerromane, Jugendromane, Zukunftsromane, Science-Fiction-Romane, fantastische Romane und viele andere Arten von Romanen.

Jugendbuchauszüge
➤ S. 174–181

Als **Erzählung** bezeichnet man verschiedene **Kurzformen des Erzählens**, die nicht genauer durch bestimmte Merkmale gekennzeichnet sind.

Eine **Novelle** ist eine Erzählung. Sie handelt von einem **unerhörten, ungewöhnlichen Ereignis**. Im Mittelpunkt der Handlung steht ein **Konflikt**, der zu einem **Wendepunkt** im Leben der Figuren führen kann.
Eine entscheidende Bedeutung für die Handlung haben **Dingsymbole**, die an verschiedenen Textstellen auftauchen und dem Leser weitere Hinweise zu den Figuren geben können. Häufig gibt es eine äußere **Rahmenhandlung**, die eine **Binnenerzählung** umschließt.

Novellen
➤ S. 72–73, 80, 84, 86–87

Eine **Kurzgeschichte** ist eine knappe, moderne Erzählung.
Kurzgeschichten handeln meist von einem **kurzen Ausschnitt** aus einem **alltäglichen Geschehen**, das zu einem **entscheidenden Moment** im Leben einer oder mehrerer Figuren wird.
Der **Einstieg** in das Geschehen erfolgt **unvermittelt**. Kennzeichnend ist die unerwartete Wende der Handlung im Verlauf der Kurzgeschichte.
Das **offene Ende** lässt Deutungsmöglichkeiten zu und fordert den Lesenden zum Nachdenken auf. An der Handlung sind nur **wenige Figuren** beteiligt.

Kurzgeschichten
➤ S. 144–157

In einer **Parodie** wird ein bekanntes Werk (oder eine Person) **nachgeahmt**. Dabei wird die Form oder der Inhalt des nachgeahmten Werkes beibehalten. Aus dieser Abweichung zwischen Werk und Parodie ergibt sich ein **komischer Effekt**.

Parodie
➤ S. 192–193

Epik

In einer **Satire** werden häufig **Übertreibungen** verwendet. Sachverhalte werden **verzerrt dargestellt** und **verspottet**. In humorvoller Weise können satirische Texte die Leser oder Hörer unterhalten, etwas kritisieren, belehren oder überzeugen.

satirische Texte ➤ S. 190–191

Eine **Parabel** ist eine meist **kurze, lehrhafte Erzählung**. Hier ist das Gesagte nicht wortwörtlich zu verstehen, es wird übertragen. Dabei wird die Bildebene (das, was erzählt wird) auf eine Sachebene (das, was gemeint ist) übertragen. Die Parabel fordert zum Erkennen auf.

Parabel ➤ S. 112–116

Dramatik/Bühnendichtung

Dramenauszug ➤ S. 111–115

Ein **Drama** ist ein Text, der für seine **Umsetzung auf einer Bühne** geschrieben wurde. Ein Drama besteht aus **Dialogen** (Gesprächen) und/oder **Monologen** (Selbstgesprächen) und Regieanweisungen. Es gliedert sich in Akte, die in Szenen unterteilt sind.
Die **Komödie** ist ein Drama, das menschliche Schwächen auf lustige Weise zur Schau stellt und das glücklich endet.
Die **Tragödie** ist ein Drama, in dem die Hauptfigur in einen Konflikt gerät. Die Hauptfigur verstrickt sich in Schwierigkeiten. Am Ende kommt es zur Katastrophe und die Hauptfigur scheitert.

Tragödie ➤ S. 162–173
Merkmale einer Tragödie ➤ S. 172

Tageszeitungen

Tageszeitungen ➤ S. 183, 196

Tageszeitungen berichten in gedruckter Form oder als Online-Ausgabe umfassend über das Tagesgeschehen. Durch ihr **tägliches Erscheinen** sind sie sehr aktuell. In einer Zeitung findet man **verschiedene** Arten von **Artikeln**, z. B. Berichte, Reportagen, Interviews und Kommentare.
Eine **Reportage** informiert anschaulich über ein Ereignis oder eine Person. Reportagen führen mitten in ein Geschehen ein; die Leserinnen und Leser sollen emotional einbezogen werden.
Ein **Kommentar** ist ein Text, in dem eine Autorin oder ein Autor Stellung zu einem aktuellen Thema nimmt. Ziel des Kommentars ist es, die Meinung der Leser zu beeinflussen.

Kommentar ➤ S. 46–48

Werbung

Werbetexte ➤ S. 191, 198

Werbung dient der gezielten **Beeinflussung** von Menschen. Werbebotschaften **informieren** und sprechen **Bedürfnisse** an oder erzeugen neue. Zu diesem Zweck wird ein **Image** aufgebaut, das mit einem Produkt verknüpft wird. Die Gestaltung des Image wird genau auf die **Zielgruppe** (Personenkreis, der angesprochen werden soll) zugeschnitten. Die einzelnen Elemente von Werbeanzeigen werden nach dem **AIDA-Prinzip** gestaltet.
Das AIDA-Prinzip steht für:
- **Attention**: Die **Aufmerksamkeit** des Betrachters soll auf die Werbung gerichtet sein.
- **Interest**: Das **Interesse** an einer längeren Betrachtung der Werbung soll geweckt werden.
- **Desire**: Der Betrachter soll für das beworbene Produkt ein **Verlangen** entwickeln.
- **Action**: Die Werbung führt zur **Aktion**, zum Kauf.

Epochen der deutschen Literaturgeschichte

Epochen

Als Epochen bezeichnet man Zeitabschnitte mit gemeinsamen Merkmalen, die sich in geschichtlichen Entwicklungen, Ideen, Werten und Formen zeigen. Die Einteilung der Geschichte in Epochen findest du in vielen Bereichen, z. B. in der Literatur, der Musik und der Kunst.
Sie hilft, Entwicklungen großer Zeitabschnitte besser zu verstehen.
Wichtige Epochen zwischen 1700 und 1850 im deutschen und auch im europäischen Kulturraum sind die folgenden:

Barock (1600 bis ca. 1720) Die Zeit des Barock wurde durch einen starken Gegensatz geprägt. Einerseits entstanden prunkvolle Schlösser, andererseits starb im Dreißigjährigen Krieg (1618–1648) mehr als ein Drittel der Bevölkerung in Deutschland. Die Fürsten schwelgten im Luxus, die Menschen in Stadt und Land mussten ums Überleben kämpfen. Sie hofften auf die Erlösung von dieser schlimmen Welt durch den Tod im Himmelreich, dem „Jenseits". Andere wollten die Not verdrängen und das Glück im Augenblick finden (Carpe diem! = Lebe den Tag!). Die deutsche Sprache gewann an Bedeutung, da zuvor meist nur auf Lateinisch geschrieben wurde.

Barock
➤ S. 105, 107, 116–120, 122–123

Aufklärung (1750 bis 1780) Einige gebildete Bürger und Adelige fingen an, das herrschende System von Adelsherrschaft und Leibeigenen zu kritisieren; die Menschen sollten selbst denken. Der Verstand wurde zum Maßstab aller Dinge. Die Philosophen erklärten, der Mensch sei von Natur aus gut; das Leben auf Erden habe einen Sinn, den man herausfinden müsse. Erziehung und Bildung waren der Weg zur Veränderung der Gesellschaft; dies wollte man unter anderem durch Fabeln, Lehrgedichte (Parabeln) und Satiren erreichen.

Aufklärung
➤ S. 105, 107, 111–115, 120, 122–123

Sturm und Drang (1770 bis 1780) Vor allem junge Menschen äußerten andere Ideen: Verstand und Vernunft wären nicht alles. Ihnen ging die schöpferische Kraft, das Genie, über alles. Das Gefühl sollte mit dem Verstand eine Einheit bilden. Die Schriftsteller zeigten in ihren Werken literarische Figuren, die sich gegen gesellschaftliche Vorschriften auflehnten, aber auch oft daran zugrunde gingen.

Sturm und Drang
➤ S. 160–172

Klassik (1780 bis 1830) Wesentliche Ideen dieser Zeit waren: Der Mensch sollte sich einem Ideal annähern, das tugendhaft ist, und nach innerer und äußerer Harmonie streben. Gefühl und Verstand, Pflicht und Neigung sollten eins werden.

Romantik (1800 bis 1840) Das Bürgertum erstarkte und mit ihm entwickelten sich die Wissenschaften und erste Formen der Industrialisierung. Die Schriftsteller der Romantik sehnten sich nach der versunkenen Welt des Mittelalters und der Märchen. Der Künstler hatte die Aufgabe, die Welt der Poesie, die unter dem grauen Alltag verborgen war, wieder aufzudecken.

Romantik
➤ S. 72–75, 80–81

„Junges Deutschland" (1825 bis 1848) Die Wirtschaft hatte sich rasant weiterentwickelt, aber dem Bürgertum war die politische Beteiligung nicht erlaubt. Soziale Not herrschte in den aufkommenden Fabriken. Man forderte mehr Rechte für alle. Die Obrigkeit sollte außerdem die Zeitungszensur abschaffen, man wollte Demokratie. Es entstand eine Bewegung von Schriftstellern, die sich für die Einheit Deutschlands, die Grundrechte aller Menschen, die gerechte Verteilung der Güter und für die Gleichberechtigung der Frau einsetzte.

„Junges Deutschland"
➤ S. 105, 107–110, 121–127

Texte lesen, verstehen, sich informieren

Der Textknacker

Der Textknacker hilft dir beim Lesen und Verstehen von Sachtexten und literarischen Texten.
Als Erstes musst du wissen, warum du einen Text liest.
Du suchst z. B. nach Informationen zu einem Thema oder du hast einen bestimmten Arbeitsauftrag.

Schritt 1: Vor dem Lesen
Du siehst dir den Text als Ganzes an, z. B. die Bilder und die äußere Gestalt.

Schritt 2: Das erste Lesen

Sachtexte
Du überfliegst den Text:
- Was fällt dir auf?
- Was kennst du schon?
- Worum geht es?

Literarische Texte
Du liest den Text einmal durch:
- Was fällt dir auf?
- Was kennst du schon?
- Worum geht es?
- Wie wirkt der Text auf dich?

Schritt 3: Beim genauen Lesen

Sachtexte
Du achtest auf:
- die Überschrift
- die Absätze
- die Schlüsselwörter
- unbekannte Wörter

Literarische Texte
Du fragst nach:
- den Handlungsbausteinen
- den Gattungsmerkmalen
- der Sprache

Dabei beziehst du die Überschrift, die Absätze, die Schlüsselwörter und andere wichtige Wörter ein.

Welche Fragen hast du an den Text?
Was ist wichtig für deine Arbeit?

Schritt 4: Nach dem Lesen

Sachtexte **Literarische Texte**
Du schreibst etwas zum Text auf oder erfüllst deinen **Arbeitsauftrag** und arbeitest dabei mit deinen Arbeitsergebnissen aus Schritt 2 und 3.

Sachtexte erschließen
➤ S. 30–33, 42–44, 52–55, 92–93, 160–161

literarische Texte erschließen
➤ S. 72–79, 86–87, 111–115, 144–159, 164–173, 174–181, 188–191, 194–195

Die Handlungsbausteine untersuchen

Um den Aufbau und die Wirkung eines literarischen Textes zu verstehen, suche im Text nach den **fünf Handlungsbausteinen**. Sie finden sich in fast allen Erzähltexten und enthalten das Wichtigste der Handlung.
Wenn du diese fünf Bausteine herausgefunden hast, kannst du **den Aufbau und die Wirkung einer Geschichte** verstehen.
Stelle diese **Fragen**, wenn du die Handlungsbausteine ermitteln willst:
- Wer ist die **Hauptfigur**? In welcher **Situation** steckt sie?
- Welchen **Wunsch** hat sie?
- Welches **Hindernis** ist ihr im Weg?
- Wie **reagiert** die Hauptfigur auf das Hindernis, wie versucht sie, es zu überwinden?
- Wie **endet** die Geschichte? Ist die Hauptfigur erfolgreich?

die Handlungsbausteine einer Geschichte untersuchen
➤ S. 74–75, 146–147, 155, 157, 159, 168, 183

Einen literarischen Text im Zusammenhang mit dem Autor und seiner Zeit sehen

einen literarischen Text interpretieren ➤ S. 74–75, 106–127

1. **Lies** den Text **mehrmals**.
2. Überlege, welches **Thema** darin behandelt wird und welche **Grundstimmung** erkennbar ist.
3. **Untersuche** den Text.
   - Achte auf den Aufbau und die Textsorte.
   - Fasse den Inhalt abschnittsweise oder strophenweise zusammen.
   - Erkläre die Bedeutung der sprachlichen Bilder und beschreibe ihre Wirkung.
   - Führe andere Besonderheiten an, die dir aufgefallen sind. Gehe auf ihre Wirkung ein.
4. **Recherchiere** und **sammle** weitere **Informationen**
   - zur Biografie der Autorin oder des Autors,
   - zu den sozialen und politischen Verhältnissen der Zeit,
   - zu weiteren Werken der Autorin oder des Autors oder anderer Schriftsteller der Zeit.
5. Überlege, in welcher **Beziehung** der **literarische Text** zu den **Hintergrundinformationen** stehen könnte.
6. Überlege, in welche **Epoche** der Text eingeordnet werden könnte.
7. **Bewerte** den Text: Was macht Text und Autor auch heute noch interessant?

Eine Grafik lesen

Grafiken erschließen ➤ S. 32, 42, 53, 55–56, 64

Grafiken (Tabellen, Karten und Diagramme) können **zusätzliche Informationen** zu Sachtexten enthalten.
- Lies die **Überschrift** oder die **Bildunterschrift** und benenne das Thema.
- Lies die **Erklärungen**, z. B. die Legende.
- Sieh dir nun die **Grafik genauer** an.
- **Stelle Fragen** an die Grafik und formuliere entsprechende Antworten.
- Erkläre mit eigenen Worten, was in der Grafik dargestellt ist.

Zitieren

zitieren ➤ S. 74, 78–79, 84, 125, 135, 142, 150, 157–159, 165, 181, 187, 189, 191

Beim **wörtlichen Zitieren** übernimmst du Wörter, Wortgruppen oder Sätze in deinen Text, **ohne sie zu verändern**. Damit die fremden Textteile zu erkennen sind, musst du sie in **Anführungszeichen** setzen.
Wenn du Wörter in einem Zitat auslässt, füge an der Stelle [...] ein.
Gib in Klammern die Textstelle (Seiten- und Zeilenzahl) an, die du zitierst.
Wenn du **Textinhalte mit eigenen Worten** wiedergibst, musst du ebenfalls die Seiten- und Zeilenzahl angeben, auf die du dich beziehst.
Verwende dafür die Form: **vgl. Seite .../Zeile ...** oder **vgl. S. .../Z. ...**

Im Internet recherchieren

recherchieren ➤ S. 28–29, 56, 104, 121, 161, 183, 193

- Gib **Stichworte** in das **Suchfeld** einer Suchmaschine ein.
- **Prüfe**, welche der angezeigten Einträge **Wichtiges** für dein Thema enthalten können und öffne diese zuerst.
- Sieh nicht nur die ersten Treffer an.
- **Vergleiche** die gefundenen Informationen.
- **Stütze deine Aussagen** immer auf mehrere Quellen.

Ideen sammeln, planen, schreiben, überarbeiten

Ideensammlung: Cluster

So kannst du vorgehen:
- Nimm dir ein **leeres Blatt Papier**.
- Schreibe in die Mitte ein Wort oder eine Wortgruppe, z. B. Romantik. **Kreise** das Wort oder die Wortgruppe ein.
- Schreibe nun **die Wörter rund um das Wort** auf, die dir dazu einfallen.
- **Verbinde** die neuen Wörter **durch Striche** mit dem Kernwort.
- Manchmal kannst du auch zu den neuen Wörtern **weitere Wörter** finden.

Cluster ➤ S. 74, 129, 163

Ideensammlung Mind-Map ➤ S. 90, 93

Texte überarbeiten ➤ S. 79, 81, 85, 143, 147, 159

Texte planen, schreiben, überprüfen und überarbeiten

Vor dem Schreiben:
- Lies die **Aufgabe** mehrmals genau durch.
- Schreibe auf, was du tun sollst.
- Beantworte die Fragen zum **Schreibziel**: **Für wen** oder **an wen** schreibe ich? **Was** möchte ich **erreichen**?
- Sammle **Informationen** und **Ideen**.

Während des Schreibens:
- Beantworte die Fragen zum **Aufbau** deines Textes: Was steht in Einleitung, Hauptteil und Schluss? In welcher **Reihenfolge** schreibe ich?
- Ordne deine Informationen.
- Schreibe einen **Entwurf**. Finde eine **Überschrift**.

Nach dem Schreiben:
- Überprüfe deinen Text. Verwende **Checklisten**.
- Überarbeite deinen Text. Achte auf die **Rechtschreibung**.

Nach einem Erzählplan erzählen

Wenn du eine **eigene Geschichte** erzählen möchtest, mache dir zunächst einen Erzählplan.
- Für den Erzählplan überlegst du dir die **Handlungsbausteine** deiner Geschichte: **Hauptfigur** und **Situation, Wunsch, Hindernis, Reaktion, Ende.**
- **Notiere** für jeden Baustein deine **Ideen** in Stichworten. Du kannst dazu **Fragen** stellen:
  - Wer soll meine Hauptfigur sein?
  - In welcher Situation ...?
  - ...
- Entscheide, mit welchem Handlungsbaustein deine Geschichte beginnen soll, um das Interesse der Leser zu wecken. **Ordne** die Bausteine in einer **sinnvollen Reihenfolge**.
- Baue **Spannung** auf. Verrate nicht zu viel auf einmal.
- Mache die Leser durch **Andeutungen** und **Geheimnisse** neugierig.
- **Beschreibe** die Figuren, ihre Gedanken und Gefühle ausführlich, damit sich die Leser hineinversetzen können.
- Erzähle erst zum **Schluss**, wie sich die Spannung **auflöst**.
- Überlege dir eine **Überschrift**, die die Leser neugierig macht.

Geschichten weiterschreiben ➤ S. 75, 85, 163, 181, 189, 192, 194

Geschichten schreiben ➤ S. 70, 158, 183

Geschichten nacherzählen ➤ S. 78, 115, 193

produktives Schreiben ➤ S. 84–88

Eine Gedichtinterpretation schreiben

Mit einer Interpretation erläuterst du **deine Deutung** und Sichtweise eines Gedichtes. Wichtig ist, dass du deine Interpretation **am Text belegen** kannst und dass sie schlüssig hergeleitet ist. Du schreibst **sachlich** und verwendest das **Präsens**.

Eine Gedichtinterpretation besteht aus einer **Einleitung**, einem **Hauptteil** und einem **Schluss**.

1. In der **Einleitung** nennst du den **Titel**, den **Autor**, die **Textsorte** und beschreibst das **Thema** des Gedichtes.
2. Im **Hauptteil analysierst** du das Gedicht inhaltlich und sprachlich:
   - Gib den Inhalt Strophe für Strophe mit eigenen Worten wieder.
   - Arbeite die Besonderheiten des **Gedichtaufbaus** und die **sprachlichen Mittel** heraus.
   - Überlege auch, welche **Funktionen** diese Mittel haben.
3. Im **Schlussteil fasst** du deine Ergebnisse noch einmal **zusammen** und formulierst eine begründete **Bewertung** des Gedichtes.

Gedichtinterpretation
➤ S. 140–143

Die Interpretation einer Kurzgeschichte schreiben

Mit einer **Interpretation** weist du nach, dass du die Kurzgeschichte verstanden hast. Wichtig ist, dass du deine **Deutung am Text belegen** kannst. Du schreibst im **Präsens** und stellst die Handlung in der richtigen **zeitlichen Reihenfolge** dar. Gib nur die **wichtigsten Informationen** wieder. Eine Interpretation besteht aus einer **Einleitung**, einem **Hauptteil** und einem **Schluss**.

1. In der **Einleitung** nennst du den **Titel, die Autorin/den Autor**, die **Textsorte** und **fasst** den **Inhalt** knapp **zusammen**.
2. Im **Hauptteil analysierst** du die Kurzgeschichte **inhaltlich** und **sprachlich**. Die Handlungsbausteine helfen dir dabei.
   - Fasse die Handlung zuammen.
   - Charakterisiere die Hauptfigur.
   - Erkläre die Merkmale einer Kurzgeschichte am Text.
   - Erkläre sprachliche Besonderheiten und ihre Bedeutung.
3. Im **Schluss fasst** du die Ergebnisse **zusammen** und **bewertest** die Kurzgeschichte.

Interpretation
einer Kurzgeschichte
➤ S. 156–159

Eine literarische Figur charakterisieren

In einer Figurencharakteristik beschreibst du **Merkmale** und **Eigenheiten** einer literarischen Figur. Diese können im Text **direkt** oder **indirekt** dargestellt werden. Eine Figurencharakteristik gliederst du in drei Teile: Einleitung, Hauptteil und Schluss.

Einleitung:
- Name der Figur, Titel der Erzählung/des Buches und Name des Autors
- allgemeine Angaben (Alter, ...)
- Lebensumstände (Familienverhältnisse, Beruf, ...)

Hauptteil:
- Aussehen
- Charaktereigenschaften, Verhalten
- Gefühle, Gedanken, Einstellungen, Vorlieben und Abneigungen
- Verhältnis zu anderen Figuren
- Verhalten in besonderen Situationen

Zum **Schluss** kannst du die Figur und ihr Verhalten beurteilen.

charakterisieren
➤ S. 74, 78, 87, 150, 157, 159, 162, 165, 176, 178–179

Eine Argumentation verfassen

Eine Argumentation baust du dreiteilig auf:

1. Einleitung:
- **Nenne das Thema** und **formuliere dein Interesse** daran.
- Du kannst auch knapp darstellen, auf welchen Text du dich beziehst (z. B. auf einen Zeitungsartikel).
- **Formuliere deine Meinung** in einer These.

2. Hauptteil: Im Hauptteil **entwickelst** du die **Argumentationsstränge**.
- **Begründe deine These** durch Argumente und **veranschauliche** diese durch Beispiele.
- Beginne mit dem schwächsten und ende mit dem stärksten Argument.
- **Entkräfte** nach Möglichkeit **Gegenargumente**.
- **Verknüpfe deine Argumente** sinnvoll durch Textverknüpfer (Konjunktionen und Adverbien).

3. Schluss:
- **Fasse** deine begründete Meinung noch einmal kurz **zusammen**. Das überzeugendste Argument kannst du hier noch einmal anführen.
- **Formuliere** eine Schlussfolgerung.
- **Rege** durch eine Frage oder eine Aufforderung die weitere Diskussion **an**.

eine Argumentation/
einen Kommentar schreiben
➤ S. 38–39, 46–48, 265

In einer E-Mail Stellung nehmen

- Schreibe in den **Kopf der E-Mail** die Adresse des Empfängers.
- Trage in das Feld „Betreff“ **stichwortartig** dein Anliegen ein.
- Formuliere eine **Anrede**.
- Schreibe in dem **Einleitungssatz**, was dein **Anliegen** ist.
- Äußere deine **Meinung**.
- **Begründe** deine Meinung mit überzeugenden Argumenten.
- **Fasse** am Ende der E-Mail dein Anliegen noch einmal **zusammen**.
- Beende die E-Mail mit der **Grußformel** und deinem **Namen**.

in einer E-Mail Stellung
nehmen ➤ S. 85

Texte in der Schreibkonferenz überarbeiten

- **Tauscht** die Texte **aus** und **lest** sie still.
- Lest nacheinander die Texte vor. **Formuliert** einen ersten **Leseeindruck**.
- Kopiert die Texte auf einen großen Bogen.
- Gebt die Texte reihum weiter und **kommentiert** sie jeweils.
- **Fasst** eure Anmerkungen in einem Brief an die Autorin/den Autor **zusammen**.
- **Lest die Kommentare** zu euren Texten.
- **Besprecht** die Kommentare.
- **Überarbeitet** eure Texte.

Texte überarbeiten
➤ S. 48, 59, 88, 143, 159, 228–231, 288

Eine Lesemappe anlegen

In einer **Lesemappe** sammelst du Informationen und Notizen, die dir helfen, deine Arbeit mit Texten zu **bewerten**.
- Gestalte ein schönes **Deckblatt**.
- Lege alle Texte, die du rund ums Lesen schreibst, in deine Lesemappe.
- Sammle darin außerdem deine Bilder und Plakate, die du zu Texten gestaltet hast, sowie Lesetipps.

Lesemappe ➤ S. 214

Ein Hand-out erstellen

Hand-out ➤ S. 58

Ein gutes Hand-out entlastet die Zuhörer, indem es die **Gliederung** eines Referats **veranschaulicht** und Informationen schriftlich **zusammenfasst**.
- Schreibe das **Fach** und das **Datum** deines Referats auf.
- Nenne das **Thema** des Referats und deinen **Namen**.
- Schreibe die Überschriften der Teilthemen in der Reihenfolge des Vortrags als **Gliederung** auf.
- Schreibe zu jeder Überschrift die **wichtigsten Stichworte** auf.
- Lass genügend **Platz für die Notizen** deiner Zuhörer.
- Gib an, mit welchen Internetseiten oder mit welchen Broschüren sich deine Zuhörer informieren können und welche du benutzt hast.
- Achte darauf, dass das Hand-out **übersichtlich und gut lesbar** ist.
- Insgesamt sollte der Umfang eine Seite nicht überschreiten!

Ein Plakat gestalten

Plakate gestalten
➤ S. 99, 106, 110, 161, 182, 250

Entscheide:
- Welches **Papierformat** eignet sich für den Inhalt am besten?
- Wie soll die **Überschrift** heißen?
- Welcher **Text** und welche **Bilder** sollen auf das Plakat?
- Wie sollen Überschrift, Text und Bilder **verteilt** werden?
- Welche Wörter möchtest du besonders **hervorheben**?
- Welche Stifte und Farben verwendest du, damit das Plakat gut **lesbar** ist?

Gestalte anschließend dein Plakat.

Mündlich argumentieren, diskutieren, präsentieren

Diskutieren

diskutieren
➤ S. 16, 21, 36–37, 93, 136, 139, 173, 198, 212–213, 263–265, 267, 272

Killerphrasen und Ich-Botschaften
➤ S. 20, 24

- Wählt einen **Diskussionsleiter**.
- Tauscht eure **Argumente** aus. Verwendet dabei keine Killerphrasen, bleibt **sachlich**.
- Geht auf die Redebeiträge der **Vorredner** ein.
- **Hört** euch gegenseitig **zu** und **seht** euch beim Reden **an**.
- **Sprecht** klar und **deutlich**.
- Achtet darauf, dass ihr am Ende der Diskussion zu einem **Ergebnis** kommt.

Anschaulich präsentieren

präsentieren
➤ S. 57–58, 65, 88, 93, 99, 101–104, 111, 117, 119, 161, 183, 205, 212, 215, 263–264

- Suche nach **Materialien, die wichtige Informationen** in deinem Referat **veranschaulichen,** oder fertige selbst solche Materialien an.
- **Wähle** Materialien **aus**, die wichtige Informationen für deine Zuhörer enthalten.
- **Gestalte** die Materialien **übersichtlich.**
- **Wähle Medien aus**, die sich zum Präsentieren deiner Materialien eignen, die dir zur Verfügung stehen und die du bedienen kannst.
- **Übe den Vortrag und die Präsentation** der Materialien, bis du die Medien sicher bedienen kannst, während du dich auf den Inhalt deines Referats konzentrierst.
- **Halte** dein **Referat** und **präsentiere** die vorbereiteten Materialien.

Eine Podiumsdiskussion durchführen

eine Podiumsdiskussion führen ➤ S. 36–37, 45

In einer Podiumsdiskussion diskutieren Interessenvertreter oder Fachleute vor Publikum auf einem Podium (z. B. einer Bühne).

- Die **Moderatorin** oder der **Moderator** begrüßt alle und leitet die Diskussion ein. Sie oder er stellt das Thema und die Interessenvertreter vor.
- Die **Interessenvertreter** tragen ihren Standpunkt zusammenfassend vor (These und Argument).
- Dann folgt die **offene Diskussion**:
- Die **Interessenvertreter** versuchen, ihren Standpunkt überzeugend darzustellen.
- Das **Publikum** beteiligt sich durch Fragen oder Meinungsäußerungen an der Diskussion.
- Die **Moderatorin** oder der **Moderator** achtet darauf, dass alle zu Wort kommen und die Gesprächsregeln sowie der Zeitplan eingehalten werden. Sie oder er kann Fragen stellen und das Publikum in die Diskussion einbeziehen. Sie oder er beendet die Diskussion nach Ablauf der Zeit.

Kritik üben und annehmen

Kritik üben und annehmen ➤ S. 55, 68, 230

So kritisierst du richtig:

- Beginne mit dem **Positiven**.
- Bleibe **höflich** und **sachlich**.
- Finde zu jedem negativen Kritikpunkt mindestens zwei positive.
- **Formuliere Ich-Botschaften.**
- Kritisiere nicht nur, sondern äußere auch **Verbesserungsvorschläge**.

So kannst du Kritik annehmen:

- **Entschuldige dich nicht** oder rechtfertige dich.
- **Frage nach**, wenn du einen Kritikpunkt nicht verstehst.
- **Nimm** Kritik als Hilfe **an**.

Ein Referat vorbereiten

Referate ➤ S. 56–58, 110, 117, 119, 218–219

Mit einem **Referat** kannst du andere über ein Thema **informieren**.

1. Schritt: Suche ein **Thema** aus.
2. Schritt: Beschaffe **Informationen** aus Büchern, Lexika und dem Internet.
3. Schritt: Lies die Texte, markiere **Wichtiges** und mache dir Notizen.
4. Schritt: **Gliedere** das Kurzreferat und **ordne** deine Notizen.
5. Schritt: Formuliere eine **Überschrift**, eine **Einleitung** und einen **Schluss**.
6. Schritt: **Übe**, das Referat vorzutragen.

Ein Referat frei vortragen

- Stelle dich so hin, dass dich alle sehen können.
- Versuche, **frei zu sprechen** und wenig abzulesen.
- **Sprich langsam** und deutlich.
- Orientiere dich an deinen **Stichworten**.
- Schreibe **Schlüsselwörter** an die Tafel.
- **Schaue** beim Sprechen die Zuhörer **an**.
- **Zeige** deine Bilder und Materialien an passenden Stellen.

Ein Interview durchführen

Interview
➤ S. 198–200

1. Schritt: Lege das **Thema** fest.
2. Schritt: Suche einen **Interviewpartner** aus.
3. Schritt: Beschaffe dir **Informationen**.
4. Schritt: Bereite das Interview vor.
   Achte dabei auf die **Fragetechnik**.
   Kontaktiere deinen Interviewpartner und **vereinbare** den **Ort**, die **Zeit** und die **Länge des Interviews**.
   Entscheide, ob das Interview **gelesen oder gehört** werden soll.
5. Schritt: Führe das Interview **durch**.

Ein Buch vorstellen

ein Buch vorstellen
➤ S. 185

Nenne zuerst den **Titel** und den **Autor** des Buches.
- Sage, um welche **Art** von Buch es sich handelt (z. B. Jugendbuch).
- Stelle die **Hauptfiguren** vor.
- Erzähle kurz vom **Inhalt** des Buches, aber verrate nicht zu viel.
- Gib den Inhalt im **Präsens** wieder.
- **Begründe**, warum dir das Buch gut gefallen hat.
- **Lies** einen Ausschnitt aus dem Buch vor.

Einen Text ausdrucksvoll vorlesen

ausdrucksvoll vorlesen
➤ S. 110, 191, 269

- **Lies** den Text mehrmals **leise**. Lies ihn **gründlich**.
- Der **Textknacker** hilft dir beim Verstehen des Textes.
- Beachte beim Vorlesen die **Satzzeichen**. Mache jeweils eine **Pause**.
- Senke bei einem Punkt am Satzende etwas die Stimme.
  Bei einem Komma oder einem Semikolon halte die Stimme oder hebe sie leicht an.
- Ausdrucksvoll liest du, wenn du einzelne Wörter besonders **betonst**.
- **Übe** das Vorlesen **mehrmals**, bevor du den Text anderen vorliest.

Ein Gedicht auswendig lernen und ausdrucksvoll vortragen

Gedichte vortragen
➤ S. 23, 82, 110, 117, 12[illegible], 128–143, 130, 135

- Lerne die erste Strophe **Zeile für Zeile** auswendig.
- Sprich dann **die Strophe** als Ganzes.
- Gehe genauso bei den anderen Strophen vor.
- Wenn du das ganze Gedicht auswendig sprechen möchtest, kannst du dir am Anfang mit einem **Blatt Papier** helfen: Lege es so, dass du jeweils nur den **Anfang jeder Zeile** lesen kannst.
- Nutze **Symbole** für Sprechpausen, zur Senkung und Hebung der Stimme.
- **Schaue** beim Vortrag **die Zuhörerinnen und Zuhörer an**.
- Sprich das Gedicht auswendig, aber halte das **Gedichtblatt** in der Hand, damit du notfalls nachschauen kannst.
- Sprich **langsam**, **deutlich** und **betone** wichtige Wörter und Wortgruppen.
- Mache **Pausen**.
- Drücke mit deiner Stimme **Gefühle** und **Stimmungen** aus.
- Setze **Mimik** und **Gestik** passend zum Vortrag ein.

Szenisch lesen

szenisch lesen
➤ S. 115, 164–173

Beim szenischen Lesen wird der Text, in Rollen aufgeteilt, so gelesen, wie er in einer konkreten Szene gesprochen wird.

1. Übt, den Text eurer Rolle **gut** zu **lesen**. Beachtet dabei eure Vortragszeichen und die Regieanweisungen, die ihr mit eurer Stimme umsetzen könnt, z. B. *(mit lärmendem Geschrei)*.
2. Drückt mit eurer Stimme **Gefühle** aus, die zu eurer Figur und zur Handlung in der Szene passen. So könnt ihr eure **Stimme** einsetzen:
   - **Betont** wichtige Wörter.
   - Fügt **Sprechpausen** nach Sinneinheiten des Textes ein.
   - Verändert das **Sprechtempo** und die **Lautstärke** passend zur Figur.
3. **Lest** den Text aller Figuren **mit**. Achtet darauf, wann ihr dran seid.

Szenisches Spiel, szenisch interpretieren

eine Szene nachspielen
➤ S. 15, 17, 24–26, 67–68, 115, 164–167

Ihr könnt selbst Spielszenen zu einer Geschichte schreiben und gestalten.
- Legt fest, welche **Figuren** es gibt und wer welche **Rolle** spielt.
- Notiert, was die Figuren **sagen**, **denken** und wie sie sich **fühlen**.
- Schreibt, wo nötig, **Regieanweisungen** auf.
- Übt nun das gemeinsame Spiel: Drückt die Gefühle der Figuren durch **Betonung**, **Körpersprache** und **Gesichtsausdruck** aus.

Ein Standbild bauen und auswerten

Standbilder ➤ S. 16

Mit einem Standbild können **Situationen**, **Gefühle** oder **Begriffe** dargestellt werden. So geht ihr dabei vor:
- **Klärt**, welche **Situation** ihr darstellen wollt.
- Eine „Bildhauerin“ oder ein „Bildhauer“ **formt** das Standbild: **Position der Personen**, **Haltung**, **Gestik**, **Mimik**. Die Statuen **bleiben** mit dem gewünschten Gesichtsausdruck in der geformten Haltung **stehen**. Wichtig ist, dass beim Bau des Standbildes nicht geredet wird.
- Anschließend **sehen** die Betrachter sich das Standbild von allen Seiten **an**. Sie **geben** eine **Rückmeldung**, wie sie das Standbild gedeutet haben.
- Die Statuen **beschreiben**, wie sie sich gefühlt haben.
  Tipp: Ihr könnt das fertige Standbild mit einer Digitalkamera fotografieren und die Fotos für die Diskussion benutzen.

Das Modell „Das innere Team“ anwenden

„Das innere Team“
➤ S. 18–19, 25–26

Mithilfe des inneren Teams kannst du verstehen, was in dir vorgeht.
- **Schreibe** zunächst **die Fragestellung auf**.
- Schreibe die verschiedenen Gedanken auf, die du dazu hast. Das sind die einzelnen **Teammitglieder**. Lass dir genügend Zeit und schreibe alles auf, was dir einfällt.
- **Lies** dir alles noch einmal durch und **wäge** die einzelnen Meinungen der Teammitglieder gründlich **ab**. Denke auch an die Konsequenzen.
- **Entscheide** dich nun für eine Lösung.
- **Formuliere** deine Lösung.

Rechtschreiben

Die Arbeitstechniken

Das Abschreiben

Die sieben Schritte zum Abschreiben von Texten:
1. Lies den Abschreibtext langsam und sorgfältig.
2. Gliedere den Text in Sinnabschnitte.
3. Präge dir die Wörter einer Sinneinheit genau ein.
4. Schreibe die Wörter auswendig auf.
5. Kontrolliere Wort für Wort.
6. Streiche Fehlerwörter durch und korrigiere sie.
7. Ordne die Fehlerwörter in die Rechtschreibkartei ein.

Übungen zum Abschreiben von Texten
➤ S. 235, 237, 238, 241, 243, 251, 257–258, 260, 266, 282–284

Die fünf Schritte zum Abschreiben von Wörterlisten:
1. Lies Wort für Wort sorgfältig.
2. Decke die Wörterliste zu – nur das erste Wort bleibt sichtbar.
3. Präge dir das Wort ein und schreibe es auswendig auf.
4. Kontrolliere die Schreibung.
5. Decke das nächste Wort auf usw.

Übungen zum Abschreiben von Wörterlisten und Wortreihen
➤ S. 233–234, 238–239, 255 258, 261

Die fünf Schritte zum Abschreiben von Wörterreihen:
1. Lies die Wörterreihen sorgfältig.
2. Lerne die erste Wörterreihe auswendig.
3. Decke die Wörterreihe zu und schreibe sie auf.
4. Kontrolliere die Wörterreihe Wort für Wort.
5. Decke die nächste Wörterreihe auf usw.

Das Partnerdiktat

Partnerdiktat
➤ S. 236, 249, 259

Ein Partner diktiert.	Der andere Partner schreibt.
– Lies bei **Texten** den ganzen Satz vor. Diktiere dann die Sinnabschnitte.	– Höre dir den ganzen Satz in Ruhe an. Schreibe die einzelnen Sinnabschnitte auf.
– Lies bei **Wörterlisten** die ganze Liste vor. Diktiere dann Wort für Wort.	– Höre dir die Wörter in Ruhe an. Schreibe Wort für Wort.
– Lies bei **Wörterreihen** die ganze Reihe vor. Diktiere die einzelnen Teile der Reihe.	– Höre dir die ganze **Wörterreihe** in Ruhe an. Schreibe nacheinander die einzelnen Teile der **Wörterreihe** auf.
– Bei einem Fehler sage sofort „Stopp!". Lass dem Partner Zeit, den Fehler zu finden. – Gib Hilfen oder zeige den Text, die Liste oder die Reihe.	– Kontrolliere das zuletzt Geschriebene ruhig und konzentriert mithilfe der Rechtschreibhilfen (S. 250–251), um den Fehler zu finden. – Streiche das Fehlerwort durch. Schreibe das Wort richtig darüber.

Eine Rechtschreibkartei anlegen

1. **Schreibe** das **Fehlerwort richtig** in die Mitte der ersten Zeile.
2. **Unterstreiche** die Fehlerstelle.
3. **Ergänze** Wörter und Wortgruppen:
   - Füge bei den Verbformen das Personalpronomen und den Infinitiv hinzu.
   - Füge bei den Nomen den Artikel, den Plural bzw. den Singular hinzu.
   - Verlängere die Adjektive durch eine Wortgruppe.
   - Schreibe auch ganze Wortgruppen auf.
4. Wenn möglich, füge einen **Rechtschreibtipp** hinzu.

Rechtschreibkartei
➤ S. 250, 259

Rechtschreibhilfen

Das Dehnungs-h

➤ S. 251

Wenn du nicht sicher bist, **ob in einem Wort ein h vorkommt**, kannst du prüfen, welche Buchstaben davor und dahinter stehen. Sie helfen dir, dich für die richtige Schreibung zu entscheiden. Das **Dehnungs-h** steht nach einem langen Vokal und nur vor den Konsonanten **l**, **m**, **n** und **r**:
Stuhl – nehmen – ohne – ehrlich.
In den meisten Wörtern folgt aber nach einem langen Vokal kein **h**.

Das Gliedern

➤ S. 251

Beim **Gliedern** zerlegst du ein Wort in Sprechsilben.
Das hilft dir beim richtigen Schreiben. Un | ter | richts | stun | de

Das Verlängern

➤ S. 251

Wenn du nicht weißt, ob ein Wort mit einem Doppelkonsonanten geschrieben wird, kannst du es **verlängern**. Von Verben kannst du z. B. den Infinitiv bilden und **dann gliedern**:
er **ir/rr**t? → **ir** | **r**en → also: er **irr**t
Das Verlängern und **deutliches Sprechen** der Wörter hilft dir auch, wenn du nicht hörst, mit welchem Buchstaben ein Wort endet.
hervorragen**d/t**? → hervorragen**d**e Leistungen → also: hervorragen**d**

Das Ableiten

➤ S. 251

Wenn du nicht hörst, ob ein Wort mit **ä** oder **e**, mit **äu** oder **eu** geschrieben wird, kannst du es ableiten und eine Entscheidung treffen.
Suche **verwandte Wörter** mit **a** oder **au**: h**äu**fig → H**au**fen, kr**ä**ftig → Kr**a**ft.

Wortbildung

➤ S. 254–255

Viele Wörter sind **zusammengesetzt**. Wenn du die einzelnen Bausteine richtig schreibst, dann kannst du auch die Zusammensetzungen richtig schreiben.
Mit **Präfixen** (Vorsilben) und **Suffixen** (Endungen) entstehen neue Nomen und Verben:

Präfix	+	Verb	= neues Verb und neues Nomen
re-	+	organisieren	= reorganisieren, die Reorganisation
Adjektiv	+	Suffix	= Nomen
auffällig	+	-keit	= die Auffälligkeit

Getrennt- und Zusammenschreibung

Zusammenschreibung

➤ S. 232–233, 238–239, 241, 246, 254–255, 268

Wortgruppen aus **Adjektiv + Verb** werden **zusammengeschrieben**, wenn eine **neue (übertragene) Bedeutung** gemeint ist.

Zusammenschreibung: Wir konnten nicht alle Probleme lösen, einige Fragen mussten **offenbleiben.**
→ übertragene Bedeutung: Einige Fragen konnten nicht gelöst werden.

Getrenntschreibung: Das Fenster soll **offen bleiben.**
→ direkte Bedeutung: Das Fenster soll nicht geschlossen werden.

Zusammengesetzte Nomen werden großgeschrieben.
Die Wörter **das**, **beim**, **zum** machen's!

Nomen + Verb:	Fußball spielen	→	beim Fußballspielen
Verb + Verb:	spazieren gehen	→	das Spazierengehen
Adjektiv + Verb:	auswendig lernen	→	zum Auswendiglernen

Groß- und Kleinschreibung

Nominalisierungen

➤ S. 240–242, 256

- Aus **Verben** können **Nomen** werden.
  Die starken Wörter **beim**, **zum**, **vom**, **im**, **das** und **ein** machen's!
  reisen – das Reisen   trainieren – beim Trainieren   klopfen – ein Klopfen
- Aus **Adjektiven** können **Nomen** werden.
  Die starken Wörter **etwas**, **nichts**, **viel**, **wenig** und **im** machen's!
  schön – etwas Schönes, nichts Schönes, viel Schönes

Eigennamen

➤ S 241–242

Eigennamen schreibt man **groß**.
Eigennamen sind z. B. Namen von Personen, Staaten, Straßen und Festen.
Die von **geografischen Eigennamen** abgeleiteten Wörter auf **-er** schreibt man immer **groß**: **Pforzheimer** Bürger.
Adjektive auf **-isch**, die von **geografischen Eigennamen** abgeleitet sind, werden **kleingeschrieben**: **italienische** Oliven.

Fremdwörter

➤ S. 234–235

Viele **Fremdwörter** kann man an ihren Suffixen (Endungen) erkennen.
Viele **Nomen** haben die Suffixe **-ik, -ie, -or, -ität**. Sie werden großgeschrieben.
Viele **Adjektive** enden auf **-(i)ell** und **-iv.** Sie werden kleingeschrieben.

Nomen werden zu Adjektiven

➤ S. 245–246

Die Wörter **angst**, **bange**, **klasse**, **leid**, **schuld**, **spitze** und **pleite** werden in Verbindung **mit** einer Verbform von **sein** als Adjektive verwendet, sie werden immer **kleingeschrieben**.

Zeichensetzung

Aufzählungen

Die Teile einer Aufzählung, die nicht durch **und/oder** verbunden sind, werden durch **Komma** abgetrennt.

Satzreihen

➤ S. 40

Satzreihen bestehen aus zwei oder mehreren Hauptsätzen. **Hauptsätze in Satzreihen**, die nicht durch **und/oder** verbunden sind, werden durch **Komma** abgetrennt.

Satzgefüge

➤ S. 236–237, 240–241, 247, 252–253

Ein Satz, der aus einem **Nebensatz** (NS) und einem **Hauptsatz** (HS) besteht, heißt **Satzgefüge**. Der NS wird durch Komma vom HS abgetrennt. Am Anfang des NS steht häufig eine Konjunktion.

Satzanalyse

➤ S. 40, 246–247, 252–253, 272, 282

Schritt 1: Finde die **Konjunktion**.
Oft beginnen Nebensätze mit einer Konjunktion, z. B. **als**, **dass**, **weil**, **nachdem**, **wenn**, **obwohl**, **damit**.
Schritt 2: Finde die **konjugierte Verbform**.
Am Ende eines Nebensatzes steht immer eine konjugierte Verbform.
Schritt 3: Erkenne den **Hauptsatz**.
Ein Hauptsatz kann allein ohne Nebensatz stehen.
Schritt 4: Setze das **Komma** zwischen Nebensatz und Hauptsatz.

Infinitiv + zu

➤ S. 244–246, 257

Sätze mit einem Infinitiv + zu (Infinitivsatz) **beginnen** häufig **mit** den Signalwörtern **um**, **ohne**, **anstatt** und **enden** immer mit einem **Infinitiv + zu**. Diese Sätze können vor oder nach dem Hauptsatz stehen. Sie werden mit Komma abgetrennt.

Um frische Luft zu bekommen, öffnete er das Fenster.

Er öffnete das Fenster, um frische Luft zu bekommen.

Relativsätze

➤ S. 240–241, 247, 257

Relativsätze sind **Nebensätze**, die sich meist **auf ein vorangehendes Nomen beziehen**. Sie werden immer durch ein Komma abgetrennt und durch ein Relativpronomen (z. B. **der**, **die**, **das**) eingeleitet. Sie enden immer mit einer gebeugten Verbform.

Es gibt eine Schiedsrichterin, die auch Spiele in der Bundesliga der Männer pfeift.

Ist der Relativsatz in den Hauptsatz **eingebettet**, wird er durch **zwei Kommas** abgetrennt.

Der Psychologe, der auf der Tagung einen Vortrag hielt, stellte eine provozierende These auf.

Grammatik

Wortarten

Übungen zu den Wortarten
➤ S. 80–81, 235, 266, 276–279

Nomen

Nomen bezeichnen **Lebewesen** (Menschen, Tiere, Pflanzen), **Gegenstände** und **gedachte** oder **vorgestellte** Dinge. Nomen werden im Deutschen immer großgeschrieben. Vor dem Nomen steht oft ein bestimmter Artikel (der, das, die) oder ein unbestimmter Artikel (ein, ein, eine). Fast alle Nomen können im **Singular** (Einzahl) und im **Plural** (Mehrzahl) stehen.
Werden Nomen zusammengesetzt, richtet sich der Artikel nach dem letzten Nomen: der Ball – der Wasserball

Übungen zu den Fällen
➤ S. 273–274

Jedes Nomen kann in verschiedenen **Fällen** (Kasus) stehen.
Du kannst nach dem Fall, in dem ein Nomen steht, fragen.

Im Deutschen gibt es vier Fälle:	Fragen:
Nominativ (1. Fall)	**Wer oder was?**
Genitiv (2. Fall)	**Wessen?**
Dativ (3. Fall)	**Wem?**
Akkusativ (4. Fall)	**Wen oder was?**

Pronomen

Die **Personalpronomen ich**, **du**, **er**, **sie**, **es**, **wir**, **ihr**, **sie** kannst du für Personen, Lebewesen und Dinge einsetzen.

Possessivpronomen zeigen an, wem etwas gehört.
Sie können im **Singular** und im **Plural** stehen: **mein/meine, dein/deine, sein/seine, ihr/ihre, unser/unsere, euer/eure, ihr/ihre**.

Mit den **Relativpronomen der**, **die**, **das/welcher**, **welche**, **welches** kann man **Nebensätze** einleiten. Das Relativpronomen **bezieht sich auf ein Nomen** oder **Pronomen** und steht nach einem **Komma**, z. B.:
Ich lese das Buch, **das** du mir geschenkt hast.

Mit den **Demonstrativpronomen dieser**, **diese**, **dieses/jener**, **jene**, **jenes** kann man auf etwas zeigen oder hinweisen, z. B.:
Sie mochte **dieses** Lied, weil es sie an **jenen** Tag erinnerte.

Übungen zu Adjektiven
➤ S. 243, 254, 268

Adjektive

Adjektive werden auch als **Eigenschaftswörter** bezeichnet.
Sie werden immer **kleingeschrieben**.
Mit Adjektiven kann man Personen, Tiere oder Gegenstände genauer beschreiben: ein **langes** Kleid, eine **nette** Lehrerin.

Adjektive auf **-isch**, die von geografischen Eigennamen abgeleitet sind, werden kleingeschrieben: **italienische** Oliven.

Wenn du Personen, Tiere oder Gegenstände vergleichen willst, kannst du **gesteigerte Adjektive** verwenden:

Positiv	**Komparativ**	**Superlativ**
(Grundform)	(1. Steigerungsform)	(2. Steigerungsform)
(so) groß (wie)	größer (als)	am größten

Verben

Übungen zu den Zeitformen
➤ S. 274, 280–283

Verben sind **Tätigkeitswörter** und geben an, was jemand tut oder was geschieht. Verben bilden verschiedene **Zeitformen**.

Verben im **Präsens** verwendest du, um auszudrücken,
- **was man regelmäßig tut**: Karl **schreibt** ihm jede Woche einen Brief.
- **was man jetzt tut**: Karl **schreibt** seinem Vater gerade einen Brief.

Bei vielen Verben bleibt im Präsens der Verbstamm gleich.
Es verändern sich nur die Endungen. Sie richten sich nach der Person.

Verben im **Präteritum** verwendest du, wenn du **schriftlich über etwas berichtest oder erzählst**, was schon vergangen ist:
In Berlin **feierten** zahlreiche Fans den Sieg der Nationalmannschaft.

Verben im **Perfekt** verwendest du meist, wenn du etwas **mündlich erzählst**, was schon vergangen ist.
Viele Verben bilden das Perfekt mit **haben**: Sie hat gebacken.
Einige Verben bilden das Perfekt mit **sein**: Wir sind gelaufen.

Das **Plusquamperfekt** verwendest du, wenn du ausdrücken willst, dass etwas **vor einem zurückliegenden Ereignis geschah**:
Chaos brach aus, nachdem die Luftbehörden den Luftraum über vielen Ländern **geschlossen hatten**.

Das **Futur** verwendest du, wenn du über Dinge sprichst, die in der **Zukunft** liegen, also noch nicht geschehen sind: Morgen **werde** ich ins Kino **gehen**.

Übungen zum Aktiv und Passiv
➤ S. 284–287

Das **Aktiv und das Passiv** sind zwei Verbformen, die bei der Darstellung von Handlungen unterschieden werden.
Das **Aktiv** beschreibt, wer handelt:
Die Fluggesellschaften strichen tausende Flüge.
Das **Passiv** beschreibt, was getan wird. Der Handelnde kann erwähnt werden.
Tausende Flüge wurden gestrichen.

Verben im **Konjunktiv I** drücken unsichere Informationen aus.
Auch bei nichtwörtlicher Rede (indirekter Rede) wird der Konjunktiv I verwendet. Dadurch wird deutlich, dass die Aussage nicht wahr sein muss.
Er sagt, er **laufe** jeden Morgen zehn Kilometer.
Sie meint, sie **sei** die Beste im Schwimmverein.

Verben im **Konjunktiv II** (Möglichkeitsform des Verbs) drücken aus, dass etwas nicht oder noch nicht Wirklichkeit ist:
Möglichkeiten, erfüllbare oder nicht erfüllbare **Wünsche**.
Ich wäre gern ein Star.
Der **Konjunktiv II** wird vom Präteritum abgeleitet.
Präteritum → Konjunktiv II
du hattest → du hättest gern
sie blieb → sie bliebe bestimmt

Partizipien werden wie Adjektive verwendet, sie werden vom Verb abgeleitet.
Das **Partizip I** wird vom Infinitiv abgeleitet:
Infinitiv + d → Partizip Präsens rasen + d → rasend
Das **Partizip II** wird aus dem Präfix **ge-**, dem Wortstamm und der Endung **-(e)t** oder **-en** gebildet.
Perfekt: Die Rettung ist gelungen. Partizip II: die gelungene Rettung

Präpositionen

Präpositionen geben ein Verhältnis an, z. B. ein örtliches (Wo? Wohin?). Sie **bestimmen den Fall** des nachfolgenden Wortes oder der Wortgruppe. Die **Präpositionen an**, **auf**, **hinter**, **neben**, **in**, **über**, **unter**, **vor** und **zwischen** können sowohl mit dem **Dativ** als auch mit dem **Akkusativ** stehen.

Übungen zu Präpositionen
➤ S. 273

Konjunktionen

Konjunktionen (Bindewörter) verbinden Sätze.
Nebenordnende Konjunktionen wie **und**, **oder** und **aber** verbinden Wörter und Sätze.
Unterordnende Konjunktionen wie **wenn**, **weil**, **dass**, **als** verbinden Haupt- und Nebensätze.
Die Konjunktionen **weil** und **denn** leiten Begründungen ein.
Die Konjunktionen **nachdem**, **bevor** und **während** drücken eine zeitliche Abfolge aus.

Übungen zu Konjunktionen
➤ S. 40, 272, 282

Adverbien

Adverbien (Umstandswörter) machen genaue Angaben zu dem Geschehen.
Adverbien des Ortes drücken aus, wo etwas geschieht, z. B. draußen.
Adverbien der Zeit drücken aus, wann etwas geschieht, z. B. immer.
Adverbien der Art und Weise drücken aus, wie etwas geschieht, z. B. gern.
Adverbien des Grundes drücken aus, warum etwas geschieht, z. B. deshalb.

Übungen zu Adverbien
➤ S. 40

Der Satz

Übungen zum Satzbau
➤ S. 40, 96–97, 272–274, 278, 282, 286

Satzreihe

Eine **Satzreihe** besteht aus mindestens zwei **Hauptsätzen**.
Zwei oder mehr Hauptsätze können mit nebenordnenden Konjunktionen, z. B. **denn** oder **aber**, verbunden werden:
Eva gibt sich im Praktikum Mühe, denn sie verdankt den Praktikumsplatz ihrer Tante.

Satzgefüge

Das **Satzgefüge** besteht aus einem **Hauptsatz** und einem **Nebensatz**.
Der Nebensatz endet mit einer **konjugierten Verbform**.
Nebensätze werden mit Konjunktionen, z. B. **weil**, **da**, **wenn**, **falls**, **obwohl**, **damit**, eingeleitet und vom Hauptsatz durch Komma getrennt.
Lukas bekam den Praktikumsplatz nicht, obwohl er überzeugend auftrat.

Relativsätze

Relativsätze sind **Nebensätze**, **die sich** meist **auf ein vorangehendes Nomen beziehen** (Relation = Beziehung). Sie werden immer durch Komma abgetrennt und durch ein Relativpronomen (z. B. **der**, **die**, **das**) eingeleitet.
Ein Mädchen, das Ball spielte, rannte schnell in das Haus.

Satzglieder/Satzgliedteile

Umstellprobe

Mit der **Umstellprobe** kannst du Satzglieder ermitteln:
Meine Freundin kommt morgen. Morgen kommt meine Freundin.

Subjekt

Das **Subjekt** kann eine Person oder eine Sache sein.
Mit **Wer oder was?** fragt man nach dem Subjekt:
Sabine hat Geburtstag. – Wer oder was hat Geburtstag? – Sabine.

Prädikat

Das **Prädikat** sagt etwas darüber aus, was jemand tut oder was geschieht.
Mit **Was tut ...?** fragst du nach dem Prädikat:
Eric **gratuliert**. – Was tut Eric? – Eric **gratuliert**.

Objekte

Mit **Wen oder was?** fragst du nach dem **Akkusativobjekt**:
Sabine bringt die Gäste zur Tür. – Wen bringt Sabine zur Tür? – Die Gäste.
Er sucht Papier und Bleistift. – Was sucht er? – Papier und Bleistift.
Mit **Wem?** fragst du nach dem **Dativobjekt**:
Sarah gratuliert Sabine. – Wem gratuliert Sarah? – Sabine.
Mit **Wessen?** fragst du nach dem **Genitivobjekt**:
Sarah erfreute sich des Sieges. – Wessen erfreute sich Sarah? – Des Sieges.

Adverbiale Bestimmungen

Nach der **adverbialen Bestimmung der Zeit** fragst du mit **Wann?**:
Der Spion kam um 10 Uhr. – Wann kam der Spion? – Um zehn Uhr.
Nach der **adverbialen Bestimmung des Ortes** fragst du mit **Wo?**, **Woher?**, **Wohin?**: Er traf ihn am Bahnhof. – Wo traf er ihn? – Am Bahnhof.
Nach der **adverbialen Bestimmung der Art und Weise** fragst du mit **Wie?**:
Die Geldübergabe verlief hektisch. – Wie verlief die Geldübergabe? – Hektisch.
Nach der **adverbialen Bestimmung des Grundes** fragst du mit **Warum?**:
Wegen der Eile übersah er ihn. – Warum übersah er ihn? – Wegen der Eile.

Adverbiale Bestimmungen mit **kraft**, **dank**, **wegen**, **aufgrund** und **angesichts** werden mit dem Genitiv gebildet. Der Duden lässt bei **wegen** auch den Dativ zu. In der Schriftsprache solltest du eher den Genitiv wählen, z. B.: wegen des Platzregens.
Auf adverbiale Bestimmungen, die einen Widerspruch zeigen, folgt immer der Genitiv, z. B.: trotz des schlechten Wetters.

➤ S. 273

Attribute

Attribute sind beigefügte **Wörter, Wortgruppen oder Nebensätze**. Sie geben **zusätzliche Informationen** zu Nomen. Sie können dem Nomen **vorangestellt oder nachgestellt** sein:
die **unendliche** Geschichte Geschichten **aus aller Welt**
Geschichten, **die das Leben schrieb**

Vollständige Texte und Lösungen

Hier findest du das vollständige Gedicht „Das Hungerlied“ von Georg Weerth (Seite 107)

Das Hungerlied Georg Weerth

Verehrter Herr und König,
Weißt du die schlimme Geschicht?
Am Montag aßen wir wenig,
Und am Dienstag aßen wir nicht.

Und am Mittwoch mussten wir darben,
Und am Donnerstag litten wir Not;
Und ach, am Freitag starben
Wir fast den Hungertod!

Drum lass am Samstag backen
Das Brot, fein säuberlich –
Sonst werden wir sonntags packen
Und fressen, o König, dich!

Weberelend (um 1850)

So könntest du zum Beispiel das Gedicht „Der Absturz“ von Seite 278 vervollständigen:

Der Absturz Walter Otto

Computer ist mein Steckenpferd.
Gern reite ich den ganzen Tag.
Wenn es mich nicht zu müde macht,
dann reit ich auch noch in der Nacht.
Durch Suchmaschinen aller Art
Geht die rasante weite Fahrt.
Sodass es „googelt“ und es kracht:
Yahoo, mein Herz, das lacht
In Chatrooms der Unendlichkeit!
Ach, wie ist doch die Welt so weit …

Doch da, der Virus „love“, er zittert ins System!
Jetzt bleibt auch noch der Browser stehn!
„Was tun?“, stöhnt der Computerfreak.
Oh www.das_bett.de.
DAS trägt davon den Sieg.

Textquellen

Bach, Johann Sebastian (geb. 1685 in Eisenach, gest. 1750 in Leipzig): Badinerie (S. 121). Aus: Ouvertüren (Suiten). Ouvertüre Nr.2 h-moll, BVW 1067. Flötenstimme. Wiesbaden (Breitkopf & Härtel). (Partitur Bibliothek Nr. 4308)

Bibel (S. 75): Auszug aus der Bergpredigt, Mt. 6, 25 f.

Brecht, Bertolt (geb. 1898 in Augsburg, gest. 1956 in Ost-Berlin): Lied von der Unzulänglichkeit menschlichen Strebens (S. 71). Aus: Die Dreigroschenoper. Frankfurt (Suhrkamp) 2004. S. 73 f.

Büchner, Georg (geb. 1813 in Goddelau, gest. 1837 in Zürich): Der Hessische Landbote (S. 122). Aus: Werke und Briefe. Gesamtausgabe. Hg. v. Fritz Bergemann. Frankfurt/Main (Insel) 1962, S. 332 f.

Chamisso, Adelbert von (geb. 1781 bei Ante, Châlons-en-Champagne, gest. 1838 in Berlin): Peter Schlemihls wundersame Geschichte (S. 86-87). Frankfurt/Main (Insel Verlag) 1984, S. 27-30 und 30 f.

Chorobik de Mariani, María Isabel (geb. 1927 in Argentinien): Brief einer Großmutter von der Plaza de Mayo ... (S. 98). Aus: Lebend wurden sie verschleppt ... Eine Dokumentation ... Hg. v. Forschungs- und Dokumentationszentrum Chile – Lateinamerika (FDCL), Ökumenisch-Missionarisches Institut. Berlin 1983, S. 54.

de Leeuw, Jan (geb. 1968 in Aalst): Das Schweigen der Eulen (S. 174-179). Aus: Das Schweigen der Eulen. Aus dem Niederländischen von Rolf Erdorf, Hildesheim (Gerstenberg) 2006, S. 34 ff., S. 86 ff., S. 116 ff.
Nachtland (S. 180-181). Aus: Nachtland. Aus dem Niederländischen von Rolf Erdorf. Hildesheim (Gerstenberg) 2007, S. 18 f.

Diesselhorst, Gerd/Fechter, Hubert: Wolf (Canis lupus). Aus: Knaurs Tierleben von A–Z in zwei Bänden. Bd. 2. München (Lexikographisches Institut) 1988, S. 757.

Eichendorff, Joseph von (geb. 1788 bei Ratibor, gest. 1857 in Neisse): Aus dem Leben eines Taugenichts (S. 72, 80, 84, 206). Düsseldorf (Patmos) 2007.
Sehnsucht (S. 132). Aus: Der neue Conrady. Das große deutsche Gedichtbuch. Hg. v. Karl Otto Conrady. Düsseldorf/Zürich (Artemis/Winkler) 2000, S. 393.

Evers, Horst (geb. 1967 in Evershorst): Intelligente Haushaltsgeräte (S. 190-191). Aus: Mein Leben als Suchmaschine. Frankfurt/Main (Eichborn) 2008, S. 113-117.

Fox, Peter (geb. 1971 in Berlin): Haus am See (S. 128). http://lyrics.wikia.com/Peter_Fox:Haus_Am_See.

Flunker, Arnim: Die Wahrheit über Rotkäppchen (S. 192). Aus: Hans Ritz (Hg.): Die Geschichte vom Rotkäppchen. Ursprünge, Analysen, Parodien eines Märchens. Kassel (Muriverlag) 2006, S. 198

Franck, Julia (geb. 1970 in Ostberlin): Streuselschnecke (S. 156-157). Aus: Bauchlandung. Geschichten zum Anfassen. Köln (DuMont Buchverlag) 2000, S. 51 f.

García Marquez, Gabriel (geb. 1928 in Aracataca, Kolumbien): An einem dieser Tage (S. 148-150). Aus: García Marquez, Gabriel: Die Erzählungen. Aus dem kolumbianischen Spanisch von Curt Meyer-Clason. Köln (Kiepenheuer & Witsch) 1990, S. 106-109.

Gerhardt, Paul (geb. 1607 in Gräfenheinichen/Sachsen, gest. 1676 in Lübben/Spreewald): Sommer-Gesang. (S. 120). Aus: Reclams großes Buch der deutschen Gedichte. Vom Mittelalter bis ins 21. Jahrhundert. Hg. v. Heinrich Detering. Stuttgart (Reclam) 2007, S. 99 f.

Gibran, Khalil (geb. 1883 im Libanon, gest. 1931 in New York): Wenn die Liebe dir winkt, folge ihr (S. 71). Eine Anthologie. Hg. v. Volker Fabricius. Düsseldorf/Zürich (Walter Verlag) 2000, S. 52.

Goethe, Johann Wolfgang von (geb. 1749 in Frankfurt/Main, gest. 1832 in Weimar): Beherzigung (S. 143). Aus: Echtermeyer. Deutsche Gedichte. Hg. v. Benno von der Wiese u. Elisabeth Katharina Paefgen. Berlin (Cornelsen) 1993, S. 198.

Greflinger, Georg (geb. um 1620 bei Regensburg, gest. um 1677 in Hamburg): An seine Gesellschafft (S. 120). Aus: Hoch- und Spätbarock. Hg. v. Herbert Cysarz. Leipzig (Reclam) 1937. Nachdruck Darmstadt (Wissenschaftliche Buchgesellschaft) 1964, S. 47.

Grimmelshausen, Hans Jakob Christoph von (geb. um 1622 in Gelnhausen, gest. 1676 in Reuchen): Der abenteuerliche Simplicissimus, (S. 122-123). Aus: Der abenteuerliche Simplicissimus. Hg. v. Alfred Kelletat. München (Winkler-Verlag) 1963, S. 476, 482.

Gryphius, Andreas (geb. 1616 in Glogau/Schlesien, gest. 1664 in Glogau/Schlesien): Menschliches Elende (S. 118). Aus: Der neue Conrady. Das große deutsche Gedichtbuch. Hg. v. Karl Otto Conrady. Düsseldorf/Zürich (Artemis/Winkler) 2000, S. 169.
Vanitas! Vanitatum vanitas! (S. 107, 120). Aus: Echtermeyer. Deutsche Gedichte. Hg. v. Benno von der Wiese u. Elisabeth Katharina Paefgen. Berlin (Cornelsen) 1993, S. 112 ff.

Hartmann, Heiko Michael (geb. 1957 in Miltenberg): Triumph eines Hosenverkäufers (S. 22). Aus: Akzente. Zeitschrift für Literatur. Hg. v. Michael Krüger. 46. Jahrg., Vol. 2, April 1999, S. 189.

Heine, Heinrich (geb. 1797 in Düsseldorf, gest. 1856 in Paris): Die schlesischen Weber (S. 108). Aus: Der neue Conrady. Das große deutsche Gedichtbuch. Hg. v. Karl Otto Conrady. Düsseldorf/Zürich (Artemis/Winkler) 2000, S. 452.

Hemingway, Ernest (geb. 1899 in Oak Park, Illinois, gest. 1961 in Ketchum, Idaho): Ein Tag Warten (S. 144-146). Aus: Hemingway, Ernest: 49 stories. Autorisierte Übersetzung aus dem Amerikanischen von Annemarie Horschitz-Horst. Berlin/Weimar (Aufbau-Verlag) 1974, S. 470-473.

Hesse, Hermann (geb. 1877 in Calw, gest. 1962 in Montagnola): Stufen. (S. 134). Aus: Der neue Conrady. Das große deutsche Gedichtbuch. Hg. v. Karl Otto Conrady. Düsseldorf/Zürich (Artemis/Winkler) 2000, S. 667 f.

Hikmet, Nâzim (geb. 1902 in Saloniki, gest. 1963 in Moskau): Das Epos vom Befreiungskrieg (S. 130). Aus: Hasretlerin adi. Die Namen der Sehnsucht. Gedichte. Türkisch und Deutsch. Ausgewählt, nachgedichtet und mit einem Nachwort von Gisela Kraft. Zürich (Ammann) 2008, S. 164-165.
Die Einladung (S. 130). Aus: Das Epos vom ... Aus: Zu seinem 100. Geburtstag/Doğumunun 100. Yildönümünde. Nâzim Hikmet. Deutsch/Türkisch. Hg. v. İmdat Ulusoy. Übersetzt von Feridun Korkmaz. Hückelhoven (Schulbuchverlag Andalou) 2002, S. 90.
Sehnsucht (S. 131). Aus: http://pauker.at/VIP/ilo/kate_de/3147 [31.05.2011].

Homering, Jörg (geb. 1967): Übrigens: Duzen, ihrzen, erzen (S. 21). Aus: Münsterländische Volkszeitung. Rheine (Verlag Altmeppen). Artikel vom 07.01.2011. www.mv-online.de [07.07.2011].

Kaléko, Mascha (geb. 1907 in Schidlow/Österreich-Ungarn, gest. 1975 in Zürich): Sozusagen grundlos vergnügt (S. 82). Aus: In meinen Träumen läutet es Sturm. Hg. v. Gisela Zoch-Westphal. München (dtv) 2002, S. 66.

Kalusch, Matthias: Mein schöner Schulalltag (S. 188). Aus: Sie wollen nur unser Bestes ... Matthias Kalusch, nach Volker Fabricius (Hg.). Frankfurt (Fischer Taschenbuch) 1987.

Kishon, Ephraim (geb. 1924 in Budapest, gest. 2005 in Tel Aviv): Ringelspiel (S. 194–195). Aus: Kishons beste Familiengeschichten. Frankfurt/Main/Berlin (Ullstein) 1979, S. 178 ff.

Lessing, Gotthold Ephraim (geb. 1929 in Kamenz in der Oberlausitz, gest. 1781 in Braunschweig): Die Erziehung des Menschengeschlechts (S. 107). Aus: Lessings Werke in fünf Bänden. Hg. v. den Nationalen Forschungs- und Gedenkstätten der Klassischen Deutschen Literatur in Weimar. 2. Bd.: Nathan der Weise. Theologische und philosophische Schriften. Berlin/Weimar (Aufbau-Verlag) 1978, S. 311.
Nathan der Weise. Ein dramatisches Gedicht in fünf Aufzügen (S. 111–114). Frankfurt/Main (Fischer) 2008, S. 83–87.

Murakami, Haruki (geb. 1949 in Kyoto): Wie ich eines schönen Morgens … (S. 152–155). Aus: Wie ich eines schönen Morgens … Erzählungen. Einmalige Sonderausgabe. Reinbek (Rowohlt Taschenbuch) 2001, S. 7–12.

Nürnberger, Christian: Vorwort (S. 102). Aus: Mutige Menschen … Stuttgart/Wien (Gabriel/Thienemann) 2008, S. 9–16.

Otto-Peters, Louise (geb. 1819 in Meißen, gest. 1895 in Leipzig): Klöpplerinnen (S. 124–125, S. 206). Aus: Der neue Conrady. Das große deutsche Gedichtbuch. Hg. v. Karl Otto Conrady. Düsseldorf/Zürich (Artemis/Winkler) 2000 S. 467.

Paoli, Betty (geb. 1814 in Wien, gest. 1894 in Baden bei Wien): Carpe Diem (S. 136). Aus: Neueste Gedichte. Wien (Carl Gerold's Sohn) 1870, S. 26.

Pawlow, Grigori/Mousy, Ann: Rotkäppchen auf Anglodeutsch (S. 192). Aus: Hans Ritz (Hg.): Die Geschichte vom Rotkäppchen. Kassel (Muriverlag) 2006, S. 227.

Rilke, Rainer Maria (geb. 1875 in Prag, gest. 1926 bei Montreux): Du musst das Leben nicht verstehen […] (S. 140, S. 193). Aus: Die Gedichte. Nach der von Ernst Zinn besorgten Edition der Sämtlichen Werke. Frankfurt/Main (Insel) 1986, S. 147.

Rösler, Alexander (1965 in Kassel): Ich bin nur mal kurz … (S. 76–78). Würzburg (Arena) 2008.

Schams ad-Din Hafis, Muhammad (geb. um 1326 in Schiras, gest. um 1389 in Schiras): Reiseziel (S. 137). Aus: Friedrich Rückert. Werke. Hg. v. Georg Ellinger. Bd. 1: Gedichte. Leipzig u. a. (Bibliogr. Institut) 1897, S. 342–343.

Schiller, Friedrich (geb. 1759 in Marbach, gest. 1805 in Weimar): Die Hoffnung (S. 138–139). Aus: Echtermeyer. Deutsche Gedichte. Hg. v. Elisabeth K. Paefgen u. Peter Geist. Berlin (Cornelsen) 2005, S. 242 f.
Die Räuber (S. 164–165, 168–173, 269). Auf der Grundlage der Erstausgabe von 1781 für die Schule bearbeitet von Diethard Lübke. Berlin (Cornelsen) 2006, S. 26 f., 33 ff., 120–124, 48 f.

Troll, Thaddäus: Rotkäppchen auf Amtsdeutsch (S. 192). Aus: Hans Ritz (Hg.): Die Geschichte vom Rotkäppchen. Ursprünge, Analysen, Parodien eines Märchens. Kassel (Muriverlag) 2006, S. 141.

Vian, Boris (geb. 1920 in Ville d'Avray, gest. 1959 in Paris): Der Deserteur (S. 100). Aus: http://www.antiwarsongs.org/canzone.php [30.03.2011] Übersetzt von Hans Diebstahler.

Weerth, Georg (geb. 1822 in Detmold, gest. 1856 in Havanna, Kuba): Das Hungerlied (S. 107, S. 311). Aus: Ausgewählte Werke. Hg. v. Bruno Kaiser. Frankfurt/Main (Insel) 1966, S. 38 f.

Wise Guys: Denglisch. Musik, Text und Arrangement: Daniel „Dän" Dickopf. Aus: http://www.lyricstime.com/wise-guys-denglisch-lyrics.html

Ungenannte Verfasser:

Allgemeine Geschäftsbedingungen für die Nutzung von studiVZ (S. 289). Aus: http://www.studivz.net/1/terms [12.05.2011].

„Als ich erfuhr, dass ich …" (S. 98–99). Aus: http://www.abuelas.org.ar/material/testimonios/t011.html [01.04.2011]. Original übersetzt.

Beute von Jugendlichen … (S. 183). 02.09.2005, The Guardian. Aus: de Leeuw, Jan: Roter Schnee auf Thorsteinhalla. Hildesheim (Gerstenberg) 2010, S. 303.

Bizzy Montana (geb. 1983, eigentl. Daniel Constantin Maximilian Ott): Jugendschutzgesetz (Auszug) (S. 213). Aus: http://www.magistrix.de/lyrics/Bizzy%20Montana/Jugendschutzgesetz-398895.html [19.05.2011].

Das Jugendschutzgesetz dient … (S. 207). Aus: www.bmfsfj.de/BMFSFJ/kinder-und-jugend,did=5350,render=renderPrint.html [12.04.2011].

„Das Recht ist eine riesige Maschine". Interview mit Uwe Wesel, geführt von Oliver Gehrs (S. 206). Aus: Fluter. Frühling 2011, Nr. 38, S. 6

Der Streit in mir (S. 18). Originalbeitrag.

Die Abuelas de Plaza de Mayo (S. 91). Originalbeitrag.

Die Herrlichkeit … (S. 107) → Gryphius

Die Zukunft der Kunststoffe (S. 42–43). Originalbeitrag.

Ein erfolgreiches Fernsehformat (S. 247). Originalbeitrag.

Ein unfreiwilliger Internatsschüler wird zum Dichter (S. 160–161) Originalbeitrag.

Eltern sollen auf Prüfsiegel achten … (S. 46). Originalbeitrag.

„Es war, als hätte er mich …" (S. 224–225). Originalbeitrag.

„Für mich ist Identität …" (S. 97). Aus: http://www.abuelas.org.ar/material/testimonios/t005.html [01.04.2011] Original übersetzt.

Helmuth Hübener: Vom Hochverräter zum Vorbild (S. 92–93). Originalbeitrag.

Helmuth Hübener: „Hitlerjugend" (S. 94). Aus: Sander, Ulrich: Jugendwiderstand im Krieg. Die Helmuth-Hübener-Gruppe 1941/1942. Bonn (Pahl-Rugenstein) 2002.

Infotainment (S. 197) Aus: Sprachwelt Deutsch. Sachbuch. Bern (schulverlag blmv) 2003, S. 58.

Interview mit Jan de Leeuw, geführt von Elisabeth Schäpers am 03.12.2010 (S. 183–185).

Jugendschutzgesetz (JuSchG) (Auszug) (S. 206, 208, 210–212, 215). Aus: Bundesministerium für Familie, Senioren, Frauen und Jugend. http://www.bmfsfj.de/RedaktionBMFSFJ/Abteilung5/Pdf-Anlagen/jugendschutzgesetz-fliesstext,property=pdf,bereich=bmfsfj,sprache=de,rwb=true.pdf [19.05.2011], S. [illegible] ff.

Nein, sie wird … (S. 107) → Lessing

Neue Aufgaben für alte Kunststoffe (S. 44). Originalbeitrag.

Rede der Schülerin Semila Savran vom 23.01.2010 im Hamburger Rathaus: „Sehr geehrte Damen und Herren, liebe Eltern!" (S. 95).

Romantik (S. 74). Aus: Deutschbuch: Literaturgeschichte. Hg. v. Bernd Schurf u. Angelika Wagener. Berlin (Cornelsen) 2010, S. 97–98 Originalbeitrag.

Sind wir Matrosen auf einem Müll-Schiff? (S. 38). Originalbeitrag.

So beginnt der Film: (S. 28). Originalbeitrag.

Übereinkommen über die Rechte des Kindes … Artikel 8 (S. 99). http://www.national-coalition.de/pdf/UN-Kinderrechtskonvention.pdf [01.04.2011].

Verehrter Herr … (S. 107) → Weerth

Vom Überraschungsei bis … (S. 30–32). Originalbeitrag.

Walter Otto: Der Absturz (S. 278, S. 311). Originalbeitrag.

Zwischen den Vorstellungen … (S. 52–54). Originalbeitrag.

Bildquellen

S. 4, 7, 34, 37, 49 (1, 2), 50 (1, 2), 60, 62, 67, 104, 198 (1, 3, 4), 200, 202 oben, 204, 222, 224, 225, 232: Peter Wirtz, Dormagen; S. 11, 13, 14, 15, 16, 17, 26, 63, 66: Barbara Dietl, Berlin; S. 18: Ulrike Romahn www.coaching-moenchengladbach.com; S. 27, 28: Werner Boote: Plastic Planet. Das Plakat zum Film; S. 29 (1): fotolia.de/bara foto, (2): fotolia.de/Klaus-Peter Adler; (3): fotolia.de/Fedor Sidorov; (4): Cornelsen Verlagsarchiv, (5): fotolia.de/jenshagen; S. 30: fotolia.de/Ramona Heim; S. 31, 41: fotolia.de/Dmitry Naumov, fotolia.de/gradt, fotolia.de/Jan Paetsch; S. 32: fotolia.de/shocky; S. 35, 196, 197: fotolia.de/seen; S. 38: istockphoto.com/thp 73; S. 42: picture-alliance/dpa; S. 44: Andreas Froese/www.eco-tecnologia.com; S. 45: fotolia.de/Ruslan Olinchuk; S. 46: Bund für Umwelt und Naturschutz Deutschland; S. 49 (3), 50, 52: www.textilschule.de; S. 49 (4), 50, 52: www.eickhoff-bochum.de; S. 52 oben: © Bundesagentur für Arbeit; www.planet-beruf.de, 2011; S. 56: © Bundesagentur für Arbeit; S. 57: Gengenbacher Polstermöbel GmbH Gengenbach; S. 69 (1): fotolia.de/Bernd Leitner, (2): Hartmut Schwarzbach/argus, (3): fotolia.de/Claudia Paulussen, (4): fotolia.de/Edyta Pawlowska, (5): picture-alliance/empics, (6): getty images/Gen Nishino; S. 72 oben: ullstein bild, unten: Marie Luise Kaempffe in: Aus dem Leben eines Taugenichts. Ferdinand Hirt, Breslau 1925; S. 73, 80, 84: Cover von Joseph v. Eichendorff, Aus dem Leben eines Taugenichts. © 2000 Bibliographisches Institut/Artemis & Winkler, Mannheim; S. 76: © Arena Verlag, Würzburg; S. 78: Cover von: Alexander Rösler, Ich bin nur mal kurz mein Glück suchen ... Neues vom Taugenichts. Umschlaggestaltung: Frauke Schneider, Umschlagtypographie: knaus. büro für konzeptionelle und visuelle identitäten, Würzburg. © 2008 Arena Verlag GmbH, Würzburg; S. 79 (1): ullstein bild, (2): Bildarchiv preußischer Kulturbesitz bpk Berlin/Friedrich Seidenstücker, (3): fotolia.de/Janina Dierks; S. 81: akg-images; S. 86, 283: akg-images; S. 87: akg-images; S. 89 oben, 91: Hübener-Archiv Sander, unten: picture-alliance/epa-Bildfunk; S. 91: privat; S. 92: Hübener-Archiv Sander; S. 93 oben: Malerei und Foto: Hildegund Schuster, Hamburg, unten: Emma7stern; S. 99: Bundesministerium für Familie, Senioren, Frauen; S. 100 oben: Photo Ingi Paris/akg-images, unten: universal music; S. 102: Christian Nürnberger, Mutige Menschen. Für Frieden, Freiheit und Menschenrechte © 2008 by Gabriel Verlag (Thienemann Verlag GmbH), Stuttgart/Wien. www.gabriel-verlag.de; S. 103: fotolia.de/Stefano Neri; S. 105 (1): Josef Mathias von Trenkwald (1824-1897) Die wilde Soldateska nach der Schlacht bei Nördlingen/akg-images, (2): Daniel Chodowiecki (1726-1801) Lehre vom richtigen Verhältnis zu Gottes Schöpfung (1791)/akg-images, (3): Theodor Hosemann (1807-1875) Die liederliche Wirtschaft (Arme Schuhmacherfamilie) (1845)/bpk Berlin; S. 108: Käthe Kollwitz (1867-1945), Not (1893/94)/akg-images/VG Bild-Kunst, Bonn 2011; S. 109: akg-images; S. 115: Silke Winkler, Grevesmühlen; S. 116: J. H. Schönfeld (1609-1684) Schlachtenbild (um 1640)/akg-images; S. 119 links: Peter Paul Rubens (1577-1640) Portrait Alatheia Talbot, Countess of Arundel (1620)/akg-images, rechts: picture-alliance/akg-images; S. 120 oben: akg-images, unten: akg-images; S. 121: bpk Berlin; S. 125: Giacomo Ceruti (1691-1768) Die Spitzenklöpplerinnen (um 1720)/akg-images; S. 123: picture-alliance/akg-images; S. 126: picture-alliance/dpa; S. 128: picture-alliance/dpa-Report; S. 131 oben: fotolia.de/RCP Photo, unten: akg-images; S. 132: Caspar David Friedrich (1774-1840) Frau am Fenster (1822)/akg-images; S. 134: M.C. Escher, Relativiteit © The M. C. Escher Company B. V. - Niederlande; S. 136: wikipedia.de/Flickr/aewolf, Denver; S. 144: picture-alliance/Everett Collection; S. 148: © Marcello Mencarini/Leemage; S. 152: picture-alliance/epa-Bildfunk; S. 156: Keystone/Stefan Oelsner; S. 160 oben: akg-images, unten: Herzog Carl Eugen von Württemberg (1728-1793). Mit freundlicher Genehmigung der Württembergischen Landesbibliothek Stuttgart;
S. 161: Foto: P. Frankenstein, H. Zwietasch; Landesmuseum Württemberg, Stuttgart; S. 173 links: picture-alliance/dpa-Report, rechts und 198 (2): Michael Wolf, Hunger nach Glückseligkeit. Creative Factory im Gemeinschaftszentrum Jungbusch, Mannheim 2005; S. 179, 185: Jan de Leeuw: Das Schweigen der Eulen. Deutsche Ausgabe © 2006 Gerstenberg Verlag, Hildesheim; S. 180, 185: Jan de Leeuw: Nachtland. Deutsche Ausgabe © 2007 Gerstenberg Verlag, Hildesheim; S. 182: fotolia.de/Angelika Möthrath; S. 183, 185: Jan de Leeuw: Roter Schnee. Deutsche Ausgabe © 2010 Gerstenberg Verlag, Hildesheim; S. 184: Davidsfonds.be; S. 187: picture-alliance/dpa/dpaweb; S. 196 (1): vario images, (2) Daphna Pollak, (3): fotolia.de/Bernd Walter, (4); S. 197: picture-alliance/dpa, picture alliance/empics; S. 202 (1): plainpicture/Cultura, (2): vario images; S. 207: Bundesministerium für Familie, Senioren, Frauen und Jugend; S. 210: picture-alliance/dpa-Report; S. 211: ALIMDI.NET/Hartmut Schmidt; S. 212: Felbert + Eickenberg/Stock 4B; S. 213: fotolia.de/jokatoons; S. 214: Avenue Images GmbH; S. 215 oben: picture-alliance/ZB, unten: picture-alliance/KPA; S. 216:StudioX/Limours, Paul Howell; S. 217: dpa, Frankfurt/M., Klaus Blume; S. 218: Knudsen Fotosenter, Oslo/Arne Knudsen; S. 228, 229: Mahir Gökbudak; S. 237: fotolia.de/Gina Sanders; S. 238: istockphoto/Karen Willamson; S. 240: picture-alliance/Pressefoto Ulmer/Markus Ulmer; S. 241: picture-alliance/augenklick/Lacy Perenyi; S. 242: picture-alliance/akg-images; S. 247: ddp images/dapd; S. 257 oben: picture-alliance/NASA/ITSPRESS, unten: picture-alliance/Nature; S. 262: Friedrich Retkowski, Hameln; S. 263: fotolia.de/Springfield Gallery; S. 264: fotolia.de/womue, fotolia.de/Sharon Meyer; S. 265: wise guys.www.proclassics.de; S. 269: picture-alliance/dpa; S. 270: Cover von: Sandra Glover, Gefährlich nah. Cbt Verlag, München 2010, unten: picture-alliance/dpa; S. 284 oben: fotolia.de/st-fotograf, unten: fotolia.de/W-Foto; S. 285: fotolia.de/ArTo.

Illustrationen
Stefan Bachmann, Wiesbaden: S. 3, 5, 6, 70-71, 76-77, 82, 111-112, 114, 129-130, 137-139, 140, 162, 164-166, 168, 170
Thomas Binder, Magdeburg: S. 22
Sylvia Graupner, Annaberg: S. 5, 144-145, 149-150, 153, 156, 158, 175, 177-178, 181
Ulrike Selders, Köln: S. 7, 10, 186, 188, 190, 192, 194-195, 233-234, 244, 250, 254-255, 266, 268, 271-278, 280-282, 286
Rüdiger Trebels, Düsseldorf: S. 9, 279

Karten
Volkhard Binder, Berlin: S. 32, 217

Textartenverzeichnis

Sachregister

Das Buch wurde erarbeitet auf der Grundlage der Ausgaben von Renate Krull (Gesamtherausgeberin) sowie den Herausgebern Werner Bentin, Hans Joachim Heinz, Christa Knirsch, Ekhard Ninnemann und Martin Plieninger; von Benildis Andris, Helga Artelt, Susann Bartsch, Susanne Becker, Werner Bentin, Kathleen Breitkopf, Ulrich Deters, Jörg Diekneite, Claudia Eisele, Gisela Faber, Filiz Feustel, Christiane Frauen, Axel Frieling, Julia Giede, Nadine Glück, Michaela Greisbach, Angela Haar, Hans Joachim Heinz, Karin Hofer, August-Bernhard Jacobs, Christa Knirsch, Michaela Koch, Renate Krull, Ina Lang, Gisela Mössle, Ursula Oswald, Martin Plieninger, Lisa Rivo, Werner Roose, Simone Schlepp-Pellny, Jutta Schöps-Körber, Stephan Theuer

Zu „Doppel-Klick“ gibt es das Arbeitsheft Basis 9, das Arbeitsheft Plus 9 sowie eine begleitende Unterrichtssoftware.

Projektleitung: Gabriele Biela
Redaktion: Sandy Leistner, Daphná Pollak, Grit Ellen Sellin, Dietlinde Thomas
Bildrecherche: Petra Ebert

Umschlaggestaltung: tritopp, Berlin
Layoutkonzept: nach Entwürfen von Farnschläder & Mahlstedt, Hamburg
Layout und technische Umsetzung: Buchgestaltung +, Berlin

www.cornelsen.de

1. Auflage, 1. Druck 2012

Alle Drucke dieser Auflage sind inhaltlich unverändert und können im Unterricht nebeneinander verwendet werden.

Druck: Stürtz GmbH, Würzburg

ISBN 978-3-06-061899-6

Inhalt gedruckt auf säurefreiem Papier aus nachhaltiger Forstwirtschaft.

Auf einen Blick:
Die Übungen zu den Aufgaben des Kernlehrplans

mündliche Aufgabentypen	Aufgaben	Seite	Kapitel
Sprechen			
Typ 1: sachgerecht und folgerichtig, auch mediengestützt, präsentieren, z. B. a. Arbeitsergebnisse b. Referate c. eigene Standpunkte	über einen umfangreichen und differenzierten Wortschatz verfügen	97	Mutige Menschen im Widerstand
	längere freie Redebeiträge leisten	56–63	Ein Beruf für dich
	verschiedene Medien nutzen	52	Ein Beruf für dich
		201	Szenen aus dem Leben
	sich artikuliert, verständlich und angemessen äußern	21	Besser kommunizieren ...
		60–61	Ein Beruf für dich
		187	Sachen zum Lachen
		201	Szenen aus dem Leben
	Empfindungen und Gedanken unter Beachtung der Formen gesellschaftlichen Umgangs äußern	21	Besser kommunizieren ...
		34–35	Alles aus Kunststoff
		139	Fragen an das Leben
		185	Ein Puzzlespiel: Jan de Leeuw und seine Bücher
	Präsentationstechniken kennen und nutzen	58	Ein Beruf für dich
		104	Mutige Menschen im Widerstand
		117	Bilder und Texte als Fenster in die Vergangenheit
		201–205	Szenen aus dem Leben
	Medien zur Präsentation und ästhetischen Produktion nutzen	182	Ein Puzzlespiel: Jan de Leeuw und seine Bücher
		196–206	Szenen aus dem Leben
	der Intention angemessene Präsentationstechniken anwenden	102–104	Training: In einer Ausstellung präsentieren
gestaltend sprechen / szenisch spielen			
Typ 2: gestaltend vortragen, z. B. a. dialogische Texte b. Gedichte	verschiedene Formen mündlicher Darstellung unterscheiden und anwenden	20	Besser kommunizieren ...
		97	Mutige Menschen im Widerstand
		163	So eine Tragödie!
		201	Szenen aus dem Leben
	Texte sinngebend und gestaltend vortragen	93	Mutige Menschen im Widerstand
		163–167	So eine Tragödie!
		188	Sachen zum Lachen
	Texte ausdrucksvoll vorlesen, Gestaltung von Rollen im szenischen Spiel mit sprechgestaltenden Mitteln	82	Auf der Suche nach dem Glück
		110, 119, 121	Bilder und Texte als Fenster in die Vergangenheit
		163–166	So eine Tragödie!
	Texte szenisch gestalten	67–68	Training: Vorstellungsgespräche trainieren
	Interpretation literarischer Texte mithilfe gestaltenden Sprechens und szenischen Spielens	112–117	Bilder und Texte als Fenster in die Vergangenheit
		163–167	So eine Tragödie!
Gespräche führen			
Typ 3: Sprechakte gestalten und reflektieren, z. B. a. in der Diskussion b. in Bewerbungsgesprächen	Gesprächsregeln einhalten	12–22	Besser kommunizieren ...
		37	Alles aus Kunststoff
	auf Gegenpositionen eingehen	21	Besser kommunizieren ...
	Wirkungen der verbalen und nonverbalen Redeweise kennen und anwenden	12–16, 20	Besser kommunizieren ...
		60–63	Ein Beruf für dich
		96	Mutige Menschen im Widerstand
		167	So eine Tragödie!
	unterschiedliche Sprechsituationen gestalten (z. B. Vorstellungsgespräche)	60–63	Ein Beruf für dich
		66–68	Training: Vorstellungsgespräche trainieren
		187	Sachen zum Lachen
	verschiedene Gesprächsformen leiten, moderieren und beobachten	24	Besser kommunizieren ...
		37	Alles aus Kunststoff
		60–61	Ein Beruf für dich
	Gesprächsformen moderieren, Redestrategien einsetzen	26	Besser kommunizieren ...
		36	Alles aus Kunststoff
		59	Ein Beruf für dich
		138	Fragen an das Leben
	sich konstruktiv an einem Gespräch beteiligen	21	Besser kommunizieren ...
	durch gezieltes Fragen Informationen beschaffen	60–61	Ein Beruf für dich
		136	Fragen an das Leben
	ausgewählte Erscheinungen des Sprachwandels kennen und bewerten, Sprachvarianten reflektieren	86–87	Training: Produktives Schreiben

schriftliche Aufgabentypen	Aufgaben	Seite	Kapitel
Schreiben			
Typ 2: Verfassen eines informativen Textes (Materialauswahl und -sichtung, Gestaltung des Textes, Reflexion über Mittel und Verfahren)	Texte schreiben	46–48	Training: Einen Kommentar schreiben
		216–219	Einen informativen Text schreiben
	Texte sinnvoll aufbauen und strukturieren	43	Alles aus Kunststoff
		216–219	Einen informativen Text schreiben
	Formulare ausfüllen	226–227	Formulare ausfüllen
	einen Schreibplan erstellen	159	Mitten ins Geschehen – Kurzgeschichten
		183	Ein Puzzlespiel: Jan de Leeuw und seine Bücher
		201	Szenen aus dem Leben
	Informationsquellen gezielt nutzen	52–57	Ein Beruf für dich
	eine Stoffsammlung erstellen, ordnen und eine Gliederung anfertigen	38–39	Alles aus Kunststoff
		46–49	Training: Einen Kommentar schreiben
	formalisierte, standardisierte Texte verfassen	50–68	Ein Beruf für dich
		216–219	Einen informativen Text schreiben
		282–283	Die Zeitformen des Verbs wiederholen
	zentrale Schreibformen beherrschen	85	Auf der Suche nach dem Glück
	Vorgehensweise aus Aufgabenstellungen herleiten	201	Szenen aus dem Leben
		288	Training Grammatik: Das Passiv
	Strategien zur Überprüfung der sprachlichen Richtigkeit und Rechtschreibung anwenden	251	Training Rechtschreiben
		228–231	Texte in einer Schreibkonferenz überarbeiten
	Exzerpieren, Zitieren, Quellen angeben	196–205	Szenen aus dem Leben
	Zitate in den eigenen Text integrieren	108–111, 118–119	Bilder und Texte als Fenster in die Vergangenheit
		144–152	Mitten ins Geschehen – Kurzgeschichten
		163	Fragen an das Leben
	Wesentliches hervorheben und Zusammenhänge verdeutlichen	93	Mutige Menschen im Widerstand
		200–201	Szenen aus dem Leben
	Nachschlagewerke zur Klärung von Begriffen und Sachfragen heranziehen	41	Alles aus Kunststoff
		74	Auf der Suche nach dem Glück
	diskontinuierliche Texte funktional einsetzen	41–43	Alles aus Kunststoff
	komplexe Texte strukturiert zusammenfassen	212	Lesen erforschen, lesen trainieren
		289	Training Grammatik: Das Passiv
	Inhalte mit eigenen Worten wiedergeben, Randbemerkungen setzen	102	Training: In einer Ausstellung präsentieren
		147, 155	Mitten ins Geschehen – Kurzgeschichten
	Texte gliedern und Teilüberschriften finden	29–33	Alles aus Kunststoff
		52–55	Ein Beruf für dich
	Texte und Gespräche mithilfe geeigneter Schreibformen sichern, eine Mitschrift anfertigen	59	Ein Beruf für dich
Typ 3: eine (ggf. auch textbasierte) Argumentation zu einem Sachverhalt erstellen	sich argumentativ mit Sachverhalten und Meinungen auseinandersetzen	34–39, 44–45	Alles aus Kunststoff
	Argumente zu einer Argumentationskette verknüpfen und abwägen	35, 43	Alles aus Kunststoff
		47	Training: Einen Kommentar schreiben
	Gegenargumente formulieren, überdenken und einbeziehen, Entwickeln eines eigenen Standpunkts unter Beachtung von Argumentationsregeln	35	Alles aus Kunststoff
		46–47	Training: Einen Kommentar schreiben
		228–231	Texte in einer Schreibkonferenz überarbeiten
	Argumente gewichten, bewerten und Schlüsse ziehen	38	Alles aus Kunststoff
		47	Training: Einen Kommentar schreiben
	begründet Stellung nehmen	35, 43	Alles aus Kunststoff
		265	Sprache und Sprachen
Lesen – Umgang mit Texten und Medien			
Typ 4: a. einen Sachtext, medialen Text analysieren, einen literarischen Text analysieren und interpretieren b. durch Fragen bzw. Aufgaben geleitet: aus kontinuierlichen und/oder diskontinuierlichen Texten Informationen ermitteln, die Informationen miteinander vergleichen, Textaussagen deuten und abschließend reflektieren und bewerten	über grundlegende Lesefertigkeiten verfügen	206–214	Lesen erforschen, lesen trainieren
	Leseerwartung und Leseerfahrung bewusst nutzen, formulieren von Hypothesen unter Einbeziehung eigener Wissensbestände	44–45	Alles aus Kunststoff
		50–55	Ein Beruf für dich
		76–78	Auf der Suche nach dem Glück
		90–95	Mutige Menschen im Widerstand
		108	Bilder und Texte als Fenster in die Vergangenheit
		179–180	Ein Puzzlespiel: Jan de Leeuw und seine Bücher
		207	Lesen erforschen, lesen trainieren
	Wortbedeutungen klären	33	Alles aus Kunststoff
		208	Lesen erforschen, lesen trainieren
	Textschemata erfassen	145–159	Mitten ins Geschehen – Kurzgeschichten
		181	Ein Puzzlespiel: Jan de Leeuw und seine Bücher
		206–214	Lesen erforschen, lesen trainieren
	Verfahren zur Textaufnahme kennen und nutzen	30–33	Alles aus Kunststoff
		161	So eine Tragödie!
		206–214	Lesen erforschen, lesen trainieren
	komplexe altersgemäße, epische, lyrische und dramatische Texte bedeutender Autoren kennen und deren Wirkungsweise einschätzen	105–127	Bilder und Texte als Fenster in die Vergangenheit
		144–158	Mitten ins Geschehen – Kurzgeschichten
		174–185	Ein Puzzlespiel: Jan de Leeuw und seine Bücher

schriftliche Aufgabentypen	Aufgaben	Seite	Kapitel
	epische, lyrische und dramatische Texte unterscheiden	72–75	Auf der Suche nach dem Glück
		106–127	Bilder und Texte als Fenster in die Vergangenheit
	Zusammenhang zwischen Text, Entstehungszeit und Lebensumständen des Autors/der Autorin untersuchen	106–127	Bilder und Texte als Fenster in die Vergangenheit
		185	Ein Puzzlespiel: Jan de Leeuw und seine Bücher
	wesentliche Elemente eines Textes erfassen	93, 99–102	Mutige Menschen im Widerstand
		140	Eine Gedichtinterpretation schreiben
		174–185	Ein Puzzlespiel: Jan de Leeuw und seine Bücher
	Informationen zielgerichtet entnehmen, ordnen, vergleichen, prüfen und ergänzen	28–33	Alles aus Kunststoff
		50–55	Ein Beruf für dich
		182	Ein Puzzlespiel: Jan de Leeuw und seine Bücher
		216–219	Einen informativen Text schreiben
		228–231	Texte in einer Schreibkonferenz überarbeiten
	Intention(en) eines Textes erkennen	90–100	Mutige Menschen im Widerstand
		213	Lesen erforschen, lesen trainieren
	aus Sach- und Gebrauchstexten begründete Schlussfolgerungen ziehen	93, 102	Mutige Menschen im Widerstand
		264	Sprache und Sprachen
	Informationen und Wertung in Texten unterscheiden	265	Sprache und Sprachen
Sprachliche Formen und Strukturen in ihrer Funktion			
Typ 5: einen Text unter vorgegebenen Gesichtspunkten sprachlich analysieren und überarbeiten und die vorgenommenen Textänderungen begründen	Ergebnisse einer Textuntersuchung darstellen	47	Training: Eine Argumentation schreiben
		124–126	Einen literarischen Text interpretieren
		140–143	Ein Gedicht interpretieren
	Inhalte von Texten wiedergeben	18	Besser kommunizieren ...
		135	Fragen an das Leben
		216–219	Einen informativen Text schreiben
	Informationen zusammenfassen und wiedergeben	114–117	Bilder und Texte als Fenster in die Vergangenheit
		215	Lesen erforschen, lesen trainieren
	Gestaltungsmittel und ihre Wirkungsweise darstellen	83	Auf der Suche nach dem Glück
		196–200	Szenen aus dem Leben
		288	Training Grammatik: Das Passiv
	Entwicklung einer textbezogenen Interpretation, Textdeutungen begründen	116	Bilder und Texte als Fenster in die Vergangenheit
		228–231	Texte in einer Schreibkonferenz überarbeiten
	sprachliche Bilder deuten	83	Auf der Suche nach dem Glück
		130–139	Fragen an das Leben
		140–143	Ein Gedicht interpretieren
		268–269	Sprache und Sprachen
	Thesen formulieren	34, 38	Alles aus Kunststoff
	Texte überarbeiten	142	Ein Gedicht interpretieren
		228–231	Texte in einer Schreibkonferenz überarbeiten
	Grundregeln der Rechtschreibung und Zeichensetzung sicher beherrschen	232–261	Training Rechtschreiben
		270–271	Sprache und Sprachen
		272–275	Fehler verstehen und vermeiden
	häufig vorkommende Wörter richtig schreiben	232–261	Training Rechtschreiben
	individuelle Fehlerschwerpunkte erkennen und abbauen, selbstständige Fehleranalyse	248–250	Training Rechtschreiben
		276	Die Wortarten wiederholen
		280	Die Zeitformen des Verbs wiederholen
	eigene Deutungen des Texts entwickeln, belegen und sich darüber verständigen	106–125	Bilder und Texte als Fenster in die Vergangenheit
		228–231	Texte in einer Schreibkonferenz überarbeiten
	analytische Methoden anwenden	106–125	Bilder und Texte als Fenster in die Vergangenheit
		156–159	Eine Kurzgeschichte interpretieren
	verschiedene Textfunktionen und Textsorten unterscheiden	64	Ein Beruf für dich
		90–101	Mutige Menschen im Widerstand
		182	Ein Puzzlespiel: Jan de Leeuw und seine Bücher
		196	Szenen aus dem Leben
	Informations- und Unterhaltungsfunktion unterscheiden	196–203	Szenen aus dem Leben
	medienspezifische Formen kennen	90–104	Mutige Menschen im Widerstand
		196–198	Szenen aus dem Leben
		264	Sprache und Sprachen
Produktionsorientiertes Schreiben			
Typ 6: produktionsorientiert zu Texten schreiben (mit Reflexionsaufgabe)	produktive Schreibformen nutzen, eigene Texte in Anlehnung an literarische Vorlagen verfassen	83–85	Auf der Suche nach dem Glück
		86–88	Training: Produktives Schreiben
		107	Bilder und Texte als Fenster in die Vergangenheit
		129, 133	Fragen an das Leben
	Portfolio anlegen und nutzen	214–215	Lesen erforschen, lesen trainieren
		220–221	Portfolio
	Schreibkonferenzen/Schreibwerkstatt durchführen	228–231	Texte in einer Schreibkonferenz überarbeiten
	gestaltende Arbeit mit Texten	70–82	Auf der Suche nach dem Glück